CNB 508 신앙생활 업그레이드 시리즈⟨2⟩
이광호 교수의 신앙서신 강좌

아름다운 신앙생활

이 광 호

2007년

도서출판 깔뱅

지은이 | 이광호

영남대학교와 경북대학교 대학원에서 법학과 서양사학을 공부했으며, 고려신학대학원(M.Div.)과 ACTS(Th.M.)에서 신학일반과 조직신학을 공부했다. 대구 효성가톨릭대학교에서 비교종교학을 연구하여 철학박사(Ph.D.) 학위를 취득했다.

고신대학교, 고려신학대학원, 영남신학대학교 등에서 후학들을 가르쳤다. 현재 실로암교회에서 목회를 하면서 이슬람 전문선교단체인 국제 WIN선교회에 참여하고 있으며 달구벌기독학술연구회 회장직을 맡고 있다. 또한 홍은신학연구원 성경신학 담당 교수를 비롯해 조에성경신학원 등에서 후학들을 가르치고 있다.

　홈페이지 http://siloam-church.org/

저서

- 『손에 잡히는 신앙생활』(2007년, 도서출판 깔뱅)
- 『바울의 생애와 바울서신』(2007년, 도서출판 깔뱅)
- 『창세기』(2007년, 도서출판 깔뱅)
- 『신약신학의 구속사적 이해』(2006년, 도서출판 깔뱅)
- 『구약신학의 구속사적 이해』(2006년, 도서출판 깔뱅)
- 『예수님 생애 마지막 7일』(2006년, 도서출판 깔뱅)
- 『에세이 산상수훈』(2006년, 칼빈아카데미)
- 『성경에 나타난 성도의 사회참여』(1990년, 도서출판 실로암)
- 『갈라디아서 강해』(1990년, 도서출판 실로암)
- 『더불어 나누는 즐거움』(1995년, 예영커뮤니케이션)
- 『아빠, 교회 그만하고 슈퍼하자요』(1995년, 예영커뮤니케이션)
- 『기독교 관점에서 본 세계문화사』(1998년, 예영커뮤니케이션)
- 『세계선교의 새로운 과제들』(1998년, 예영커뮤니케이션)
- 『이슬람과 한국의 민간신앙』(1998년, 울산대학교출판부)
- 『교회와 신앙』(2002년, 교회성경신학연구원)
- 『한국교회, 무엇을 개혁할 것인가』(2004년, 예영커뮤니케이션)
- 기타 논문 다수

역서

- 『모스렘 세계에 예수 그리스도를 심자!』(Charles R. Marsh, 1985년, CLC)
- 『예수님의 수제자들』(F. F. Bruce, 1986년, CLC)
- 『치유함을 받으라』(Colin Urquhart, 1988년, CLC)

아름다운 신앙생활

CNB 508
아름다운 신앙생활

LETTERS FOR CHRISTIAN LIFE 〈II〉

by Kwang Ho Lee
Published by Calvin Publishing House

ⓒ 2007 Kwang Ho Lee
SEOUL, KOREA

초판 인쇄 2007년 10월 11일
초판 발행 2007년 10월 18일

발행처 | 도서출판 깔뱅
발행인 | 김순영
지은이 | 이광호

등록번호 | 제2-1458호
등록일자 | 1998년 11월 18일

편집 | 신명기
디자인 | 조혜진

주소 | 서울시 서초구 잠원동 69-24
전화 02-535-9876 019-366-9438

총판 | (주) 비전북출판유통
주소 경기도 고양시 일산구 장항동 568-17호(우편번호 411-834)
전화 031-907-3927(대) 팩스 031-905-3927

저작권자 ⓒ 2007 이광호

이 책의 저작권은 저자에게 있습니다.
내용의 일부를 인용하거나 발췌 및 배포할 경우
서면에 의한 저자와 출판사의 허락을 받으십시오.

값은 표지에 있습니다.
파손된 책은 교환해 드립니다.
ISBN 89-92204-24-8 93230

CNB카페 | http://cafe.naver.com/cnb7777

아름다운 신앙생활

LETTERS FOR CHRISTIAN LIFE <II>

CNB시리즈
서 문

CNB The Church and The Bible 시리즈는 개혁신앙의 교회관과 성경신학적 구속사 해석에 근거한 신·구약 성경 연구 시리즈이다.

이 시리즈는 보다 정확한 성경 본문 해석을 바탕으로 역사적 개혁 교회의 면모를 조명하고 우리 시대의 교회가 마땅히 추구해야 할 방향을 제시함으로써 교회의 삶과 문화를 창달하는 것을 그 목적으로 하고 있다.

따라서 이 시리즈는 진지하게 성경을 연구하며 본문이 제시하는 메시지에 충실하고 있다. 그렇다고 이 시리즈가 다분히 학문적이거나 또는 적용적이라는 의미에 국한되지 않는다. 학구적인 자세는 변함 없지만 궁극적으로 하나님의 나라를 지향함에 있어 개혁주의 교회관을 분명히 하기 위해 보다 더 관심을 가진다는 의미이다.

본 시리즈의 집필자들은 이미 신·구약 계시로써 말씀하셨던 하나님께서 지금도 말씀하고 계시며, 몸된 교회의 머리이자 영원한 왕이신 그리스도께서 지금도 통치하시며, 태초부터 모든 성도들을 부르시어 복음으로 성장하게 하시는 성령님께서 지금도 구원 사역을 성취하심으로써 창세로부터 종말에 이르기까지 거룩한 나라로서 교회가 여전히 존재하고 있음을 그 무엇보다도 중요하게 여기고 있다.

아무쪼록 이 시리즈를 통해 계시에 근거한 바른 교회관과 성경관을 가지고 이 땅에 진정한 그리스도인의 삶과 문화가 확장되기를 바라는 바이다.

시리즈 편집자

김영철 목사, 미문(美聞)교회, Th. M.
송영찬 목사, 기독교개혁신보 편집국장, M. Div.
이광호 목사, 실로암교회, 홍은신학연구원, Ph. D.
이종연 목사, 진명교회, 아틀란타 바이블 칼리지, M. Div.

머리글

 인생의 바탕에는 질문이 깔려 있다고 해도 과언이 아니다. 질문이 없는 사람은 창조적 사고思考를 할 수 없으며 쉽게 현실에 안주해 버리게 된다. 현재의 지식은 항상 건전한 사고를 통해 새롭게 다듬어져 가야 한다. 진리와 진실을 멀리하고자 하는 현실주의적 습성은 거름장치를 필요로 하기 때문이다.
 하나님의 자녀들에게 있어서는 더욱 그렇다. 세속적 철학에 물들지 않기 위해서는 기록된 성경말씀을 통한 검증이 필수적이다. 건강한 신앙 정신을 소유한 성도들은 그런 노력을 지속하는 가운데 보다 본질적인 것들에 관심을 기울여 가며 참된 진리를 추구하게 된다.

 우리가 가져야 할 질문의 속성은 단순한 의문을 품는 것과는 다르다. 의문이 어떤 사물이나 사실에 대해 가지는 막연한 궁금증이라 한다면, 질문은 그에 대한 분석적이며 과학적인 답변을 요구하는 특성을 지니고 있다. 그러므로 질문은 논리적 답변을 요청하며, 그것은 항상 새로운 사고를 위한 기회를 제공하게 된다.
 하지만 현대인의 특성 가운데 하나는 복잡한 질문을 멀리하려는 경향성을 띠고 있다는 사실이다. 다수의 사람들은 질문 없는 삶을 누릴 수 있다면 그것이 최상의 만족이라 여기고 있다.
 배부른 만족은 질문을 불필요한 것으로 인식하도록 하며, 골치 아픈 지적知的 질문은 도리어 삶을 귀찮게 만들지도 모른다는 사고를 이끌어 낸다. 질문은 냉철한 사고를 통해서만 가능하고, 사고하는 것은 머리 아픈 일이며, 그것은 결국 배부른 만족을 추구하는 데 그다지 도움이 되지 않을 것이라는 우리의 현실 언어와 맞물려 있다.

  필자는 그동안 적지 않은 분량의 편지를 써왔다. 그것은 주로 여러 형제, 자매들의 질문에 답변하기 위한 방편이었다. 이 책에 실린 내용들은 대개 여러 성도들의 다양한 질문을 받고 그에 답변한 편지 형식의 글들이다. 그 가운데는 성경적, 신학적, 신앙적, 윤리적 문제 등 다양한 내용들이 포함되어 있다.

  머리글을 통해 언급하고 싶은 것은 이 책에 표현된 주장들이 완벽한 것은 아니라는 사실이다. 독자들 가운데는 여기에 기록된 글들을 접하면서 다소 낯선 느낌을 받게 될지도 모른다는 생각을 해 본다. 혹 자신과 다른 주장이나 내용을 만나게 되면 성급한 판단보다는 다시금 그에 대해 신중히 생각해 볼 수 있는 기회를 가졌으면 한다. 필자가 왜 그런 답변을 하는지, 그 근거가 무엇인지, 성경은 과연 어떻게 가르치는지 주의깊게 살펴본다면 적잖은 유익을 얻을 수 있으리라 믿는다.

  나아가 질문자는 왜 그런 문제를 두고 고민하며 질문을 하게 되었는지, 독자 자신은 왜 현재처럼 생각하게 되었는지 조심스럽게 분석해 보는 시간을 가져보는 것도 좋을 것이다. 그리고 주변의 다른 성도들과 동일한 주제를 두고 심도 깊은 토론을 하며 대화하는 것도 좋은 방법이 될 수 있으리라 생각한다.

  또한 지나간 역사 가운데 존재했던 건전한 교회들은 각 문제들에 대해 어떤 입장이었는지, 우리 시대의 전 세계에 흩어져 있는 건전한 교회들의 신학적 입장은 어떠한지 잘 더듬어 공부해 보기를 권한다.

  그렇게 함으로써 이 책이 독자들로 하여금 신앙적 사고의 폭을 넓혀주는 자그마한 도구가 되기를 바란다. 그러한 과정에서 더욱 많은 질문들이 생겨나며 그 질문들에 대한 답변을 얻기 위해 성경을 더 깊이 묵상하는 시간들이 많아지기를 원한다. 그리하여 견실한 신학적 사고들을 정립해 감으로써 이땅에 참된 교회를 세워나가는 일에 도움이 되기를 바란다.

이 책은 필자가 시무하고 있는 실로암교회 홈페이지(http://siloam-church.org)에서 운영하고 있는 '서신강좌'에 실려있는 271개의 문항을 순차적으로 정리하여 '신앙생활 업그레이드 시리즈'로 다음과 같이 3권으로 기획되었다.

  CNB 507 "손에 잡히는 신앙생활"(80문항)
  CNB 508 "아름다운 신앙생활"(90문항)
  CNB 509 "열매맺는 신앙생활"(101문항)

모든 것이 부족한 필자에게 다양한 질문들을 해 준 여러 성도들에게 지면을 통해 감사드린다. 앞으로도 동일한 시대, 동일한 언어를 사용하며 살아가는 성도로서 건전한 교제가 이어지기를 바란다.
서로 얼굴과 얼굴을 아는 관계는 아니라 할지라도 동일한 주님을 의지하며 보편교회에 속한 성도로서 간접적인 교제가 나누어질 수 있음은 감사한 일이다. 또한 이 글을 접하게 될 다수의 독자들과도 이와 동일한 형태의 신앙적인 교제가 나누어질 수 있기를 기대해 본다.

  2007년 여름, 팔공산 자락에서
  이광호

목 차

CNB 시리즈 서문 / 7
머리글 / 9

아름다운 신앙생활

1. '안식에 들어갈 남은자들' (히 4:6) _ 19
2. 연보와 기부금 _ 22
3. 삶의 갈등과 신앙 _ 26
4. '예배' 와 관련하여 _ 31
5. '심방예배' 에 대하여 _ 35
6. 개혁교회와 찬양대 _ 39
7. '영성신학' 靈性神學에 대하여 _ 43
8. '성막' 에 대하여 _ 47
9. 목회자와 생활비 _ 51
10. '죄에 대한 고뇌' _ 56
11. "이혼-이런 경우는 어떻게 합니까?" _ 60
12. 성형수술을 해도 됩니까? _ 65
13. '네덜란드 개혁주의 교회' 와 '사회 참여' _ 70
14. '무교회주의' 에 대하여 _ 75
15. 'MEBIG' 에 대하여 _ 79
16. 주일학교 설교 어떻게 해야 할까요? _ 83
17. 예수님과 병고침 (요 5:1-9) _ 87

18. '교회의 부서'에 대하여 _ 92
19. '시신기증'에 대하여 _ 96
20. '트렌스젠더' Transgender에 대하여 _ 101
21. 교회와 무교회주의 _ 106
22. '가위눌림' 어떻게 보아야 하나요? _ 110
23. '순종'의 의미 _ 114
24. 나는 900살을 살 수 있는가? _ 118
25. 주일과 명절, 대소사가 겹칠 경우에는? _ 122
26. 꿈dream에 대하여 _ 126
27. 세례를 두 번 받을 수 있는가? _ 130
28. '인본주의' humanism에 대하여 _ 134
29. '신구약 성경 66권'만 하나님의 말씀인지요? _ 138
30. 기관목사와 교회 _ 142
31. '국가의 전쟁수행권' _ 146
32. '복의 의미'에 대해 _ 151
33. 삼위일체에 대하여 _ 153
34. '캠퍼스 내 경건 생활' (KS대학을 중심으로) _ 156
35. 교단에서 신학교수의 역할 _ 167
36. 부끄러운 구원(?)(고전 3:15과 관련하여) _ 172
37. '축도'에 대하여 _ 176
38. '주 5일 근무'에 대하여 _ 180
39. '데모'에 대하여 _ 184
40. '어릴 적 거짓말'에 대한 고민 _ 189
41. '능력 대결' Power Encounter에 대하여 _ 192
42. 한국말의 특성과 인간 관계 _ 196
43. 신학교와 학위 문제 _ 200
44. 소위 '하나님의 교회'라는 집단에 대하여 _ 205

45. 2002 동계올림픽을 보고(세상사에 대한 분노에 대하여) _ 209
46. '교회의 직분과 직책'에 대하여 _ 213
47. '종교다원주의'에 대하여 _ 217
48. '추말자'의 변질과 우리의 교훈 _ 221
49. '죽은 자를 위한 기도'에 대하여(벧전 3:19) _ 225
50. '성경 공부를 하고 싶은데요' _ 228
51. '부활절 연합예배'에 대하여 _ 232
52. '교회의 옮김'에 대하여 _ 236
53. 그리스도인과 입양 _ 240
54. KD교보의 기능 회복을 기대하며 _ 243
55. KS대학의 '침묵'을 우려하며 _ 246
56. '중보기도'에 대하여 _ 250
57. 교회 생활과 갈등 _ 253
58. "네 시작은 미약하나 나중은 심히 창대하리라" _ 257
59. 마귀와 재난 _ 261
60. '공예배'에 대하여 _ 265
61. 준혁아, 준우야! _ 268
62. '이스라엘 민족'에 대하여 _ 271
63. 'JMJ씨 명예박사학위 수여'에 대하여 _ 274
64. '십일조'를 어느 교회에 내야할까요? _ 278
65. KS교단의 현실과 내일 _ 282
66. 국경일 기념예배 _ 287
67. '목사 서원'에 대하여 _ 290
68. 일반 성도는 성경을 너무 깊이 알면 안 되는지요? _ 294
69. '전원교회'에 대하여 _ 297
70. '총동원 전도주일'에 대하여 _ 301
71. '신지학' Theosophy에 대하여 _ 305

72. 혼인과 함函 _ 309
73. 성미誠米에 대하여 _ 313
74. 세례와 성찬 참여 _ 316
75. "모이기를 폐하는 어떤 사람들의 습관"에 대하여 _ 319
76. 장로장립과 '헌금빚(?)' _ 322
77. "오늘날 우리에게 일용할 양식을 주옵시고" _ 325
78. 연보와 연말세금공제 _ 329
79. 장로교 정치원리와 당회에 대하여 _ 333
80. 선교지의 기독교 혼합주의에 대한 대처 _ 337
81. 한기총의 '평화 기도회'(?) _ 340
82. 선교사에게 십일조를 보내도 되는지요? _ 344
83. CCM, CCD에 대하여 _ 346
84. '자녀의 불신자와 혼인 문제'에 대하여 _ 350
85. '인터넷 뱅킹을 통한 연보'에 대하여 _ 353
86. 하나님은 세속 국가 정치에 관여하실까요? _ 356
87. '성경 번역과 사본'에 대하여 _ 359
88. CCC에 대해 _ 363
89. 혼인 생활과 이혼 _ 366
90. 전권위원회의 결과가 궁금하시지요? _ 370

신앙생활 업그레이드 시리즈 전체 271문항 제목별 색인 / 375

아름다운 신앙생활

1 '안식에 들어갈 남은자들' (히 4:6)

민수 형제

안녕하세요? 형제의 말처럼 울릉도는 매우 아름다운 섬이었습니다. 저도 이번이 처음 방문이었는데 아담하고 예쁜 형태의 여성적인 섬이라고 상상했었으나 막상 가서 보니 강한 남성다움을 간직한 매력적인 섬이었습니다. 더구나 울릉도의 겨울 날씨는 매우 변덕스럽고 험상궂어서 질긴 근성을 가진 섬이라는 생각도 들었습니다. 그러나 그곳의 성도님들은 대개 순박하여 옛 선배 신앙인들의 엄숙한 모습을 보존하고 있는 부드러운 분들이었습니다.

저는 어제 밤늦게 팔공산 아래의 집에 도착해서 이제야 형제의 질문에 응답하게 됩니다. 요즘 히브리서를 연구하며 많은 유익이 있었으리라 생각합니다. 형제가 질문하신 히브리서 4장 6절에 나오는 '안식에 들어갈 남은자들'에 대한 대화를 해 볼까 합니다.

"또다시 거기 저희가 내 안식에 들어오지 못하리라 하였으니 그러면 거기 들어갈 자들이 남아 있거니와 복음 전함을 먼저 받은 자들은 순종치 아니함을 인하여 들어가지 못하였으므로"(히 4:5-6).

이 구절은 앞에 있는 히브리서 3장의 말씀과 연결되며 4장 1절과 직접 연관이 있습니다. 3장에는 모세 시대에 대한 기록이 나오는데, 이스라엘 백성이 40년 동안 광야생활을 할 때 하나님께 불순종하는 사람들은 하나님의 안식에 들어가지 못했음을 말해주고 있습니다. 그리고 그들이 안식에 들어가지 못한 까닭은 '믿음'이 없었기 때문이었음을 이야기하고 있습니다(히 3:19).

4장 1절에는, "그러므로 우리는 두려워할지니 그의 안식에 들어갈 약속이 남아 있을지라도 너희 중에 혹 미치지 못할 자가 있을까 함이라"고 기록하고 있습니다. 히브리서 기자가 여기서 말하고 있는 것은 언약(약속)과 구원(안식에 들어갈 자)에 대한 것입니다.

이 말은 개인에 대한 말이 아니라 이스라엘이라고 하는 언약의 백성, 나아가서는 하나님의 교회에 속한 백성들에게 관련된 교훈입니다. 즉 이스라엘 백성이라고 해서 모두가 구원에 이르는 것이 아니며, 교인이라고 해서 모두가 구원에 이르는 것이 아님을 밝히 말해주고 있습니다.

이제 4장 6절에 대한 저의 견해를 말씀드릴까 합니다. 여기서 '거기 들어갈 자들이 남아있거니와'에서 '거기 들어갈 자들'이란 이방인을 말하고 있는 듯 합니다. 그렇다면 그 뒤에 따라오는 '복음을 먼저 받은 자들은 순종치 아니함을 인하여 들어가지 못하였으므로'에서 '복음을 먼저 받은 자들'이란 유대인들을 의미하는 것으로 이해됩니다. 4장 1, 2절의 '우리는 두려워할지니'와 '우리도 복음 전함을 받은 자이나'에서 '우리'라는 말이 유대인을 가르치는 것으로 보아 그것을 더욱 분명히 하고 있습니다. 히브리서 기자는 '유대인'이라고 하는 민족적 신분이 아니라 '믿음'이 구원에 대한 효력을 가지게 됨을 말하고 있습니다.

뒤에 따라오는 말씀들을 보면, 6절에 기록된 '거기에 들어갈 자들'과 '복음 전함을 먼저 받은 자들'을, 시간이나 영역에 있어서 획일적으로 구분하는 것이 아님을 알 수 있습니다. 이전에 '복음 전함을 먼저 받은 자들' 가운데서도 하나님의 안식에 들어가 쉬는 자들이 있으며(10절), 나중 언약 속에 있을 사람들 가운데서도 그 안식에서 제외될 사람이 있을 것임(11절)을 분명히 말하고 있습니다. 특히 7, 8절 말씀에서는 '어느 날', '오늘날', '다른 날' 등의 단어에 대한 시제를 언급하면서 예수 그리스도를 통해 확증될 구원에 대해 언급하고 있습니다.

저는, 히브리서 4장 6절에서 말하는 '안식에 들어갈 남은자들' 이란 '이방인에까지 확대된 교회의 의미' 라고 해석합니다. 잘 알고 있듯이 히브리서는 유대인들을 중심으로 하는 교회에 주어진 말씀입니다. 히브리서 1장 1절의 '우리 조상들에게 말씀하신 하나님' 이란 표현이 그것을 강하게 반증하고 있습니다. 그리고 곧이어 2절에서는 '하나님의 아들 예수 그리스도를 만유의 후사' 로 세우신 의미를 설명하고 있습니다.

그러므로 지금 우리가 이야기하고 있는 히브리서 4장 6절은 곧 유대인들에게, 그리고 이방인을 포함한 모든 민족들에게 복음의 능력이 미쳤음을 교훈하고 있습니다. 즉 하나님은 유대인들의 하나님일 뿐 아니라 이방인을 포함한 그가 택하신 모든 백성들의 하나님임을 밝히고 있습니다. 하나님께서는 이스라엘 백성들에게 그 점을 설명하기 위해서, 아직 유대인이라 하는 민족이 생겨나기 전인 세상을 창조할 시점에서부터 말하고 있습니다. 히브리서 기자가 말하고 있는 바 하나님은 만유萬有의 하나님이심을 밝히 교훈함으로써 복음의 진정한 의미를 가르치고 있습니다.

민수 형제, 저의 설명이 형제에게 도움이 되었으면 합니다. 아마 그동안 이와 관련된 여러 주석과 단행본들을 참조했을 것으로 여깁니다. 그리고 말씀의 깨달음을 위해 하나님 앞에 무릎을 꿇었으리라 생각됩니다. 여러 신학자들의 성경 해석과 함께 저의 견해를 함께 묵상해 보면 그 구절이 크게 난해한 구절은 아닐 것으로 생각합니다. 히브리서 교재가 완성이 되면 저도 그 책을 보기를 원합니다. 이 글을 쓰면서 저 자신 오래 전 히브리서 교재를 쓰며 씨름하던 때가 새삼 기억납니다.

이제 내일이면 삼월이 됩니다. 봄이 되면 어떤 복잡한 상황들이 또 우리의 앞을 가로막을까요? 주님 안에서 항상 신실한 형제이기를 바라며, 또한 말씀에 익숙하게 자라가는 서울대 SFC가 되기를 원합니다.

(2001. 2. 28)

2 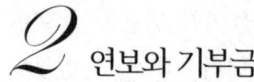 연보와 기부금

원섭 형제에게

주님의 이름으로 문안드립니다. 신학을 공부하고 있는 동생으로부터 저를 소개받았다고 하셨는데, 동생이 어느 신학교에서 공부하고 있는지 궁금한 생각이 듭니다. 형제께서는 지난해 교회에서 청년회장을 지내셨다 하니 매우 활발한 신앙생활을 하는 청년일 것이라 짐작해 봅니다.

원섭 형제가 저에게 질문하신 내용은 주일연보와 '교회 안에서 따로 돈을 모아 구제를 위해 사용하는 것이 바람직한 것이냐' 하는 문제인 것으로 이해합니다. 이것을 이해하기 위해서는 교회에서 공예배 시간에 하는 연보와 그 외 시간에 돈을 모으거나 거두는 기부금에 대한 차이를 알아야 하리라 생각합니다.

연보와 기부금의 공통점은 돈을 낸다는 것입니다. 그러나 둘 사이에는 엄격한 차이가 있습니다. 우선 연보가 '교회에 대한 성도의 의무'라고 하는 보편적 성격을 띠고 있다면, 공예배 시간 이외에 교회에서 거두어지는 돈은 일종의 기부금으로서 그 용처에 대한 구체적이며 특별한 목적을 가지고 있어야 합니다. 물론 기부금은 하나의 목적을 위한 것일 수도 있으며 여러 가지 복합적인 목적을 위한 것일 수도 있습니다.

교회에서 공예배 시간에 행해지는 연보는 예배의 한 부분으로서 매우 중요한 예배 절차에 해당합니다. 교회는 보편적 성격을 띤 그 연보들을 구제와 선교, 교육, 그리고 교회가 필요로 하는 제반 경비로 사용합니다. 이러한 내용들은 교회가 마땅히 행해야 할 부분입니다.

여기서 '보편적 성격'이라는 말은 사실 매우 어려운 설명인데, 이는 마치 아버지가 열심히 일을 해서 얻은 수입은 가정의 보편적 목적으로 사용하기 위함인 것과도 비슷합니다. 즉 아버지가 일을 하면서, 이 일을 해서 버는 돈은 남을 돕기 위해서라든지 혹은 여행이나 취미 생활을 위해서라고 말하지 않는 것과 마찬가지입니다.

대학생들이 아르바이트를 하면서 여행이나 이웃돕기 등 특별한 목적을 위해 일한다고 하는 것은 예외라 할 수 있겠습니다. 물론 이러한 예는 정확한 것이라 할 수 없으나 형제의 이해를 돕기 위해 이 정도로 설명해 봅니다.

우리가 교회에서 공예배 시간에 연보를 하는 것은 특별한 목적을 세워두고 연보를 하는 것이 아니라, 거두어진 연보로써 적절하게 교회의 사명에 따라 사용하게 되는 것입니다. 이 연보는 모든 성도들의 필수적인 신앙 행위입니다. 절대 액수의 많고 적음이 아니라 각자의 수입에 따라 적절하게 교회를 위해 연보하는 것이 중요한 것이지요. 만일 어떤 사람이 특별한 사유없이 성실한 연보 생활을 하지 않는다면 그를 올바른 신앙인이라 할 수 없습니다.

이와 달리 공예배 시간 이외에 거두는 돈은 일종의 기부금 성격을 지니게 됩니다. 그러한 기부금 성격의 돈을 거두기 위해서는 명확한 목적이 설정되어야 합니다. 그냥 틈이 나는 대로 많이 모아두고 그것을 적당하게 잘 사용하면 되지 않느냐는 설명은 온당치 않은 것입니다. 청년회 등에서 매주 돈을 거둔다 해도 그 대략적인 사용처는 사전에 설정이 되어야 할 것이라 생각됩니다.

그러한 기부금 성격의 돈을 거두기 위해서는 강제성이 없어야 합니다. 연보가 소극적 강제성을 띠고 있는 점을 감안할 때 크게 대조적이라 할 수 있습니다. 그러므로 기부금은 각자가 판단하여 알아서 할 일입니다. 그것을 위해서는 청년회원들에게 어떤 부담감을 주지 말아야 합니다. 원치 않는 사람은 아무런 부담없이 돈을 내지 않아도 되는 분위기여야 하겠지요.

형제께서 속하신 교회 청년회에서 매주 조금씩 금액을 모아 청년회의 목적을 위해 사용하는 것은 괜찮다고 생각합니다. 교회는 공예배 시간을 통해 모이는 연보를 가지고 선교나 교육, 구제 등을 위하여 어떻게 사용할지 집사회나 제직회를 통해 결정하지만 검토의 과정에서 때로 정말 필요한 곳을 스쳐 지나칠 수 있습니다.
더구나 풍족하지 못한 예산으로 교회가 마땅히 해야 할 일들을 하려 할 때 재정적인 어려움이 있습니다. 교회가 지나친 그러한 미흡한 부분을 위해 청년회 등에서는 적절한 기부금을 매주 조금씩 모아 선한 목적을 위해 사용할 수 있습니다.

앞에서 말씀드린 연보와 기부금의 차이를 이해하는 것은 상당히 어렵습니다. 그래서 다시 한번 말씀드리겠습니다. 교회에서의 예배는 온 성도들이 함께 모이는 공예배를 의미합니다. 그 예배 시간에는 성례와 권징 사역 등이 포함되어야 합니다.
엄밀한 의미에서 주일학교 모임은 '예배' 라기보다는 '교육' 입니다. 그리고 많은 교회들에서 모이는 학생회나 청년회 등의 모임도 예배 모임이 아니라 교육이나 친교를 위한 모임입니다. 형식이나 순서를 어떻게 하느냐 하는 것은 그 다음의 문제이지요. 그러므로 주일학교나 학생회, 청년회 등의 모임을 가지는 것은 하나님의 말씀을 올바르게 공부하여 공예배에 잘 참여하기 위한 것입니다.

원섭 형제, 저의 설명을 잘 이해하셨는지 모르겠습니다. 연보는 공예배 시간에 성도가 마땅히 순종해야 하는 절차인데 반해서, 다른 모임에서 거두는 돈은 기부금의 성격을 지니게 됩니다. 사실 '기부금'이라는 말이 여기에서 사용할 수 있는 적절한 표현인가 하는 문제는 저도 잘 모르겠습니다. 적절하게 사용할 만한 용어가 있지 않아 가까운 용어를 하나 빌려 제가 우선 그렇게 써 본 것입니다.

형제께서 이 글을 읽으시면서 저의 용어 사용에 대해서 지나치게 집착하지 않기를 바라며, 대신 제가 설명하고자 하는 의미를 잘 생각해 보시기를 바랍니다. 모쪼록 이 글을 통해 형제가 궁금했던 문제가 다소간 풀려지기를 기대합니다.

(2001. 3. 3)

3 삶의 갈등과 신앙

영복 형제

지난번 저에게 글을 보낼 때는 거창에 살고있는 고등학생이었는데 이제는 서울에서 생활하는 의젓한 대학생이 되었겠군요. 열심히 공부하며 삶의 의미를 깊이 이해하는 훌륭한 대학생이 되기를 바랍니다. 이제 서울로 옮겨갔으니 교회도 새로 정해야 하리라 생각되는데 이제 어느 교회에 출석하게 되나요? 올바른 교회를 찾는다는 것은 매우 중요한 일이니 신중하게 교회를 찾으시기를 바랍니다.

형제는 저에게 공개적인 서신을 쓰면서 매우 솔직한 표현들을 하셨더군요. '저는 아버지께 잘 순종하지 않으며 아버지께서 훈계를 하시면 듣기보다는 매번 덤벼들곤 합니다. 그리고 다른 사람이 저에게 무슨 싫은 소리를 하면 저는 화가나서 얼굴을 붉히곤 합니다. 그러지 말아야 한다는 생각을 되풀이 하지만 고쳐지지 않습니다.'

영복 형제, 저는 거창을 특별히 좋아합니다. 남덕유산을 배경으로 한 경치를 좋아하기도 하지만 거창 사람들을 좋아합니다. 제가 이렇게 말하는 것은 어떤 지역감정을 나타내려는 것이 아니라 저에게 거창 출신의 친구들이 유난히 많이 있기 때문입니다.

적어도 제가 알고 있는 거창 출신 친구들은 소신이 분명하고 신실한 친구들입니다. 저는 형제의 글에서 거창 사람다움(?)이랄까 그러한 감정을 느꼈습니다. 물론 이러한 감정은 저 혼자만이 가지는 특수한 감정일 수 있지만 말입니다.

형제는 교회에서 매우 열성적으로 활동하는 것 같습니다. 스스로를 가식적이며 위선적인 사람으로 폄하하고 있는 것을 보며 그것을 알 수 있었습니다. 형제는 이미 죄에 대한 문제를 이해하고 있으며 성도의 삶이 어떠해야 한다는 것을 잘 알고 있는 듯 합니다.

단지 올바른 그리스도인으로 살고자 하는 마음이 있음에도 불구하고 번번이 넘어지고 괴로워하는 것 같습니다. 그러므로 많은 경우에 자신이 과연 정말 그리스도를 믿는 성도인지 회의가 일기도하고 스스로 심하게 자책하기도 합니다.

영복 형제, 제가 느끼기로는 형제는 매우 훌륭한 그리스도인이란 생각이 듭니다. 물론 이 말은 형제의 잘못된 행동을 합리화시켜 주기 위한 말은 아닙니다. 형제가 부모님에 대해 때로 불손하게 대하고 다른 형제들에게 쉽게 화를 낸다 하여도 여전히 형제는 좋은 신앙인인 것 같습니다. 형제 스스로 자신의 그러한 그릇된 모습을 올바르게 볼 수 있는 것은 곧 하나님의 큰 은혜일 것입니다.

형제는 자신의 그러한 모습을 공개 서신을 통해 나타내 보이며 스스로 가식적이고 위선적이라 마음 아파하지만 실은 형제뿐 아니라 모든 그리스도인이 대동소이大同小異 합니다. 문제는 대부분의 교인들은 자신이 가식적이면서도 그 사실을 전혀 인식조차 하지 못하고 있다는 사실입니다. 자신의 가식적 모습에 대해 하나님 앞에서 마음 아파하고 괴로워할 줄 알아야 함에도 불구하고 스스로 하나님 앞에서 합당한 인물로 생각하는 사람들이 많이 있지요.

우리 시대에는 교회의 지도자적 위치에 있을수록 더욱 그러함을 봅니다. 저도 형제에게 고백합니다만 형제와 크게 다를 바 없는 사람입니다. 차이라면 다른 사람에게 공개적으로 나타내 보이려 하지 않고 그런 것을 묻어두고 살아가는 차이라 할까요? 그렇다면 저 같은 사람이 형제보다 더 위선적일 수 있지 않을까요?

　하나님을 진정으로 아는 백성이라면 자기 자신의 잘못된 행동을 합리화시켜 나가려 하지 않을 뿐 아니라 그 잘못을 정말 부끄럽게 생각할 줄 알아야 합니다. 이는 단순히 윤리적인 말이 아닙니다. 하나님께서 우리의 죄를 용서하셨는데, 못난 행동을 끊임없이 되풀이하는 자신의 모습을 하나님 앞에 내어놓고 진정으로 부끄럽게 생각할 수 있어야만 합니다.
　이것이 우리가 일반적으로 말하는 하나님 앞에서의 회개입니다. 하나님을 아는 성숙한 성도에게는 어떠한 경우에도 자신의 자랑이 아니라 자신의 부끄러움이 드러나기 마련입니다. 그러므로 회개할 것이 없는 성도란 지상에 존재하지 않습니다.

　형제가 형제의 행동에 대해 저에게 부탁하신 대로 간단한 방법을 말씀드리겠습니다. 우선 형제는 잘못된 행동을 되풀이 하고 있는 인간인 자신을 잘 이해하시기를 바랍니다. 즉 '자신의 행동'이 아니라 '자기 자신'입니다. 어쩌면 형제는 그리스도인으로서 그렇게 하지 말아야 할 사람이 그런 행동을 되풀이하고 있는 자신이 이해되지 않을지도 모릅니다. 그러므로 그런 행동을 되풀이하는 자신이 이해가 되지 않고 미워짐으로써 더욱 큰 혼란에 빠지게 될지도 모르겠습니다.
　그러나 이제는 이렇게 생각해 보시기를 바랍니다. 하나님의 구체적인 도움이 없이는 언제나 그렇게 할 수밖에 없는 자기 존재를 이해하도록 말입니다. 즉 형제는 그런 부끄러운 일을 하지 않을 수 있는 능력을 갖춘 존재가 아니라, 끊임없이 그렇게 할 수밖에 없는 나약한 존재라는 사실 말입니다. 이는 비단 형제뿐 아니라 우리 모두에게 해당되는 이야기이기도 합니다.

　중요한 것은 그럼에도 불구하고 하나님께서는 여전히 우리를 자기 자녀로 인정하시고, 우리가 '아버지'라 부르며 나아가도 여전히 우리를 기뻐하신다는 사실을 이해하는 것입니다. 우리의 변화는 자기 노력에 달려 있지 않습니다. 형제가 성경의 원리에 따라 변화되어야겠다고 몸부림치면 칠수록 더욱 어려움에 빠질지도 모릅니다. 도리어 스스로 자기노력을 포기해 버리시기를 바랍니다. 그대신 잘못이나 실수를 했을 때 그렇게 문제 투성이인 자신을 귀한 자녀로 삼아주신 하나님께 감사하시기를 바랍니다. 사실 그렇게 하는 것이 성도가 취해야 할 자세입니다.

만일 형제가 자기 노력을 통해 그런 못난 행동을 버린 사람이 되었을 경우 형제에게는 그것이 자랑거리가 될 수도 있습니다. 그러나 그런 부족한 모습을 가진 자신을 하나님께서 자녀로 삼아주신 은혜를 깨달음으로써 우리가 변화될 때 그것은 하나님의 은혜에 대한 표징이 될 것입니다. 그것은 우리의 자랑이 아니라 하나님의 은혜일 수밖에 없습니다.

그러나 우리가 분명히 명심해야 할 점은 인간은 한 평생 그렇게 살아갈 수밖에 없는 존재임을 아는 것입니다. 신앙이 매우 어리거나 신앙이 없는 교인들은 큰 잘못을 하고도 그것을 죄악으로 깨닫지 않습니다. 반대로 신앙이 성장한 신앙인일수록 다른 사람이 보아 별 것 아니라 생각하는 것조차도 죄로 인식하게 됩니다.

전자의 사람들은 다른 사람들과 비교하여 자신이 상대적으로 나은 점을 위안삼는 자들임에 비해, 후자의 사람들은 다른 사람들과 비교하는 것이 아니라 거룩하신 하나님 앞에서 자신을 두고 보기 때문에 항상 부끄러운 죄인일 수밖에 없습니다. 예수님의 비유 가운데 이에 대한 가르침이 있습니다. 누가복음 18장 9-14절을 보세요. 예수님께서는 자기를 의롭다고 믿고 다른 사람들을 멸시하는 사람들에게, 바리새인과 세리의 신앙을 비교하시면서 우리가 마땅히 깨달아야 할 교훈을 주고 있습니다.

영복 형제, 힘내세요. 인간의 행동은 오십보 백보입니다. 자신의 잘못된 행위 자체에 대해서 자신을 너무 질책하지는 않았으면 합니다. 이미 그 사실을 올바르게 깨닫는 것만 해도 하나님의 크신 은혜입니다. 이제는 하나님의 음성을 더욱 세미하게 깨달음으로써 형제의 행동에 자연스런 변화가 일어나기를 원합니다. 그것은 한꺼번에 변하는 것이 아니라 서서히 변하는 것이며, 어쩌면 어느 날 갑자기(?) 자신의 변화된 모습에 대해 스스로 놀라게 될지도 모를 일입니다.

'나는 원래부터 그런 못난 존재이며 하나님의 은혜가 아니면 한없이 악한 존재'임을 인식하는 가운데, '하나님께서 그런 나에게 구원의 은혜를 베풀었음'에 대한 감격을 누리는 가운데 커다란 기쁨을 소유하시기를 바랍니다. 성도의 갈등과 기쁨은 항상 상존함을 기억하시기를 바랍니다.

(2001. 3. 7)

4 '예배'와 관련하여

장로님

교회로 인해 마음 고생이 심하실 것으로 짐작됩니다. 멀리 있는 자녀를 통해 저를 알게 되고, 또 어려운 일을 당해 부족한 저와 함께 그 문제를 생각해 볼 수 있는 기회를 주심에 감사드립니다. 모쪼록 성령의 인도하심을 좇아 모든 일이 올바르게 잘 해결되기를 바라는 마음 간절합니다.

장로님께서 저에게 주신 글 가운데, "주님께서는 이 작은 저에게 '장로'라는 직분을 주셔서 양떼들을 잘 돌보라고 명하셨는데, 그 직분을 제대로 감당하기가 어렵습니다. '말씀'을 살피는 일부터 시작해서 '예배' 라든지 교인들의 신앙생활을 돌아보는 일들이 … 성경에서 말씀하시는 대로, 책들에 쓰여진 대로 하기가 여간 어렵지 않습니다"라고 하신 대목을 보고 장로님의 성숙함을 어느 정도 엿볼 수 있었습니다. 치리하는 장로가 마땅히 행해야 할 직무 가운데 가장 중요한 내용들을 잘 이해하고 계시는 것 같아서입니다.

장로님의 글을 읽으면서 귀교회 목사님이 자기의 기분(혹은 판단)에 의해 약속된 예배 시간에 설교를 하지 않은 것을 알게 됩니다. 설교를 해야 할 목사님이 어떤 바람직하지 않은 사태로 인해 약속된 예배 시간의 설교를 거부했으며 그 사실이 문제가 된 것 같습니다.

장로님께서는 그런 일이 발생한 사실에 대해 '결코 그럴 수 없다'고 말씀하시고, 그 목사님은 '설교를 거부한 것은 차라리 잘한 것이다'라고 주장하고 있습니다. 마땅히 설교를 해야 할 목사가 설교를 거부한 사실에 대해 당사자인 목사님은 자기가 그렇게 한 것이 정당한 것이라 주장하는 반면, 장로님께서는 경건한 예배를 훼손시켰다고 생각하시는 것 같습니다. 제가 장로님의 글을 통해 대략 이 정도로 이해할 수 있습니다.

우선 이에 대한 저의 생각들을 간단하게 정리해 보고자 합니다. 공적인 예배 시간에 설교를 맡은 목사가 자의적으로 설교를 거부한다면 그것은 어떠한 경우에도 올바른 것이 아닙니다. 만일 외부로부터 예배를 방해하는 힘이 작용했다면 예외라 할 수 있겠습니다.
이를테면 복음을 알지 못하는 사람들이 예배를 방해하여 난동을 부린다거나 예배 장소를 점거하는 사태 등이 발생했을 경우는 예외라 할 수 있겠습니다. 그러나 그러한 외부로부터의 물리적 힘이 아니라 설교자의 기분을 바탕으로 한 판단에 따라 설교를 거부하는 것은 있을 수 없는 일입니다.

어쨌거나 불행하게도 이러한 문제는 귀교회에서 이미 발생하였습니다. 그러므로 이제 이를 어떻게 정리할 것인가 하는 더욱 큰 문제가 남겨지게 되는 것입니다. 장로님의 글을 통해 제가 느끼기로는, 교회 안에 그 일에 대한 다양한 시각 및 주장들이 있는 것 같습니다.
목사님은 자기의 그러한 행동을 합리화시키고 있으며, 어떠한 이유에서든지 목사님의 주장에 대해 동조하는 이들이 있는 것 같습니다. 그리고 장로님처럼 결코 그럴 수 없다고 판단하는 분들도 다수 있으며 그에 동조하는 이들이 다수 있을 것으로 여겨집니다.

저도 장로님의 염려하는 바가 옳다고 생각합니다. 장로님 말씀처럼 이런 일을 올바르게 밝힘으로써 설교를 거부했던 목사님도 자기의 잘못을 뉘우치게 될 것이며, 앞으로 다시는 교회 안에서 그러한 부끄러운 일이 일어나지 않도록 하는 것은 매우 중요한 일일 것입니다.

그럼에도 불구하고 제가 보기에는 염려되는 부분이 많이 있는 것 같습니다. 어떻게 하는 것이 말씀의 가르침을 좇는 것이며 바람직한가에 대한 문제 해결에 접근하기도 전에 이미 서로 감정적 일전—戰을 겨룰 듯한 분위기일 것으로 생각되기 때문입니다.

물론 사도 바울을 비롯한 성경 속의 여러 인물들이나 후대의 칼빈 같은 인물들은 그런 싸움 자체를 피하지는 않았습니다. 진리의 수호를 위해서는 온갖 힘을 다 쏟아 부었지요. 우리도 마땅히 그런 신앙의 선배들의 길을 택해야만 합니다.

그렇지만 우리 시대의 교회는 그때 당시보다 훨씬 무기력함을 인정하지 않을 수 없습니다. 즉 성경시대나 종교개혁시대만 해도 '성경이 이렇게 말하지 않느냐' 하면 성도들이 그 앞에서 자신의 모습을 추스르는 자세를 취했습니다. 그러나 우리 시대에는 잘못된 사상적 풍조와 더불어 성경의 가르침과는 무관하게 제각기 자기 주장을 우기는 교만한 시대에 빠져 있습니다.

그러니 모두가 자기가 옳다고 주장하며 무가치한 싸움에 휘말릴 우려가 생겨나게 되는 것입니다. 그렇게 되면 결국 어린 성도들만 영적인 상처를 입고 신앙적 삶을 다치게 되는 것입니다. 그렇다면 어떻게 해야만 할까요?

장로님, 이번 주일 오후에 이 문제 해결을 위해 당회를 하신다고 하셨지요? 저의 소견에는 만일 그 자리에서 단순히 옳고 그름을 따져 논하게 되면 결말 없이 아무런 값없는 상처만 남게되지 않을까 우려됩니다. 그렇다고 아무 일 없었다는 듯이 그냥 넘어가는 것도 결코 교회의 성숙한 지도자의 자세가 아닐 것입니다. 그래서 이렇게 권면드려 봅니다.

귀교회에서 일어난 일들에 대해 당회의 명의로 해당 노회에 질의를 해보셨으면 합니다. 교회의 약속된 예배 시간에 개인적 판단으로 설교를 하지 않을 권리가 설교를 맡은 목사에게 있는지 문의해 볼 수 있습니다. 나아가 이 문제를 교단내 답변할 만한 여러분에게 공적인 질의를 해 볼 수 있습니다.

KS대학 신학과 교수회나 K신학대학원 교수회, 혹은 설교학이나 예배학을 담당하는 교수들에게 이 문제에 대해 질의해 볼 수 있습니다. 물론 질의를 할 때는 서로가 냉정하고도 겸손한 자세를 가져야만 합니다. 그것이 복음을 아는 자들의 기본 자세일 것이며, 그렇게 함으로써 교회의 실질적인 유익을 가져올 객관성 있는 답을 들을 수 있을 것이기 때문입니다.

지금 저는, 귀교회에서 일어난 일련의 일에 대해 판단하는 답변을 하는 것이 아니라 원리적인 말씀을 드리고 있습니다만 노회나 교단 신학대학, 신학대학원에 질의를 하실 때는 명확한 판단을 요구하실 수 있습니다. 그에 대한 답변을 받아 교회 앞에 공개하고 앞으로는 다시금 동일한 잘못을 범하지 않는 계기로 삼아야 할 것으로 생각합니다. 필요하다면 권징의 절차를 밟아야 합니다.

장로님, 만족할 만한 답변을 드리지 못해 죄송합니다. 우리가 다 부족하지만 말씀의 가르침은 단호하고도 명확합니다. 잘못된 부분을 찾아 돌이키고 뉘우침으로써 하나님의 교회가 원래의 온전함을 회복해 가는 것이 지상교회의 중대한 사명입니다. 귀교회가 빨리 이 문제를 해결하고 말씀을 경외하며 순종하는 좋은 교회로 돌아서게 되기를 바라는 마음 간절합니다.

(2001. 3. 10)

5 '심방예배'에 대하여

커피조아님께

안녕하세요? '커피조아'라는 별명으로 보아 커피를 좋아하나 보내요. 저도 커피를 무척 좋아합니다. 커피를 한 잔도 마시지 않는 날은 거의 없고 평균 하루에 너댓 잔 정도를 마십니다. 많이 마시는 날은 하루에 거의 열 잔 정도를 마시지요. 수업이 있을 때는 수업 전에 한 잔, 쉬는 시간에 한 잔, 수업을 마치고 나서 한 잔 마실 정도로 커피를 좋아합니다.

제가 이렇게 말하면 중독증세가 있는 것이 아니냐고 오해하는 이들이 혹 있을지 모르지만 전혀 그렇지 않습니다. 어떤 사람들은 커피를 마시고 나면 잠이 오지 않는다고 하는 이야기를 듣지만 저는 밤 열두시쯤 되어 잠자리에 들기 전에 커피를 한 잔 마시고 잠자리에 들 때도 많이 있습니다. 초기 한국교회가 절제운동을 하며 금주, 금연을 도입했는데 그때 만일 금커피를 했다면 어떻게 됐을까 하는 생각이 들 때도 없지 않습니다.

'커피조아'께서는 저에게 심방을 하면서 다양한 목적을 두고 예배를 드리는 것에 대해 질문을 하셨더군요. 말씀하신 대로 우리 한국교회에는 심방의 목적에 따른 다양한 예배 형태가 있는 것이 사실입니다. 어떤 교인이 이사를 하게 되면 이사예배를 드리고, 개업을 하면 개업예배를 드리고, 심지어 새 자동차를 샀을 때 심방하여 그에 대한 예배를 드리는 경우마저 있습니다.

그렇게 함으로써 가정이 잘되고 사업이 번창하며 자동차 사고를 어느 정도 예방할 수 있는 것으로 믿고 있기 때문일 것입니다. 그러므로 그런 예배를 인도하는 목사들은 심방한 그 가정이 잘되도록 빌고, 사업이 번창하도록 빌며, 자동차 사고가 나지 않도록 비는 것이 아닐까요? 이 외에도 심방을 통해 출생, 돌, 백일, 생일, 회갑감사예배 등을 보는 것이 자연스럽습니다.

제가 위에 나열한 심방예배의 형태를 두고 이상하다고 생각하는 교인들은 우리 주변에 거의 없을 것이라 생각합니다. 오히려 저처럼, 그런 형식의 심방예배는 필요하지 않다고 주장하는 사람이 있다면 이해심이 부족하거나 부정적인 성향의 사람으로 몰아부칠지도 모를 일입니다. 그만큼 우리 한국교회에서는 그런 심방예배 형태가 이미 익숙하게 자리 잡고 있기 때문입니다.

그러나 심방을 하면서 행해지는 그런 예배 형태는 필요하지 않습니다. 성경에는 그런 형태의 예배를 요구하지 않으며 교회사 가운데 건전한 교회들에서는 그런 식의 예배 형태를 가지고 있지 않았습니다. 물론 지금도 세계의 성숙한 교회들 가운데는 그런 식의 심방예배가 있지 않습니다.

우리가 여기서 주의 깊게 생각해 보아야 할 점은 하나님을 예배할 때 다른 어떤 목적을 위한 조건이 필요하지 않다는 점입니다. 이를테면 사업이 잘되게 하거나 건강하게 잘살게 하기 위한 목적 때문에 하나님을 예배하는 것이 아니라 우리의 외부 조건과는 상관없이 하나님을 예배해야 한다는 사실입니다. 한국의 많은 교인들은 개인이나 가정에 좋은 일이 있을 때 목사님을 초청하여 그에 대해 감사하며 예배를 드리는 것이 무슨 잘못이냐는 듯이 항변합니다.

그러나 우리는 우선 이 점에 대해서 명확히 이해해야 합니다. 즉 특별한 목적과 이유에 근거한 심방예배 행위는 자칫 기복적 신앙 행위에 빠질 우려가 있습니다. 참된 예배에는 하나님을 찬양하며 높이는 일 외에 어떠한 목적과 이유도 첨가될 수 없습니다. 다시 말씀드리자면 '이러이러한 이유 때문에 하나님을 예배한다' 는 말은 성립될 수 없습니다.

'이러이러하기 때문에' 라는 단서를 붙여 예배를 드린다면 거기에 참석한 자들은 그 예배의 조건이 더욱 충족되기를 바라며 그것을 추구할 것이며, 그것이 하나님을 예배하는 이유처럼 되어 버릴 것입니다. 그러나 하나님을 예배하는 조건은 그런 것과 아무런 상관이 없습니다.

그러면 세상 가운데 살고 있는 우리는 어떻게 해야 할까요? 성도들도 이 세상에 살며 이사도 하고 개업도 하며, 자녀를 낳기도 하며 자동차를 사기도 합니다. 그리고 건물을 짓기도 하고 그 건물을 완성하여 입주하여 활용하기도 합니다. 그럴 때 우리 성도들은 마땅히 하나님께 감사한 마음을 가질 것입니다. 자신의 좋은 일이든 다른 형제의 일이든 그 좋은 일에 참여하며 즐거움을 누릴 수 있습니다. 그럴 때는 성도들이 축하하며 특별한 의례없이 감사하는 정도의 모임을 가지는 것이 좋을 듯합니다.

좀더 구체적으로 말씀드려 보겠습니다. 어느 성도가 이사를 했으면 자연스럽게 그 이사간 성도의 새 거처를 심방할 수 있습니다. 목사님과 함께 심방할 수도 있고 가까운 일반 성도들과 함께 갈 수도 있습니다. 심방을 해 집을 둘러보며 서로 교제할 수 있을 것이며 집 주인인 성도는 간단한 다과 같은 것을 준비하여 대접할 수도 있습니다.

그 가운데 하나님의 은혜에 감사해 찬송을 할 수 있을 것이며 자연스럽게 기도할 수도 있습니다. 그러나 그것은 의례적 예배와는 다릅니다. 자동차를 샀을 때나 형제의 생일을 맞았을 때도 마찬가지입니다. 다른 형제가 새로운 사업을 하기 위해 개업을 했을 때도 방문해 축하하며 격려할 수 있습니다. 그날 방문객이 많다면 간단한 음식을 준비해 여럿이 함께 나누며 그 즐거움에 참여할 수 있습니다.

그러나 그 자리에서 의례적 예배가 반드시 필요한 것은 아닙니다. 더구나 그런 일로 인한 특별한 예배를 보고 연보를 하는 행위 등은 올바른 예배가 되지 않습니다. 예배를 인도하는 목사가 그 집이 잘되고 사업이 번창하도록 복을 비는 행위 같은 것은 여간 조심스럽지 않습니다. 목사님이 그 자리를 방문할 경우 예배라는 형식을 취하지 않고 축하할 수 있을 것이며, 세상의 이(利)를 탐하지 않도록 권면하는 정도의 격려로 족합니다.

물론, 그런 좋은 일이 있음을 교회에 알려 온 교인들이 서로 힘이 되는 것은 아름다운 일이겠지요. 그때 좋은 일을 만난 성도는 주일 예배 시간을 통해 그 감사한 마음을 표현할 수 있을 것이며 적절한 연보를 하여 교회의 일에 동참할 수도 있습니다. 우리가 잘 이해해야 할 것은 의례적 예배와 감사에 대한 의미입니다. 하나님의 인도하심에 대한 감사하는 마음을 표현하는 것과 의례적 예배를 드림으로써 어떤 목적을 강화하는 것 사이에는 엄청난 차이가 있습니다.

성도님, 제가 설명하고자 하는 바를 이해하셨을 줄로 생각합니다. 목적을 둔 의례적 예배를 잘못된 것이라 지적한 점을 두고 제가 하나님에 대한 감사를 소홀히 하는 것으로 오해하지는 말았으면 합니다. 혹 어디에 사는 분인지 알려 주시겠어요? 그래야 기회가 되면 커피라도 한잔하지요.

(2001. 3. 13)

6 개혁교회와 찬양대

우섭 형제

안녕하세요? 몇 년 전 같았으면 강의실에서 만날 수 있었을 텐데 지금은 고신대학에 강의가 없으니 아쉽게 되었습니다. 그 전에 고신대학에 출강할 때는 주로 이슬람선교와 종교학 관련 과목들을 강의하며 학생들을 만났었는데 그때의 기억이 새롭게 살아납니다.

형제가 저에게 질문한 내용은 개혁교회에 있어서 찬양대의 의미에 대한 것이라 이해됩니다. 참 중요하고도 어려운 질문을 하셨군요. 저의 견해가 세상에 알려지면 다른 사람들이 저를 얼마나 못마땅하게 여길까에 대해 미리 생각해 봅니다. 물론 이런 이야기를 처음 하는 것이 아니긴 합니다만 새삼 그런 생각이 드는군요.

원래 개혁주의 교회에는 '찬양대'라는 그룹이 있지 않습니다. 그러므로 개혁주의를 지향하는 교단들의 교회법 중 예배모범에는 '찬양대'의 음악 순서가 달리 들어가 있지 않습니다. 제가 속해있는 KS교단의 헌법도 마찬가지입니다. 그럼에도 불구하고 오늘날 대다수 교회들에서는 예배 중 찬양대가 특별한 음악을 연주하고 있습니다. 언젠가부터 우리에게는 충분한 검증없이 기독교 계통에서 알려진 음악이 '교회음악'으로 바뀌게 되었고 그것이 다시 '예배음악'이라는 이름으로 바뀌었으며 그것이 또다시 '찬양대음악'으로 강조되고 있는 것 같습니다.

그러나 전통적 개혁교회에서는 하나님을 예배하며 달리 찬양대가 있을 필요가 없습니다. 찬양대의 성경적 근거를 주장하는 사람들은 구약성경에 나타나는 '노래하는 무리'들을 이야기하곤 하는데 그것은 성경의 가르침에 대한 이해부족 때문일 것입니다.

오늘날 찬양대와 그들이 추구하고 있는 교회음악은 여간 잘 점검되지 않으면 안 될 것입니다. 사실 그다지 중요하지 않은 '음악성'을 드러내기 위해 교회는 찬양대 지휘자를 고용하고 반주자를 고용하는 것을 우리는 쉽게 볼 수 있습니다. 나아가서는 소프라노 알토 등 성악 전공자들마저 파트장이라는 이름으로 고용하는 교회가 많이 있는 실정입니다.

사람들은 그렇게 함으로써 더욱 듣기 좋은 음악을 통해 하나님을 영화롭게 한다고 생각하는 경향이 있지만 그것은 터무니없는 생각일 따름입니다. 예배 시간에 찬양대가 멋있게 음악을 잘하면 거기에 모인 성도들은 아멘으로 화답하는 것이 하나님을 영화롭게 하는 것이 아닙니다.

굳이 예배 시간에 찬양대를 둔다면 그것은 성숙한 믿음 안에서의 대표적 기능을 가져야 합니다. 그것은 마치 장로님이 대표기도를 하는 것과 비슷한 경우라고 할 수 있을지 모르겠습니다. 그러나 찬양대를 구성하고 있는 성도들은 음악을 잘하는 사람들로 구성되어서는 결코 안 됩니다. 아름다운 성대를 가지지 못해도 올바른 신앙을 가진 사람들이 찬양대를 구성해야 합니다.

특히 우리나라의 경우 찬양대원들은 거의가 음악에 관심이 있는 젊은 사람들로 구성되어 있습니다. 그러나 정말 찬양대를 두려면 참다운 고백이 있는 사람들로 구성되어야 합니다. 그리고 젊은 사람들 중심이 아니라 연세가 70이 넘는 성숙한 성도들도 자연스럽게 참여할 수 있어야 합니다. 만일 이렇게 된다면 젊고 노래를 잘하는 사람들 가운데 찬양대원이 될 수 없는 사람들이 많이 있는가 하면 나이 많고 음악성이 없는 성도들 가운데 찬양대원이 되는 사람들이 많아지게 될 것입니다.

이 글을 읽는 사람들 가운데는 그런 찬양대가 왜 필요한가라고 반문하는 사람들이 있을지 모르겠습니다. 그렇지요. 그러니까 굳이 찬양대라는 것이 필요하지 않다는 것입니다. 그렇지만 제가 말씀드리는 그런 찬양대가 구성된다면 그들에게 강조되어야 할 것은 결코 음악성이 아니어야 합니다.

요즘 우리 주변의 찬양대들을 보면 예배 시간에 아주 이상한 음악들을 하는 경우가 많이 있습니다. 그 가사의 내용이 과연 하나님의 말씀과 온전히 조화되는지 분명한 검증을 거치지 않은 채 감미로운 음악적 노래를 부르고 있다는 이야기입니다. 굳이 예배를 위한 찬양대를 두려면 그 지휘자는 음악성이 밝은 사람이 아니라 하나님의 말씀에 밝은 사람이어야 하는 이유가 바로 여기 있습니다.

물론 찬양대가 부를 노래는 시편 찬송에 국한되어야 합니다. 즉, 건전한 찬양대라면 시편 그 자체를 노래해야 합니다. 물론 다른 성경 본문을 선택해 노래할 수도 있습니다. 시편을 다시 요약하거나 재구성하는 것은 엄밀한 의미에서 문제가 있습니다.

예를 들어 봅시다. 지금은 하늘나라에 가고 곁에 없습니다만 우리 교회에서 함께 신앙생활을 하며 집사 직분을 가졌던 장봉수라는 시인이 있었습니다. 장애를 가졌던 그는 서른을 갓 넘기며 인생을 마감했는데 그가 쓴 시 중에 '회상' 이라는 시가 있습니다.

> 지금보다 훨씬 더 / 어렸을 때 / 난, 한숨쉬는 버릇이 있었어요 / 왜 그랬는진 잘 생각 안나지만... // 그러면 할머님은, 어린놈이 웬 한숨이냐시며 / 되려 더 크게 한숨을 쉬셨지요 // 요즘 그 버릇이 / 도지었지요. // 허나 / 지금은 알 것 같아요 / 한숨나는 까닭을 / 나보다 더 크게 한숨짓던 할머니도... /

저는 누군가가 이 시를 다시 재구성하는 것은 가능하지 않다고 생각합니다. 이를테면 시인의 의사와 관계없이 앞 뒤 몇 줄 빼고 단어를 적당하게 다시 나열하여 시를 재구성한다면 이미 시詩의 노래가 변질된다고 생각합니다. 위의 시에 사용된 단어들을 다시 배열한다면 그것이 원래의 시와 어떤 관계가 있을까요? 제가 이 말씀을 드리는 이유를 잘 이해하시리라 생각합니다.

　성경 말씀에 기록된 시편은 정확무오한 하나님의 계시입니다. 그 시를 다시 재구성하여 또 다른 유사한 시를 만들어낸다는 것은 원칙적으로 말이 되지 않지요. 물론, 우리가 가지고 있는 한글 개역성경의 시편은 산문형식으로 번역되어 있기 때문에 결코 간단한 문제는 아닙니다.

　다시 본론으로 돌아가겠습니다. 예배 시간에 찬양대를 두려면 성경의 시를 그대로 노래하게 해야 합니다. 시로 표현된 그 아름다운 진리의 노래에 온 성도가 참여하며, 그 심오한 하나님의 은혜에 아멘으로 화답하게 되는 것입니다. 물론 그런 찬양대에서는 음악이 강조되지 말아야 하며 시의 노래 언어, 즉 하나님의 말씀만이 강조되어야 합니다.

　그러나 현대 기독교에 깊이 물든 우리에게 이것은 결코 쉽지 않습니다. 이미 음악이 간지려주는 감미로움에 스스로 매료된 인간들은 시편의 노래보다는 아름다운 곡조를 선호할 것이기 때문입니다.

　하나님을 예배하는 시간에는 어느 인간도 자랑이나 칭찬의 대상이 될 수 없습니다. 목사가 설교를 잘했다고 자랑하거나 칭찬들을 일도 아니며, 찬양대가 음악을 잘 했다고 자랑하거나 칭찬들을 일도 아닙니다. 오직 하나님 한 분만이 영광을 받으시는 예배가 되어야만 합니다.

　저는 우리 시대에 예배에 대한 갱신운동이 반드시 일어나야 한다고 믿지만 하나님의 은혜가 아니고는 그 바람이 요원할 수밖에 없으리라는 생각을 합니다. 물론 그로 인해 인간의 한계를 더욱 절실히 느끼며 하나님의 역사하심만을 바라는 은혜를 누리기는 하지만 말입니다.

　우섭 형제, 이러한 질문을 통해 다시 한번 우리의 모습을 되돌아 볼 수 있는 기회가 되기를 바라는 마음 간절합니다. 하나님의 은혜가 형제에게 늘 함께 하시기를 원합니다.

(2001. 3. 20)

7 '영성신학' 靈性神學에 대하여

이 목사님께

이 목사님, 그간도 교회와 가정 모두 주님 안에서 두루 평안하시리라 생각합니다. 일전에 소식을 주셨는데 진작 연락 드리지 못해 죄송합니다. 엊그제 서울의 창조사학회에서 강의를 마치고 대구로 돌아오는 중 많은 눈이 내리는 것을 보고 '설이 거꾸로 되돌아오려는가' 생각했는데, 오늘도 날씨가 전혀 봄날씨 같지가 않군요. 아마 목사님이 계시는 그곳은 여기보다도 더 쌀쌀하겠지요?

지난번 목사님께서 '영성신학'에 대해 저의 견해를 물으셨는데, 이제야 그에 대한 말씀을 드려볼까 합니다. 요즘 우리 한국 기독교에서 '영성신학'이라는 말이 많이 사용되고 있는 것은 한국교회의 세속화 및 타락 때문이 아닌가 생각해 봅니다. 그러나 교회의 교회답지 못함을 '영성운동'을 통해 해결한다는 의미는 일면 그럴 듯해 보이기는 하나 여간 조심스럽지 않습니다. 전통적인 영성신학은 성경적이 아니라 인본주의적 신학이기 때문입니다.

우리 시대에 영성신학이라 하면 대부분의 교인들이 긍정적으로 이해하고 있는 것이 사실입니다. 그런 사람들은 대개 '영성'이라는 말을 '육적' 혹은 '물질적'이라는 말과 대비되는 개념으로 이해하고 있습니다. 그러므로 기독교 신앙인들은 육적이고 물질적인 것이 아니라 영적인 것을 추구해야 한다고 생각하고 있습니다.

그러나 진정한 기독교에서 '영적'이라 할 때는 단순히 '육적'인 것에 대비되는 개념으로서 영적spiritual이라는 의미가 아니라 '성령적' Holy Spiritual이어야 합니다. 성령적이란 성경과 성령의 가르침에 순종한다는 의미여야 하며 이는 단순히 비육체적 혹은 비물질적이라는 의미와는 아무런 상관이 없습니다.

전통적 영성운동은 원래 로마교회와 동방정교회에서 일어난 운동입니다. 그들은 그 운동을 통해 수도하는 삶을 살며 영적인 수양과 훈련을 이루어 전인全人을 추구하고자 했던 것입니다. 그들에게 있어서 영성운동이란 성령의 인도하심이라는 의미와는 아무런 상관이 없습니다.

그들은 하나님의 은혜가 아니라 인간의 자기 수양을 통한 인간성 회복을 추구했던 것입니다. 그들에게는 성경과 성령의 인도하심이나 하나님의 은혜가 강조될 필요가 없었던 것입니다. 그들에게 중요한 것은 인간의 자기 수양과 일종의 인간적 득도得道와 같은 것일 따름입니다.

저는 우리 시대 기독교에서 전개되는 영성운동은 매우 위험할 수 있다고 생각합니다. 이는 하나님의 진리보다는 인간의 종교적 윤리를 강조하는 어리석음에 빠질 우려가 있다고 여기기 때문입니다. 저는 우리 시대의 교회가 굳이 영성운동을 새롭게 추진할 필요가 없다고 생각합니다. 더구나 전통적 영성운동이 추구하고 있는 바를 잘 알고 있는 우리로서는 더욱 그렇습니다.

제가 이렇게 말하면 아마 진정한 기독교적 영성운동을 하면 될 것 아니냐고 하는 사람들이 다수 있을지도 모르겠습니다. 만일 그렇다면 우리는 더욱 명확한 입장을 취해야 합니다. 우리가 진정한 영성회복을 바란다면 말씀회복운동을 전개해야 합니다. 중세 종교개혁자들이 하나님의 말씀으로 돌아가야 할 것을 외쳤는데 우리 시대에도 그와 같은 운동이 일어나야 하리라 생각합니다.

말씀운동과 영성운동 사이에는 엄청난 차이가 있습니다. 말씀운동은 그 출발이 인간 내부가 아닌 하나님의 계시에서 시작하고 있습니다. 그러나 영성운동이라 하면 그 출발이 인간의 자기 내부에서 출발하게 됩니다. 이는 엄연히 다른 의미이며 그 출발점을 전혀 달리합니다.

우리가 기억하는 인물들 가운데 가장 영적인 사람들은 어떤 분들일까요? 혹 신앙이 어린 사람들은 점잖고 싸움을 하지 않는 그런 종교인들을 떠올리지 않을까요? 설령 남이 욕하고 시비를 걸어온다 할지라도 항상 인자하며 웃는 얼굴에 좀처럼 화내지 않는 수양된 인물을 떠올릴지도 모르겠습니다. 그런 사람들은 소위 말하는 영성이 잘 다듬어진 사람일지는 모르겠지만 성령이 충만한 사람이라 할 수는 없습니다.

진정으로 성령이 충만했던 인물들은 성경에 잘 소개되고 있습니다. 구약성경에 나타나는 여러 선지자들이나 신약시대의 여러 사도들이 곧 그들입니다. 예수님께서는 당시의 종교 지도자들을 매우 심하게 꾸짖으셨으며 그들을 향해 화를 내기도 하셨습니다. '독사의 자식들' '회칠한 무덤' 등의 극언을 사용해 가시며 그들을 질책하셨던 것입니다.

세례 요한도 자신에게 세례를 받기 위해 요단강으로 나아온 많은 바리새인들과 사두개인들에게, "독사의 자식들아, 누가 너희를 가르쳐 임박한 진노를 피하라 하더냐"(마 3:7)며 강하게 질책했던 것을 기억합니다. 베드로가 아나니아와 삽비라를 죽음에 내어준 사실(행 5:1이하)을 우리는 잘 알고 있으며 사도 바울이 극한 투쟁 가운데서 주님의 몸된 교회를 지키려 애썼던 사실을 기억하고 있습니다.

우리가 말하는 영적인 사람이란 바로 그런 사람들을 말하며 우리가 배워 익혀야 할 영성이란 바로 그러한 영성입니다. 만일 그러한 영성이 아니라면 그것은 성경이 말하는 바 영성이 아닙니다. 우리가 진정으로 영성을 회복하여 영적인 사람이 되기를 원한다면 주님의 말씀을 따라 순종했던 세례 요한이나 베드로, 바울 등이 소유했던 것과 같은 영성을 가져야 합니다.

　이 목사님, 저는 우리 시대에 일어나고 있는 영성운동에 대해 심히 우려하고 있습니다. 이러할 때 복음을 아는 우리가 행할 수 있는 유일한 길은 말씀회복을 위해 애쓰는 것이라 생각합니다. 우리에게는 '오직 말씀' sola scriptura만이 우리의 잣대이며 말씀을 통해서 만이 우리의 영성을 회복해 갈 수 있습니다. 어지럽기 짝이 없는 우리 시대에 진정한 영성회복 운동이 성경 말씀의 교훈들을 좇아 일어나기를 바라는 마음 간절합니다.

(2001. 3. 30)

8 '성막'에 대하여

연성 자매님께

안녕하세요? 동교회 청년들 모두 평안하리라 생각합니다. 그때 경남 양산의 조그만 산 속에서 만났을 때는 삭막한 겨울이었는데 지금은 꽃들이 만발한 화려한 봄이 되었군요. 지난 번 저에게 주신 소식을 접하고 무척 반가웠습니다만 이제야 답을 하게 되네요. 지난 겨울 강의를 마치고 나오던 길에 몇 마디 이야기를 나누었던 연성 자매의 야무진(?) 모습을 지금도 잘 기억하고 있습니다. 얼굴을 잊어버리기 전에 한 번 더 보아 두어야 할텐데요.

자매께서 서신을 통해 저에게 질문하신 '성막'에 대한 내용은 상당히 중요하면서도 많은 설명을 요하는 부분이라 생각됩니다. 그래서 이 글을 통해서는 간략하게 그 의미에 대해 말씀드릴까 합니다. 결코 쉬운 문제가 아니니 만큼 우선 하나씩 문제를 풀어나갔으면 합니다.

도대체 '성막'이란 무엇이지요? '성막'이란 '이동하는 하나님의 거룩한 집'이라는 뜻입니다. '성막'을 영어에서는 'Tabernacle' 혹은 'Tent'라 하기도 하는데 그것은 곧 '이동하는 집'이라는 말입니다. 이는 나중 솔로몬 왕이 지은 고정된 '하나님의 집' Jerusalem Temple과 대비되는 개념이지요.

이 성막이 생긴 것은 이스라엘 백성이 출애굽하여 시내광야에 있을 때입니다. 이는 그 이전 노아 시대나 아브라함 시대에는 성막이 있지 않았다는 말이기도 합니다. 여기서 우리는 성경의 가르침에 대해 좀더 많은 이해를 할 필요가 있는데, 그것은 곧 아브라함 언약에 대해서입니다.

하나님께서는 아브라함에게 '자손'과 그들이 거처할 '땅'을 주시겠다고 약속하셨는데(창 12장) 그것이 곧 아브라함 언약의 핵심입니다. 하나님께서는 이스라엘 백성이 애굽에서 430여 년간의 이방살이를 끝내고 약속의 땅 가나안으로 들어가는 길목에서 모세에게 성막을 짓도록 요구하십니다.

그 성막을 계획하시고 설계하신 분은 하나님 자신이십니다. 죄에 빠진 인간들의 아이디어를 전혀 필요로 하지 않은 것이지요. 하나님께서는 성막의 형태, 크기, 사용되는 재료, 심지어는 각양 색깔에 이르기까지 스스로 엄격하게 정하시고 그대로 짓도록 요구하셨습니다. 여기서 우리가 배울 수 있는 중대한 교훈은 그 성막을 건립하는 주체는 오로지 하나님이라는 사실입니다. 이는 나중 주님의 몸된 교회를 설명할 때 동일하게 적용이 됩니다.

하나님께서 이스라엘 백성에게 성막을 짓도록 요구하신 의미는 무엇일까요? 그것은 자기 백성을 향한 하나님의 놀라운 은혜입니다. 물론 하나님께서는 그 성막 안에 갇히어 살 분이 아니십니다. 그럼에도 불구하고 하나님의 거처를 짓도록 한 것은 하나님께서 자기 백성 가운데 살아 계심을 구체적으로 보여주신 것입니다.

다시 말해서 만일 그런 집이 있지 않았다면 백성들은 하나님이 하늘 저 멀리 있다고 생각했겠지요. 그러나 하나님께서는 이스라엘 백성에게 자신이 그들과 함께 있음을 가시적으로 보여주신 것입니다. 이스라엘 백성이 이동할 때마다 그 성막이 앞서 이동했으며, 그 성막은 예루살렘에 성막이 정착되어 성전^{聖殿}으로 될 때까지 그 기능을 감당했던 것입니다.

예루살렘에 성전이 세워졌다는 의미는 더이상 하나님의 집이 이동해 다닐 필요가 없다는 뜻이지요. 다시 말해 하나님께서 아브라함에게 약속하신 바가 이루어져 모세 시대 이후에는 하나님의 성막과 함께 가나안 땅에 진입했으며, 솔로몬 왕을 통해 예루살렘 성전이 건립됨으로써 그 백성에게 정복 전쟁이 끝나고 평화가 공표되었던 것입니다.

연성 자매는 성막의 여러 구조가 천국의 상징을 나타내는 것이 아니냐 했는데 그것은 지나친 해석일 것입니다. 예를 들어 어떤 사람들 가운데는 성막을 건립하는데 사용된 청색, 자색, 홍색, 백색이 사복음서를 의미한다고 하기도 하지만 저는 그러한 설명을 받아들일 수 없습니다.

자매가 말한 대로 그들은 청색은 하늘과 생명을 의미하고 하나님의 아들을 상징하기에 요한복음이며, 자색은 왕권과 유대인의 왕으로 오신 예수님을 상징하기에 마태복음이고, 홍색은 희생과 종을 의미하여 예수님의 종으로 오심을 묘사하기 때문에 마가복음이며, 백색은 인자로서 흠 없는 예수님을 상징하기에 누가복음이라고 설명하는 것은 그저 막연한 상상적 해석일 따름입니다.

성막을 건립하는 데 금과 은, 동을 사용하기도 하고 다양한 색깔을 사용하도록 하신 것은 이스라엘 백성을 향한 '하나님의 요구'입니다. 그렇다면 하나님께서 왜 그런 요구를 하셨을까 하는 점을 생각해 볼 필요는 있을 것이라 여겨집니다.

저는 그에 대해 이렇게 이해하고 있습니다. 앞에서 말씀드린 것처럼 하나님께서 이스라엘 백성 가운데 성막을 건립하게 하신 목적은 하나님이 인간처럼 인간들 가운데 거하고 있음을 가시적으로 보여주시는 것입니다. 그렇다면 성막을 건립하는 데 사용된 다양한 재료들이나 색깔 등은 인간과 함께 하시는 하나님임을 더욱 구체적으로 보여주는 것이 아닌가 생각할 수 있습니다.

계시사啓示史적인 측면에서 생각해 본다면 나중에 인자人子, 즉 창세기

3장 16절에서 약속하신 '그 사람의 아들'(the Son of Man)로 오실 하나님 임을 미리 보여주신 것이 아닌가 생각할 수 있습니다. 나중에 예수님께서 하나님의 아들이면서 인간의 몸을 입고 이 세상에서 인간들처럼 사셨던 임마누엘 하나님을 미리 예시한 것이 아닌가 생각해 보는 것입니다.

적어도 우리가 분명히 이해할 수 있는 것은 세상이 도저히 용납하지 못할 만큼 크며 전지전능하신 하나님께서 자기 백성인 인간들 가운데 자기 거처를 지을 것을 요구하신 그 주님께서 친히 인간의 몸을 입고 인간들 가운데 오셔서 사셨다는 사실입니다.

우리가 교회를 주님의 몸된 교회라 하는데 이 말도 이와 연결지어 생각할 수 있습니다. 여기서 교회란 건물을 의미하지 않습니다. 한 장소에서 모이는 주님의 백성이 곧 교회이지요. 주님은 그 교회 가운데 거하신다고 말씀하셨습니다. 이는 구약시대 이스라엘 백성 가운데 있는 성막과 성전에 거하시던 주님을 기억하며 이해해야 합니다.

연성 자매! 제가 설명하고자 하는 바를 잘 이해하시기를 기대합니다. 사실 성막에 대해 올바른 이해를 하는 것은 매우 중요합니다. 지성소, 제사장, 제물 등을 함께 이해해야지만 말입니다. 그러나 성막에 사용된 재료를 하나씩 떼어내어 자의적인 신학적 설명을 하려는 시도는 매우 조심스럽습니다.

성막에 관련된 모든 내용을 다 알지 못한다 해도 그 가운데서 얻을 수 있는 전체적인 의미와 함께 하나님의 놀라우신 계획과 은혜를 깨닫는 것이 더욱 중요하다고 생각합니다. 자매께서 이에 대한 관심을 가지고 있으니 모쪼록 올바르게 잘 이해하여 복음을 명확히 깨닫게 되기를 바랍니다. 이제 그만 쓸게요. 앞에서 말한 대로 얼굴을 잊기 전에 한번 더 볼 기회가 있었으면 좋겠다는 저의 말을 기억했으면 합니다.

(2001. 4. 7)

9 목회자와 생활비

성 목사님께

목사님, 잘 지내셨는지요? 교회와 목회자에게 있어서 정말 중요한 문제를 저에게 질문하셨더군요. 온전한 답변은 되지 못할지라도 목회자의 생활비에 대한 저의 견해를 말씀드리겠습니다.

요즘은 목회자의 생활비를 두고, 그것이 '사례비'냐, 아니면 '생활비'냐, 혹은 '월급'이냐 하는 논의마저 되고 있는 것으로 알고 있습니다. 생활비라 하면 말 그대로 교회가 목회자의 모든 생활을 책임진다는 말이 될 것이며, 사례비라 하면 목회자의 가르침과 목회에 감사해서 드리는 돈일 것이며, 월급이라 하면 일반적으로 수고한 대가로서의 돈을 의미합니다.

만일 목회자가 매월 받는 돈이 생활비라면, 교회가 목회자의 삶에 드는 필요 경비를 성도들이 함께 나누어 지는 것입니다. 큰 교회에서 목회하느냐 아니면 작은 시골에서 목회하느냐 하는 문제가 아니라, 부양해야 할 식구가 몇 명이냐 혹은 돈이 많이 들어갈 대학생이 몇 명 있느냐에 따라 달라질 것입니다.

서울의 큰 교회 목사일지라도 자녀가 다 독립하여 식구가 적으면 생활비를 많이 필요로 하지 않을 것이며, 시골의 작은 교회에서 목회를 하는 목사라 할지라도 부양해야 할 부모님이 있고 대학에 다니는 자녀가 있다면 훨씬 많은 생활비가 책정되어야 합니다.

그렇지만 사례비라 하면 교회가 얼마를 지급하든지 관계하지 말아야 합니다. 교회가 그 형편에 따라 적절한 사례비를 지급하면 그것으로 모두입니다. 설령 실생활비에 훨씬 못 미친다 하여도 그에 대해서 아무런 말을 하지 않아야 합니다.

그리고 봉급일 경우 그것은 노동에 따른 지급 방식입니다. 부양해야 할 식구가 몇이냐, 한 달에 얼마의 생활비가 드느냐 하는 문제는 전적으로 목회자 개인 사정일 뿐입니다. 그러므로 큰 교회에서 목회하는 소위 유능한 목사라면 자기의 노동의 결과에 따라 많이 받을 수 있을 것이며 아무리 부양 가족이 많아도 무능한(?) 목사라면 어렵게 살 수밖에 없습니다.

저는 목사가 교회로부터 받는 돈은 생활비여야 한다고 생각합니다. 목회자는 교회가 맡긴 일을 성실히 수행해야 하며 교회는 목회자의 생활비를 부담해야 합니다. 물론 그 부담이란 소속 교회 성도들의 평균 정도의 수준이면 될 것입니다.

장로회의 경우 노회는 목회자의 생활비에 관여하도록 되어 있습니다. 그러므로 어느 교회가 목회자를 청빙하고자 할 경우, 청빙하는 교회는 투표를 하고 목회자의 생활비 책정을 하여야 합니다. 투표 결과와 생활비 책정 서류는 노회에 보고되고 노회는 그것을 보아 목회자 청빙 여부를 결정하게 됩니다. 이 의미는 노회가 목회자의 생활비에 직접 관여하고 있음을 의미합니다.

그러나 우리 한국교회의 경우 목회자를 청빙하는 맨 처음에만 그렇게 하고 그 다음부터는 무관심하거나 관여하지 않는 것이 일반적입니다. 그것은 지나친 개교회주의 때문입니다. 만일 어느 교회에서 목회자의 생활비를 부담하지 못하거나 지나치게 과다한 지급을 할 경우에는 노회가 그에 간섭할 수 있어야 합니다. 그러나 현실적으로는 그것이 거의 불가능하지요. 그것이 문제입니다.

재정이 넉넉한 큰 교회들에서는 그것이 자기들의 돈이라고 생각하고 있습니다. 말로는 하나님의 돈이라 하지만 사실은 자기 교회의 것이라 여기고 있습니다. 만일 그 돈이 하나님의 돈이라면, 교회의 교사인 목사들 가운데 생활비 때문에 어려움을 당하는 이가 있다면 전체 교회를 위해 함께 나누어야 합니다. 그것은 마치 선심이라도 쓰듯이 할 것이 아니라 당연하게 나누어야 합니다.

오늘날 한국교회에서는 목회자간의 빈부격차가 엄청납니다. 목사님 말씀대로 어떤 목회자는 일년에 8천만 원 이상을 받는 사람이 있는가 하면 비슷한 나이의 어떤 목사는 일년에 1천만 원을 못 받는 경우도 있습니다. 그리고 어떤 목회자는 외국 유학을 하는 자녀들의 교육비를 교회로부터 전액 지원받는가 하면 어떤 목회자는 고등학교에 다니는 자녀의 학자금마저도 지원받지 못합니다.

이것은 분명히 문제가 있습니다. 많은 목회자들이 더 큰 교회에 가고 싶어하고 소위 목회 성공을 바라는 것은 바로 그러한 점이 작용하기 때문이 아닐까 생각합니다. 교회가 자본주의 원리를 그대로 수용하고 있는 것은 심히 안타까운 일입니다.

우리의 현실에서 목회자의 생활비를 어떻게 책정할 것인가 하는 것은 여간 어렵지 않습니다. 모든 목회자들이 사심없이 목회자의 기본 자세를 유지하며 살 수 있다면 필요에 따른 생활비를 지급하는 것이 가장 좋습니다. 목회자는 자기 자녀의 교육에만 관심을 가질 것이 아니라 교회 내의 다른 성도들의 자녀 교육에 관심을 가지게 될 것이며 자기보다 어려운 형편의 성도들을 기억하는 가운데 성숙한 자세로 교회의 결정에 순종하며 참여합니다. 그러나 우리의 현실에서는 그것이 결코 쉽지 않습니다. 이미 자본주의 논리에 빠져 빈익빈부익부 현상인 비복음적인 논리에 익숙해 있기 때문입니다.

그래서 저는 이전부터 이에 대한 차선책을 생각해 오고 있었습니다. 그것은 목회자의 생활비 지급에도 어떤 원칙이 있어야 한다는 것입니다. 해마다 연말이 되면 다음 해 목회자 생활비의 인상여부를 놓고 신경전을 벌이기도 하고 자기의 생각에 미흡하면 시험에 들기도 하는 실정입니다. 때로 교회가 생활비에 훨씬 못 미치는 액수를 책정했을 때 겪게 되는 어려움도 있습니다.

저는 목회자의 생활비를 중등학교 교사의 급여를 기준으로 하면 어떨까 생각합니다. 중등학교 교사가 대학을 졸업하고 초임교사로 부임하게 되면 받는 급여가 있습니다. 대략적으로 그런 기준을 두자는 것입니다. 물론 목회자의 경우 나이가 훨씬 많아서 신학 공부를 시작하는 경우도 없지 않아서 목사 안수를 받을 즈음에 벌써 자녀가 대학에 다니는 경우도 있습니다. 그런 경우를 예외로 인정한다 할지라도 일반적인 경우 중등학교 교사를 기준으로 생활비를 책정하고 물가에 의한 생활비의 상승폭도 그에 준하면 될 것입니다.

즉 교사의 월급여 인상률이 3%라면 목회자 역시 그렇게 하면 되는 것입니다. 혹은 국가 전체의 경제적 어려움으로 인해 교사들의 급여가 감봉되면 목회자들도 그에 준하는 결정을 하면 됩니다. 목회자가 다른 목회지로 이동을 할지라도 그 기준을 감안하면 될 것이며 소위 배봉(俸)도 그에 준하면 될 것입니다. 만일 경제적 어려움이 있는 교회가 있으면 노회가 조정하면 될 것입니다. 물론 저는 여기서 어떤 획일화를 주장하는 것이 아니라 원칙이 있어야 함을 말하고 있습니다.

노회의 참된 권위가 살아 있다면, 무분별하게 많은 생활비를 지급하는 개교회에 대해서는 어떤 제재를 가할 수 있어야 합니다. 그 반대된 경우도 마찬가지이지요. 그렇게 함으로써 목회자들의 삶이 어느 정도 균형을 이루어야 합니다. 만일 목회자의 생활비가 지금처럼 엄청난 차

등이 난다면 그것은 목회를 일종의 사업으로 격하시키는 결과로 볼 수 밖에 없습니다. 생활비를 많이 받는 것이 마치 자기의 능력 혹은 노력의 결과 때문인 것으로 착각하는 목회자가 있다면 그것은 큰일입니다.

성 목사님, 저의 부족한 생각을 말하기는 하였습니다만 현실적으로는 여전히 묘수가 없다는 아쉬움만 남습니다. 바라기로는 이러한 논의가 활발하게 일어나서 목회자들의 규모있는 물질 생활이 정착되었으면 합니다. 그렇지 않는 한 보편교회로서의 공동체 운운하는 것은 단순한 형식에 지나지 않습니다.

(2001. 4. 21)

10 '죄에 대한 고뇌'

박 집사님께

상담서신을 받은 지 꽤 오래 되는 것 같은데 이제야 답을 하게 됩니다. 집사님의 솔직한 표현들을 보면서 그런 부끄러운 일은 남에게 말하기 참 어려울 것이란 생각이 들었습니다. 현재 큰 교회의 집사이자 주위의 모든 사람들이 한결같이 열심있는 훌륭한 교인으로 인정하고 있는 터에 자신의 마음을 밝힐 수 없겠지요.

젊은 시절 다른 여성에게 임신을 시켜 낙태케 한 사실도 크게 마음에 걸리리라 생각합니다. 더구나 삼십대 후반인 지금도 여전히 온갖 욕심과 음란, 정욕으로 가득 차 있다고 스스로 고백하는 이야기를 들으며 참 힘들겠다는 마음이 듭니다. 집사님은 그러한 자신이 밉고 괴로워 한 달에 몇 권씩의 신앙 서적을 읽으며 매일같이 찬송가와 설교 테이프를 들으며 그러한 어두운 생각에서 벗어나려 애쓰지만 일시적일 뿐 별 효과가 없다고 말씀하셨습니다.

집안 식구는 물론 교회의 여러 성도들이 한결같이 집사님을 성실한 신앙인으로 입에 침이 마르도록 칭찬하는데 본인의 살아온 여정이나 마음이 그러하다면 엄청나게 큰 죄책감이 있을 것입니다. 더구나 이러한 모든 사실을 가장 가까운 부인에게조차 숨기고 있다는 생각이 더욱 자신을 괴롭힐 것입니다.

박 집사님, 이제부터 저의 말씀을 잘 들으시기를 바랍니다. 집사님의 눈에는 집사님 자신 혼자만 그런 과거를 가졌고 다른 대다수 교인들은 모두 성실하고 착하게 보일 것입니다. 물론 사람마다 생각이나 행실에 차이가 있기는 합니다만 인간이라고 하는 존재는 악하고 착한 것이 오십보 백보입니다.

매우 조심스럽게 말씀드립니다만, 집사님 이외의 다른 교인들도 집사님과 크게 다르지 않습니다. 천사같이 보이는 교인들도 그 깊은 속을 들여다보면 마찬가지일 것입니다. 단지 자기 혼자만 스스로의 비밀을 알고, 다른 사람들에게는 자신의 추함을 숨기고 있을 뿐입니다. 그리고 어떤 사람들은 조그마한 죄 가운데서도 크게 고통스러워하고 또 다른 어떤 사람들은 엄청난 죄악 가운데서도 태연스럽게 생각하는 차이가 있을 따름이지요.

예수님께서는 산상보훈에서 모든 인간들을 살인한 자요 간음한 자로 확정지으셨습니다. 사람들은 직접 사람을 살해했을 때 그것을 살인이라 하고, 남녀간에 부정한 관계를 가졌을 때 간음했다고 하지만 예수님께서는 형제에게 노怒하는 자는 이미 살인한 자이며, 여자를 보고 음욕을 품는 자마다 이미 간음한 자라고 밝히 말씀하고 있습니다(마 5:21-28, 참조). 우리는 실제로 살인한 자와 형제를 미워함으로 살인한 자를 구분하고 싶어하고, 실제로 간음한 자와 여자를 보고 음욕을 품음으로 간음한 자를 구분함으로써 자신을 조금이라도 더 '의로운 편'에 두고 싶어하지만 그것은 어디까지나 사악한 우리의 바람일 따름입니다. 주님께서는 모든 인간은 예외 없이 살인자요 간음한 자임을 강조하여 말씀하고 계시는 것입니다.

그러므로 우리 모두는 다 살인한 자요 간음한 자입니다. 어렵게 상담을 요청하신 집사님이나 지금 집사님의 이야기를 듣고 상담에 응하는 저나 마찬가지로 살인자요 간음한 자입니다. 살인자와 간음자라는 측면에서는 별 차이가 없습니다. 그러므로 살인하고 간음한 자인 우리는 하나님의 심판을 받아 영원한 멸망에 빠져야 하지만, 우리 주님께서 대신 십자가를 지심으로 우리의 죄값을 지불하여 우리를 구원하신 것입니다. 이것이 곧 복음의 내용이지요.

　집사님, 제가 지금 집사님을 위로하는 것으로 오해하지 마시기를 바랍니다. 나가서 모든 사람들이 그렇다면 죄악에 대해 그렇게 괴로워할 필요가 없지 않은가 하는 잘못된 생각을 하지도 말기를 바랍니다. 우리 인간은 각기 더럽고 추한 비밀들을 가지고 있지만 그것을 하나님 앞에 내어놓음으로써 주님께서 베푸신 구원의 큰 은혜를 감사해야 합니다.

　집사님에게 몇 가지 당부를 드립니다. 제가 집사님의 편지를 통해 이해하기로는 집사님은 착하고 의로운 사람이 되고 싶어하는 듯 합니다. 달리 말하면 교회의 다른 주변 사람들이 집사님을 성실하고 훌륭한 성도로 인정하듯이 실제로 그렇게 되고 싶은 것이지요. 그렇게 되면 집사님 스스로 이중인격자라는 생각을 하지 않아도 되고, 떳떳하며 마음 편하리라는 것을 잘 알고 있기 때문입니다.

　그러나 저는 그러한 생각을 포기하라고 권면드립니다. 그렇다고 여전히 그런 죄악을 편안한 마음으로 누리며 살라는 뜻은 결코 아닙니다. 단지, 보다 중요한 것은 죄악된 인간으로서 하나님의 은혜가 아니면 도저히 구원받을 수 없는 사악한 자신임을 절감하는 것이 더욱 중요합니다.

　그리고 가능하면 교회에서 봉사를 통해 자신을 나타내려는 욕심을 줄였으면 합니다. 사람들은 집사님의 그러한 열성있는 외형적 삶을 보며 집사님을 훌륭한 사람으로 생각하며 기대하게 되는 것입니다. 집사님은 다른 사람들의 기대로 인해 계속해서 그런 사람으로 처신할 수밖에 없지만, 속으로는 전혀 그렇지 못한 자신을 보며 더욱 괴로워하게 되는 것입니다.

　그대신 하나님의 말씀을 깊이 묵상하시기 바랍니다. 찬송가 테이프를 듣고 다른 사람의 설교를 들어서 해결될 문제가 아닙니다. 그런 것은 집사님 말씀처럼 일시적 효과는 있을지 모르나 지속적이지는 못합니다. 성경 말씀을 통해, 순간순간 그리고 지속적으로 실패하는 삶을 살았던 아브라함과 이삭과 야곱의 삶을 묵상해 보시기를 바랍니다. 그리고 다윗의 집을 깊이 생각하시기를 바랍니다. 그들도 자신의 정욕으로 인해 살인하기도 하고 간음하기도 했습니다. 그들은 그러한 실패를 통해 하나님의 은혜를 더욱 갈급해 했으며 하나님께 더욱 가까이 나아갈 수 있었습니다.

박 집사님 스스로의 노력을 통해 그 악한 생각의 수렁에서 빠져 나오려는 자세를 포기하셔야 할 것 같습니다. 대신 하나님께서 철저히 이중적인 자신의 모습을 불쌍히 여겨 하루 속히 거기에서 이끌어내어 주시도록 기도하시기 바랍니다. 그리고 앞으로 완전히 그런 삶에서 자유하리라 기대하지도 말기를 바랍니다. 그냥 하나님 앞에서 철저히 죄인인 자신의 모습과 그러한 죄인을 구원하신 놀라운 은혜를 깊이 기억하시기 바랍니다. 그런 신앙적 삶을 사는 동안 자신도 모르는 사이 어느 정도 죄로부터 자유하고 있는 자신을 발견하게 될 것입니다. 구원은 자신의 선한 마음이나 행위에 달려 있는 것이 아니라 하나님의 전적인 은혜일 따름임을 잘 이해하는 것은 매우 중요합니다.

마지막으로 집사님의 그러한 과거의 행위나 현재의 추한 마음을 앞으로도 부인과 자녀들에게 말할 필요가 없으리라는 생각이 듭니다. 이는 그런 사실을 숨김으로써 위선적이 되라는 것이 아니라, 도리어 가족이나 이웃을 잘 보호하려는 성숙한 마음을 가져야 하기 때문이지요.
그대신 죄 가운데 살며 죄악을 떨쳐버리지 못하는 자신의 모습을 기억하며 더욱 겸손해질 수 있어야 합니다. 집사님이 빨리 자유로워져 하나님을 편안한 마음으로 찬양하는 시간이 앞당겨지기를 원합니다.

(2001. 5. 1)

11 "이혼 - 이런 경우는 어떻게 합니까?"

정 목사님

평안하신지요? 일전에 보내주신 서신에 대해 답변이 늦은 점 이해해 주시기 바랍니다. 그렇게 바쁜 것도 아닌데 차일피일 미루다 보니 늦어졌습니다. '오월은 가정의 달'이라는 슬로건대로 이 달이 접어들자마자 각 언론들은 가정의 중요성을 많이 이야기하고 있군요. 마치 앞다투어 특집을 다루듯이 하지만, 그 가운데서 읽을 수 있는 것은 우리 시대의 가정이 점차로 무너져 가고 있다는 사실입니다.

목사님께서 이혼에 대한 저의 글들을 읽고 특별한 경우에는 이혼할 수 있지 않느냐고 반문하는 것으로 이해됩니다. 이미 저의 생각을 잘 알고 계시리라 생각합니다만 저는 어떠한 경우에도 이혼을 할 수 없다고 믿으며, 그것이 성경의 진정한 가르침이라고 생각합니다.

보수주의 신학자들 가운데 성경의 일부 구절들을 인용하며 이혼의 가능성을 이야기하지만 그것은 성경의 진정한 가르침에 대한 이해 부족일 것입니다. 이 점에 대해서는 이미 저의 다른 글에서 다소간 설명된 부분이기에 여기서 길게 말씀드리지 않겠습니다.

목사님께서 저에게 보내신 서신에 이런 글이 있더군요. "... 한 여자가 남편으로부터 매일 맞습니다. 심지어는 남편이 칼을 들고 달려듭니다. 아내는 다리고 팔이며 얼굴에 멍과 상처를 달고 다닙니다. 정말 사는 게 아닙니다. 지옥같은 생활을 하고 있습니다. ... 그리고 이런 경우는 어떤가요? 남편이 바람을 피웁니다. 매일같이 집을 비웁니다. 그러다가 여자를 집으로 데리고 오기까지 합니다. 급기야 이혼을 요구합니다. ... 저는 지금 극단적인 예를 들고 있는 것이 아닙니다. 이런 경우는 우리 주변에 흔한 일이며 저도 그런 경우를 가끔 보았습니다. 저는 그 사람들 앞에 할 말을 잃곤 하였습니다. 만일 목사님이라면 그 사람들에게 어떤 말을 하시겠습니까? 그들에게조차 이혼은 불능이라 해야 할지요?"

정 목사님, 우선 저의 결론적 답변은 그런 경우에도 이혼을 하려해서는 안 된다는 것입니다. 그리고 그런 사람에게 이혼을 하도록 종용해서도 안 됩니다. 이렇게 말하면 어떤 사람들은 제가 그런 고통에 빠져 보지 않았기 때문에 그런 말을 한다고 할지도 모르겠습니다. 나아가 그 분들은 저를 두고 남의 아픔을 함께 나누는 마음이 덜하다고 할지도 모르겠습니다. 그러나 제가 이혼을 불능不能이라고 하고, 어떤 경우에도 이혼하려 해서는 안 된다고 하는 것은 곧 그런 어려움에 빠져있는 분들의 가정을 위해서입니다.

우리는 혼인을 할 때 하나님과 사람들 앞에서 고백적 서약을 합니다. '기쁠 때나 슬플 때, 건강할 때나 아플 때, 즐거울 때나 괴로울 때 등 어떠한 경우에도 자기 배우자를 사랑하며 살겠다고 고백' 합니다. 그리고 '하나님이 짝지어 주신 것을 결코 사람이 나누지 못한다는 의미' 를 명백히 확인합니다. 우리는 어떠한 형편에서든지 이 의미를 한평생 지니고 살아가야 합니다.

목사님께서 저에게 보내신 글에서 언급한 위의 내용들은 저도 주변에서 종종 들어 알고 있습니다. 저는 그런 가정들이 슬픔, 아픔, 괴로움에 빠져 있다고 생각합니다. 부부 중 한쪽이 문제를 일으키면 다른 한쪽이 고통을 당하지만 사실은 아픔을 주는 쪽이 더욱 불쌍한 형편에 놓여있습니다. 하나님을 아는 피해를 당하는 쪽은, 하나님을 알지 못하거나 큰 시험에 빠져 있는 상대 배우자를 끝까지 긍휼히 여기는 마음을 가져야 합니다.

다른 하나의 예를 들어볼까 합니다. 마침 기독교 계통의 한 신문에 난 기사를 간단하게 인용하겠습니다. "… 아빠가 처음에는 술로 시름을 달래더니 점점 난폭해졌어요. 가재도구를 집어던지고 조금만 거슬려도 주먹을 휘둘렀지요. … 거의 매일 아빠로부터 주먹과 몽둥이로 두들겨 맞고 그 충격으로 신경정신과 치료를 받기까지 했습니다"(한국기독공보, 2001. 5. 5, 4면).

이 내용은 이제 겨우 여덟 살 난 어린이의 이야기입니다. 정말 마음 아픈 일입니다. 도저히 일어나지 말아야 할 일들이 발생하고 있습니다. 실은 이보다 더한 일들이 우리 주변에 끊임없이 일어나고 있습니다. 부모가 자녀를 폭행하며, 자녀가 부모를 폭행하는 끔찍한 이야기들을 끊임없이 듣습니다. 이런 경우에, 우리는 그런 가정에게 어떤 답변을 줄 수 있겠습니까?

그런 아픈 이야기를 들으면서 우리가 결코 할 수 없는 말은 부모-자식간의 관계를 끊으라고 하는 말일 것입니다. 호적을 정리하여 더이상 부모가 아니며 자녀가 아닌 관계로 모든 것을 끝내야 한다고 말할 수 없습니다. 자식이 부모로부터 폭행을 당해도 여전히 그 관계는 존속할 수밖에 없으며, 설령 부모가 자녀로부터 폭행을 당한다 해도 그 관계 자체가 무효화되는 것은 아닙니다. 부모나 자식이 날마다 술을 마시고 폭행을 일삼으며 악한 남녀관계에 빠져있다 한들 그것이 가족 관계를 해체하는 것은 아닙니다. 어떠한 경우에도 부모와 자식의 관계는 그대로 있을 수밖에 없습니다.

저는 지금 악한 행실에 빠져있는 부모나 자식의 입장을 옹호하고자 하는 것이 아닙니다. 그런 어려운 형편에 놓여있는 경우에도 도리어 피해를 입는 쪽이 하나님의 은혜 가운데서 인내하며 기다릴 수밖에 없습니다. 달리 방법이 없습니다. 정말 견디기 어려운 상황이라면 일시적으로 함께 사는 자리를 피할 수 있겠지요.

저는 부부의 관계도 이와 동일하다고 믿습니다. 이미 혼인을 통해 가족이 되었다는 사실은 그 관계 파괴가 불능입니다. 부부 사이에 자녀가 있다면 설령 부모가 갈라섰다 해도 여전히 그 자식들은 한쪽을 아버지라 부르며 다른 한쪽을 어머니라 부르는 것은 관계에 있어서 이혼불능이라는 사실을 보여주고 있습니다.

그래도 현실적으로 많은 사람들이 이혼을 해서 잘 살고 있지 않느냐 할 사람들이 있을지 모르지만, 그것은 거짓말하지 말고 우상을 섬기지 말아야 할 사람들이 그런 악을 행하고도 잘 살고 있는 것과 마찬가지일 것입니다. 목사님, 저는 어떤 경우에도 이혼은 해서는 안 된다고 믿습니다. 저는 그것을 저의 용어로 '이혼불능'이라는 말로 사용하고 있습니다.

목사님, 위에서 목사님이 말씀하신 그런 부인이 있다면 이혼을 하지 않도록 권면해야 합니다. 그런 어려움 가운데서 이 세상에 소망 없음과 예수 그리스도와 천국에만 소망이 있음을 확인할 수 있을 것이며, 그런 어려움을 견뎌 나가는 아름다운 모습이 다른 가족은 물론 여러 이웃들에게 놀라운 교훈을 줄 수 있습니다.

그리고 시간이 지나 악하디 악한 남편이 아내의 품으로 돌아와 진정으로 뉘우치는 때가 돌아올 것입니다. 한 아내의 인내함이 자신과 자식을 비롯한 가족, 그리고 남편에게 새로운 삶을 찾을 수 있는 기회가 될 수 있다면 그 방법을 기억해야 하지 않을까요?

만일 그런 어려움을 당하는 분에게 이혼을 권한다면 그 분의 삶에 도움을 주는 것이 아니라 오히려 그 가정을 파괴하는 것임을 기억해야 합니다. 일시적인 평온을 제시하는 것은 잘못된 도피를 권함으로써 참된 삶의 기회를 박탈하는 것일 수 있지만, 현실의 고통을 주님 안에서 인내하도록 권하는 것은 진정한 가정의 회복의 길을 제공하는 것임을 잊어서는 안 될 것입니다.

목사님, 저의 생각을 이해하셨을 줄로 생각합니다. 어려운 세태 가운데서 무너져 가는 가정들을 보며 안타까운 마음으로 이 글을 쓰고 있습니다. 복음을 아는 우리는 현실적 시대를 통해 가정을 해석할 것이 아니라 성경의 가르침의 원리를 통해 가정을 해석하는 지혜를 가져야 할 것으로 생각합니다.

(2001. 5. 5)

12 성형수술을 해도 됩니까?

김 목사님

그동안 잘 지내셨는지요? 이번 주 KD교보(2001. 5. 12)를 보니 KS대학교 교수임용 문제가 또다시 불거졌더군요. 개혁주의 신학을 지향하는 교단의 신학대학교에서 과연 있을 수 있는 일인지 의아하지 않을 수 없습니다. 더구나 한 개인 교직원의 잘못된 생각으로 어쩌다 한 번 일어난 사건이 아니라 책임있는 부서를 통해 되풀이 된다는 것은 정말 악한 일이 아닐 수 없습니다.

그것은 한 개인의 실수가 아니라 구조적인 부패이기 때문입니다. 목사님이 몸담고 있는 대학교이자 제가 속한 교단의 대학 문제이기에 더욱 안타깝습니다. 살을 도려내는 아픔을 동반하더라도 우리 모두를 위해서 하루 속히 원래의 자리를 찾아가게 되기를 바랍니다.

목사님께서 지난번 보내신 글에서 성형수술에 대한 질문을 하셨더군요. 요즘 젊은이들이 성형수술을 하는 것은 거의 일반화되다시피 했습니다. 얼마 전 어떤 자리에서 있었던 일화를 소개합니다. 대학교에서 가장 잘생긴 미인들은 몇 학년에 몰려 있는지 아세요? 당연히 4학년입니다.

금방 입학한 신입생들 가운데는 성형수술을 한 학생들이 적기 때문에 미인들이 많지 않고 2학년, 3학년으로 올라갈수록 성형수술을 하는 학생들이 늘어나기 때문에 미인이 많아진다는 것입니다. 그리고 4학년이 되면 졸업을 앞두고 성형수술을 하는 학생들이 많아져 미인들이 매우 많다는군요. 이 이야기가 사실이든 아니든 간에 성형수술은 이미 일반화되고 있음을 보여주는 한 단서가 될 수 있습니다.

이러한 세태 가운데 살고있는 크리스천들은 어떻게 해야 할까요? 우리는 소위 자기 외모의 아름다움을 위한 성형수술을 해서는 안 됩니다. 그것은 자기의 세속적 욕망일 뿐 무가치한 것이기 때문입니다. 우리 인간에게 중요한 것은 속사람이지 외모가 결코 아닙니다. 하나님께서는 인간의 외모를 보시지 않고 그 중심을 보시는 분이기 때문입니다.

그러나 성형수술 자체가 나쁜 것은 아닙니다. 외모의 기형적인 모습을 바르게 하기 위한 경우나 일상 생활에 불편을 느끼는 경우에 한해서 성형수술을 받을 수 있습니다. 이를테면 얼굴에 흉터가 있거나 화상을 입었을 경우, 혹은 불필요한 반점 같은 것이 있을 경우 등을 생각해 볼 수 있습니다. 그 외에도 턱이 비뚤어졌거나 얼굴이 심하게 일그러졌을 경우 등도 생각해 볼 수 있습니다.

어떤 사람들은 미모를 위한 성형수술이 좋다고 이야기하고 있는 것이 사실입니다. 외모가 잘 생기지 않은 사람이 성형수술을 함으로써 자신감을 얻게 되고 더욱 적극적인 활동을 하게 된다는 것입니다. 어떤 면에서 일리가 있을지도 모르겠습니다. 하나님을 알지 못하는 사람들 가운데 자기의 외모를 통해 삶의 의미를 얻을 수 있는 사람들도 있으리라 생각합니다. 그러나 하나님을 아는 성도들이 본받을 일은 결코 아닙니다.

성형수술을 해야 하는 유일한 바람직한 이유는 치유 목적일 경우일 것입니다. 즉 외모를 돋보이게 할 목적으로 성형수술을 해서는 안 됩니다. 그것은 비단 한 개인의 문제일 뿐 아니라 머지않아 사회적 문제가 될 수 있을 것이기 때문입니다. 점차적으로 어떤 사람은 얼굴의 일부를 성형수술하고 또 다른 어떤 사람들은 얼굴 전체를 뜯어고치기도 합니다.

그렇게 되면 인간이 가져야 할 자기 정체성identity을 상실하게 되며 타인으로 살게 될 위험마저 생겨나게 될지도 모릅니다. 오늘 자신의 이러한 얼굴이 마음에 들지 않으면 내일 다른 얼굴로 바꾸어 마치 취미 생활하듯이 얼굴을 바꾸게 될 날이 올지도 모릅니다. 성형수술을 비롯한 의술의 발전은 우리 시대에 엄청난 속도로 가속화되고 있음을 기억해야 합니다.

고전적인 시대에는 사람들이 특별한 때 한번씩 가면을 만들어 썼습니다. 바가지를 사용해 만들기도 하고 나무나 헝겊 같은 것으로 제작하기도 했지요. 사람들은 남이 자신을 알아보지 못하도록 혹은 달리 알아보도록 가면을 만들어 썼던 것입니다. 만일 성형수술이 일반적으로 유행하게 되면 바가지나 다른 도구를 사용한 가면이 아니라 인간의 피부로 가면을 만드는 꼴이 되기 십상일지도 모릅니다. 그것도 한번씩 가면을 쓰는 것이 아니라 그 가면을 쓰고 장기간 살게 되는 것입니다.

제가 이런 말을 하면 다수의 사람들은 설마 그렇게까지 상상의 폭을 넓힐 필요가 있겠느냐고 반문합니다. 그러나 인간의 역사적 습성을 돌이켜 볼 때 그것은 충분히 생각해 볼 수 있는 상황입니다. 만일 그렇게 되기라도 한다면 많은 사람들이 자기 피부로 된 회복할 수 없는 가면을 쓰고 다니기 때문에 결국 엄청난 정신적 손실을 가져오게 될 것입니다. 지금 제가 극단적인 이야기를 하고 있기는 합니다만 이 정도의 강한 경계를 하지 않으면 안될 만큼 중대한 사안인데도 교회가 아무런 해석을 하지 않고 있다는 사실은 더욱 큰 문제입니다.

어릴 적 같이 놀던 수수하던 친구가 전혀 다른 모습을 하고 있다면 그를 어떻게 생각할까요? 대학교에서 만났던 못났던(?) 친구가 나중에 미모를 갖춘 아름다운 다른 모습을 하고 있다면 속으로 그를 크게 어색해하지는 않을지 모르겠습니다. '지금의 너는 내가 알고 있던 원래의 네가 아닌데...' 같은 생각 말입니다.

우리가 얼굴만 나오게 찍은 조그만 사진을 '증명사진'이라고 하지 않습니까? 그래서 신분증에 증명사진을 부착해 그 모습이 자기임을 확증합니다. 그런데 성형수술은 증명사진을 무효화시키는 엄청난 도전 행위입니다. 물론 이러한 일은 지금 당장이 아니라 앞으로의 값어치를 우려하는 것이기는 합니다만 염두에 두어야 할 내용일 것입니다.

나아가 성형수술을 통해 미인이 된 그 사람 자신에게도 엄청난 정신적 손실을 가져다 줄 우려가 있습니다. 앞에서 말씀드린 어떤 이들의 말대로 일시적으로 자신감을 회복할 수 있으리라 생각합니다만 나중 그 자신감이 '나 아닌 타인의 얼굴' 로써 자신감을 얻고 있다는 인식을 하기 시작할 때 가지게 되는 정신적 영향은 실로 엄청날 것입니다. 겉으로는 미인으로 생활하지만 속으로는 엄청난 심리적 자괴감을 느낄 수 있다는 것입니다.

우리의 얼굴은 하나님께서 허락하신 것입니다. 얼굴의 생김새와 피부 색깔은 인간이 선택하는 것이 아니라 하나님께서 부여하신 것입니다. 사람마다 서로의 얼굴이 다른 것은 서로의 상이한 정체성을 확인하며 교제하기 위한 것입니다. 얼굴을 통한 미美의 개념이 통념화 된 것은 세속적 영향의 결과입니다.

김 목사님, 목사님이 말씀하신 것처럼 목사님 주변에도 성형수술을 한 사람들이 많이 있지요? 성도들은 눈수술이나 코수술조차도 할 필요가 없습니다. 그 동안 잘 가르쳐 주는 사람이 없어서 이왕에 성형수술을 한 사람이 있다면 적절하게 반성하는 기회를 가지게 되기를 바랍니다. 즉 바람직하지 않은 욕망에 잠시 빠졌던 것으로 이해함으로써 앞으로의 삶을 더욱 겸손하게 가다듬어야 합니다.

인간의 잘 생긴 외모는 결코 남에게 뽐낼 수 있는 그런 성질의 것이 아닙니다. 또 수술을 통해 만들어진 인위적 외모 역시 자랑할 것이 못됩니다. 하나님께서 주신 외모를 인간이 자랑한다면 그것은 말이 되지 않을 것이며 수술을 통한 변형미인도 결코 자랑할 것이 못됩니다.

그러나 아직 성형수술을 하지 않았으되 앞으로 성형수술을 하고자 하는 사람이 있을지도 모르므로 교회에서는 그것이 잘못된 것임을 일깨워 주어야 합니다. 우리 인간은 늘 작은 것을 허용함으로써 나중에는 큰 것을 잃게 된다는 점을 교훈으로 알고 있습니다. 앞에서 말씀드린 것처럼 치유 목적이 아닌 성형수술은 어떤 경우에도 바람직하지 않습니다.

저의 개인적 판단으로는 국가적 차원에서 성형수술을 금하는 것이 옳다고 생각합니다. 물론 세속정부가 교회만큼 남을 진정으로 염려하는 마음이 없을 것이기 때문에 그것을 기대할 수 없습니다만 그래도 앞으로 있게 될지도 모르는 이로 인한 엄청난 사회적 영향을 감안한다면 원리적인 생각을 충분히 해야 합니다.

저의 이러한 설명이 목사님이 가지신 질문에 대한 어느 정도의 답변이 되었으면 합니다. 이 정도에서 그치겠습니다. 저를 알고 있는 여러분들께 안부 전해 주시면 감사하겠습니다.

(2001. 5. 13)

13 '네덜란드 개혁주의 교회'와 '사회 참여'

영도 형제님

어렵지만 좋은 질문을 주셨군요. 질문의 내용을 보아 형제는 신학을 공부하시는 분인가 싶은 생각이 듭니다. 혹 아니면, 네덜란드 개혁주의 교회를 말씀하신 것으로 보아 합동측이나 KS측 교단의 목사님일지도 모른다는 생각이 들기도 합니다.

종교개혁 이후, 전통적인 네덜란드 개혁교회는 말씀에 충실한 교회였습니다. 지금도 네덜란드의 개혁파 교회들은 상당히 건실합니다. 네덜란드의 개혁주의 교회에도 여러 교단이 있습니다. 이는 마치 한국에 장로교단이 여럿 있는 것과 비슷합니다. 한국의 개혁주의를 지향하는 여러 장로 교단들에서는 네덜란드 개혁파 교회들과 깊은 신학적 우호 관계를 유지하고 있습니다.

저는 전통적 네덜란드 개혁교회들의 자세가 근래에 와서 흐트러지고 있는 것이 아닌가 조심스럽게 생각해 봅니다. 물론 네덜란드에는 개혁주의적 입장을 가진 교회들만 있는 것은 아닙니다. 거기에도 자유주의와 세속주의 신학들이 범람하고 있으며 온갖 이단종파들이 다 들어와 있습니다.

지금 우리가 살고 있는 세상은 급변하고 있는 것이 사실입니다. 교회는 그 급변하는 세상 가운데 존재하고 있습니다. 우리 시대의 세속적 특성 가운데 하나가 '동성애' '낙태' '안락사' 문제 등일 것입니다. 이전 시대에는 보편화되어 있지 않던 문제들이 우리 시대에 '인권과 과학'이라는 이름으로 가까이 침투해 있습니다. 이러한 문제는 한두 나라의 문제가 아니라 소위 선진국이라 이름 붙여진 거의 모든 나라들이 당면하고 있는 문제입니다.

현대 교회는 현실의 모든 문제들에 대해 기독교가 어떤 행동적 답변을 제시해야 하는 것으로 오해하고 있습니다. 기독교의 복음은 현실 문제에 대해 행동적 답변을 제시해야 할 의무를 가지고 있는 것이 아닙니다. 그럼에도 불구하고 현실 교회들은 끊임없이 제기되는 세상의 각양 문제들에 대응할 만한 답변을 함으로써 세속에 대처하려 하고 있습니다. 이에 대한 가장 큰 오해를 하고 있는 나라 중 하나가 기독교적 배경을 가진 네덜란드라고 생각됩니다.

네덜란드는 지난 세기 후반부터 '동성애' '낙태' '안락사' 문제 등에 대한 깊은 관심을 가지고 있다가 최근 들어서는 그 제어 장치를 모두 풀어 버렸습니다. 그 나라에서는 그러한 모든 것이 더이상 악惡이 아니라 적법하며 자유로운 것으로 되어버린 것입니다.

한편 생각해 보면 네덜란드가 그러한 문제에 대한 입법 활동에 다른 나라들보다 앞섰던 것은 그 나라에 그러한 문제가 가장 미리 일어났다는 말이기도 합니다. 그렇다면 왜 기독교 국가임을 자처했던 네덜란드에 그런 악한 문제들이 가장 활발하게 진행되었던가 하는 문제를 생각해 보지 않을 수 없습니다.

네덜란드의 기독교는 20세기에 이르러 다른 서구와 마찬가지로 현대적 의미의 자유주의 사상을 앞장서서 도입하게 됩니다. 그것이 기독교 정신이라고 잘못 알고 있었던 것이지요. 원래 하나님의 백성은 자기 마음대로 판단하고 사는 것이 아니며, 그렇게 사는 것이 기독교적 인간다움이 아님에도 불구하고 자유로움을 가지고 사는 것이 인권이요 인간적인 삶의 기초라고 생각했던 것입니다. 그 결과 기독교적 배경을 가지고 있던 다수의 사람들이 기독교 인본주의에 빠져들게 되어 하나님 말씀의 지배로부터의 해방을 추구하게 된 것입니다.

네덜란드 전체 기독교에 있어서 아브라함 카이퍼의 영향은 대단합니다. 이는 나중 신칼빈주의적 경향으로 다른 나라 기독교에도 많은 영향을 끼쳤으며 오늘 한국의 보수주의 교회들은 거의 신칼빈주의적 입장을 따르는 것으로 저는 파악하고 있습니다. 이는 곧 국가에 대한 교회의 역할을 강조합니다. 즉 교회와 국가 사이의 벽을 낮추거나 혹은 교회에 속한 성도들의 국가에 대한 적극적 참여를 요구합니다.

우리나라의 절대 다수의 신학자들마저도 이에 대해서는 잘못 생각하고 있습니다. 아브라함 카이퍼 당시의 네덜란드와 우리 시대의 대한민국은 전혀 성격이 다른데도 아브라함 카이퍼식의 신학 사상을 우리의 세속 국가에 대입하려는 오류를 범하고 있습니다.

아브라함 카이퍼는 19세기 후반과 20세기 초엽에 걸친 네덜란드의 신학자이자 교육자이며 법학자로서 뛰어난 정치가였습니다. 그는 수상이 되자 크리스쳔들로만 된 내각을 구성하여 기독교 국가를 실현하고자 했던 인물입니다. 아브라함 카이퍼 당시의 전반적인 세계적 조류가 인본주의적이며 반기독교적이었던 점을 감안한다면 그는 실로 탁월한 신앙적 인물이었습니다.

그의 사상 가운데 특이한 것은 영역주권사상(souvereinteit in eigen kring)입니다. 이는 참된 기독교인은 자기가 속한 세상의 모든 영역에서 기독교적으로 변화시킬 수 있어야 한다는 것입니다. 즉 기독교 복음은 교회뿐 아니라 국가나 사회에까지도 적용하여 승리를 거두어야 한다는 것입니다. 그는 기독교인은 교회에서 뿐 아니라 학교, 산업, 과학, 예술, 기타 사회기구들 가운데서 각자의 처지에 따라 하나님께 영광을 돌리며 책임완수를 해야 할 사명이 있다고 주장했던 것입니다.

여기서 그의 유명한 자유사상이 나오는 것으로 생각합니다. 즉 각자의 처지에 따라 자유롭게 하나님을 영화롭게 해야 한다는 것을 강조하게 되는데 여기서 약화되는 것이 곧 성경에서 요구되는 교회의 기능이었습니다. 물론 아브라함 카이퍼는 교회의 기능을 약화시킬 의도가 전혀 없었으며 도리어 교회만 이야기하면서 교회 밖에서는 성도로서의 삶을 제대로 살지 못하는 이들을 질타하고 있었습니다.

아브라함 카이퍼의 사상 가운데는 교회 밖에서의 개별 활동을 중시하는 개인주의적인 사상이 듬뿍 배어 있습니다. 죄와 구원의 문제는 철저하게 개인적인 것이며 성도 개인의 역할을 강조함으로써 교회 공동체의 단일한 기능을 감소시키게 되었던 것입니다. 물론 아브라함 카이퍼 당시의 네덜란드의 형편을 생각하면 그의 생각이 틀렸다고 할 수는 없습니다. 그러나 그의 사상을 이어받으면서 사람들은 그것을 개별주의화 하게 됩니다. 즉 교회의 집합적인 생각보다는 개별적인 판단과 행동을 더욱 중시하게 된 것입니다.

그러한 사상들이 점차 성도들로 하여금 공동체로서의 교회를 벗어나게 했으며 개별적 판단을 하게 만들었던 것입니다. 결국 시대가 변하고 악하게 되면서 옳지 않은 부분들에까지도 그렇게 하도록 허용하게 되었습니다. 저는 아브라함 카이퍼 당시의 기독교 배경에 의한 그의 사상이 그 이후 세속의 벽을 넘지 못했다고 생각합니다. 물론 네덜란드의 모든 교회들이 그의 신학적 사상을 동조했던 것은 아닙니다. 네덜란드의 개혁주의 신학자들 가운데는 역시 교회를 통한 하나님의 역사하심이 성경적이라고 믿는 이들이 많이 있습니다.

형제께서 말씀하신 대로 우리 시대 한국교회도 이에 민감하지 않으면 어떤 어리석음을 범할지 모릅니다. 우리가 하나님의 몸된 교회를 이야기 할 때, 그 교회의 의미는 결코 세속과 뒤섞일 수 없는 고유성을 지니고 있습니다. 물론 이러한 고유한 주님의 몸된 교회에 속한 성도들이 어떻게 하나님의 성도답게 살아가느냐 하는 것은 세상에서의 노력이 아니라 자연스런 은혜의 결과입니다.

  진정한 개혁주의 신앙을 가진 사람들은 시대를 역행하는 자세를 견지해야 합니다. 이 말은 상당히 잘 생각해야 합니다. 시대는 끊임없이 흐르고 있습니다. 각 시대에 따라 사람들의 사고가 바뀌고 생활양식이 변화합니다. 잘못된 신학자들은 그 변화하는 시대에 사는 성도들이 그 변화 가운데서 기독교적 변화를 꾀해야 한다고 주장합니다. 그래서 그들은 세상을 기독교적으로 변화시키는 것이 교회의 목적인 것처럼 이야기하게 됩니다. 그러나 그것은 잘못된 생각입니다.
  교회는 세상을 변화시키는 역할을 하는 것이 아니라, 변화해 가는 세상에 살지만 말씀을 붙잡고 그 말씀에서 벗어나지 않으려 애쓰는 자들이어야 합니다. 성도들의 그러한 삶은 곧 다른 사람들에게 시대를 거슬러 사는 사람들로 비춰질 것입니다. 우리가 만일 그러한 사실을 중시하지 않는다면 세상의 변화에 따라 기독교적 사고도 변화할 수밖에 없다고 생각하게 될 것입니다.
  우리가 진정한 주님의 성도로 살려면 세상의 모습을 안타깝게 여기며 시대의 변화에 따른 어떤 새로운 답변을 제시하려 할 것이 아니라 이미 성경 말씀이 답하고 있는 바를 끊임없이 확인해 가야만 합니다.

  형제님의 질문에 대한 저의 답변이 이해할 만한지 모르겠습니다. 너무 방대하기도 하며 상당한 신학적 문제들을 내포하고 있기 때문에 간단하게 답하기가 매우 어렵기 때문입니다. 그러나 간단한 이 글이 약간의 도움이라도 되었으면 하는 것이 저의 바람입니다. 우리 한국교회가 세상의 조류에 응답하는 교회가 아니라 하나님의 말씀에 응답하는 교회로 자리매김하기를 간절히 바라면서 이만 줄이겠습니다.

(2001. 5. 21)

14 '무교회주의'에 대하여

이 강도사님

안녕하신지요? 섬기시는 교회가 주님의 은혜 가운데 잘 성장해 가기를 원합니다. 울산에 아는 분들이 있어 한번쯤 방문하고자 하는 마음이 있습니다만 형편이 여의치 않습니다. 언제 한번 만나보고 싶군요. 강도사님인 것을 보면 아직 미혼이신가요? 늦게 신학을 공부하시는 분들이 있어 연세가 많을 수 있다는 생각도 버리지 않고 있습니다.

지난번 '무교회주의'에 대한 질문을 하셨는데 그에 대한 말씀을 드릴까 합니다. 우선 미리 한마디로 말씀드린다면 무교회주의는 기독교 이단입니다. 최근 들어 한국 기독교에서는 무교회주의에 대한 긍정적인 평가를 내리려는 움직임이 일고 있음을 볼 수 있습니다.

우리에게 무교회주의자 하면, 일본인 우찌무라 간조나 김교신 같은 인물이 떠오르지요. 올해는 특히 무교회주의자였던 김교신 출생 100주년이라 해서 무교회주의에 대한 논의가 더욱 활발한 것 같습니다. 물론 거기에는 현재 한국교회의 교회답지 못한 부정적인 모습에 식상한 많은 사람들이 그에 대해 긍정적인 관심을 가진 것이 한 요인일 수 있습니다.

무교회주의란 무형교회 혹은 불가시적 교회라는 말과는 다른 말입니다. 무형교회나 불가시적 교회란 가시적인 조직 교회에 대한 대응적인 용어입니다. 교회는 유기적이며 조직적입니다. 그러나 지상 교회의 전체 모습은 조직적이지 않습니다.

예를 들어 보자면 지금 제가 속해 있는 실로암교회는 가시적이며 조직적인 교회입니다. 그리고 강도사님께서 속해 있는 교회 역시 가시적이며 조직적입니다. 만일 두 교회가 모두 주님의 말씀을 순종하는 성도들로서 구성된 교회라면 서로간 분명한 관계가 있습니다.

우리는 서로 관계가 있다는 사실을 알지만 구체적으로 삶을 나누지는 않는 채 살아가고 있습니다. 그래서 지구 위에 흩어져 있는 참된 전체교회를 우리는 무형교회 혹은 불가시적인 교회라는 용어를 사용해 표현하기도 합니다. 그러므로 무형교회나 불가시적 교회란 보편교회와 연관이 있으며 지구상의 모든 참된 교회들은 그 보편교회에 속해 있는 것이지요.

그러나 '무교회주의'란 그와는 성격이 전혀 다릅니다. 무교회주의자들은 유기적인 교회를 부인하며 교회의 조직을 거부합니다. 적어도 그러한 조직이 있지 않아도 참된 기독교인일 수 있다는 것입니다. 가까운 지역에 성도가 없어 홀로 외롭게 신앙생활을 하는 사람들이 혹 있을 수 있습니다만 그것은 예외적인 경우이며 그러할 경우 역시 유기적인 교회를 지향하고 있습니다.

무교회주의자들 가운데 성경을 깊이 연구하는 학자들이 있습니다. 우찌무라 간조 같은 사람이 대표적이라 할 수 있겠지요. 그리고 무교회주의자들 가운데 일반적인 관점에서 보아 성실한 삶을 산 사람들이 많이 있습니다. 김교신 같은 인물이나 함석헌 같은 사람도 그런 범주에 넣을 수 있습니다.

그러나 그들의 열성적인 성경 연구나 타인으로부터 인정받을 만한 생활이 그들의 신앙이 옳았다는 근거로서 뒷받침 될 수는 없습니다. 이단자들 중에 성경을 열심히 연구한 사람들은 다른 이단들에게도 있으며, 기독교 이단자들 가운데도 일반적인 윤리성을 지닌 사람들은 얼마든지 많이 있기 때문입니다.

저는 앞에서 무교회주의가 이단임을 분명히 했습니다. 그들이 왜 이단인지 몇 가지 말씀드리겠습니다. 교회이기 위해서는 우선 직분이 있어야 합니다. 목사, 장로, 집사 등의 직분자들이 있어서 함께 주님의 몸 된 교회를 세워나가야 합니다. 그 직분을 중심으로 하여 말씀 선포, 성례의 시행, 권징 사역 등이 이루어져 갑니다.

성도들은 매 주일 함께 모여 주님의 부활을 기념하며, 자기 백성을 위해 다시 오실 그 주님만을 소망하며 말씀으로 교제합니다. 그렇게 함으로써 주님께서 피로 값주고 사신 교회가 거룩한 모습을 향해 나아가게 되는 것입니다.

한국교회는 성경을 바탕으로 한 올바른 신학과 신앙을 잘 확립해야 될 것입니다. 성경의 가르침을 오해하거나 신앙이 어린 사람들이 무교회주의를 비판없이 받아들이는 것은 대개 기존 교회의 잘못 때문입니다. 한국교회가 올바름을 회복하지 못한다면 앞으로 무교회주의에 대한 이러한 추세가 더욱 확산될 것입니다. 특히 인터넷을 통한 가상교회라든지 영상 매체를 통한 다양한 '예배 형식들'이 우리를 더욱 어지럽힐 것이기 때문입니다.

거기다가 자유주의 신학 사상 또한 교회를 해체하려 하고 있습니다. 자유주의자들 가운데는 교회의 의미를 잘못 알고 있는 경우가 많이 있습니다. 예를 들어 위르겐 몰트만(Jurgen Moltmann) 같은 신학자는 한국교회에 잘 알려져 있을 뿐 아니라 한국의 여러 교회에서 설교를 한 적이 있습니다. 또한 그를 건전한 신학자로 이해하고 있는 사람들도 많이 있습니다.

그러나 그의 교회관은 많은 문제가 있습니다. 즉 그는 교회에 대해 잘 모르고 있다는 것입니다. 그는 교회를 그리스도를 중심한 성도들의 모임으로 이해하는 것이 아니라 예수님이 있는 곳이 곧 교회라는 논리를 폅니다. 일면 그럴 듯 하게 들릴 수도 있습니다만 그렇지 않습니다.

그가 말하고자 하는 것은 예수님이 가난한 자들이나 병든 자들과 자신을 동일시 하셨으며 이는 가난한 자나 병든 자와 함께 하는 것은 자선 행위가 아니라 그리스도와 함께 하는 것이며 그것이 곧 교회라는 것입니다. 즉 고통받는 자들과 함께 하는 예수님이므로 그것이 곧 교회라는 것입니다.

결국 그는 전통적인 교회를 달리 해석하고 있습니다. 이는 참된 교회를 떠난 다른 교회론을 제시하는 매우 불건전한 신학 사상입니다. 이런 사상이 강화되면 성경이 가르치고 있는 전통적인 교회가 아닌 또 다른 무교회주의를 양산할 가능성이 짙어지게 됩니다.

오늘 우리 시대의 교회는 이런 다양한 교회론들이 난무하는 위험 속에 존재하고 있습니다. 그러므로 우리는 말씀을 통해 참된 교회의 의미를 알아야 합니다. 주님께서 요구하신 직분들을 교회의 머리되신 예수 그리스도 아래 두어, 올바른 말씀 선포와 성례, 권징 사역이 끊임없이 시행되는 가운데 주님의 다시 오심을 소망하는 참된 교회의 모습을 가져야겠습니다. 우리 시대에 퍼지는 교회에 대한 잘못된 사상들을 잘 경계하는 가운데 성경의 가르침에 민감한 우리가 되기를 바랍니다.

(2001. 5. 30)

15. 'MEBIG'에 대하여

김 강도사님

안녕하세요? 신학교에서 공부하던 때가 엊그제 같은데, 세월이 참 빠르다는 생각이 듭니다. 함께 강의실에서 공부하던 동기들은 자주 만나는지 모르겠습니다. 혹 만나는 기회가 있으면 안부를 전해 주면 감사하겠습니다.

보내주신 서신을 보면 지금 유년주일학교 교육을 담당하고 있는가 봅니다. 어린이들을 말씀으로 올바르게 잘 교육하는 것은 매우 중요합니다. 요즘처럼 온갖 독버섯 같은 것들이 사방에 널려있는 시대에는 더욱 그렇지요.

강도사님이 질문한 MEBIG에 대해서는 아직 우리 한국교회에서는 그다지 보편적이지 않은 것 같습니다. 그러나 유행에 민감한 교회들 사이에 언제 급격히 퍼져 나갈지는 알 수 없는 일이지요. 이미 도시의 많은 교회들에서는 그 방법을 도입하고 있기는 하지만 말입니다.

제가 알고 있기로 MEBIG이란, Memory Bible Game이라는 문구 가운데서 알파벳 몇 글자를 떼어 내어 만든 말이라 생각됩니다. 이는 1980년대 중반 일본인 목사인 우치코시 곤베이가 창안한 아이디어로서 지금은 대만, 홍콩, 인도네시아, 한국 등의 교회들 가운데 확산 중이라는 자체 보고서를 읽은 적이 있습니다. 우리나라에는 1997년도에 서울의 어느 교회에서 그 방법을 도입했다고 하더군요. 지금은 종종 MEBIG 세미나를 개최하여 그 방법을 가르쳐 주며, 많은 교회 교사들은 그 방법을 익혀 주일학교에 도입하는 것으로 알고 있습니다.

저는 MEBIG에서 강조하고 있는 것이 흥미 유발이 아닌가 생각하고 있습니다. 어린이들에게 재미있는 프로그램을 제공하여, 이미 교회 안에 들어와 있는 아이들은 교회를 떠나지 않게 하고 교회 밖에 있는 아이들에게도 관심을 끌어보자는 취지입니다.

우리 시대의 많은 주일학교들이 그런 방법을 동원해야 할 만큼 약화되어 버린 것은 교회가 그 기능을 제대로 하지 못했기 때문이라고 생각합니다. 세상은 어린이들에게 많은 흥미꺼리들을 끊임없이 제공하고 있습니다. TV 어린이 프로그램이라든지 컴퓨터 게임, 각종 놀이기구 그리고 애완 동물을 통한 즐거움 등 주변에 흥미꺼리가 널려 있습니다. 그러나 교회에서는 그런 특별한 흥미꺼리를 제공할 수 없을 뿐더러 달리 그럴 만한 방법도 있지 않습니다.

이러한 형편 가운데 고안해 낸 아이디어들 중 하나가 곧 MEBIG 프로그램이었던 것입니다. 강도사님 말씀대로 그 프로그램에서는 노래와 율동을 매우 강조합니다. 그들의 말을 빌면, "주일학교 예배 시간은 어린이들에게 마치 잘 짜여진 공연에 초대받은 듯한 느낌을 주어야 한다"는 것입니다. 그러므로 "즐겁지 않으면 MEBIG이 아니다"는 말을 자연스럽게 사용합니다. 즉 교회가 즐거워야만 어린이들이 모여들지 즐겁지 않으면 그들이 교회를 떠날 것 아니냐는 논리입니다. 그렇지만 그러한 논리는 하나님의 몸된 교회에서 있을 만한 논리가 아닙니다.

그렇게 하다 보면 교회는 결국, 주일학교 어린이들에게 세상적인 재미와 버금가는 흥미를 끊임없이 제공하려 애써야 할 것이며, 교회가 그런 식으로 흥미를 주려 한다면 결코 올바른 교육으로 성공하지 못합니다. 강도사님이 잘 알고 있듯이 이미 MEBIG을 받아들이고 있는 교회들에서는 전체 예배 시간 중 대부분의 시간을 아이들의 흥미 유발에 신경을 쓰게 됩니다.

　재미있는 노래를 신나게 부르는 것과 율동 등 신나는 몸동작을 함으로써 아이들의 지루함을 없애주려 합니다. 거기다가 도중 파워맨이라고 하는 베트맨 복장을 한 교사나 아이들이 예배당을 휙휙 지나다니며 아이들의 관심을 이끌며 웃음과 즐거움을 선사하게 되는 것이지요. 그러면 순진한 어린이들은 그 재미에 흠뻑 빠져들게 됩니다.

　그러다 보니 정작 중요한 설교나 성경 말씀을 가르치는 자리는 줄어들게 되고 그냥 형식만 남게 될 우려마저 생겨나게 되는 것입니다. 주일학교 교육이나 어린이 예배에 있어서 가장 중요한 하나님의 말씀을 선포하는 설교가 마치 어린이들의 흥미를 방해하는 역할은 하지 않을까 전전긍긍하게 되는 것입니다.

　주일학교 예배는 경건하고 엄숙해야 합니다. 그리고 주일학교 교육도 경건한 가운데서 이루어져야 합니다. 이는 노래를 부르지 말고 인상을 찌푸린 채 웃음소리가 없이 예배를 보고 주일학교 교육을 하자는 말이 아닙니다. 중요한 것은, 어린이들에게 자기 즐거움이나 흥미가 아니라 하나님을 경외하는 마음이 있어 그 말씀을 통한 기쁨과 즐거움을 가질 수 있도록 교사들이 도와 주어야 합니다.

　만일 어린이들에게 세속적인 흥미를 제공하게 되면 그런 경험이 정말 복음 안에서 자라가는 데 방해가 될지도 모릅니다. 그 어린이들은 나중에 어른이 되어서도 또 다른 어른들에게 맞는 유형의 흥미꺼리를 제공받기 원할 것이기 때문입니다. 그렇지 않아도 현대 교회의 성도들 가운데 다수 교인들은 교회로부터 어떤 흥미꺼리를 제공받기를 원합니다. 그런 것을 제공하지 않으면 교회가 재미없는 곳이 되어 버리고 맙니다.

　어린 성도들은 특별한 흥미가 없으면 스스로 그 흥미꺼리를 만들어 나가게 됩니다. 각종 부서를 만들고 거기에서 회장, 부회장을 하며 흥미를 찾고, 나아가서는 각종 일거리를 만들어서 봉사한다는 명목을 통해 자기 흥미를 스스로 유지시켜 나가는 것입니다. 물론 교회의 부서나 봉사가 마땅히 있어야 하지만 설령 그것이 있지 않아도 하나님의 말씀과 그 언약으로 인해 즐거워 할 수 있는 것이 성도의 삶입니다.

이는 목회자들에게 있어서도 그렇습니다. 목회자들에게도 다른 성도들과 마찬가지로 하나님과 그의 말씀만 있으면 됩니다. 그 가운데 이루어진 교회가 우리의 전부입니다. 그러나 그것만으로는 재미가 부족하다고 생각되면 엉뚱한 생각을 하게 되는 것입니다. 우리 한국교회에 교회를 어지럽히는 정치꾼들이 생겨나게 되는 것은 이와 동일한 맥락에서 설명될 수 있습니다.

김 강도사님, 강도사님이 소속된 교회가 올바른 교회로 잘 성숙해 가기를 원합니다. 세상의 어떤 흥미꺼리도 하나님의 말씀보다 앞선다면 그것은 우상일 것입니다. 하나님의 말씀을 재미있게 이해하도록 돕는 방법이라는 막연한 주장에 현혹되어서는 안 될 것입니다. 그것은 성령께서 하실 일임을 우리가 잘 알고 있기 때문입니다.

주일학교가 올바르게 성장해야 하는 것은 비단 어린이들의 문제일 뿐 아니라 교사들의 신앙 성장의 문제이며 그것은 곧 전체교회의 문제이자 동시에 목회자의 문제입니다.

김 강도사님이 다른 동기들에 비해 나이가 많아서 느지막하게 신학교에 입학하던 때가 기억납니다. 다른 일을 하다가 목회를 하기로 결심했을 때, 하나님의 말씀만을 따르며 순종하겠다는 고백과 성령께서 그 모든 일을 하시게 될 것을 신앙하던 원래의 마음을 잘 지켜나가기를 원합니다. 종종 연락 주세요. 혹 이쪽으로 지나는 기회가 있으면 놀러오기를 바랍니다.

(2001. 6. 6)

16 주일학교 설교 어떻게 해야 할까요?

이 전도사님

안녕하세요? KS대학교에서 저의 강의를 들었다고 했던가요? 얼굴이 기억날 듯 말듯 합니다. 학교를 졸업하자마자 곧바로 교육전도사로 봉사하게 된 모양입니다. 전도사님의 질문을 받은 지 벌써 한 달이 지났네요. 학기말이 되어 여러 가지 일들과 함께 조금 바빴습니다.

내일(6월 20일) 러시아 남부에 위치한 카프카즈 신학교에서 강의가 있어 약 두 주간 출국하게 됩니다. 출국하기 전 전도사님의 질문에 대한 답변을 하고 떠나야겠다는 생각에 이렇게 글을 쓰고 있습니다.

대다수 한국교회의 유년주일학교에서는 예배를 겸한 교육을 하고 있습니다. 하나님을 예배하는 시간인 만큼 그 시간은 경건함을 잃지 말아야 합니다. 주일학교 지도 전도사나 교사들은 이에 각별한 신경을 써야 합니다. 그러므로 주일학교에서 말씀을 증거하는 설교자의 위치는 매우 중요합니다. 어린이 예배 시간에 행해지는 설교 역시 어른들이 모인 예배 시간의 설교 내용과 다르지 않아야 합니다.

주일학교 교사들은 어린이들이 지루해 하지 않도록 외적인 방법에 지나치게 신경써서는 안 될 것입니다. 이는 어른들에게 있어서도 마찬가지겠지요? 말씀 선포와 교육의 주된 내용인 성경 말씀보다 더 재미있는 방법을 동원하려 한다면 올바른 설교나 교육이 이루어질 수 없습니다. 주일학교 예배에 있어서 가장 중요한 것은 역시 말씀 선포와 교육이기 때문입니다.

교육에 있어서, 교육의 의미를 잘 이해하는 것은 여간 중요한 것이 아닙니다. 예를 들어 교회의 유년 주일학교에 해당하는 어린이들은 일반적으로 초등학교에 다니는 연령입니다. 학교에서는 선생님이 그 어린이들에게 교과서에 있는 대로 국어, 산수, 사회, 자연 등을 가르칩니다.

학교의 주된 임무는 아이들에게 올바른 지식을 전하여 가르치는 것입니다. 어린이들이 얼마나 재미있어 하도록 하느냐 하는 것은 부차적입니다. 어린이들이 성장해 감에 따라 점차적으로 수준이 높은 지식을 배양하며 그것을 위해서는 기본적인 지적 교육이 중요한 것입니다.

우리나라의 일반 학부모들도 이에 대해 동일하게 잘 이해하고 있습니다. 자기 자녀들이 학교에서 얼마나 재미있게 시간을 보내느냐 하는 문제보다는 올바른 지식을 얼마나 잘 습득하고 있느냐하는 것에 깊은 관심을 기울이고 있습니다. 그래서 자녀들이 학과목의 진도를 따라가는데 부족하다고 판단되기라도 하면 따로 과외를 시켜서라도 지적 이해를 도우려 합니다.

전도사님은 교인들 중에 어린이들이 성경 말씀에 대한 지적 이해가 부족해 과외수업을 하는 부모들을 혹 본적이 있는지요? 저는 개인적으로 생각할 때 우리 한국교회의 주일학교 어린이들에게는 거의 모두 특별 과외를 해야 할지도 모른다고 생각합니다. 그러나 다수는 그렇게 생각하지 않습니다. 그렇지만 모든 성도들이 그것은 무의미하며 그럴 필요가 없다고 생각한다면, 그렇게 잘못 이해하는 부모들을 특별 과외시켜야 하는 것이 아닐까 생각해 봅니다.

유년주일학교에서 설교하는 이들은 어린이들의 지적 감각을 무시하지 말아야 합니다. 올바른 주일학교 교육에 충분히 잘 따라올 만한 어린이들에게 어른들이 불필요한 흥미꺼리들을 제공함으로써 잘못된 습성에 젖어들게 해놓고는 '어린이들에게는 어린이들이 좋아하는 방법에 따라 교육해야 한다'는 엉뚱한 논리를 펴게 되는 것입니다. 소위 눈높이 교육을 지나치게 이해하여 잘못 적용하고 있습니다.

제가 목회하고 있는 실로암교회의 예를 들어보겠습니다. 우리 교회에서는 어린이들도 거의 어른들과 함께 예배에 참여합니다. 전도사님이 학교에 다닐 때 저의 강의를 들어 보았듯이 저는 재미있는 말을 하지 못하는 사람입니다. 예배 시간 약 90-100분 중 그런 투박스런 말투로 하는 설교 시간이 약 60-70분 가량 됩니다.

어른들도 지루할 수 있는 시간인데 대여섯 살의 미취학 어린이들부터 시작되는 어린이들에게는 얼마나 지루하겠어요? 물론 우리 교회의 어린 아이들은 어른들과 함께 예배 시간에 참여하는 것이 마땅한 것으로 알고 있습니다. 사실 그렇게 하는 것이 마땅한 일입니다.

어린이들은 오후에 다시 한 시간 정도 주일학교 시간을 가집니다. 그 시간에는 어린이들뿐 아니라 부모님들도 주일학교에 함께 참석합니다. 강도사님이 또다시 지루한(?) 설교를 약 20분 정도 하게 되지요. 어린이들에게는 어른들과 함께 참여하는 본 예배 시간에 비해 유년주일학교가 훨씬 재미있는 시간이 아닐까 싶습니다.

어린이 찬송도 하고 하나님의 말씀을 그대로 전합니다. 불필요한 이야기 섞인 예화를 많이 사용하지도 않으며 재미있을 만한 성경 내용들을 따로 골라서 설교하지도 않습니다. 부모님들은 성경 말씀의 내용들 가운데 이해하기 어려운 부분이 있으면 가정에 돌아가 자녀들에게 다시 그것을 풀어서 설명해 줄 시간을 가질 것입니다.

물론 현재 우리 실로암교회가 가장 모범적으로 잘하는 것은 아닐 것입니다. 그러나 우리가 어린이 교육에 가장 신경을 쓰는 것은 하나님의 말씀입니다. 어린이들은 예배 시간이나 주일학교 시간이 끝나고 나서 놀이터에서 놀기도 하고 어른들과 함께 게임을 하기도 합니다.

우리 교회 어린이들은 주일을 기다립니다. 물론 그 어린이들이 예배 시간이 즐거워서가 아닐 것입니다. 그리고 유년주일학교가 특별히 재미있어서도 아닐 수 있습니다. 그들에게는 또래 어린이들과 뛰어노는 것이 무엇보다 즐거울 것입니다. 그렇지만 그렇게 자라는 동안 어린이들은 점차 하나님의 말씀에 익숙해져 갈 것이며 그 말씀에 순종하는 사람으로 자라가게 될 것입니다.

전도사님, 주일학교 교육을 담당하고 있으니 맡은바 소명을 잘 감당하시기를 바랍니다. 어린이들에게 하나님의 말씀을 그대로 해석하여 설교하고 가르쳐 교육하시기 바랍니다. 아이들의 흥미에 대해서는 지나치게 신경쓰지 말기를 바랍니다. 전도사님이 속해있는 교회의 어린이들이 하나님의 말씀을 잘 배워 복음에 합당한 장성한 사람으로 잘 자라가기를 원합니다.

카프카즈 신학교에 가면 '복음과 종교학'이란 과목을 집중 강의할 예정입니다. 기도 중 저를 기억해 주시면 감사하겠습니다.

(2001. 6. 19)

17 예수님과 병고침 (요 5:1-9)

재규 형제

오랜만입니다. 엊그제 러시아에서 돌아와 이렇게 편지를 쓰는 것도 한참만의 일입니다. 서울에서의 생활은 어떤지 모르겠습니다. 서울의 환자들은 입을 잘 벌리고 있던가요? 당분간 임시 원장을 하는 것이 앞으로의 일을 염두에 둔다면 좋은 경험이 되지 않을까 생각해 봅니다.

저는 카프카즈 신학교에서 강의를 마치고 돌아오는 길에 몇 분의 치과의사들과 함께 여행을 했습니다. 그 분들은 러시아 영주권을 소유하여 그곳에서 공부를 마치고 치과의사가 된 분들인데, 북카프카즈 지역의 인구 40만 정도 되는 날칙Nalchik이라는 도시에서 상당한 인정을 받고 있는 분들이었습니다.

제가 카프카즈를 출발하던 날 아침에도 그곳 오전 텔레비전 방송에서 그 분들을 중심으로 '한국의 치과의사들'에 대한 방영을 하고 있었습니다. 그 분들에 의하면 러시아의 치과의술이 한국보다 약 십 년정도 뒤떨어져 있어서 한국의 기술을 조금 도입하면 대단한 것으로 평가한다고 하더군요. 만일 재규 형제가 그곳에 선교사로 간다면 엄청난 관심과 함께 유명 인사(?)가 되지 않을까 싶습니다.

서론이 너무 길었습니다. 이제 재규 형제가 질문한 '예수님과 병고침'에 대한 생각을 나눠보도록 하지요. 예수님께서 이 세상에 오셔서 많은 병자들을 낫게 하신 내용이 복음서에 가득 차 있습니다. 그래서 다수의 사람들은 예수님을 병을 낫게 하는 분으로 오해하기도 합니다. 그래서 예수님께서는 그런 병고침의 사실을 다른 사람들에게 말하지 않도록 제자들에게 각별히 당부하시기도 했던 것입니다(마 8:4; 막 7:36 등).

예수님을 오해하는 사람들은 그를 '병을 고치는 자'로 여겼습니다. 오늘 우리의 시대에도 이에 대해서는 별반 다를 바 없다는 생각이 듭니다. 믿음만 있으면 예수님이 모든 질병을 고쳐 주신다고 선전하고 있는 것이지요. 그러나 성경 말씀을 잘 살펴보면 예수님은 사람들의 병을 낫게 하는 것을 주된 목적으로 삼지 않았습니다.

예수님께서 사람들의 병을 낫게 하신 이유는 천국의 모습을 보여주기 위해서였습니다. 즉 천국에는 인간을 괴롭히는 그런 질병같은 것이 있지 않음을 선포하셨으며 인간을 괴롭히는 악한 질병이 하나님의 아들이신 예수님 앞에서는 완전히 무력해짐을 선언하고 계시는 것입니다. 이러한 신학적 원리는 비단 병고침뿐 아니라 예수님의 다른 모든 이적에 있어서도 함께 생각되어져야 할 부분입니다.

예수님께서는 이 세상에서 사역하실 동안 만나는 모든 병자들을 다 고친 것이 아닙니다. 그러나 예수님께서 고치지 못할 병은 없다는 것을 보여주시기 위해 각종 질병들을 고치셨습니다. 성경에 기록된 예수님의 치유하심을 이야기하면서 그것을 믿는 자는 낫게 되며 병이 낫지 않는 것은 믿음이 없기 때문이라고 가르치는 사람이 있다면 그는 신앙이 지극히 어린 사람이거나 복음을 알지 못하는 사람일 것입니다.

우리 시대에 예수님을 병고치는 자로 만들어 버리는 것은 잘못된 신앙에 근거합니다. 예수님의 병고치는 능력을 믿는 것이 곧 신앙이라고 가르친다면 분명히 문제가 있습니다. 예수님께 있어서 병고침은 거의 아무것도 아니라 할 만큼 작은 일에 지나지 않습니다. 천지를 창조하시고 자기 백성을 위해 십자가에 달려 구속의 목적을 이루신 것은 몇몇 사람의 질병을 고친 일과는 도저히 비교가 되지 않습니다.

성경 본문을 한군데 보기를 원합니다. 요한복음 5장 1-9절에 보면, 예수님께서 유대인의 명절이 되어 예루살렘을 방문하시게 됩니다. 예루살렘에는 양문羊門 곁에 히브리어로 '베데스다'라고 하는 못이 있었는데 '베데스다' 란 '자비의 집'이라는 뜻입니다. 그 못가에 행각行閣이 다섯 있어서 각양 병들린 사람들이 모여 있었습니다.
 예수님이 가셨을 때 거기에는 앞을 보지 못하는 소경, 다리가 불편한 자, 혈기血氣 마른 자 등이 많이 모여 있었습니다. 그들이 그곳에 그렇게 모여 있었던 이유는 자기의 질병을 낫게 하기 위해서였습니다. 그 병자들은 천사가 가끔 내려와 물을 동動하게 하는데 동한 후에 먼저 들어가는 사람은 어떤 병에 걸렸든지 낫게 된다고 믿고 있었기 때문입니다.
 거기에 모인 사람들의 마음이 어떠했을까요? 그들에게는 한결같이 자신의 질병에서 벗어나고 싶다는 간절한 마음이 있었습니다. 예수님께서 베데스다 못을 방문했을 때 그곳에는 그런 사람들이 가득 모여 있었습니다.

예수님께서는 그곳에서 한 병자를 보시게 됩니다. 그는 무서운 질병으로 인해 38년 동안이나 고통받고 있던 사람이었습니다. 아마 그의 질병으로 인해 온 가족이 오랜 세월 함께 힘들어했을 것입니다. 그리고 그 병자나 가족은 이미 치유에 대한 기대를 거의 포기하고 있었을 것입니다.
 그런데 예수님께서 그에게 가까이 가서 하신 말씀은 '당신의 병이 낫기를 원합니까?'라고 하는 질문이었습니다. 물론 그는 낫기를 간절히 원했습니다. 그는 '예, 낫기를 원합니다'라는 말대신에 '주여, 물이 동할 때 나를 물에 넣어줄 사람이 없어 내가 가는 동안에 다른 사람이 먼저 내려가나이다'라고 대답합니다.
 그 사람은 자기가 낫지 못하는 원인을 도와주는 이가 없다는 사실과 천사의 역할과 그 못에 달려 있다고 믿고 있었습니다. 그때 주님께서 그 병자에게 하시는 말씀이 '일어나 당신이 누워있는 그 자리를 들고 가시오'라고 명했습니다. 그는 그 자리를 들고 일어나 걸어갔습니다. 이것은 엄청난 이적임에 틀림없습니다.

그러나 예수님의 목적은 한 사람의 질병을 고쳐주는 것이 아니었습니다. 예수님께서 거기에 모인 모든 사람들에게 주신 메시지는 '너희의 고통을 해결하는 것은 너희를 도와주는 사람이나 천사와 그 못에 달려 있는 것이 아니라 〈나〉에게 달려 있다'는 것을 선포하시는 것이었습니다. 그 병자들이 고통에서 헤어나올 수 있는 길은 베데스다 못에 잽싸게 빨리 들어갈 수 있는 활동 능력이나 천사와 물에 달려 있지 않습니다. 그럼에도 불구하고 거기에 모여 있는 병자들은 한결같이 그렇게 생각하고 있었습니다.

예수님께서 38년 된 한 병자를 치유해 주셨을 때 그곳에 있던 다른 병자들에게는 어떤 반응이 일어났을까요? 치유를 받은 한 사람 이외에 다른 병자들에게는 원성이 터져 나왔을지도 모릅니다. '나도 고쳐 주시오, 나도 고쳐 주시오' 하는 그들의 애절한 음성이 들리는 듯합니다. 그러나 예수님이 그 나머지 병자들을 치유해 주지 않았을 때 그들의 마음은 얼마나 상했을까요?

특별히 돈이 들거나 많은 기술을 동원하지 않아도 말씀만으로 치유할 수 있음에도 불구하고 치유의 혜택을 입지 못한 다른 병자들의 마음을 헤아릴 수 있겠습니까? 그들의 눈에 예수님은, 사랑은커녕 얼마나 냉정한 인물로 보였을까요? 만일 그렇다면 한사람마저도 고쳐주지 않는 것이 더 지혜로운 것은 아닐지 모르겠습니다.

그러나 우리가 잘 생각해야 할 것은 예수님께서는 한 사람의 병을 고

쳤지만 그 메시지는 거기에 모인 모든 사람들의 것이라는 점입니다. 생명과 소망이 바로 '저분 예수 그리스도'에게 있다는 사실을 그들이 깨닫기를 주님께서는 바라셨던 것입니다.

예수님께서는 이 세상의 질병들을 고치는 것을 목적으로 삼지 않았습니다. 죽은 사람을 다시 살리신 의미도 이와 동일합니다. 다시 살게 된 그 사람들이 오래지 않아 또 죽었다는 사실은 우리가 얻어야 할 중요한 교훈을 담고 있습니다.

재규 형제, 이제 예수님께서 병든 많은 사람들을 고치신 의미를 알게 되었으리라 생각합니다. 주님께서 여러 번 되풀이하여 그렇게 하신 이유는 단순히 병고침을 받은 사람들에게만 베푸신 은혜가 아니라, 주님의 메시아 사역을 알려주심으로 이스라엘 백성에게 베푸신 놀라운 은혜입니다.

이에 대한 좀더 깊은 이해를 위해 마태복음 11장 1-6절을 찬찬히 읽어 보셨으면 합니다. 감옥에 있는 세례 요한이 예수님께 자기 제자들을 보내 예수 그리스도의 자기 선포의 의미를 확증하는 매우 중요한 본문이기 때문입니다.

빨리 서울 생활을 마감하고 가까이 살았으면 하는 바람이 있습니다. 언약교회 이승구 교수님과 저를 기억하는 여러 형제들에게 문안 전해 주시기를 바랍니다.

(2001. 7. 7)

18. '교회의 부서'에 대하여

자매님께

안녕하세요? 반갑습니다. 보내주신 메일을 진작 받았습니다만 이제야 답신을 쓰게 됩니다. 그동안 저는 매우 바쁜 시간을 보냈습니다. 러시아에 있는 신학교를 방문하여 강의를 마치고 7월 초순경 돌아와 채 여독이 풀리지 못했을 때 갑작스런 장모님 초상을 당했습니다.

일흔에 가까운 노인인데다 신앙을 가졌던 어른이라 심한 슬픔 가운데 치러진 장례가 아니긴 했으나 위로 차 오신 여러 손님들을 맞으랴, 장례 절차를 따르랴 바쁘게 시간을 보냈습니다.

이제 좀 정신을 차리고 보니 자매의 서신이 눈에 띄었습니다. 사실 써야할 편지 답장들이 산더미(?)처럼 쌓여 있습니다만, '답장을 목이 빠지게 기다리고 있겠다'는 애절한(?) 자매의 말 때문에 가장 미리 답장을 써야겠다고 생각하게 된 것입니다.

자매는 현재 서울 J교회 대학부에서 총무를 맡고 있다고 그랬지요? 대학부에서는 주일 오후에 친교 시간을 가지고 성경 공부를 위한 조모임을 가진다고 했습니다. 그런 가운데 자매에게 교회에 속한 대학부의 성격과 해야 할 일 등에 대한 의문이 생겨난 듯 합니다.

자매의 말처럼, 교회에 속한 대학부의 성격을 올바르게 이해하는 것은 중요합니다. 이것은 비록 자매가 현재 출석하고 있는 교회뿐 아니라 모든 교회가 마찬가지일 것입니다. 그리고 대학부뿐 아니라 중고등부나 남여전도회 등 다른 교회의 부서들도 그렇습니다.

현재 한국교회들에 있는 각 부서들을 살펴보면 일반적으로 크게 둘로 나누어 생각해 볼 수 있습니다. 하나는 교육부서이며 다른 하나는 봉사부서입니다. 교회에서 목사와 장로들의 모임인 당회나 집사들을 포함한 모든 직분자들이 모이는 제직회, 그리고 모든 입교인들이 회집하는 공동의회 등은 교회의 특별 부서가 아니라 교회의 기본적인 조직에 속한다고 보아야 합니다.

이러한 회會들은 교회의 중요한 의사 결정을 하며 전체 교회를 지체로서 돌아보는 일들을 하게 됩니다. 그러나 앞에서 말씀드린 교육부서와 봉사부서는 선택적 임의 기관인 셈입니다. 교육부서에는 유년주일학교, 중고등학생회, 대학청년부 등이 있습니다. 그리고 봉사부서에는 남전도회, 여전도회 등이 있습니다.

교회에서 가장 기본적인 필수 내용은 올바른 말씀 선포, 성례, 권징 사역입니다. 이것을 교회의 표지라 합니다. 이러한 내용들이 제대로 이루어지지 않는다면 올바른 교회라 할 수 없습니다. 이러한 사항들은 선택적 사항이 아니며 입교한 성도라면 누구나 참된 의무 가운데 참여해야만 합니다. 그러기 위해서는 모든 성도는 전체 교회가 모이는 예배에 의무적으로 성실해야만 합니다. 그 가운데 말씀 선포와 성례의 시행, 권징 사역이 포함되어 있기 때문입니다.

만일 어떤 사람이 '나는 대학부는 재미가 있는데 전체 예배에는 별 관심이 없다'고 한다면 원리적으로 보아 크게 잘못입니다. 교회의 기본적인 전체 예배 모임을 등한시 한 채 다른 부서 일에만 관심을 가지고 열심을 내는 것은 올바르지 않습니다.

자매의 이해를 돕기 위해 일반 학교를 예로 들어 설명드리도록 하겠습니다. 학생들이 학교에서 가장 중요한 시간은 수업 시간입니다. 방과

후 시간이나 특활 시간은 임의적 특별한 시간일 따름입니다.

사실 학교에서는 학교의 기본 본질에 해당되는 수업 시간을 결코 없애버릴 수는 없지만, 임의의 특활 시간들을 꼭 두어야 하는 것은 아닙니다. 만일 어떤 학생이 수업 시간에는 교실에 들어가지 않고 특별 시간에만 열심을 내어 관심을 가진다면 올바른 자세라 할 수 없습니다.

교회에서의 각 부서들은 일반 학교에서 특별 활동 시간과 비슷하다고 할 수 있겠습니다. 교회에서 성도들은 모든 성도들이 함께 모이는 주일 예배 시간을 통해 하나님의 말씀을 배우며 그 말씀에 자신을 복종시켜야만 합니다. 성도들은 매 주일마다 선포되어지는 말씀을 통해 성경이 가르치는 바 지식을 습득하며 하나님의 뜻을 알아가게 되는 것입니다.

예배 시간을 통해 하나님의 말씀을 알아가는 것이 시시하게 여겨진다거나 소중하지 않게 생각된다면 그것은 이미 병든 상태일 것입니다. 교회가 병들었든지 아니면 그렇게 생각하는 교인이 병들었든지 혹은 모두가 병들었든지 셋 중 하나일 것입니다. 이는 학교에 다니는 학생이 수업 시간의 공부는 지루하고 재미가 없어 교실에 들어가지 않고 특별 시간이나 과외 시간에만 적극적으로 참여하려 한다면 학교와 학생 둘 중 하나 혹은 모두가 병들었다고 할 수 있는 것과 마찬가지입니다.

이제 자매가 질문한 내용에 대해 결론적인 말씀을 드릴까 합니다. 교회에 속한 대학부는 특별 부서일 따름입니다. 전체 교회가 결의하여 대학부를 없애도 그다지 문제될 것이 없는 정도의 모임입니다. 그 대학부가 할 수 있는 것은 비슷한 또래의 청년들이 모여 함께 교제할 수 있다는 점과, 같이 모여 적절한 성경 공부를 하는 정도일 것입니다. 그러나 어디까지나 그 성격은 교회 전체 모임에 비하여 자유로워야 합니다. 대학부에 참석하지 않는 대학생을 나무랄 일은 전혀 아니지만 세례 받고 전체 성도들의 예배 모임에 참석하지 않는 대학생이 있다면 권징을 해야 합니다.

　우리 시대에 있어서 개인적으로 우려하는 바는 교회의 각 부서들의 의미를 잘 알지 못한 채 막무가내로 활성화하려는 자세들입니다. 활성화되어야 하는 것은 전체 교회입니다. 예배를 통한 말씀 선포와 성례, 권징 사역이 말씀 가운데 활성화되어야 합니다.
　각 부서를 지나치게 활성화하려 할 필요는 없습니다. 그렇게 하다보면 자칫 교회가 기형화 될 우려마저 있을지 모릅니다. 각 부서들이 존재하는 이유와 활발하게 활동하기를 원하는 것은 결국 전체 교회의 예배 모임의 올바른 활성화 때문임을 잊지 마시기 바랍니다.

　자매님, 제가 하고자 하는 말을 잘 이해할 수 있으리라 생각합니다. 아무쪼록 서울 J교회 대학부가 올바른 위치에서 활성화됨으로써 전체 교회가 아름답게 성장해 가기를 원합니다. 저에게 질문을 주어서 감사합니다. 앞으로도 혹 생각을 나눌 만한 이야기들이 있다면 연락주세요. 지금 휴학 중이라 했던가요? 휴학중이라 해도 열심히 공부하는 가운데 알찬 시간들을 보내기를 바랍니다.

(2001. 7. 18)

19 '시신기증'에 대하여

김 집사님

안녕하십니까? 요즘 어떻게 지내시는지요? 7월 하순의 대구 날씨는 대단하리라 생각됩니다. 연일 열대야 현상이 계속되고 있다는 방송을 듣습니다. 지난번 저의 장모님이 돌아가셨을 때 병원에 다녀가셨다는 이야기를 들었습니다만 만나 뵙고 인사드리려고 달리 전화도 내지 않았습니다. 우선 지면을 통해 감사의 말씀을 전합니다.

부족한 저를 서현교회 청년부 수련회에 다시 불러 주심에 감사드립니다. 이번 수련회 기간 동안 느헤미야서를 통해 하나님의 놀라우신 경륜을 발견하게 되기를 바랍니다. 이미 오래 전에 집사님께서 질문하신 내용을 간직하고 있다가 곧 있게 될 수련회에서 만나 뵙기 전에 저의 견해를 말씀드려야겠다는 생각을 하게 되었습니다.

집사님이 말씀하신 것처럼 우리 시대에는 '시신기증'이니 '장기기증'이니 하는 용어들이 보편적으로 사용되고 있습니다. 선하게 살다가 죽으려는 마음을 가진 착한 사람들 가운데 자기의 시신을 기증하는 유언에 서명한 사람들이 많이 있을 것이며 기독교인들 중에도 그런 사람들이 다수 있는 것으로 알고 있습니다.

교회나 교회 지도자들 가운데는 시신기증을 장려하는 운동을 펼치는 사람들도 많이 있는 것으로 알고 있습니다. 오늘 우리의 시대에는 시신기증이나 장기기증에 대해 부정적인 견해를 가진 사람들이 거의 없을 만큼 사회적 분위기가 변해 있습니다.

그렇지만 저는 이것을 그리 간단하게 생각할 일이 아니라고 여기고 있습니다. 결론적인 말씀부터 드린다면 저는 시신기증이나 장기기증에 대해 부정적인 생각을 하고 있습니다. 이는 제가 저자신의 몸뚱이를 아까워하기 때문이 아닙니다. 중요한 것은 인간의 삶의 원리가 과연 어떠한가 하는 것을 생각해 봐야 한다고 믿기 때문입니다.

원래 인간은 하나님께서 정하신 연수에 따라 살다가 죽는 것이 자연스럽습니다. 인간의 의술은 근대적 개념에서 보아 인간의 수명을 많이 늘렸습니다. 그리고 고통 중에 사는 사람들이나 불편하게 사는 사람들에게 건강과 삶의 편의를 어느 정도 제공했습니다. 그러나 그것이 개별적으로는 상당한 공헌을 했을지 모르지만 전체적으로 보아서는 여전히 많은 질문들을 남겨두고 있습니다.

시신기증이나 장기기증이 인간의 정신적인 영역에 끼칠 영향도 충분히 고려되어야 한다고 생각합니다. 우리의 신체는 자신이 소유하고 있는 어떤 물건이 아닙니다. 즉 나는 내 눈을 소유하고 있다거나 나의 장기를 소유하고 있다는 생각을 하지 않습니다. 자신의 모든 신체 부위는 곧 자기 자신이기 때문에 자기 판단에 의해 남에게 주고받고 할 성격이 아니라는 말입니다.

그럼에도 불구하고 시신기증이나 장기기증이 이루어지면서부터 신체와 관련이 없는 '자신'이라는 별도의 존재가 존재하게 되었으며, 그 '자신'이라는 존재가 신체의 각 부위들을 소유하고 있는 주인이 되는 것입니다. 결국 인간의 육체는 정신과는 별개의 존재로서 그다지 값있게 사용되지 않아도 된다는 영지주의자Gnostic들과 같은 사고를 하게 될지도 모릅니다.

인간의 육체는 자기의 욕망에 따라서 어떤 행위를 한다고 할지라도 그것은 어차피 진정한 자기의 것이 아닌 하나의 도구일 따름이며 욕망에 따라 사용해도 무관하다는 생각이 그것입니다. 그래서 신체와 별개인 '내'가 나의 판단에 의해서 그것을 남에게 주기도 하고 받기도 하는 것입니다. 사실 대다수의 사람들이 일부러 이러한 생각을 하지는 않을 것이지만 자기도 모르는 사이 그러한 정신적 영향 아래 놓이게 될 수 있습니다.

이러한 생각이 심화되면 인간의 몸은 과학의 발달에 따라 기계처럼 얼마든지 수리될 수 있다는 기계론적 생명관을 가지게 될 것입니다. 이것은 결국 현재 엄청난 논의의 대상이 되고 있는 질환의 예방 및 치료를 목적으로 하는 배아 복제therapeutic cloning를 허용하는 움직임을 가져오게 될 것입니다. 끔찍한 이야기이지요.

저는 시신기증이나 장기기증을 할 필요가 없을 뿐더러 하지 말아야 한다고 생각합니다. 사회적인 측면에서 본다 해도 결국 그런 운동은 빈익빈 부익부를 지향하는 세상에서 또다시 불공평한 상태만 조장합니다. 어떤 사람은 돈이 많아서 더 나은 혜택을 받습니다. 그리고 또 다른 어떤 사람들은 그렇지 못해 더욱 큰 괴로움 속에서 살 수밖에 없습니다.

'시신이나 장기기증'이라는 말은 결국 인간의 몸을 물질화 한 개념이며, 물질에 대한 것이라면 돈이라는 또 다른 물질의 대가를 전제할 수밖에 없습니다. 곧 생명 자체인 인간의 몸이 돈으로 환산되는 셈이지요. 제가 이렇게 말하면 '구더기 무서워 장 못 담그느냐?'는 속담을 떠올릴지 모르겠습니다. 그러나 저는 원리를 말하고 있습니다. 사람은 태어나서 적절하게 살다가 죽으면 됩니다. 돈 있는 사람이나 능력있는 사람은 장기 교체를 통해 더 오래 더 건강하게 살 수 있도록 하는 것은 지나친 인본주의적 사고일 따름입니다.

우리가 아는 바대로 인간의 신체는 자기 자신의 것이 아닙니다. 하나님께서 창조하셨으므로 하나님의 뜻에 맡겨야 합니다. 사랑하는 사람이 병들어 고통 중에 있는 것을 보면 자기의 장기를 떼어주고 싶겠지요? 사랑하는 자식이 눈을 잃어 고통스러워하는 것을 보는 어머니는 마땅히 자기 눈을 빼어주고 싶어할 것입니다. 인간들은 그럴 때 자기의 것을 떼어주는 것이 사랑의 표시이며 도리라 생각합니다. 충분히 이해할 만한 이야기입니다. 더구나 발달한 현대 의학 세계 속에 살고 있는 사람들에게는 실천적 문제입니다.

그러나 저는 그러한 형편에서 자기의 장기를 떼어주는 것이 최선이 아니라 그러한 고통에 참여하여 함께 안타까워하는 것이 더욱 소중하다고 생각합니다. 사랑하는 가족이 있어서 장기를 기증 받는 것을 보며 그럴 형편에 있지 않은 사람들의 안타까워하는 마음을 우리가 도외시 할 수 없다는 것입니다. 그러한 정황들 가운데서 우리는 인간의 한계를 절감해야 합니다.

마지막으로 한마디만 더 하겠습니다. 환경 학자들 가운데 지구의 인구를 폭발적으로 늘게 한 공로자는 현대 의학이라는 말을 하면서, 사실은 그것 때문에 지금 세상이 식량 부족 등 도저히 감당할 수 없는 어려운 지경에 놓이게 되었다고 말하는 이들이 있습니다.

인간이 적당히 살다가 죽는 일을 방해하지 않았다면 지구에 적절한 수의 인간들이 살면서 인간다운 삶을 누릴 수 있었을 터인데 현대 의학이 인간의 수명을 늘여 오래 살도록 방법을 강구한 것이 결국 지구 전체의 위기를 가져 왔다는 것입니다. 그런데 앞으로 현대 의술을 통해 사람이 150살, 200살까지 살게 된다면 어찌될지 모르겠습니다.

개별 인간들은 획기적인 의학 발전을 통해 앞으로 150살, 200살까지 살려는 욕망을 가질지 모르지만 지구 전체는 인구 폭발로 인해 엄청난 혼란을 겪게 될 것입니다. 만일 그렇게 된다면 60세가 되기 전에 은퇴해야만 하는 사람들이 나머지 100년이 넘는 동안 일없이 살게 된다면 더욱 큰 사회적 문제가 야기되어 인류 전체가 혼란에 빠지게 될 것입니다.

저는 이러한 문제들은 차치하고서라도 원리적으로 장기기증이나 시신기증은 반대합니다. 너무 냉정한 답변을 드린 것 같은 생각이 듭니다만 전체적 의미를 생각하는 가운데 제가 말씀드리고자 하는 바를 이해해 주셨으면 합니다.

수련회 장소가 비슬산 기슭에 있는 '청도 자연농원'으로 결정되었다는 이야기를 들었습니다. 곧 있을 수련회 때 만나 뵙기를 바랍니다.

(2001. 7. 31)

20 '트랜스젠더' Transgender에 대하여

성도님께

안녕하세요? 우리 홈페이지에 남기신 질문을 보고 글을 쓰고 있습니다. 요즘 한국과 일본에서는 '교과서 왜곡 문제'로 인해 꽤 떠들썩한 것 같은데, 성도님이 살고 있는 일본에서도 그 문제가 사람들의 많은 관심을 끌고 있는지요?

저도 지난 토요일(8월 4일) 대구철학회에서 주최하는 학술발표회에서 '21세기의 역사 인식'이라는 주제 발표를 하며 그에 대한 언급을 잠시 했었습니다. 저의 발표 이후에 있었던 질의 시간을 통해 우리나라 철학자들의 그에 대한 관심은 대단하다는 것을 알 수 있었습니다. 사실, 저 자신은 그에 대해 그다지 많은 관심을 가지고 있는 것은 아닙니다.

성도님께서 저에게 질문하신 '트랜스젠더'에 대해서는 우리가 명확한 정리를 해야만 하리라 생각합니다. 지금 한국에서는 트랜스젠더 문제가 많은 사람들의 흥미꺼리가 되고 있습니다. 불과 얼마 전만 해도 동성애 문제가 떠들썩하더니 지금은 한 걸음 더 나아가 트랜스젠더 문제가 사회의 이슈가 되고 있습니다.

동성연애 문제가 처음 등장했을 때 잠시 동안이나마 그것이 사회 문제화되었고 그 문제를 야기했던 TV탤런트는 출연 금지를 당했습니다만 얼마 지나지 않아 그는 방송에 복귀했습니다. 지금은 동성연애가 거의 아무런 이슈조차 되지 않을 만큼 사회적 인정을 받고 있는 실정입니다. 간단하게 말씀드려 사람들의 동성애에 대한 보편 인식은, 자기는 동성애를 하지 않지만 그렇게 하는 사람들에 대해 비난할 생각은 없다는 식의 생각이지요.

　동성애가 처음 사회적 이슈가 되었을 때 일시적으로 찬반논쟁이 일었던 것과는 달리 트렌스젠더 문제는 처음부터 그에 대해 강하게 거부하는 사람들이 거의 있지 않았습니다. 동성연애자가 방송 출연 금지를 당했던 때가 있었던 것과는 반대로 성전환수술을 받은 어떤 사람은 방송 출연에 거의 별다른 제재가 없이 자연스럽게 사람들에게 받아들여지기 시작한 것입니다. 이미 대다수 사람들이 트렌스젠더나 성전환 수술에 대해 개별적, 사회적 범죄로 보지 않고 있는 추세인데 앞으로는 더욱 그럴 것이라는 전망입니다. 우리의 시대가 얼마나 악한가 하는 것을 여실히 보여주는 것이라 아니할 수 없습니다.

　트렌스젠더라는 용어는 우리 시대에 생겨난 전문적 신종 언어입니다. 그러므로 이전에 발간된 일반 사전에는 '트렌스젠더' transgender라는 단어가 수록되어 있지 않을 정도입니다. 원래 트렌스젠더는 일종의 정신적 질환으로 이해되었던 용어였습니다.
　남성이 심한 여성적 사고를 하며 여성적 경향성에 빠져 살아가는 것을 말하며, 여성이 지나치게 남성적 사고를 하며 남성적 경향성에서 헤어나지 못하는 사람들을 트렌스젠더라고 했습니다. 그들은 여성이면서 남성에게 이성적 애정을 느끼지 않고 도리어 같은 동성에게 성적 애정을 느끼는 것입니다. 지금보다 전통적(?) 시대에 그런 사람들은 주로 동성애에 빠지는 것이 흔히 있는 일이었습니다.

　전통적 사회에서는 전문가들이 그것을 정신적 질환으로 이해했습니다. 그러던 것이 우리 시대에 와서는 소위 '개별적 인권'이라는 강조된 용어와 포스트모더니즘의 경향성과 함께 그런 사람들도 그들의 상태 그대로 행복할 권리가 있다는 사상이 생겨나게 된 것입니다. 즉 그들의 성적 성향이 '질환'이라는 진단에서 개인의 '성향'이라는 언어로 전환된 것입니다.

이러한 사고는 결국 현대 의술과 함께 성전환 수술이라는 엄청난 죄악을 동반하게 됩니다. 저는 여기서 '트렌스젠더'라는 말을 성전환 도착자로 간주하고 성전환 수술을 범죄 행위로 생각합니다. 제가 이렇게 말하면 그런 경향성을 가진 사람들은 펄쩍 뛸지도 모릅니다. 그리고 현대 의술을 가지고 성전환 수술을 해주면서 마치 불행하게 살고 있는 사람에게 대단한 권리라도 찾아주는 것인 양 행세하는 의사들은 더욱 펄쩍 뛸지도 모릅니다.

제가 성전환 도착자와 성전환 수술을 받은 자, 성전환 수술을 하는 의사 그리고 그러한 사회에 살고 있는 사람들의 사고에 대해서 분리하여 생각해 보고자 합니다. 제가 이런 이야기를 하는 것은 사실 성전환 도착자들을 위해서라는 점을 꼭 기억해 주시기 바랍니다. 그런 성향을 가지고 있는 사람들이 선천적이든 혹은 후천적 환경에 의해서 그런 성향을 가지게 되었든, 그러한 성향을 건전하게 바로 잡아주는 것이 진정 그들을 위한 것임을 절대로 잊어서는 안 됩니다.

만일 도벽의 성향을 가진 사람이라든지, 성도착증 환자가 있다면 그들의 성향이 그러하기 때문에 그들에게 그런 행위를 계속할 수 있는 길을 넓혀 주어야 한다고 주장한다면 어떻게 될까요. 도리어 그들이 건전한 삶을 회복할 수 있도록 도움을 주어야 하며 그러한 생각이나 성향이 악한 것임을 일깨워 줌으로써 그들을 도와 주어야 합니다. 이와 마찬가지로 주변에 성전환 도착자가 있다면 동일한 자세로 그들이 건전한 삶을 회복할 수 있도록 도와주어야 합니다.

그런 사람들에게 성전환 수술을 해 주는 사람들은 매우 악한 사람들이며 그들을 더욱 불행한 삶으로 몰아넣는 것과 전혀 다르지 않습니다. 마약중독자에게 한 평생 사용할 수 있는 분량의 마약을 가져다 주는 것이 그들을 위하는 것이 될 수 없는 것과 동일한 원리입니다.

악한 의사들을 통해 수술대에 오르는 성전환 도착자들은 정말 안타까운 사람들이 아닐 수 없습니다. 자신의 잘못된 성향이나 욕망으로 인해 자신의 삶을 완전히 망가뜨리고 있습니다. 그들에게 메스를 가져다 대며 천박한 인권을 논하는 의사들만큼이나 악한 자들은 그들을 수단으로 이용하려 하는 사람들입니다.

최근 들어 자주 이름이 오르내리는 성전환 수술자가 있습니다. TV에도 등장하고 마치 간증이라도 하듯 글을 써서 사람들을 혼란스럽게 하고 있습니다. 그 불행한 사람을 이용해 일반 대중으로부터 흥미를 유발하여 자기의 얄팍한 목적을 이루려 하는 사람들은, 그들이 매우 악한 사람이든지 그들 또한 일종의 질환자이든지 둘 중 하나일 것입니다.

트렌스젠더의 성향을 가진 사람들을 제가 비난하고 있는 것이 아님을 잘 이해해 주시기 바랍니다. 그들은 어디까지나 일반 사람들과 다른 성향을 가진 불행한 사람이기 때문에 건강한 사람들이 도와주어야 할 대상들이지요. 그 성향을 건전하게 잘 다스려 건강한 모습으로 돌아오지 못하는 것은 그들의 불행입니다.

그러나 그런 사람의 성을 수술해 주는 의사들이나 그런 수술을 받고 그것이 마치 정당한 행위라도 되는 양 떠벌리는 사람, 그리고 그것을 인정해 주는 것이 대단한 인권주의자라도 되는 양 행세하며 그들을 이용하는 사람들은 매우 악한 사람들입니다.

인간의 성은 하나님께서 결정하실 일입니다. 우리 시대의 인간들이 하나님의 영역을 마구잡이로 짓밟고 있는 것은 말세의 한 징조입니다. 정말 사악한 시대에 우리가 살고 있습니다. 트렌스젠더에 대한 보편적인 인정이나 성전환 수술을 보통으로 이해하는 시대는 두려운 시대입니다. 우리 시대에 살고 있는 청소년들이 염려됩니다. 심지어는 기독교에서조차 그것이 악인지 아닌지를 구별조차 못하고 있다는 사실은 시대의 악함을 더욱 극명하게 보여주고 있습니다.

　성도님, 우리가 이러한 논의를 하고 있는 이 시간에도 하나님을 두려워하지 않는 사람들은 이미 성전환 수술이 범죄 행위가 아닌 것으로 이해할 것이며 청소년들의 사고는 형편없이 피폐해져가고 있습니다. 결론적으로 몇 마디 말씀을 드림으로써 이 편지를 마무리할까 합니다.
　우리는 트렌스젠더의 성향을 가진 사람들을 진정으로 불쌍히 여기는 마음을 가져야 합니다. 그것이 올바른 성향이 아님을 일깨워 주고, 그들이 건강한 삶을 회복할 수 있도록 도와 주어야 합니다. 그리고 그런 성향 가운데 계속 머물러 있는 것은 자신을 파괴하는 일이므로 빨리 그러한 성향을 떨쳐 버리도록 힘을 주어야 합니다.
　아울러 성전환 수술은 악한 범죄 행위임을 이야기해야 합니다. 그리고 그런 수술을 하는 의사들도 엄청난 죄악에 가담하는 더욱 악한 행위임을 말해주어야 합니다. 앞에서 말씀드린 것처럼 마약중독자에게 마약을 잔뜩 가져다 주는 것은 마약중독자보다 더욱 악한 행위이기 때문입니다. 그리고 그 악한 행위를 남의 일 이야기하듯 무책임하게 말함으로써 그 악을 보편화시키는 사람들을 우리는 극히 경계해야 합니다. 마약중독자에게 마약을 가져다 주는 사람을 보며 그들 양쪽 모두에게 인권을 들먹이며 히죽거리는 모습과 전혀 다르지 않기 때문입니다. 그들은 성전환자들을 선전하듯 하며 인류를 어지럽히는 자들입니다.

　이 정도로 말씀드리면 저의 생각을 이해하셨을 것입니다. 모쪼록 이에 대해 바른 견해를 가짐으로써 자신의 본분을 지켜나가게 되기를 원합니다. 언제 한국에 나오시는 기회가 있으면 한번 연락을 주세요.

(2001. 8. 5)

21 교회와 무교회주의

장 교수님

안녕하십니까? 지면을 통해 교제를 나누게 되어 반갑습니다. 저의 부족한 글들에 대해 관심을 가져주심에 대해 진심으로 감사드립니다. 저는 그동안 터키Turkey를 방문했다가 지난 주말에 귀국하여 교수님의 글을 확인하고 이제야 답변을 드리게 되었습니다.

교수님께서 저에게 주신 글을 통해 말씀하신 바 '매 주일마다 가정집이나 사무실을 빌려 예배를 드리는 사람들'은 이미 교회를 구성하고 있으며 무교회주의자들이라고 부를 수 없을 것입니다. 그렇지만 '무교회주의자'란 기성교회를 거부하느냐 하는 여부에 달려 있지 않습니다. 외형상 조직적인 교회의 형태를 갖춘 것만으로 올바른 교회라 말할 수 없음은 당연합니다.

교수님께서 말씀하신 '무교회주의자들'이라는 분들은 오히려 '경건한 무리들'이 아닐까 생각해 봅니다. '경건한 무리들'은 기독교 역사상 교회가 존재했던 거의 모든 지역에 일어났던 형태라 생각됩니다. 그들은, 각 시대 기성교회들이 시간의 흐름에 따라 하나님의 말씀을 벗어나고 인간의 종교적 제도를 강화해 갈 때, 그런 인본주의적인 것을 거부하며 하나님의 말씀에 따라 경건하게 살려고 애쓰는 무리들입니다.

그렇지만 그들에게 항상 존재했던 것은 성도들이 함께 모이는 가시적인 교회였습니다. 저는 '경건한 무리'와 '무교회주의자들'을 구분하여 생각합니다. 무교회주의자들의 문제는 기성교회의 인본적인 행태를 거부하면서 올바른 교회를 세우느냐 하는 것이 아니라 가시적 교회 자체를 거부합니다.

여기서 제가 말씀드리는 교회란 교회의 제도나 조직, 교회당 등이 결코 아닙니다. 제가 말씀드리는 바 교회는 하나님을 믿는 성도의 무리입니다. 교회의 제도가 교파에 따라 다소간 차이가 나고, 교회의 조직이 조금씩 다른 것은 성경 해석에 따라 어느 정도의 차이가 날 수 있습니다. 역사적 배경이나 지역적 배경에 따른 특성이 전체의 틀 가운데서 어느 정도 인정될 수 있을 것이라고 생각합니다.

교회당 건물은 '교회'와 본질적인 면에서 하등의 관계가 없습니다. 훌륭한 교회당을 소유하고 있는 교회가 더 나은 교회일 수 없으며, 가정집에서 모이는 교회가 그보다 못한 교회가 아닙니다. 중요한 것은 모이는 성도들의 교회가 하나님의 말씀을 얼마나 경외하며 그의 뜻에 온전히 순종하느냐 하는 것입니다.

어떤 형편과 형태의 교회이든지 간에 올바른 교회이기 위해서는 매주일 모이는 교회 가운데 온전한 하나님의 말씀 선포가 있어야 합니다. 그리고 세례와 더불어 주님이 친히 말씀하신 대로 주님을 기념하는 성찬이 있어야만 합니다. 그 내용을 충실히 하기 위해서 교회에 속한 모든 성도들은 상호간 말씀을 통한 권면을 아끼지 말아야 합니다. 혹 말씀을 선포하는 자가 그 말씀을 떠나 있다면 그를 드러내어야 할 것이며, 성도들 가운데 하나님의 말씀을 떠나 있는 자가 있다면 마땅히 그를 책망해야 합니다(계 2:1-7 참조).

교회는 하나님께서 자기 피로 값주고 사신 '모임'입니다. 성도들의 삶은 그 교회에 포함되어 있어야 하며 거기에서는 자기 경험에 따라 마음대로 할 자유가 없습니다. 단지 하나님의 뜻에 온전히 따를 자유가 있을 따름입니다. 저는 교수님께서 이해하고 계신 바, 그러한 '무교회주의자들'이라면 이단으로 생각지 않습니다.

그들이 매 주일 정기적으로 모여 하나님의 말씀을 나누며 매년 두 차례 전국에서 연합으로 모여 말씀을 나누는 수련회를 가지는 성도들이라면 무교회주의자들이 아닐 것이기 때문입니다. 주일마다 함께 모여 하나님의 뜻을 추구하며 예수 그리스도의 재림을 소망하는 무리라면 그들은 이미 교회를 이루고 있다고 보아야 할 것입니다.

우리가 일반적으로 생각할 때 무교회주의자들이란 교회가 필요하지 않다고 하는 사람들입니다. 이것은 어떤 역사적 개념이 아니라 언어 자체에서 얻을 수 있는 개념입니다. 그런 사상을 가진 자들은 주일에 굳이 교회에 갈 필요가 없으니 꼭 하나님의 말씀이 공적으로 선포되는 것을 중요하게 생각하지 않아도 되며 세례나 성찬 등을 필요로 하지 않습니다. 그리고 함께 모이는 공동체를 형성하고 있지 않으니 서로 말씀으로 권면하는 유기적 권징 사역 같은 것도 필요하지 않습니다.

성경은 교회를 그리스도의 신부라 칭하고 있습니다. '성도들이 함께 모이기를 힘쓰라'고 요구하고 있으며 우리는 그 가운데서 신랑되신 그리스도에 대한 소망을 가져야 합니다. 그렇지만 무교회주의자들이 생겨나게 되는 원인이 불건전한 기독교에 있다는 점을 간과할 수는 없습니다. 교회가 교회답지 못할 때 어린 성도들은 갈 곳을 잃게 되고 결국 무교회주의자가 될 위험이 있게 됩니다. 오늘 우리의 시대는 더욱 그렇다고 생각됩니다.

다수의 교회들이 말씀을 떠나 인본주의에 빠져 있고 교회의 제도나 조직을 인본주의적인 것으로 전락시키며 교회의 지도자들이 하나님의 말씀을 떠나 있을 때 성도들은 믿을 만한 교회를 찾지 못할 우려가 생기게 되는 것입니다.

  우리는 예외없이 누구나 자신의 경험적 사고를 통해 모든 것을 해석하려는 성향이 있음을 염두에 두어야 합니다. 그러므로 하나님의 말씀이 무엇을 요구하는지를 잘 기억하는 가운데 이 땅에 올바른 주님의 교회를 세워 나가야 합니다. 기성교회가 배교의 길을 걸을 때 그에 저항하는 이들이 함께 올바른 교회를 세워나가려는 노력을 하는 것이 중요하리라 생각합니다.

  가을 학기 개강을 앞두고 강의 준비에 바쁘시리라 생각됩니다. 형편이 되면 앞으로도 종종 소식 주시기를 바랍니다.

(2001. 8. 20)

22 '가위눌림' 어떻게 보아야 하나요?

정미 자매님

안녕하세요? 어디에 살고 계시는 분인지는 알 수 없으나 인터넷을 통해 보내주신 편지글을 통해서 볼 때 20대 정도의 아가씨가 아닐까 짐작해 봅니다. 자매께서는 크리스쳔의 가위눌림에 대해서 질문하셨더군요. 주변에 가위눌림 때문에 심한 고통을 당하는 사람이 있다고 했지요?

이에 대한 답변은 매우 어려우리라 생각합니다. 왜냐하면 다수의 사람들은 이에 대한 과학적 설명을 요구할 터이지만 그렇게 할 수 없는 성질이며, 또한 다수의 성도들은 성경으로부터의 구체적인 답변을 듣기 원할 것이지만 그에 대한 직접적인 가르침을 찾기 어렵기 때문입니다.
그렇지만 우리 주변에 흔히 발생하고 있는 문제이기 때문에 이에 대해 성도로서 어떠한 설명이 있어야 한다는 것이 저의 입장입니다. 저는 대학원에서 특별히 종교학을 연구했기 때문에 그렇지 않아도 이러한 문제에 대해 약간의 관심을 가지고 생각해 본 적이 있습니다.

'가위'에 대한 사전적 설명은 '잠을 자다가 무서운 꿈에 질려서 몸이 마음대로 움직여지지 않고 답답한 상태'라고 말하고 있습니다. 그러나 이러한 사전적 의미는 충분하지 못합니다. 꿈이라고 하면 어떤 의미에서 가시적이기는 하나 사고적 의미를 가집니다. 즉 사람들은 꿈을 꾸면서 다른 어떤 상태를 마치 구경하듯이 경험하거나, 자신이 그 꿈의 주인공으로 등장한다 할지라도 어디까지나 평면적입니다. 다시 말해 사고는

뇌 가운데서 활동하지만 직접적인 신체에 대한 경험은 있지 않다는 것입니다.

가끔 사람들이 무서운 꿈을 꾸게 되면 꿈을 깨고 나서도 그에 대한 기억으로 인해 두려운 마음을 떨치지 못합니다. 자신이 그 꿈속의 끔찍한 내용을 보았거나, 아니면 그 꿈속의 무서운 장면 속에서 스스로 어떤 역할을 했을 때 그 두려움은 상당기간 지속되기도 합니다. 그렇지만 신체와 직접적인 관계가 있는 것은 아닙니다.

예를 들어 꿈속에 어떤 무서운 사람이 나타나 자신에게 흉기를 가지고 위해를 가해서 많은 피를 쏟았다고 한다면 입체적 상황 가운데 일어난 꿈속의 일 때문에 두려움을 느낄 것이지만 그것은 어디까지나 사고적입니다. 사람들은 무서운 꿈을 꾸며 두려움 끝에 땀을 흠뻑 흘리기도 하지만 그것은 끔찍한 장면들 때문일 것입니다.

이에 반해 '가위눌림'은 신체적 압박을 당하게 됩니다. 이를테면 가위를 눌리게 되면 마치 귀신같은 존재가 몸을 짓누르거나 목을 죄어 숨을 제대로 쉬지 못하게 됩니다. 그로 인해 가위눌리는 사람은 그로부터 빠져 나오기 위해 온갖 몸부림을 다하게 되는 것입니다.

일반적으로 꿈을 꾸면서는 끔찍하게 무서운 상태가 될 수 있는데 반해, 가위눌림을 당할 때는 무서움 이상으로 자신의 생명을 박탈당하는 위기와 죽음에 대한 실제적인 고통과 두려움을 느끼게 됩니다. 사람이 숨을 쉬지 못하면 죽게 되는데 그러한 구체적인 상황을 만나게 되는 것입니다.

저는 꿈을 모든 인간들이 경험하는 하나의 현상으로 봅니다. 물론 우리는 그 꿈에 대한 해석을 완전하게 해낼 수 없습니다. 그럼에도 불구하고 꿈은 인간의 경험 세계와 연관되고 있음을 알 수 있습니다. 물론 그 경험 세계란 간접 경험까지 포함하는 것이지요.

이에 반해 '가위눌림'은 경험 세계에 의한 현상이 아니라 귀신과 연관된 실제적 현상입니다. 그것은 자기의 경험 세계와 상관이 없습니다. 꿈이 인간의 자기 경험에 의한 주관적인 것이라면 가위눌림이란 귀신으로 말미암은 외부적 활동에 의한 것이라고 생각됩니다.

그런데 이러한 가위눌림은 종교에 관계없이 모든 사람들에게 나타나고 있는 현상입니다. 그렇다고 모든 사람이 다 경험하는 것은 아닙니다. 사실은 이 부분이 이에 대한 해석을 하기에 가장 어려운 문제이기도 합니다.

자매께서는 크리스천의 가위눌림에 대해서 질문을 했는데 이에 대한 간단한 설명을 드릴까 합니다. 저 자신 약 20여 년 전인 1981년 경, 가위눌림으로 인해 심한 고통을 당한 적이 있습니다. 저는 기독교 가정에 태어났으나 20대 중반까지는 신앙생활을 제대로 하지 않았습니다. 물론 그 전에도 교회를 열심히 나가기도 하고 기독교 활동을 부지런히 하던 때는 있었습니다. 그러나 하나님의 말씀에 대한 이해를 거의 하지 못하고 있었던 것이지요.

그러던 중 하나님의 말씀을 깨닫고 인생의 의미를 새롭게 확인했을 때 비로소 삶의 의미를 알게 되었습니다. 그러던 때에 가위눌림을 자주 당하게 되었습니다. 낮에 하나님의 말씀을 묵상하는 가운데 커다란 기쁨을 누리던 반면 밤이 되면 가위눌림이 두려워서 잠을 자는 것 자체가 겁이 났습니다. 그러할 때마다 간절히 기도했던 시절이 기억납니다.

물론 짧은 기간 그런 경험을 한 후 언제부턴가 그런 일이 없어졌습니다. 나중 신학을 공부하면서 다른 사람들에게도 그런 경험이 있나 싶어 조사(?)해 본 적이 있습니다. 앞에서도 말씀드린 것처럼 모든 사람들이 다 가위눌림을 경험하는 것은 아니었으며 일부는 그에 대한 경험을 했던 것으로 나타났습니다.

저는 결론적으로 이렇게 생각합니다. 크리스천의 가위눌림은 귀신이 신앙생활을 하는 사람들의 신앙을 방해하는 것입니다. 특히 복음을 알아가는 초기에 강하게 방해함으로써 하나님의 자녀를 괴롭히는 것입니다. 우리는 성경을 통해 귀신의 존재를 믿습니다. 그 귀신들은 지금도 하나님의 백성을 끊임없이 괴롭히고 있으며 하나님을 알지 못하는 사람들을 스스로 관장하며 제 악한 역할을 수행하고 있습니다.

하나님의 선택을 받아 새로 복음을 알아가는 사람이 드러남으로써 하나님의 나라가 확장되어 가는 것을 자기 수준에서 강하게 방해하고 있습니다. 그러나 귀신의 그러한 활동은 일시적일 수밖에 없습니다. 하나님의 자녀의 권능을 끝까지 방해할 수는 없습니다.

정미 성도님, 가위눌림으로 인해 고통을 받는 사람은 우선 그에 대한 두려움을 떨치는 것이 중요합니다. 반면 하나님의 말씀을 의지하고 하나님과의 교제를 더욱 가까이 해야 합니다. 사탄은 마치 우는 사자같이 하나님의 백성을 삼키기 위해 발악을 하고 있습니다. 그래서 하나님의 택함을 받은 자녀들을 더욱더 공격의 대상으로 삼으려 합니다. 그런 형편을 아는 우리이기에 하나님의 능력 안에서 은혜의 삶을 살게 되며 그것이 곧 감사의 제목이 되어야 합니다.

이만 글을 줄이도록 하겠습니다. 하나님의 은혜 가운데 평강을 누리시기를 원합니다.

(2001. 8. 23)

23 '순종'의 의미

이 집사님

안녕하세요? 오늘은 '처서'라 하여 여름 더위가 끝난다고 하는 날 입니다만 이곳 팔공산 아래는 여전히 무더운 날씨입니다. 그곳 울산은 바닷가여서 좀 시원한지요?

집사님께서 저에게 '순종'에 대한 질문을 하셨더군요. '목사님이 강단에서 하는 모든 말씀을 잘 따르면 순종하는 것이고 그렇게 하지 않으면 불순종하는 것인지, 그리고 교회에서 행하는 모든 일에 적극적으로 동참하면 순종하는 것이고 그렇지 않으면 불순종하는 것인지'에 대해 물으셨습니다. 참 좋은 질문이라고 생각합니다.

오늘날 우리의 시대에는 집사님께서 언급하신 대로 잘못 알고 그런 식으로 가르치며 배우는 자들이 많이 있는 것이 사실입니다. 목사님들은 교인들에게 강단에서 설교 시간에 하는 자기의 말에 순종할 것을 요구하기도 하며, 일반 성도들은 그렇게 하는 것이 곧 하나님을 기쁘게 하는 것이라 오해하는 경우가 흔히 있습니다.

그렇지만 그것은 잘못된 생각입니다. 목사님들 가운데는 사무엘이 하나님께 기도하며 '순종이 제사보다 낫다'(삼상 15:22)고 한 말씀을 인용하기도 합니다만 그것은 우리의 편의에 따라 아무렇게나 인용할 수 있는 말씀이 아닙니다. 성경이 우리에게 말하는 바는 하나님의 백성이 하나님의 뜻에 순종할 것과 그의 말씀에 순종하도록 요구하는 것입니다. 즉, 종교 지도자들의 말이나 종교조직의 결정에 순종하라는 말은 아닙니다.

우리는 오로지 하나님과 하나님의 말씀에 순종해야만 합니다. 우리는 진리에 순종해야 하며 하나님의 기록된 말씀에 순종해야만 합니다(벧전 1:22; 롬 16:26). 이 말은 곧 하나님의 백성으로 하여금 인간의 생각과 가르침에 무분별하게 순종하지 말도록 요구합니다.

원리적으로 보아 성도들은 강단에서 선포되는 말씀에 순종해야 합니다. 그러나 어디까지나 그 선포 내용이 하나님의 말씀과 온전히 조화될 경우에만 해당됩니다. 만일 강단에서 설교되어지는 내용이 하나님의 말씀과 조화되지 않는 내용이라면 그에 순종하지 않는 것이 하나님의 말씀을 잘 순종하는 것일 수 있습니다.

교회의 모든 행사에 열심히 참여하는 것 자체가 하나님께 순종하는 것이 아닙니다. 하나님의 온전하신 뜻에 조화되는 내용이라면 마땅히 그 행사에 참여해야 할 것이며, 반대로 하나님의 뜻을 벗어난 것이라면 그 행사에 참여하지 않는 것이 도리어 하나님의 말씀에 순종하는 것임을 알아야 합니다.

구약시대와 신약시대에 보면 하나님의 뜻을 저버린 사람들이 많이 나타납니다. 이스라엘 왕이나 제사장들 가운데 하나님의 말씀에 온전히 서 있지 않은 상태에서 자기 판단에 따라 백성들에게 어떤 요구를 한다면 마땅히 그 요구를 거부해야 했습니다. 그것이 하나님의 뜻에 순종하는 것이니까요.

우리가 알고 있는 여러 선지자들은 왕이나 제사장들의 요구에 불순종한 자들이었음을 잘 기억해야 합니다. 엘리야나 엘리사 같은 선지자들은 왕의 요구에 순종하지 않고 저항했습니다. 그 결과 이스라엘 권력자들로부터 쫓기는 몸이 되어야 했습니다. 이사야나 예레미야 같은 선지자들도 제사장들의 가르침과 요구를 거부하고 그들의 말에 순종하지 않았습니다. 그렇게 하는 것이 하나님의 뜻이었기 때문입니다.

신약시대에도 그러한 일이 계속됩니다. 예수님과 예수님의 제자들, 그리고 그의 말씀을 따르는 사람들은 이스라엘 민족의 지도자들의 말에 당당하게 불순종했습니다. 그것이 하나님의 말씀에 순종하는 것이었기 때문입니다. 세례 요한이 비참하게 죽은 사실이나 베드로, 사도 바울 등이 많은 고난을 받았던 것은 당시 이스라엘의 지도자들의 말에 불순종했기 때문입니다.

종교개혁시대에 루터, 츠빙글리, 칼빈 등은 당시의 조직교회에 순종하지 않은 사람들이었습니다. 그 결과 그들이 파문을 당하고 출교를 당했지만 그들은 그렇게 함으로써 하나님의 말씀에 순종하려 했던 것입니다.

오늘날 우리의 시대에도 이와 동일합니다. 강단이나 제도적 결의를 통해 우리에게 어떤 순종을 요구하는 사람들이 있다면, 먼저 그들의 요구가 하나님의 말씀과 온전히 잘 조화되는가 하는 것을 살펴보아야 합니다. 올바른 분별 없이 그들의 말을 무조건 순종하는 것은 도리어 하나님의 말씀을 불순종하는 것이 될 수 있기 때문입니다.

우리의 시대는 교회 가운데 말씀이 매우 약화된 때입니다. 그러므로 어린 성도들은 분별력 없이 지도자의 말을 무조건 따름으로써 그것을 하나님께 순종하는 것이라 오해하고 있습니다. 예를 들어 연보를 많이 하는 것이 그 자체로써 하나님께 충성스럽게 순종하는 것이라 생각하기도 하지만 말씀을 떠난 채 연보를 많이 하는 것이 도리어 하나님께 불순종하는 것일 수 있음을 기억해야 합니다. 하나님은 인애를 원하고 제사를 원치 아니하며 번제보다 하나님을 아는 것을 원하십니다(호 6:6).

성가대에 앉아 악기를 다루며 열심히 노래하지만 그것이 하나님의 말씀에 순종하는 것이 아니라 도리어 불순종하는 행위일 수 있음을 알아야 합니다. 또한 기도를 많이 하는 그 자체가 하나님께 영광이 된다고 생각하는 사람들이 많이 있지만, 하나님의 말씀을 떠난 기도 행위는 도리어 하나님 보시기에 가증스러울 수 있음을 기억하지 않으면 안 됩니다. 잠언 28장 9절에는 '사람이 귀를 돌이키고 율법을 듣지 아니하면 그의 기도도 가증하니라' 고 기록하고 있습니다.

올바르지 않은 교회에 최선을 다해 충성하는 것은 하나님의 뜻을 무시한 처사일 수밖에 없습니다. 비록 자기의 그런 행위로 인해 스스로 어느 정도 종교적 만족감을 얻을지 모르지만 그것은 하나님의 영광과 하등의 관계가 없습니다. 예수님을 십자가에 못박던 시절의 이스라엘의 제사장과 장로들에게 무작정 충성을 다하는 것은 예수님을 십자가에 못박는 일에 참여하는 것과 다르지 않습니다.

잘못된 교회 시대에는 기독교 지도자들이 자신과 자신이 세운 조직이나 제도에 충성할 것을 요구하는 경향이 짙습니다. 그러나 올바른 교회의 지도자들은 자신이나 조직화된 제도에 순종할 것을 요구하지 않습니다. 대신 구체적인 하나님의 말씀에 순종하는 삶을 살도록 권면하지요. 물론 거기에는 물질이나 일방적인 봉사를 우선적으로 요구하지 않는 특색이 있습니다.

이 집사님, 저는 집사님께서 교회 가운데 성숙하게 순종하는 분이 되기를 바랍니다. 말씀을 좇아 올바른 분별을 하는 가운데 하나님의 뜻을 따르는 것이 곧 그의 말씀에 순종하는 것입니다. 경우에 따라서는 지도자와 제도에 잘 따름으로써 하나님의 말씀에 순종할 수 있으며, 또 다른 경우에는 지도자와 제도를 거부함으로써 하나님의 뜻을 따를 수 있음에 유의하셨으면 합니다. 물론 이러한 순종의 삶을 살기 위해서는 하나님의 말씀을 온전히 이해해야 하는 선행되는 조건이 필요하지만 말입니다.

제가 드린 말씀을 오해 없이 잘 이해하시기를 바랍니다. 인본주의적 가르침이 극성인 우리 시대에 하나님의 기록된 말씀을 통해 온전히 순종하는 성도들이 많아지기를 기도합니다.

(2000. 8. 23)

24. 나는 900살을 살 수 있는가?

손 집사님

가을산은 우리로 하여금 많은 것을 생각하게 하는 것 같습니다. 지난 주말에도 교회의 여러 가족들과 함께 팔공산 등산을 하며 스스로 인생의 의미를 다시금 되새겨보는 기회를 가졌습니다. 팔공산은 참 아름다운 산이지요? 그런 아름다운 산을 주변에 두고 살아가는 것은 우리에게 커다란 특권인 듯 싶습니다.

세상에는 한평생 산이라고는 한 번도 보지 못한 채 죽는 사람들이 많이 있는가 하면 산에 나무가 자란다는 사실을 까마득히 알지 못한 채 살아가는 사람들 또한 엄청나게 많습니다. 이런 이야기를 들으면 정말 그런가 하고 깜짝 놀랄 사람들이 우리 주위에는 많이 있겠지만 그것은 엄연한 현실입니다. 사람들은 제각기 자기의 경험에 따라 모든 것을 해석하며 살아가기 때문에 일어나는 결과 때문이겠지요.

집사님께서 인간의 수명에 대해 저에게 질문하신 지가 꽤 된 것 같습니다. 구약성경을 보면 인간의 수명이 시대에 따라 다른 것을 알 수 있습니다. 노아 홍수 이전의 사람들은 보통 900살 정도의 수명을 살았습니다. 아담이 930세, 셋은 950세, 므두셀라는 969세, 노아는 950살을 살았지요.

그리고 홍수 이후에는 사람들의 수명이 단축됩니다. 홍수 이후 바벨탑 사건 사이의 사람들의 수명은 대략 600-200세 정도를 살았던 것으로 성경이 기록하고 있습니다. 그리고 바벨탑 사건 이후부터 점차적으로 수명이 줄어들게 됩니다. 아브라함은 175세를 살았고 요셉은 110세,

모세는 120세를 살았습니다. 그러나 우리의 시대에는 사람이 그저 70-80세 정도 사는 것으로 이해되고 있습니다.

그렇지만 인간의 수명에 대한 근본적 논의는 인간이 해결하기 어려운 문제 가운데 하나입니다. 왜 인간이 하필이면 어느 정도 정해진 연수밖에 살지 못하는지, 왜 시대마다 그렇게 큰 수명의 차이가 나는지 규명하기가 쉽지 않습니다. 저는 우선 인간의 수명과 관련된 이것을 인간의 한계를 알게 하는 비밀이라 생각합니다. 인간들은 자기 경험에 따라 '그저 인간은 그 정도의 나이를 살게 되는구나' 정도로 생각하게 되지요.

인간의 수명은, 우리와 가까운 시대에 있어서도 각 지역과 시대에 따라 매우 다양합니다. 특정 지역의 사람들은 인간의 수명이 그저 40세 정도라고 생각하는 사람들이 있는가 하면, 인간이 60세를 살면 살만큼 많이 살았다고 생각하던 시대도 있었습니다. 불과 수십 년 전까지 우리나라만 해도 그러했습니다. 요즘 사람들이 '회갑'이라고 하는 것은 한 번 살 몫을 살았다는 의미를 내포하고 있습니다. 그 이상의 삶은 일종의 보너스 같은 인생인 것이지요.

우리는 시대에 따라 인간 수명의 길이가 엄청난 차이가 나는 것을 보는데 그것을 말씀의 가르침을 통해서 볼 수 있어야 하리라 생각합니다. 창세기에는 하나님을 떠난 인간들에 대해 앞으로 그들의 수명이 120세 정도 될 것으로 말하고 있습니다(창 6:3). 그리고 시편에는 '우리의 연수가 70이요 강건하면 80'(시 90:10)이라고 말하고 있습니다. 우리는 여기서 왜 성경의 한곳에서는 120이라고 하고 다른 곳에서는 70-80이라고 하는가 하는 문제에 대해서는 심각하게 생각하지 않아도 될 듯 싶습니다.

우리는 인간의 안목에서 900은 길고 70은 짧다고 판단합니다. 그러나 우리가 조금만 안목을 넓혀 생각해 보면 900이든 70이든 제한적이기는 마찬가지입니다. 다시 말해서 오늘 우리처럼 70여 년 사는 사람들이 생각하기에 '900세 정도 살면 정말 오래 동안 실컷 살겠구나'라고 생각할지 모르지만 그당시 900세 정도 살던 시대의 사람들 스스로는 그만 살아도 될 만큼 만족스런 정도의 수명을 살았다고 생각지 않았을 것이기 때문입니다.

그들은 그보다 더 오래도록 살고자 원했을 것입니다. 위에서 본 시편에서 "우리의 연수가 70이요 강건하면 80이라도 그 연수의 자랑은 수고와 슬픔뿐이요 신속히 가니 우리가 날아가나이다"(시 90:10)라고 한 것은 수명의 길이에 관계없이 적용될 수 있는 말일 것입니다.

우리 시대의 사람들 가운데는 어떻게 인간이 900세까지 살 수 있느냐고 반문하는 자들이 있습니다. 그들은 성경의 그러한 기록을 '신화'라 주장하기도 합니다. 그러나 그렇지 않습니다. 오늘 우리가 그들의 900세의 삶을 이해하지 못하는 것은 우리의 미경험 세계이기 때문입니다. 입장을 바꾸어 생각해 보면 그 당시 사람들에게 앞으로 인간은 70세 정도 살 것이라고 한다면 지금 우리가 놀라는 것보다 훨씬 크게 놀랄 것입니다. 태어나서 자라 독립적으로 판단하고 활동하기 시작하여 불과 수십 년정도밖에 살지 못하는 인생이라면 도저히 이해할 수 없었을 것입니다.

성경을 통해 우리가 알 수 있는 것은 인간의 수명 단축이 하나님의 심판과 연관된다는 사실입니다. 하나님의 심판을 경험한 인간이 겸손해지기는커녕 도리어 교만해져 가는 모습을 보며 하나님께서는 인간의 수명을 단축시키신 것입니다.

인간의 수명 단축에는 여러 가지 환경적 요인이 포함될 것으로 생각합니다. 이를테면 인간이 섭취하는 음식물의 변화라든지 대기 환경의 변화 등에 의한 요인이 어느 정도 있습니다. 그러한 외부적 요인은 어디까지나 하나님의 심판과 연관된 것입니다.

그렇지만 일부 창조과학자들이 주장하는 바, 노아 홍수로 말미암아 하늘의 물이 쏟아짐으로써 발생한 강렬한 태양빛이 인간의 수명을 단축케 했다는 설명은 받아들이기 어려울 것 같습니다. 물론 그것이 어느 정도 연관이 될지라도 그것 자체를 인간 수명의 단축 원인으로 볼 수 없을 것이기 때문입니다. 만일 노아 홍수로 인한 직접적인 태양빛이 수명 단축의 원인이 된다면 인간의 수명이 일시적으로 급격하게 단축되어야 합니다. 그러나 성경에는 홍수 이후 인간의 수명은 점차적으로 줄어들었음을 보여주고 있습니다.

손 집사님, 인간의 수명 단축에서 우리가 배울 수 있는 교훈은 무엇일까 생각해 봅니다. 세상에 소망을 두고 세상에서 오래 살기를 원하는 사람들은 900세까지 살던 시대가 부러울지도 모르겠습니다. 그들은 900세와 70세 사이에 근본적인 차이가 없음을 잘 모를 것이기 때문입니다.
그렇지만 하나님을 아는 우리는 그 양자 사이에 차이가 없음을 잘 알고 있습니다. 우리는 이 세상에서 더 오랜 삶을 사는 것을 소망의 대상으로 삼지 않습니다. 오히려 이 세상에 오래도록 살 것을 추구하는 것이 아니라 주님의 임박한 오심을 소망하는 것이 우리의 신앙입니다.

손 집사님, 저의 설명이 어느 정도 도움이 되었으면 합니다. 우리는 성경에 기록된 모든 말씀을 우리의 경험에 의하지 않고 진리 자체로 받아들여야 합니다. 이 세상에서의 한시적인 삶이 우리의 목적이 아니라 영원한 천국을 우리의 본향으로 두고 살아가는 자들이기에 우리는 복있는 사람들입니다. 이제 그만 줄이겠습니다. 이번 가을에는 산을 찾는 기회들이 자주 있었으면 합니다.

(2001. 9. 10)

25 주일과 명절, 대소사가 겹칠 경우에는?

성민 형제

안녕하세요? 좋은 질문 주심을 감사드립니다. 하나님의 자녀에게 있어서 주일의 의미는 무엇보다 중요합니다. 신앙이 어린 성도들은 주일과 명절이 겹쳤을 경우, 주일의 진정한 의미를 알지 못해 예배 모임에 빠지기도 하고, 심지어 어떤 잘못된 기독교 지도자들은 주일이 명절이나 대소사와 겹쳤을 때 불신자들에게 전도의 문을 열기 위해서는 주일 예배를 한두 번 빠지더라도 적극적으로 그들을 찾아가야 한다고 가르치는 어처구니없는 일이 있기도 합니다.

저는 형제의 질문에 대해 '주일과 명절이 겹쳤을 때'와 '주일과 일반 대소사가 겹쳤을 경우'를 구분하여 설명 드릴까 합니다. 우리의 시대에 주일과 다른 특별한 일들이 겹치는 경우는 허다한 일이며, 이에 대한 성숙한 성도로서 대처 방법을 이해하는 것은 매우 중요하리라 생각되기 때문입니다.

우선 '주일과 명절이 겹쳤을 경우'에 대한 문제에 접근하기 위해서는 보편교회의 의미를 잘 이해해야 할 것 같습니다. 저는 원리적인 측면에서 보아 명절을 맞아 주일 예배를 위해 고향의 교회를 찾는 것은 좋다고 생각합니다. 다른 지교회를 방문해 오랫동안 만나지 못했던 성도들과 주님의 말씀을 통한 교제를 나누는 것은 아름다운 일일 수 있습니다. 혹 처음 가는 교회라 할지라도 그곳의 성도들과 더불어 하나님의 말씀을 나누는 가운데 보편교회의 원리를 생각할 수 있다면 좋은 일일 것입니다.

과거 우리 주일학교에서는 방학을 맞아 아이들이 멀리 떨어져 있는 지역의 외가에 가서, 주일날 외가 동네의 교회에 출석하게 되면 그 교회의 주일학교에 참석했다는 표를 받아오던 시대가 있었습니다. 거기에는 단순히 예배에 참석했는가 하는 것을 확인하는 이상의 의미가 있습니다. 즉, 주일을 보편교회 가운데서 어떻게 지켰는가 하는 점이 포함되어 있습니다.

이에 대해서는 어른들도 이와 동일한 원리에 서 있어야 합니다. 세례를 받은 성인인 성도들은 굳이 그런 표를 받아오지 않는다 해도 말씀의 신실함 위에 서 있어야 합니다. 물론 본 교회의 모든 성도들은 출타중인 성도를 포함하여 상호 영적 교제를 나누며 기도하는 마음을 지속해야겠지요.

입장을 바꾸어 생각해 본다면 명절을 당했을 때 낯선 성도가 주일 예배에 참여했을 때 그 교회 성도들은 동일한 보편교회를 기억하는 가운데 저들을 대해야 합니다. 서로 알지 못하던 사이이지만 성도로서 하나님의 말씀을 나누며 그 은혜에 참여할 수 있음은 성도들만이 누리는 특권일 것입니다. 물론 이 모든 것은 교회가 하나님께서 주신 가르침의 원리 위에 잘 서 있어야 할 것을 전제로 하지만 말입니다.

반면에 불신자인 가족이나 다른 이웃의 혼인식이나 장례식 등이 주일과 겹쳤을 경우를 생각해 보고자 합니다. 결론부터 말씀드리자면 성도는 그런 일에 참석하기 위해서 주일 예배를 뒤로하고 출타해서는 안 됩니다. 이럴 경우 성도의 삶을 이해하지 못하는 당사자들은 매우 서운해 할 수도 있습니다. 더구나 어설픈 교인들이 그에 대해 잘못된 모습을 보임으로써 올바른 성도들을 더욱 난처하게 만들기도 합니다.

이를테면 교회에 다니는 누구누구는 참석했던데 누구누구는 참석하지 않아 섭섭하다는 식입니다. 그들은 저들의 대소사에 참석하지 않는 성도를 막연히 이기적인 사람으로 매도할 수도 있습니다. 우리는 그런 불필요한 오해를 받지 않기 위해서 평상시에 더욱 신실한 삶을 살 수밖에 없습니다. 우선은 어떤 오해를 받더라도 살아가면서 성도의 신실함을 인정받을 수 있다면 그것이 올바른 일일 것입니다.

그렇다면 구체적으로 주일과 대소사가 겹치는 그런 경우를 당했을 때 우리는 어떻게 해야 할까요? 만일 주일날 이웃의 대소사가 있게 되면 며칠 전에 그들을 방문하는 기회를 가지는 것이 좋습니다.

혼인식 당일날 급하게 얼굴 한번 보고 악수하면서 '축하한다'는 말을 전달하고 도리를 다했다고 생각하기보다는 그보다 며칠 앞당겨서 조용히 대화하며 인사를 나눌 수 있는 시간을 가지는 것이 훨씬 바람직합니다. 장례식에 있어서도 마찬가지입니다. 주일인 당일날 가지 못한다 해도 그 전에 인사를 나누거나 아니면 그들의 슬픔이 안정되어 갈 때 즈음 방문하여 위로하며 교제할 수 있다면 더욱 좋은 시간을 가질 수 있습니다.

성민 형제, 우리가 하나님을 알지 못하는 사람들에게 할 수 있는 일은 우리의 성숙한 삶의 모습을 보여주는 것이라 생각됩니다. 우리가 일관성 있게 그렇게 한다면 아무도 우리를 비난하지 않으리라 생각합니다.

그렇지만 주일과 가까운 이웃의 대소사가 겹쳤을 때, 주일을 지키기 위해 그 대소사에 참석하지 않고 그냥 모르는 체 지나쳐 버린다면 올바른 자세가 아니리라 생각해 봅니다. 만일 우리가 그러한 자세를 취하게 되면 불신자들은 복음의 내용과 관계없이 우리의 외부적 삶의 자세를 보고 기독교에 대해 불필요한 비난을 가할 수도 있음을 기억해야 합니다.

이제 가을이 되면 혼인시즌이라 하여 주일과 혼인식이 겹치는 일이 빈번해지리라 생각합니다. 그러할 때 위에서 말씀드린 것처럼 우리는 성숙한 성도로서 명확하면서도 온건한 자세를 취해야 합니다.

  얼마 지나지 않아 추석명절이 다가오는군요. 그럴 때도 앞에서 말씀드린 것처럼 자연스럽게 처신할 수 있으리라 생각합니다. 물론 명절을 당해 고향 교회를 방문한다 해도 본 교회에서 예배 모임을 가지는 여러 성도들을 염두에 두는 성숙한 배려가 동반되어야 함은 두말할 나위 없습니다.

  저는 이 글을 쓰면서 다소 마음이 무거워짐을 느낍니다. 이런 글을 보며 어린 성도들이 자의적으로 해석하여 자기 편한 데로 하지는 않을까 하는 염려가 없지 않기 때문입니다. 그렇지만 말씀 위에 자라가는 성도들이 원리를 확립하여 세상에서 일어나는 일들 가운데서 지혜롭게 잘 대처해 가기를 바랄 따름입니다. 저의 답변이 제대로 되었는지 모르겠습니다. 아무튼 제기하신 문제에 대해 다소간 도움이 되었으면 합니다.

(2001. 9. 12)

26 꿈dream에 대하여

경호 형제

안녕하세요? 호칭을 이렇게 하는 것이 옳은지 모르겠습니다. 질문하신 내용을 읽으며 아직 젊은 청년일 듯 하여 이렇게 부르니 이해하실 줄 믿습니다. 이미 오래 전에 서신을 보내 주셨는데도 불구하고 이제야 답변하게 됨을 이해해 주시기 바랍니다. 가을 학기가 시작되자 마자 KS대학과 영남신학대학, 대구대학교에 강의가 있어서 강의 준비와 여러번의 강의로 인해 시간을 내기가 쉽지 않았습니다.

형제께서는 꿈에 대해서 질문하셨지요? 꿈에 대해서는 많은 사람들이 관심을 가지고 연구해 오고 있으나 아직 그에 대해 명확한 답변을 하는 사람은 없습니다. 아마 주님이 오시는 그날까지 그저 그렇게 생각하다가 말 것입니다. 그렇다고 우리 또한 모른다고만 할 수도 없는 것이 꿈이기도 합니다.

성경에는 꿈에 대한 이야기가 심심찮게 나오고 있습니다. 야곱의 아들 요셉은 몇 차례 중요한 꿈을 꾸었습니다. 창세기 37장에 보면 애굽으로 팔려가기 전 형제들의 곡식단이 자기의 곡식단을 둘러싸고 절하는 꿈을 꾸었으며, 뒤이어 해와 달과 열한 별이 요셉 자신에게 절하는 꿈을 꾸었습니다. 그리고 다니엘서 2장에는 느부갓네살 왕이 큰 신상과 뜨인 돌에 대한 꿈을 꾼 기록이 나옵니다.

이러한 꿈들은 구약시대 에스겔이나 신약시대 바울, 요한 같은 사람이 본 환상과는 다른 것입니다. 꿈과 환상에 대한 차이를 이야기하는 것은 결코 쉽지 않지만 저는 그것을 의미상 구분할 수 있다고 생각합니다. 꿈이 뇌의 내부적 작용에 의한 것이라면, 환상은 외부에 존재하는 것을 뇌의 기관을 통해 보는 것이라 이야기 할 수 있습니다. 물론 우리는 그것을 구분하는 자체에 어떤 의미를 둘 필요는 없습니다.

위에 언급한 요셉과 느부갓네살의 꿈이라든지 에스겔, 바울, 요한 등이 본 환상 등은 하나님의 특별 계시와 관련됩니다. 우리는 성경 말씀이 완성되기 전 시대에, 하나님께서 꿈이나 환상을 통해 특별한 방법으로 계시하신 사실과 왜 그렇게 하셨는가에 대한 의미를 알고 있습니다.

그러면 오늘 우리 시대에는 꿈이나 환상을 통한 계시가 있느냐 하는 문제를 만나게 되는데 결과적으로는 그렇지 않음을 말씀드릴 수 있습니다. 우리 시대에는 성경 말씀이 완성되고 성령께서 우리와 함께 계시기 때문에 더이상 그러한 특별계시가 필요치 않습니다. 혹 특별한 교훈을 얻을 만한 꿈을 꾸었다 해도 그것이 특별계시는 아닙니다.

이제 형제께서 언급하신 내용에 대해 말씀드릴까 합니다. 사람들은 어떤 꿈을 꾸면 정신적으로 그에 반응하는 것이 일반적입니다. 좋은 꿈을 꾸게 되면 기분 좋아하고 나쁜 꿈을 꾸게 되면 기분 나빠합니다. 또한 어떤 원하는 바에 대한 꿈을 꾸면 그것을 그와 관련된 무슨 징조로 받아들이려 합니다.
뿐만 아니라 돼지꿈을 꾸면 횡재하게 된다는 속설도 있고 불이 훨훨 타는 꿈을 꾸면 운수대통 한다는 이야기도 있습니다. 그런 꿈을 꾼 사람들은 복권을 사면 당첨될 가능성이 많다고 하기도 하며 실제로 통계상 그렇게 입증된다고 말하는 이들도 있습니다. 이에 대한 논의는 신학과 더불어 종교학적으로 깊은 이해를 요하기 때문에 이 정도에서 마무리하고자 합니다.

크리스천들도 때로 꿈을 꿉니다. 불신자들과 마찬가지로 좋은 꿈을 꾸면 기분 좋아하며 그렇게 되기를 바라고, 나쁜 꿈을 꾸면 기분 나빠하며 꺼림직하게 생각합니다. 그리고 비슷한 내용의 꿈을 되풀이하여 꾸거나 옛날에 꾸었던 꿈과 동일한 꿈을 꾸게 되면 어떤 상징성이 있을 것이라 받아들이기도 합니다.

그러나 꿈은 아무런 의미가 없다고 생각합니다. 때로 꿈이 맞아 떨어졌다고 하는 이야기를 듣기는 합니다만 그것이 하나님께서 계시로서 알려주신 것은 아닙니다. 꿈은 인간의 뇌의 작용이며 경험이 그 기본에 깔려 있다고 볼 수 있습니다. 즉 직접, 간접적 혹은 잠재적으로 경험한 내용들이 두뇌에 잔재해 있다가 그것이 때로 꿈으로 나타난다는 이야기입니다. 이는 사고상 전혀 비경험적인 것에 대해서는 꿈을 꾸지는 않는다는 이야기이기도 합니다.

그렇다면 우리는 꿈에 대한 해석을 어떻게 이해해야 할까요? 우리는 때로 흥미롭고 즐거운 꿈을 꾸기도 하고 생각하기조차 싫은 꿈을 꾸기도 합니다. 그 꿈이 어떠한 내용일지라도 우리가 그것을 상징적으로 받아들여 수용할 필요는 없습니다. 그리고 그것을 어떤 징조로 여겨 염두에 둘 필요조차 없습니다. 우리말에 '개꿈' 이라는 말이 있습니다. 이 말은 어떤 특별한 의미나 값어치를 둘 필요가 없는 꿈이란 뜻입니다. 사실은 우리 시대의 거의 모든 꿈이 개꿈이라고 저는 생각합니다.

그렇지만 우리가 꾼 꿈의 내용이 자신의 기분을 좌우하는 것은 사실입니다. 그에 대해서 저는 이렇게 설명드리고 싶습니다. 우리가 자동차를 타고 가다 보면 차창 밖으로 아름다운 경치도 있고 기분 좋은 광경을 만나기도 합니다. 그리고 때로는 더러운 지역을 보기도 하고 기분 나쁜 상황을 보기도 합니다.

때로 사람들이 정겨운 사랑을 나누는 광경을 보기도 하며 무지하게 싸우는 모습을 보기도 합니다. 그렇지만 자동차 안에 있는 사람은 바깥 광경을 보며 그 다양한 것들을 보고 느끼며 지나칠 따름입니다.

저는 꿈에 대한 해석도 이와 같다고 생각합니다. 꿈속을 지나며 이것저것 다양한 광경을 보는 것과 같은 것입니다. 그렇지만 우리 크리스천들은 어떤 광경을 본다해도 하나님의 은혜와 함께 자신을 돌아볼 수 있는 자세를 가지게 됩니다. 실제적인 삶 가운데서나 꿈을 꾼 후 느끼는 것 가운데서 동일하게 하나님을 경외하며 그의 뜻을 추구하게 되는 것입니다.

꿈을 통한 어떤 의미가 아니라 우리를 영광의 나라로 인도해 가시는 하나님을 따르는 우리의 삶이 중요합니다. 아무도 다 알 수 없는 꿈에 대한 이야기를 하며 저의 견해를 말씀 드렸습니다. 형제께서 알고자 하는 내용에 충분히 접근하지 못했다 해도 다소간 도움이 되었으면 합니다.

(2001. 9. 13)

27 세례를 두 번 받을 수 있는가?

대현 학생

안녕하세요? 메일을 통해 질문을 주어서 감사합니다. 이번 학기 '기독교 교리와 윤리' 과목은 수강 학생들이 너무 많아서 저로서는 다소간 부담이 됩니다. 학생들의 수가 적절하면 함께 토론을 하며 더 생생하고 재미있는 수업을 진행할 수 있을 텐데, 학생수가 너무 많으면 그렇게 하기 힘들지요.

학생이 질문한 세례 문제는 매우 중요합니다. 우리의 신학과 신앙이 고백하듯이 세례의 의미가 축소되거나 소홀히 여겨지면 교회는 급속히 세속화 될 수밖에 없습니다. 그러므로 올바른 세례가 행해지지 않는 교회라면 이미 참된 교회가 아니라고 규정하고 있습니다.

학생은 이미 군복무를 마친 복학생인가 봅니다. 질문에서, 군에서 일어나는 이야기들을 많이 했더군요. 우리 시대에 군인들에게 한꺼번에 수천 명씩 세례를 주는 행위는 있을 수 없는 일입니다. 그것을 주도하는 다수의 기독교 지도자들이 올바른 신학적 이해의 결여로 인해 그런 행위를 되풀이하는 것은 심히 안타까운 일입니다. 그들이 비록 순수한 마음을 가졌다 할지라도 자신도 모르는 사이 그것이 교회를 욕되게 하고 있다는 사실은 피할 수 없습니다.

학생이 군대 생활을 하는 동안 직접 목격한 것처럼 세례를 받으면 초코파이 등 먹을 것을 준다고 해서 세례를 받는 사람도 있고, 일요일날 교회당에 가면 병영을 떠나 하루를 쉴 수 있다는 배려(?) 때문에 세례를 받는 사람들도 있습니다. 그리고 어떤 사람들은 불교에 가서 입문식을 한 후 천주교에 가서 영세를 받고 또 기독교에 가서 세례를 받는 사람들도 있다고 했지요?

 제가 명확히 이야기할 수 있는 것은 군에서 그런 식으로 세례를 베푸는 것은 사실은 거짓 세례일 따름입니다. 개혁주의 교회에서의 올바른 세례는 세례받을 자에 대한 교리문답과 함께 신앙적 검증이 따라야 합니다. 하나님을 알지 못하던 어떤 사람이 교회에 출석하게 되면 교회는 일정 기간 동안 그가 참 하나님의 자녀인지 살피고 그것이 확인될 때 교리공부를 하게 됩니다.
 최종적으로 장로회에서 문답을 통해 그의 신앙을 확인하게 됩니다. 그것이 확인되면 하나님의 말씀을 맡은 교사인 목사가 전체 교회 앞에서 성부와 성자와 성령의 이름으로 세례를 베풀고 모든 성도들은 아멘으로 화답함으로써 그의 세례받음에 증인이 되어 함께 주님의 거룩한 성찬에 참여하는 성도로 받아들이게 되는 것입니다.

 앞에서 말씀드린 군에서 그런 식으로 베푸는 세례가 온당하지 않은 것은 그들에게 지속적인 성찬의 나눔이 있을 수 없는 세례를 베풀고 있기 때문입니다. 군 훈련소에서 대규모로 세례를 받는 사람들은 교회의 검증을 받을 수 없는 사람들입니다. 그리고 세례를 베푸는 자가 세례받을 자의 신앙을 직접 확인하지도 않고 형식적 의례만 행하게 되는 것입니다.
 복음에 대해 아무것도 알지 못하는 사람들은 여러 종교를 두루 다니며 종교에 입문하게 되는 어처구니없는 일들이 발생하게 되는 것입니다. 그런 행위를 하는 기독교 지도자들은 그렇게 하는 것이 기독교 선교에 도움이 된다는 생각을 하고 있습니다만 그것은 성경의 가르침과 올바른 신학에 대한 이해 부족 때문입니다. 우리는 어떤 경우에도 그런 식으로 세례를 베풀 수는 없습니다.

학생이 말한 것처럼, 세례를 두 번 받는 문제에 대해서 생각해 봅시다. 원리적으로 기독교인은 세례를 두 번 받을 수 없습니다. 복음에 대한 진정한 고백과 교회의 권위로 보증한 신앙을 바탕으로 세례를 받았다면 결코 세례를 두 번 받을 수 없는 것이지요.

그렇지만 우리는 학생이 생각하는 바 군에서 잘못 받은 세례가 어떤 의미를 지니는가에 대해 잘 생각해 봐야 하겠습니다. 만일 그것이 엄밀한 의미에서 보아 올바른 세례를 집행할 수 있는 권위를 가지지 않은 상태에서 베풀어진 형식이었다면 세례 자체가 무효라 할 수 있습니다. 앞에서 말한 대로 음식을 얻어먹을 목적으로라든지, 하루 쉴 목적으로 세례를 받았다면 그는 참된 세례를 받은 것이 아니지요. 여러 종교를 다니면서 입문 의례를 행하고 교회에서도 세례를 받은 사람들의 세례는 아무런 의미가 없습니다.

그런 사람들이 나중 진정으로 복음을 깨달아 다시 세례를 받기를 원한다면 교회의 보증과 함께 다시 세례를 베풀 수 있습니다. 한편 군에서 엉터리 같은 세례를 받고도 그것이 참된 세례인 것으로 생각하며 이미 신앙생활을 하는 사람이 있다면 신앙이 성숙해 감에 따라 그에 대한 반성적 자세가 뒤따라야 합니다. 잘 모를 때 다른 사람들이 세례를 그렇게 베푼 사실을 반성적으로 기억하며 앞으로는 세례의 엄중함을 잘 깨닫는 가운데 신앙생활을 해야 합니다.

오늘날 우리의 시대에는 전반적으로 세례의 의미가 약화되고 있습니다. 일반 교회들에도, 신앙고백을 철저히 검증하지 않고 교회에 다닌 경력(?)을 보고 세례를 베풀려 하는 경향이 짙습니다. 하나님에 대한 철저한 믿음과 자기 포기가 있지 않아도 교회는 세례 베풀기를 주저하지 않습니다. 그렇게 되면 신앙이 없는 그런 사람들이 세례를 받아 나중에 교회의 직분을 맡게 되면 교회는 인본주의화 될 수밖에 없습니다.

우리 시대의 교회가 진리에서 떠나있고 기본적인 윤리마저 상실하고 있다는 비판을 받는 가장 근본적인 이유는 바로 여기에 있습니다. 우리 시대에 참된 교회를 회복하기 위해서는 가장 먼저 세례에 대한 올바른 이해를 해야 할 것이며, 교회는 그 원리를 명확하게 실천해야 합니다. 그것을 접어두고 참된 교회가 되기를 기대하는 것은 어불성설일 따름입니다. 혹 설명이 부족한 부분에 대해서는 수업 시간을 통해 좀더 설명할 기회가 있기를 원합니다만 형편이 어떻게 될지 모르겠습니다. 다음 수업 시간에 만납시다.

(2001. 9. 14)

28 '인본주의' humanism에 대하여

호진 형제

안녕하세요? 이번 학기초에 대구교육대학을 방문했던 것 같은데 벌써 가을이 무르익어 가는 것 같습니다. 지난번 강의를 위해 몇 차례 교육대학교를 방문했을 당시는 날씨가 상당히 더웠지요? 9월인데도 너무 더워 강의를 하며 땀을 닦아내던 기억이 납니다. 모두들 잘 있겠지요?

질문을 통해 주님 안에서 형제와 교제하게 됨을 감사드립니다. 진작 답변을 했어야 하는데 이리저리 분주히 생활하다 보니 이제야 답변을 하게 됩니다. 형제는 서신을 통해 저에게 '인본주의'에 대해 질문했더군요. 형제의 말대로 우리 시대의 기독교나 교회의 가르침은 상당히 인본주의화된 것이 사실입니다.

전체적인 이야기를 하기에 앞서 우선 '인본주의'라는 용어에 대해 잠시 생각을 해 보아야 할 것 같습니다. 역사상 '인본주의' humanism는 중세 십자군 운동 이후 기독교의 속박에서 벗어나 '그리스 시대'의 자유로운 인간 정신으로 돌아가자는 시대적 의미입니다. 이것이 곧 르네상스 운동의 기초가 되지요. 한편 우리 시대에 기독교에서 '인본주의'라 할 때는 역사상 인본주의를 말하는 것이 아니라, 하나님의 말씀보다 인간의 경험에 의한 신앙생활을 중시하는 사상으로 이해할 수 있습니다.

형제가 저에게 질문한 인본주의에 대한 질문은 후자에 대한 것이라 짐작됩니다. 형제의 관심은 '인본주의가 하나님 중심과 반대되는 개념인지, 아니면 우리의 신앙생활에 보완적 기능을 하는지'에 대한 것인 듯합니다. 사실 우리 시대에 있어서 이 질문은 매우 중요하면서도 민감한 내용이기도 합니다.

형제가 서신에서 이미 고백한 것처럼 기독교 지도자들이 '사람 없이는 하나님도 없다'는 말과 더불어 인본주의 사상을 강조하고 있다면 여간 심각하지 않을 수 없습니다. 이는 인간 중심적 사고를 극명하게 나타내는 말이기 때문입니다.

우리가 가지고 있는 개혁주의 신학 사상에서는 모든 인본주의란 악한 것입니다. 여기서 '인본주의'라는 말과 '인간적'이라는 말을 구분해서 이해하기를 바랍니다. 일반적으로 '인간적'이라 할 때는 인간이 인격이 없는 다른 동물과 같지 않은 존재로서의 인간미를 의미합니다. 그러나 '인본주의 신앙'이라 하면 인간의 경험과 판단을 중심으로 하여 신앙생활을 하며 그것에 의해 가치 판단을 한다는 의미일 것입니다.

참된 기독교 신앙은 오로지 성경 말씀에 기초합니다. 종교개혁자들은 '성경으로 돌아가자'는 말을 개혁의 기치로 삼았으며, '오직 하나님의 말씀 sola scriptura만을 신학과 신앙의 표준으로 삼았습니다. 이는 성경의 해석을 동반하지 않는 인간의 이성이나 경험은 결코 신앙의 기준이 될 수 없음을 보여주고 있습니다. 그러므로 하나님을 기쁘게 하는 일이나 찬양하는 일은 성경의 해석을 통해서만 그 진위를 밝혀 낼 수 있습니다.

우리 시대의 교회는 이미 전반적으로 인본주의화 되어 있습니다. 사람들은 하나님의 영화로움이 자신의 종교적 기분이나 느낌과 일치해야 하는 것으로 여기고 있습니다. 자신의 종교적 열정이 하나님의 영광과 일치하는 것으로 오해하고 있습니다. 즉 열심히 기도하거나 찬송을 부르면서 자기 기분이 좋으면 하나님이 마땅히 기뻐하실 것이라 생각합니다. 이는 인간의 이성과 경험에 의한 주관적 사고일 따름입니다.

하나님께서 영광을 받으시는 것은 종교적 활동을 하는 사람들의 기분 여하에 달려 있지 않습니다. 예수님 당시 예수님을 십자가에 못박은 사람들은 자기들의 열성적인 종교심이 하나님을 기쁘시게 하는 것으로 믿었습니다. 수많은 바리새인들이나 서기관들이 예수 그리스도를 배척하고 교회를 핍박했던 것은 그러한 이성과 경험을 신앙의 바탕으로 하고 있었기 때문입니다.

마태복음 15장에 보면 바리새인과 서기관들이 예수님께 나와, '당신의 제자들이 어찌하여 장로들의 유전을 범하느냐?' (2절)고 따져 물었습니다. 그 뒤에 따르는 말씀을 보면 음식을 먹을 때 손을 씻는 문제에 대한 내용이 나옵니다. 당시의 경건한 유대인들은 식사를 하기 전에 꼭 물로 손을 씻었습니다.

물론 식사 전 손을 씻는 것 자체가 나쁜 것은 아닙니다. 그런데 소위 신앙이 좋다는 다수의 유대인들은 자기 조상들이 만든 그 전통을 철저히 지킴으로서 그러한 행동이나 삶의 자세가 하나님을 기쁘게 하는 것이라고 믿고 있었습니다. 그러니 그들은 자기들이 하나님을 기쁘게 하는 일이라고 믿고 있는 그 전통을 예수님과 그의 제자들이 어기는 것을 보며 분개했던 것입니다. "우리는 하나님을 기쁘게 하기 위해서 조상의 전통을 지키는데 왜 당신들은 그 전통을 지키지 않아 하나님을 욕되게 하느냐"는 것이었습니다.

그러나 예수님께서는 "너희의 그런 전통이 하나님을 기쁘게 하는 것이 아니라 도리어 욕되게 하고 있다"(3, 6절)고 지적하고 있습니다. 예수님께서는 자기들의 인본적 전통을 따르면서 하나님의 말씀에는 귀를 막고 있는 바리새인과 서기관들을 책망하셨던 것입니다.

　형제가 질문한 인본주의에 대한 내용도 이와 결부시켜 생각해 볼 수 있습니다. 인본주의의 기초는 인간의 이성과 경험, 전통을 바탕으로 하여 그 기준을 제시합니다. 즉 '하나님이 기뻐할지 아닐지 생각해 보면 모르느냐?'는 이성적 사상에 기초를 두고 있습니다.
　그러나 종교개혁자 칼빈은 '인간은 전적으로 부패한 존재'임을 성경을 통해 밝혀 말하고 있습니다. 부패한 인간 자체로는 그 어떤 것으로도 하나님을 영화롭게 할 수 없다는 것입니다. 하나님의 말씀을 통한 해석이 없는 인간의 이성이나 경험은 하나님을 영화롭게 하는 것이 아니라 도리어 욕되게 하는 것일 수밖에 없음을 말하고 있습니다.

　호진 형제, 결과적으로 인본주의란 우리의 참된 신앙을 혼란스럽게 하고 있습니다. 우리는 인간의 이성이나 경험을 통해 하나님을 섬기려 할 것이 아니라 하나님의 구체적인 말씀을 좇아 하나님을 섬길 때 우리가 얼마나 연약하며 악한 존재인가 하는 것을 더욱 분명히 알게 될 것입니다. 그 가운데서 놀라우신 하나님의 은혜를 감사하게 되며 그것이 곧 참다운 찬양이 될 것입니다. 인본주의 사상을 버리고 하나님의 말씀에 순종함으로써 하나님을 잘 섬기는 형제가 되기를 바랍니다.

　곧 추석이 다가오네요. 검소하면서도 즐거운 명절을 보내기를 바랍니다. 형편이 되면 저를 기억하는 모든 학생들에게 주님의 이름으로 안부 전해 주기를 원합니다.

(2001. 9. 28)

29 '신구약 성경 66권' 만 하나님의 말씀인지요?

이 집사님

녕하세요? 미국이 아프가니스탄을 공격할 태세가 임박했다는 뉴스를 듣습니다. 힘으로 모든 것을 해결하려는 인간들의 모습을 보는 것 같아 안타까울 따름입니다. 전장에 가까이 사는 사람들은 마음이 매우 불안하겠지요? 그런데도 한반도의 이남은 추석을 맞아 고향을 찾는 사람들의 대이동으로 인해 교통이 여간 복잡하지 않은 모양입니다. 우리 집안은 모두 가까이 살고 있어 명절을 맞아도 멀리 갈 필요가 없습니다만 이 집사님은 형편이 어떤지 모르겠습니다.

저는 명절을 늘 조용히 보내고 있어서 이번도 예년과 별반 다를 바 없습니다. 그래서 오늘은 이 집사님의 질문에 대한 답신을 보낼까 합니다. 이 집사님께서는 신구약 성경 66권만이 우리가 믿을 수 있는 유일한 계시인가에 대해 질문하셨더군요.

물론 우리가 하나님의 계시로 받아들이고 있는 책은 신구약 성경 66권밖에 없습니다. 성경이 유일한 하나님의 말씀인가에 대한 공부를 하다보면 정경, 외경, 혹은 위경 등의 단어들을 접하게 됩니다.

정경이라는 말은 신구약 성경 66권을 지칭하는 말입니다. 외경이라고 하는 것은 하나님의 계시된 말씀은 아니지만 성경이 기록될 즈음에 쓰여진 이스라엘과 관련된 책들이라 할 수 있습니다. 그리고 위경이라 함은 쉽게 말하여 다른 사람의 이름을 도용하여 기록한 저작자가 가짜인 책들이라고 할 수 있습니다. 외경과 위경 사이를 분명히 구별지어 말할 수 있느냐 하는 점은 별도의 문제이기는 하지만 간단하게 그렇게 이해할 수 있습니다.

외경에는 주로 구약시대에 기록된 책들이 많이 있습니다. 에스드라서 Esdras, 토빗경Tobit, 유디드Judith, 솔로몬의 지혜서The Wisdom of Solomon, 바룩서Baruch, 마카비서Maccabees 등이 있습니다. 그 외에도 더 많은 책들이 있습니다.

신약시대에 기록된 책들 중에 대표적인 것들은 도마복음(The Gospel of Thomas), 니고데모 복음(The Gospel of Nicodemus), 바울 행전(Acts of Paul), 베드로 행전(Acts of Peter), 안드레 행전(Acts of Andrew), 바나바 서신(Epistle of Banabas), 폴리캅 서신(Epistle of Polycarp) 등이 있습니다.

로마카톨릭에서는 이 책들 중 일부를 경전으로 받아들이고 있습니다. 그들이 외경이나 위경을 경전으로 받아들이는 문제는, 그것을 하나님의 계시로 받아들이는가 아니면 종교적 값있는 책으로 받아들이는가에 대해 로마카톨릭 내부에서도 다소간 논란이 있었던 것으로 알고 있습니다. 그들도 정경이니 외경이니 하는 용어들을 사용하고 있는 것만 봐도 알 수 있는 부분입니다.

이제 우리가 중요하게 이해해야 할 부분이 남아 있는데 그것은 왜 하필이면 신구약 성경 66권만 하나님의 계시된 말씀인가 하는 점입니다. 이에 대해서는 사실상 이해하기 쉽지 않은 것이 사실입니다. 그렇지만 우리가 이해해야만 하며 또한 충분히 이해할 수 있는 부분이기도 합니다.

많은 사람들이 잘못 이해하고 있는 점은 신구약 성경 66권만을 정경으로 인정한 것이 역사적 결정 때문이라고 생각합니다. 그러나 성경 66권을 정경이라고 하는 것은 역사적 결정 때문이 아닙니다.

구약성경 39권이 정경이라는 점은 사도시대에 이미 확인이 되었습니다. 그것은 주님의 가르침과 사도들의 사도성을 통해 확인한 것입니다. 구약시대에 이미 구약의 정경은 이스라엘 민족 가운데서 확인이 되었으며 예수 그리스도의 오심은 구약성경의 약속에 따른 언약의 성취였습니다.

예수님의 제자들은 그것을 잘 알고 있었으며 정경 39권 이외의 책들은 단순한 사람들의 기록이었을 뿐입니다. 일반적으로 AD 90년경에 열린 얌니아Jamnia 회의에서 구약정경을 확인했다고 하는 것은 사도교회의 확인으로 받아들여야 합니다.

교회의 공의회가 신구약 성경 66권을 정경으로 공식 채택한 것은 367년의 라오디게아 공의회에서였습니다. 그후 여러 공의회들에서 그 결정을 확인하기도 하고 다소간 논란이 일기도 했습니다. 그렇다고 해서 정경을 교회의 공의회에서 결정한 것이라고 볼 수는 없습니다.

교회가 한 일은 정경을 결정한 것이 아니라 확인한 것입니다. 즉 어느 책들이 과연 정경이냐 하는 것을 결정한 것이 아니라 어떤 책들이 구약의 이스라엘 백성과 신약의 사도교회에 하나님의 계시된 말씀으로 주어졌느냐 하는 것을 확인했던 것입니다. 여기서 '결정'이라는 말과 '확인'이라는 말 사이에는 엄청난 차이가 남을 잘 이해하셨으면 합니다.

이 집사님, 우리는 신구약 성경 66권만이 하나님의 계시된 말씀으로 믿습니다. 그것은 우리의 믿음 때문에 인정되는 것이 아니라 사실이 그렇기 때문이며 그 놀라운 비밀을 우리로 하여금 알게 해 주신 하나님께 감사할 따름입니다.

우리는 외경이나 위경을 통해 지나간 기독교 주변 사람들의 관심과 생각들을 읽을 수 있습니다. 오늘날 많은 사람들이 종교적인 글을 쓰고 이야기하는 것들을 통해 시대의 형편을 읽을 수 있는 것과 같습니다. 특히 기독교적 사건을 기록한 내용들이나 기독교 소설 같은 것들이 그렇습니다.

그러므로 우리는 외경이나 위경을 싸잡아 옳지 않은 책이라 말하는데는 한계가 있는 것이 사실입니다. 그중에는 거짓된 책도 있지만 일반적인 책들도 있을 것이기 때문입니다. 우리 시대의 소위 기독교적인 책들 가운데 진리를 가리는 악한 책들도 있지만 그렇지 않은 일반적인 책들도 있는 것과 마찬가지입니다. 단지 역사가 오래되고 많은 사람들이 그 책들에 대해 특별한 권위를 인정하려 한다는 점에 있어서는 우리가 경계해야 합니다.

오늘날 우리 시대는 성경의 권위가 심각하게 도전받고 있는 때입니다. 사람들이 말로는 성경을 하나님의 말씀이라 외치고 다니지만 정말 그 기록된 말씀을 경외함으로 받아들이기는 꺼리는 시대가 되어버린 것입니다. 우리 시대의 교회가 신구약 66권을 하나님의 계시된 유일한 말씀으로 알고 그에 순종함으로써 교회의 사명을 잘 감당하게 되기를 바라는 마음 간절합니다.

(2001. 10. 2)

30 기관목사와 교회

황창기 총장님께

그간도 평안하셨으리라 생각합니다. 보내주신 메일은 감사하게 잘 받았습니다. 신문보도를 통해 총장님의 개혁의지를 가까이 듣고 있습니다만 그에 반발하는 조직적인 세력도 있음을 동시에 듣게 됩니다. 최근 KS대학의 일부 교수들 가운데 바람직하지 않은 구태를 재연하고 있는 분들이 있음을 이야기 들으며 안타까운 마음을 가집니다.

총장님께서 KS대학 교회에서 목회를 하고 있는 문제에 대해 총회적으로 문제를 제기한 이들이 있었음을 이야기 들었습니다. 저는 원리적인 입장에서 생각할 때 총장님께서 주일 설교를 하며 교회에 속해 있음이 마땅한 일이라 믿습니다.

개혁교회에서 '하나님 중심, 말씀 중심, 교회 중심'의 삶을 고백하는 것은 매우 중요합니다. 개혁교회의 슬로건이라 할 만한 이 말은 예외 없이 우리 모두에게 해당되는 내용일 것입니다. 목사이건 교수이건 장로이건 모두에게 해당하는 말입니다. 이 말은 개혁주의 신학을 지향하는 성도들에게는 막연한 상징이 아니라 실질적인 것이어야 합니다.

저는 우리 시대의 신학교 교수들 중, 특히 목사 교수들 가운데 교회관이 희박한 이들이 다수 있음을 보며 안타깝게 생각해 오고 있습니다. 모든 세례교인들은 자기의 소속 교회가 명확합니다. 그 교인들은 자기가 속한 교회에서 모든 의무와 권리, 그리고 책임을 다해야 합니다.

공예배에 참여할 권리와 의무, 성례에 참여할 권리와 의무, 교회의 권징 사역에 참여할 권리와 의무, 형편에 따라 연보를 해야 할 의무 등은 매우 중요합니다. 여기에는 어느 누구도 예외가 있을 수 없습니다. 교회의 허락이 없이는 어느 누구도 자유롭게 자기 마음대로 할 수 없습니다.

그렇지만 주위를 보면 목사 교수들 중 지교회에 협동목사라는 이름을 두고는 자유롭게 활동하는 듯한 인상을 주는 경우가 허다함을 보게 됩니다. 다른 교회의 설교 요청이 없을 경우에는 소속 교회에 가서 예배를 드리지만, 다른 교회에서 설교 요청이 있을 경우에는 완전히 자유롭게 자기 판단대로 행동합니다. 즉 교회의 허락이나 보고 절차 없이 아무렇게나 하는 경우가 허다하다는 것입니다. 그러나 이는 잘못된 것입니다.

신학대학교 교수라 할지라도 교회에서 그런 식으로 자유로워서는 안 될 것입니다. 혹 다른 교회에서 설교 요청이 있을 경우에도 교회의 허락을 통해서 그렇게 해야만 합니다. 그렇지 않으면 한 교회에 속한 성도로서 주일에 대한 책임과 의무를 다한다고 할 수 없습니다. 그렇게 하게 된다면 많은 어린 성도들이 자신도 알지 못하는 사이 교회와 주일의 의미에 대해 잘못 인식하게 될지도 모를 일입니다.

목사 교수들도 특정 지교회에 확실하게 소속되어야 하며 마음대로 이 교회 저 교회 다니며 설교하는 일은 없어져야 합니다. 저의 소견으로는 교수인 목사들도 할 수만 있으면 주일마다 소속 교회에서 설교를 할 수 있어야 하리라 생각합니다. 혹 담임목사가 있는 교회에 소속된 목사 교수라면 유년주일학교나 중고등학생회, 혹은 대학부나 청년회를 책임감 있게 지도하며 말씀을 가르치며 봉사해야 할 의무를 가져야 합니다.

어떤 사람들은 교수를 하며 언제 설교 준비를 하여 설교를 하느냐 할지 모르지만 그것은 잘못된 생각입니다. 신학교 교수가 아무리 바쁘다 해도 하나님의 말씀을 묵상하는 삶은 끊어지지 말아야 합니다. 설교란 묵상한 하나님의 말씀을 성도들과 함께 나누며 가르치는 행위이므로 삶의 연장선상에 있다고 보아야 합니다.

　제가 강의를 나가고 있는 영남신학대학교의 경우 교수님들 가운데 목회를 하고 있는 분들이 다수 있습니다. 그 분들은 설교뿐 아니라 목회까지 하고 있습니다. 제가 듣기로 영남신학대학의 경우 목사인 교수들에게 목회를 하도록 장려하고 있는 것으로 알고 있습니다.
　저는 우리 교단의 목사 교수들도 이에 대해 다시 생각해 보아야 하리라 생각합니다. 담임목회를 하지 않는다 해도 소속된 교회에서 정기적으로 설교할 수 있는 기회를 가질 수 있어야 합니다. 혹 아니라 해도 유년주일학교나 학생회의 교사를 하든지 지도목사가 되어 말씀을 나누며 지속적으로 가르칠 수 있어야 합니다.

　이런 관점에서 보아 총장님께서 대학교회에서 목회를 하거나 설교를 하는 것은 지극히 자연스러우며 권장할 만하다고 생각합니다. KS대학교회에는 여러 목사님, 강도사님, 전도사님들이 있는 줄 알고 있습니다. 총장님께서 학교의 일로 인해 바쁠 경우 교사의 직분을 가진 다른 분들과 짐을 나누어 질 수 있습니다. 주일마다 선포되는 말씀 강론도 동일하게 나누어 할 수 있습니다.
　총장님께서 그동안 해오시던 바 대학교회의 목회자와 설교자의 위치를 떠나 마치 일반 교인처럼 목사로서의 자리를 내어놓는 것은 도리어 바람직하지 않다고 생각합니다. 그렇게 되면 결국 교회에 소극적일 수밖에 없을 것이며 그것은 결국 교회 중심의 삶에서 벗어나는 것이 될지도 모를 일이기 때문입니다.

　주님이 언제 오실지 모르지만 멀지 않은 장래에 재림하실 것이란 믿음을 우리 모두가 가지고 있습니다. 주님께서 진정으로 귀하게 여기는 것은 학교나 기관에서의 능력있는 일을 펼치는 것이 아니라 주님의 몸된 교회 가운데서 하나님의 말씀을 올바르게 선포하는 직분이라 생각합니다.

그러므로 저는 총장님께서 교회에서 맡겨진 직분인 설교자의 자리를 유지하시기를 권면 드립니다. 그리고 우리 시대의 목사 교수들은 올바른 교회관을 가지고 교회에서 교사의 자리를 가지기를 원합니다. 지금까지 그렇게 하지 않음으로써 다수의 목사 교수들의 영적인 삶이 나태해지고 지극히 인간적인 방법만 남게 되었다고 저는 생각합니다. 그러한 현재의 모습을 고치기 위해서라도 꼭 그렇게 되기를 원합니다.

부족한 저의 소견을 감히 말씀드렸습니다만 총장님의 결정에 도움이 되었으면 합니다. 이번 학기 KS대학교 강의가 월요일에 있어 매주 부산에 내려가기는 합니다만 뵙기가 쉽지 않습니다. 언제 시간이 되면 한번 뵙도록 하겠습니다.

(2001. 10. 5)

31 '국가의 전쟁수행권'

형기 형제께

안녕하세요? 주님의 이름으로 문안드립니다. 지난번에는 격려의 글을 주셔서 감사드립니다. 형제께서는 질문 서신에서 사형제도에 대한 저의 글을 보고 '국가의 전쟁수행권'에 대한 질문을 하게 되었다고 말씀하셨지요?

그렇지 않아도 오는 11월 10일, '새한철학회' 학술대회에서 제가 '사형제도에 대한 기독교 윤리적 고찰'이라는 주제로 논문 발표를 하게 됩니다. 대전에 있는 충남대학교에서 있는 행사이니 혹 그 지역 가까이 살고 계시다면 형제께서 참여해도 되지 않을까 생각해 봅니다. 논문 발표 이후 지상으로 발표가 되면, 저의 견해를 구체적으로 읽을 수 있는 기회가 있기를 원합니다.

현재 미국을 중심으로 하는 서방 국가들과 테러 세력으로 규정된 아프가니스탄 사이에 전쟁이 한창인줄 알고 있습니다. 인간의 죄와 이기심을 통해 전쟁이 일어나고 그 전쟁을 통해 많은 사람들이 더욱 큰 불행에 빠지는 것을 인간은 역사를 통해 끊임없이 경험해 오고 있습니다.

성경에도 보면 전쟁에 대한 많은 기록들이 있으며 이스라엘 민족은 사사시대 이후 수많은 전쟁을 치러 왔습니다. 그 전쟁을 통해 상대국가의 많은 사람을 살해하기도 하였으며 자기 나라의 많은 사람들이 생명을 잃기도 했습니다.

신약시대에 들어와서는 국가간 전쟁에 대한 직접적인 교훈을 주고 있지 않습니다. 그러므로 '전쟁 수행에 대한 성경적 적법성'을 논하기 위해서는 조직신학적인 접근을 해야 합니다. 즉 성경에서 수행된 전쟁의 의미를 살피고 그것이 오늘날 우리에게는 어떻게 적용되어야 하는가를 교의적 입장에서 총체적으로 살펴보아야 합니다.

우리 시대의 많은 학자들은 기독교인들이 전쟁에 참여하는 것은 정당하다고 이야기하고 있습니다. 국가는 전쟁수행권을 가지며 그 국가에 속한 교인들은 마땅히 그 전쟁에 참여해야 한다고 생각합니다. 그런 사람들이 그렇게 주장하는 이유는 구약성경에 이스라엘 백성들이 전쟁을 한 것과, 신약시대에 국가에 속한 백성은 국가의 명령에 순종해야 한다는 점을 중요한 원리로 제시하고 있습니다. 이에 대한 입장을 우리는 흔히 '의로운 전쟁'이라 이야기하기도 합니다.

사실 형제께서 질문한 내용은 매우 민감하고 답변하기 어려운 문제 가운데 하나입니다. 결론적인 저의 견해를 미리 말씀드리자면 저는 우선 '전쟁불가론자'입니다. 구약성경에서 이스라엘이 전쟁을 수행한 것은, 이스라엘이라고 하는 하나님께서 특별히 택하신 민족이 하나님의 약속된 땅을 얻음과 동시에 스스로의 정결을 지키기 위해 수행한 전쟁입니다. 즉 적국과 싸워서 이기고 상대의 광대한 땅을 정복하는 그런 전쟁은 아니었던 것입니다.

하나님께서 세우신 나라를 성취하여 죄 가운데 존재하는 이방 나라들로부터 침범을 막음으로써 하나님의 고유한 목적과 속성을 지키기 위해 전쟁을 수행했던 것입니다. 그러므로 그 전쟁은 오늘날 우리 시대의 국가가 전쟁을 치를 수 있는 정당한 근거를 제공하는 것은 아닙니다.

신약시대에 국가의 권력에 순복하라고 하신 것도 예외없이 무조건 순종하라는 의미는 아닐 것입니다. 경우에 따라서는 국가의 명령에 저항해야만 할 경우가 많이 있습니다. 성경에서 전쟁을 수행할 수 있는 권한을 하나님께서 국가에 부여하고 있지는 않습니다. 오히려 하나님께서 인정하시기 때문에 전쟁을 정당하게 수행하는 것이 아니라 범죄한 인간들이 살아가고 있는 세상에서 인간들의 이기적인 판단으로 말미암아 빈번히 일어나고 있습니다.

그럼에도 불구하고 우리는 역사 가운데 살았던 신앙인들이 잘못 오해하고 있었던 것을 보게됩니다. 특히 칼빈주의 신학을 중시하는 우리에게는 그 해석이 더욱 민감하며 어려운 것이 사실입니다. 칼빈은 그의 기독교강요에서 전쟁을 인정하고 있습니다.

그는 '기독교강요' 제4권 제20장 국가통치, 11절에서 '정부의 전쟁수행권'이라는 항목을 두고 있습니다. 그는 이렇게 말하고 있습니다. "왕과 국민은 때로 공적인 보복을 수행하기 위해서 무기를 들어야 한다. 그러므로 우리는 이런 근거로 수행되는 전쟁을 합법적이라고 판단할 수 있다." 그리고 웨스트민스터 신앙고백서 제23장 2항에는 '올바르고 필요할 경우 합법적으로 전쟁을 수행할 수 있다'고 명시하고 있습니다.

저는 위의 주장들이 시대적 논리라고 이해하고 있습니다. 즉 그것이 오늘 우리 시대에 전쟁의 적법성을 뒷받침하고 있는 것은 아니라는 말입니다. 기독교강요를 자세히 읽어보면, 칼빈은 복음에 온전히 합당한 국가를 염두에 두고 있음을 알 수 있습니다. 즉 적어도 하나님을 두려워할 줄 아는 그런 집권자들이 통치하는 국가를 말하고 있습니다.

물론 칼빈의 경우 일반 국가가 치르는 전쟁의 정당성과 합법성을 주장하고 있습니다. 또한 웨스트민스터 신앙고백서 제23장에서 말하고 있는 합법적 전쟁수행권 역시 하나님의 말씀에 온전히 합당한 국가를 염두에 두고 있습니다. 그 항목에는 '올바르고 필요한 경우'라는 단서가 들어 있습니다.

그렇지만 성경에는 '칼을 쓰는 자는 칼로 망한다'는 구절(마 26:52)이 있습니다. 예수님께서는 자신을 죽이려 하는 자들에게조차 칼을 사용하는 것을 금하고 있습니다. 일반적으로 전쟁이라는 것은 힘의 논리이며 자국의 이득과 관련이 있습니다. 아무리 부당하고 악한 상대 국가라 할지라도 자국에 힘이 없으면 패전할 수밖에 없는 것이 국가간 전쟁의 속성입니다.

구체적으로 말하자면 세계에서 가장 강력한 국가가 자기가 보기에 악하다고 해서 자유롭게 침범하여 전쟁을 일으킬 수는 없습니다. 세속 국가 가운데 상대가 '악하다' '아니다' 하는 것을 자의적으로 해석할 수 없습니다. 어떤 경우는 이방의 교훈을 가르치는 국가가 가장 악하다고 할 수 있을 것이며, 또 다른 어떤 경우는 자기 나라의 백성을 압제하는 경우를 보고 악하다고 할 수 있습니다. 상대 국가가 악하기 때문에 전쟁을 수행할 수 있다는 특정 국가의 판단을 기본적으로 신뢰하거나 인정할 수 없습니다.

중세 유럽에서는 기독교 국가 사이에 많은 전쟁이 일어났습니다. 그때 각 국가들마다 서로 자기 나라가 승리하게 해 달라는 진심어린 기도를 했던 사실을 우리는 기억합니다. 우리 시대도 그와 다르지 않습니다.

저는 지금 미국이 소위 '의로운 전쟁'을 치르고 있다고 생각지 않습니다. 물론 많은 사람들은 테러를 응징하기 위한 합법적인 전쟁이라 하겠지만 그 '합법성' 때문에 무고히 부모를 잃고 자녀를 잃는 수많은 아프가니스탄 사람들을 기억해야 합니다. 전쟁이라는 것은 합법적으로 사람을 죽이는 행위입니다. 저는 기독교 복음은 어떠한 경우에도 전쟁이나 전쟁을 통한 합법적 살해 행위는 인정하지 않는다고 생각합니다.

그런데 이렇게 생각하는 제가 군복무를 마쳤습니다. 약 3년 동안 군생활을 했으며 지금은 예비역 병장입니다. 물론 군생활 중에 사격도 했으며 유격 훈련도 받았습니다. 그러면 어떤 사람은 군에도 가지 말아야 할 것 아니냐 할지도 모릅니다. 저의 자녀 중 큰 아이가 지금 고등학교 2학년이니까 몇 년 있지 않아 군에 갈지도 모릅니다. 저는 그 아이에게 군에 가지 말라고 하지 않습니다. 그러나 군에 가는 것이 전쟁 수행을 목적으로 하는 것은 아님을 가르칠 것입니다. 혹 전쟁이 나도 적군을 겨냥해 사살하는 행위는 하지 말아야 할 일이라고 가르칠 것입니다.

그렇다면 무엇 때문에 군에 가느냐고 할지도 모르겠습니다. 저는 어릴 때 몸이 비교적 약한 편이었습니다. 적어도 부모님이 보시기에는 그랬습니다. 그래서 중학교 2학년 때부터 몇 년간 태권도를 했습니다. 지금은 아니지만 수련할 당시에는 상당히 날렵했습니다. 그러나 그때 태권도를 한 것이 다른 사람을 때리기 위해서이거나 싸움에서 이기기 위해서는 아니었던 것 같습니다.

지금도 많은 부모들이 자녀를 태권도 도장에 보낼 터인데 그것이 싸움에서 지지 않고 이기게 하기 위해서 일 수만은 없습니다. 물론 부모들 가운데는 그런 사람도 있겠지요. 그러나 태권도를 함으로써 다른 사람을 완력으로 이기는 것이 목적이 아니어도, 자신감과 함께 저절로 상대방을 제어할 수 있는 힘이 생기지 않을까 생각해 봅니다.

저는 우리가 군에 가서 훈련을 받고 사격을 하는 것은 동일한 맥락에서 설명 가능하다고 봅니다. 우리가 군에 입대하는 것은 스스로 강인하게 됨으로써 다른 국가가 악한 마음으로 우리를 함부로 넘보지 못하게 하는 국가적 방어 수단에 참여하고 있는 것으로 볼 수 있습니다.

이 정도 말씀드리면 저의 견해를 알았을 것으로 여겨집니다. 혹 저의 생각이 다수의 신학자들과 차이가 있다 해도 제가 드린 말씀을 다시 한 번 잘 새겨보시는 기회가 되기를 원합니다.

(2001. 10. 13)

32 '복의 의미'에 대해

진영 자매

안녕하세요? 이제 11월이 막 시작되었는데 벌써 날씨가 제법 쌀쌀하군요. 그래서인지 중간고사가 불과 얼마 전인 것처럼 여겨지는데 벌써 학기를 마무리할 때가 되었나 싶은 마음이 들기도 합니다.

지난번 서신을 통해 '복의 의미'에 대해 질문했지요? '목사님이 예배에 잘 참석하면 복을 받는다고 이야기하는데 정말 그런가' 질문하신 것 같습니다. 우리나라의 기독교에는 그러한 사상이 팽배해 있는 것이 사실입니다. 연보를 많이 하면 복을 받는다든지, 목사님을 잘 섬기면 복을 받는다든지 하는 이야기들이 곧 그런 것들입니다.

한국교회의 신앙 가운데 존재하는 기복 신앙은 커다란 문제입니다. 예수를 잘 믿고 열심히 교회에 나가는 목적이 복을 받기 위해서라는 것입니다. 교회의 지도자들은 어린 교인들의 그러한 바람을 충동질이라도 하듯 그런 이야기를 되풀이하는 것이 일반적입니다. 그렇게 되면 교인들은 복을 받을 요량으로 신앙생활을 더욱 열정적으로 하게 된다고 생각합니다.

그러나 그것은 잘못된 생각입니다. 하나님을 믿는 사람들에게 복음 이상의 복이란 있을 수 없습니다. 복음을 알아 예수를 믿는다는 사실은 그것 자체로서 어떤 것과도 비견될 수 없는 최상의 복입니다. 하나님을 알아 그의 영광에 참여하는 것 이상으로 복된 것이란 있을 수 없기 때문입니다.

사도 바울은 복음 이외에 다른 어떠한 것도 원하지 않는다고 하며 세상의 모든 것은 배설물과도 같다고 고백하고 있습니다. 사람들이 세상에서 복이라고 생각하는 것들은 아무런 의미가 없는 것들입니다. 사실 복음 이외에 다른 것을 복이라고 생각하며 지나치게 추구하는 것은 우상일 따름입니다.

우리는 성경 말씀에 나타나는 주님의 자녀들 가운데 우리가 일상적으로 생각하는 바 세상의 복을 받은 사람이 과연 있는지 잘 살펴보아야 합니다. 성경에 있는 믿음의 사람들 가운데 복음 이외의 것을 복이라고 생각한 사람은 아무도 없습니다. 어떤 사람들은 욥이나 아브라함, 다윗 등을 예로 들면서 물질적 복을 받지 않았느냐고 할 사람이 혹 있을지 모르지만 그것은 성경에 대한 이해가 부족하기 때문입니다.

그리고 성경에 나타나는 많은 사람들이 건강의 복과 가정의 복을 받은 것이 아닌가 이야기하지만 그것은 올바른 생각이 아닙니다. 훌륭한 신앙을 소유했던 성경속의 인물들 가운데는 물질의 풍요를 누리지 못한 사람들과 건강상의 고통을 당한 사람들 그리고 가정의 행복을 누리지 못한 사람들로 가득 차 있습니다. 이는 이 세상에서 누릴 수 있는 그런 것들이 하나님께서 주시고자 하는 복이 아니기 때문일 것입니다.

진영 자매, 제가 쓰는 이 글을 생각하며 성경 말씀을 다시 한번 잘 확인해 보시기를 원합니다. 사람들은 자기 생각을 기초로 하여 모든 것을 판단하려는 어리석음을 범하고 있습니다. 예수를 잘 믿으면 하나님이 더 많은 복을 주시지 않겠느냐 하는 막연한 세속적 바람도 그것 때문입니다. 우리는 이 세상을 살되 이미 허락하신 하나님의 영원한 천국을 진정한 복으로 알고 이 세상에서는 나그네로 살아가야 합니다.

(2001. 11. 6)

33 삼위일체에 대하여

K 성도님

안녕하세요? 알지 못하는 분이지만 하나님의 말씀에 깊은 관심을 가지고 있는 분이라 생각되어 반갑습니다. 이렇게 글을 통해 서로 알게 됨을 감사드립니다.

성도님께서는 삼위일체에 대해 질문을 하셨더군요. 설명하기에 쉽지 않은 질문이라 생각됩니다. 이미 성도님께서는 여러 책들이나 신앙의 선배들을 통해 상당한 견해들을 접하고 있으리라 여겨집니다. 그보다 성경 말씀을 통해 삼위일체 하나님을 알기 위해 애써 본적이 있을 것입니다. 그럼에도 불구하고 저에게 그에 대한 질문을 또다시 하고 있는 것을 보면 그리 간단한 문제가 아닌 것 같습니다.

속 시원한 답변이 되지 않을 것을 알면서도 간단한 이야기를 해보고자 합니다. 우선 '삼위일체' 라는 말은 신학자들이 만들어낸 역사적 산물이 아닙니다. 즉 교회사 가운데 활동하던 신학자들이 삼위일체 이론을 만들어낸 것이 아니라는 것입니다. 천지를 창조하시기 전부터 존재하시던 하나님께서는 삼위일체 하나님으로 존재하셨기 때문입니다.

다시 말하자면 원래부터 삼위일체 하나님입니다. 창세기 1장 26-27절에 보면, "하나님이 가라사대 우리의 형상을 따라 우리의 모양대로 우리가 사람을 만들고 … 하나님이 자기 형상 곧 하나님의 형상대로 사람을 창조하시되"라는 말씀이 나옵니다. 이 말씀 가운데 '우리' 라는 단어는 우리 한국사람의 언어로는 쉽게 이해하기 어려운 용어입니다.

우리 언어에서는 '우리' 라고 하는 말은 한 인격체가 아닌 여러 인격체가 됩니다. 그러나 위의 성경 본문에 나타나는 히브리어에서는 다수의 하나님을 일컫는 '여럿'을 의미하는 것이 아니라 하나의 인격체인 하나님이라는 단어 뒤에 복수어미가 붙어 있다고 생각하면 될 것입니다. 즉 한 하나님인데 그 단어에 복수 어미를 사용함으로써 하나님의 한 면을 보여주고 있다고 하겠습니다. 히브리어의 용어를 통해 설명을 할 수 있으면 좋겠으나 여기서는 그렇게 할 수 없음을 양해 바랍니다.

성경에서는 처음부터 일체이면서 복수적 개념을 가지는 하나님이심을 계시하고 있습니다. 이 후에 기록된 성경 말씀에는 하나님을 언급할 때 단수적 개념과 복수적 개념이 교차되어 사용되고 있습니다. 물론 죄인된 인간인 우리가 스스로의 경험에 따라 쉽게 이해할 수 있는 것은 아닙니다. 구약성경에서 성부 하나님과 성령 하나님 그리고 성자 하나님이 끊임없이 계시되고 있으며, 신약성경에서는 성자 하나님께서 인간의 몸을 입고 이 세상에 오심으로써 성자의 구체적인 모습을 보여주셨으며, 성령 하나님께서 오순절을 통해 오심으로써 자기 백성에게 구체적인 모습을 보여주셨던 것입니다.

저는 삼위일체 하나님을 설명을 통해 이야기 할 수 있는 내용은 아니라 생각합니다. 다시 말해서 제가 설명을 잘 함으로써 성도님께서 이해를 하도록 할 수 있는 것은 아니라는 것입니다. 만일 우리의 경험을 통해서 알 수 있는 내용이라면 설명을 통해 이해시킬 수도 있습니다. 예를 들어 어떤 사회적 현상이든지 수학적 문제 같으면 설명을 통해 그것을 이해할 수도 있습니다.

그렇지만 삼위일체 하나님에 대해서는 신령한 깨달음을 필요로 합니다. 즉 하나님의 은혜를 통해 '아, 바로 그것을 의미하는구나' 하는 깨달음으로써 삼위일체의 의미에 다가갈 수 있습니다.

우리가 삼위일체 하나님을 이야기할 때 우리의 경험으로 이해하려 해서는 안 될 것입니다. 인간의 경험이나 명쾌한 설명을 통해 알 수 없으되 깨달음을 통해 그 의미에 가까이 나아갈 수 있는 신비의 영역이라 할 수 있습니다. 다시 말해 설명을 할 수 없으되 '바로 그 의미' 라는 놀라운 깨달음을 통해 깨달음의 벅찬 감격을 누릴 수 있을 것입니다.

마지막으로 하나 더 말씀을 드린다면 우리의 언어 문제가 이에 대한 깨달음에 다소 방해되는 것이 아닌가 생각해 봅니다. 우리가 사용하는 '삼위일체' 라는 단어 속에는 숫자 3과 1이라는 말이 결합된 용어입니다. 한국, 일본, 중국 등에서는 모두 이 용어를 사용하는데 여기서 숫자 3과 1이 함께 등장함으로써 이 용어를 사용하는 사람들은 자신도 모르는 사이 삼위일체를 말하면서 우선 분리적 사고를 하게 되는 것입니다.
이에 비해 영어에서 'trinity' (삼위일체)라는 용어는 우리가 사용하는 용어보다는 훨씬 낫습니다. 그 말에도 역시 숫자 3이라는 의미와 '하나' 라는 의미가 함께 있지만 우리와는 다른 분명한 합치된 개념이 나타나고 있습니다. 이것은 언어에 대한 저의 개인적인 설명이기는 합니다만 잘 고려해 보아야 할 부분이라 생각합니다. 그렇지만 현재 우리로서는 달리 방법이 없는데도 이런 이야기를 하는 것은 이런 설명들이 혹 성도님께 다소간 도움이 될까 싶어서입니다.

이 정도에서 저의 글을 마칠까 합니다. 삼위일체 하나님에 대한 궁금함이 있을 때 우리의 두뇌나 경험을 통해 이해하려 애쓰기보다는 하나님의 은혜를 통한 깨달음을 바라며 주께 기도하는 것이 중요하리라 생각합니다. 올바른 신앙을 가졌던 모든 선배들은 이에 대해 아무런 의심이나 갈등 없이 온전한 깨달음을 가졌었습니다. 우리 역시 계시된 말씀과 하나님의 도우심으로 삼위일체 하나님을 잘 깨달아 더욱 온전하고 풍성한 신앙을 누리게 되기를 바랍니다.

(2001. 11. 23)

 '캠퍼스 내 경건생활' - KS대학을 중심으로 -

KS대학교 총장님께

〈시작하며 드리는 말씀〉

주님의 이름으로 문안드립니다. 하나님의 이름으로 세워진 KS대학의 발전을 위해 관심을 가진 여러 사람들의 지혜를 모으려 하는 노력에 대해 깊이 감사드립니다. 포스트모더니즘이라는 극단적 해체주의적 경향이 기독교대학마저도 위협하고 있는 이때 이러한 노력을 기울이는 것은 매우 소중한 일이라 생각합니다.

언젠가부터 기독교대학들은 진정한 경건미를 상실했으며, 학교 교정에서 움직이는 학생들의 모습만으로는 기독교의 향기를 거의 풍기지 않은 메마른 시대가 되어 버리지 않았는가 하는 안타까운 생각이 듭니다. 이에 본 교단의 목사이자 KS대학에서 다년간 강의를 하며 학생들을 만나온 저는 KS대학의 캠퍼스 경건생활 회복을 위해 어줍잖은 소견을 말씀드릴까 합니다.

우선 저는 특별한 아이디어나 돈이 많이 드는 프로젝트보다는 KS대학교에 몸담고 있는 모든 분들에게서 삶의 내용에 변화가 있어야 하리라 생각합니다. 물론 창의적인 아이디어나 참신한 프로젝트가 강력히 요구되는 시대이기는 하지만 그 이전에 기본적으로 정리되어야만 할 신앙적 경건의 내용이 있다고 생각합니다.

코람데오를 삶의 기본으로 하는 기독교대학의 캠퍼스 내 경건생활에 대해 평소 생각해 오던 바를 이렇게나마 피력해 볼 수 있는 기회를 가지게 됨을 무한히 감사하게 생각합니다. 부족한 생각이지만 앞으로 KS대학의 건강한 발전에 다소나마 도움이 되었으면 하는 마음 간절합니다.

〈본론〉

1. 캠퍼스 내 경건생활을 앞장서서 이끌어야 할 교수님들
(1) 학교 내 지도자들의 기도하는 삶 : 하나님 중심의 삶 회복
  1) 교수님들의 '함께 기도하는 삶'의 활성화
  각 학과마다 교수님들이 정례적이지는 않다 할지라도 적어도 한 주일에 한번쯤은 자연스럽게 함께 모여 학과에 관련된 기도 제목을 내어놓고 기도할 수 있어야 하리라 생각합니다.
  많은 경우 각 학과의 교수회에서는 형식적인 기도와 함께 회의에만 주력할 우려가 있습니다. 그러나 교수님들은 학생들과 학생들의 영적, 지적 생활을 위해 기도하는 모습을 가져야 합니다. 물론 제가 말하는 바는 떠들썩한 기도회를 이야기하는 것이 아니라 소박하게 기도하는 모습을 회복하자는 말씀입니다. 그렇게 주님 앞에 무릎 꿇고 기도하는 모습이 학생들에게 본이 되는 것은 무엇보다 중요합니다.

  2) 각 부서마다 일어나야 할 작은 기도 운동
  행정부서나 학과 사무실, 수위실, 구내식당, 서점 등 학교 안에서 일하는 모든 분들이 약간씩의 시간을 할애하여 삼삼오오 조용히 기도하며 교제하는 시간을 회복해야 하리라 생각합니다. 굳이 한 시간, 두 시간 단위의 긴 시간이 아니어도 진정으로 간절하게 기도하는 모습을 서로간에 보여줄 수 있다면 더이상 아름다운 것이 없을 것입니다.

3) 그러한 모습을 보며 지도자들을 닮아가야 할 학생들

그렇게 되면 학생들에게 굳이 기도하라고 말하지 않아도 학생들은 교수님들과 모든 교직원들의 기도하는 모습에서 경건한 삶을 본받게 될 것입니다. 지도자들의 그러한 모습을 보지 못하는 학생들이 전체적으로 원만한 경건생활을 하게 되리라는 것은 기대하기 힘든 일일지도 모릅니다.

(2) 정직성 회복 : 코람데오 정신 확립

KS대학에 소속된 모든 이들은 정직성을 회복해야 합니다. 학교 내에서 일어나는 모든 일들을 언제든지 누구에게나 공개해도 될 만큼 선명하게 되어야 합니다. 어떤 사람이 오해를 하여 비판을 가하면 서슴없이 내용을 공개하며 오해를 풀어줄 수 있어야 합니다.

심지어 학생들이 인사 관계나 학교의 재정 씀씀이에 대해 문의를 해 온다 해도 그것을 밝히지 못할 이유는 없습니다. 하나님 앞에서 기도하는 마음으로 생각하고 결정한 일이라면 여력이 있을 경우 전부를 공지할 수도 있습니다. 하나님 앞에서 부끄러운 일을 도모하지 않았다면 하나님의 백성들 앞에서는 모든 것을 자연스럽게 드러낼 수 있을 것이기 때문입니다.

(3) 학교 내 지도자 상호간의 신뢰회복

1) KS대학 내의 모든 분들이 상호 신뢰를 회복해야 하리라 생각합니다.

교수님들 상호간에 신뢰회복을 해야 할 것이며 모든 교직원들 간에 상호 신뢰회복을 해야 합니다. 그렇게 하기 위해서는 모두가 지난날들에 있어서 잘못되고 부정직한 일들에 대한 철저한 회개운동이 있어야 합니다. 하나님의 뜻을 바라고 추구하기보다는 일부 지도자들의 계산에 의한 자기 판단이 학교를 움직여 왔다면 지금부터라도 자세를 달리해야 합니다.

하나님의 은혜로 말미암은 신뢰를 회복하지 못한다면 서로간 반목과 질시, 그리고 냉소적 분위기가 형성될 수밖에 없습니다. 만일 학교의 지도자들 상호간에 기본적인 신뢰회복을 하지 못하는 상태라면 학생들에게 어떤 경건생활을 요구하는 것은 무리한 요청일지도 모를 일입니다.

2) 아무리 훌륭한 재원이 있고 아이디어가 있다 해도 기본적인 신뢰가 바탕이 되지 않는다면 사상누각일 뿐입니다.

이를 위해서 눈물을 흘리며 회개하는 일들이 학교 전체에서 자연스럽게 일어나기를 희망해 봅니다. 누구는 잘하고 누구는 잘못했다는 차원이 아니라 전체의 모습과 더불어 자신의 위치를 확인하는 가운데 다시금 굳건한 신뢰의 기틀을 우선적으로 마련해야 합니다.

2. 학생들의 경건생활의 안착을 위해서 신입생들부터
(1) 현재의 상황에 대한 성숙한 자기 비판
1) 학생들의 두발 및 복장

현재 KS대학 학생들은 외형상 세속의 대학생들과 전혀 다르지 않습니다. 노랑머리에 찢어진 청바지를 입은 학생들이 다수 있어도 그것을 이상하게 보지 않는 것은 세속화의 물결 속에 휩쓸려 있음을 단적으로 보여주고 있습니다. 그러나 하나님을 경외하는 KS대학은 세속 대학과는 분명히 달라야 합니다.

그렇지만 지금 학생들에게 그런 헤어스타일이나 복장을 금한다면 상당한 저항이 있을 것입니다. 어쩌면 교직원들조차도 학생들의 그런 모습이 대학의 자유이며 그런 것은 학생 자율에 맡기는 것이 옳다고 생각하는 이들이 다수 있을지도 모르겠습니다. 만일 그렇다면 우리의 세속화된 모습을 더욱 극명하게 보여주고 있는지도 모릅니다. 그러므로 이제부터라도 다시 시작해야 합니다.

저의 생각으로는 신입생 면접시 KS대학이 세속의 대학들이 가지는 가치관과는 다른 그런 대학임을 명확히 일러주어야 하리라 생각합니다. 그래야만 그 신입생들이 KS대학이 어떤 학교인지 처음부터 명확히 인식하는 가운데 자기 정체성을 키워나갈 수 있을 것이기 때문입니다.

2) 주초문제

지금 학생들 가운데는 극히 소수이기는 하나 담배를 피우며 술을 마시는 이들이 있는 줄 압니다. 심지어는 일부 교수들 가운데서도 주초문제에 대해 자유로운 이들이 있다는 이야기를 듣습니다. 이 문제를 해결하기 위해서는 역시 입학 면접시 그 점을 분명히 인식시킬 필요가 있습니다. 만일 재학 중 그런 것이 발견되면 퇴학 대상이 될 수 있음을 일러 주어야 합니다.

이렇듯이 강력한 대응을 해야 할 필요성이 있는 이유는 그렇게 하는 것이 이미 흔들리고 있는 대학의 정체성을 다시금 명확히 세우기 위한 방편이 될 수 있기 때문입니다.

3) 이성 교제의 제한

기독 대학생들의 이성 교제는 자유로울 수 없습니다. 종종 학교 내에서 이성간 손을 잡고 다니거나 이성의 어깨에 손을 얹고 다니는 학생들이 있는데 이에 대해서는 매우 엄격해야 합니다. 이는 그런 행동의 발전 내지는 파급의 위험성 때문입니다. 예를 들면 1학년 때 A와 사귀며 손을 잡고 다니다가 2학년이 되어서는 B, 그리고 3, 4학년이 되어 또 다른 학생과 손을 잡고 다니는 학생들이 혹이라도 있게 된다면 캠퍼스의 전체적인 경건생활에 여간 심각한 지장을 주지 않을 것입니다.

우리는 경험을 통해, 조금씩 세속의 빗장이 풀리기 시작하면 급기야 완전히 풀려버리는 안타까운 모습을 수도 없이 보아왔습니다. 그러므로 입학당시부터 학교의 분명한 방침이 설명되어야 할 것이며 이를 어기는 것은 학칙에 위배되며 징계의 대상이 됨을 분명히 일러 주어야 합니다.
 필요하다면 위의 몇 가지 내용들에 대한 서약서나 자기결의서 같은 것을 미리 받아 둘 수도 있습니다. 혹 그것이 여의치 않다면 신입생 오리엔테이션을 통해 기독교대학에 소속된 학생으로서의 태도와 삶의 자세에 대해 충분히 인식시켜야 합니다. 그리고 대학생활이 시작되는 첫 학기의 매 과목마다 신앙이 신실한 교수님들이 기독교대학에서의 학문 연구의 의의 및 학문하는 자의 태도를 잘 일러주어야 합니다.
 우리 시대에 있어서 이러한 내용은 선택적이 아니라 필수적이리라 생각해 봅니다. 세속주의 물결에 휩싸여 있는 시대의 기독교대학에 입학하는 모든 학생들은 하나님께서 원하시는 개혁주의 신학대학 설립에 적극적으로 가담하는 책임있는 일원이 되어야만 할 것이기 때문입니다.

(2) '경건회' 의 본질적 기능 회복
 KS대학의 모든 학생들이 경건회에 의무적으로 참여하고 있음은 다행한 일이라 생각합니다. 원리적으로 따져 본다면 신입생부터 4학년까지 점차적으로 학년이 올라갈수록 경건회의 참여도나 만족도가 상승되어야 합니다. 그렇게 됨으로써 경건회 출석을 별도로 점검하지 않아도 모든 학생들이 자발적으로 경건회에 참석할 수 있다면 가장 바람직한 일일 것입니다.
 현재 경건회는 학생들에게 일반적인 설교를 중심으로 하는 '예배' 처럼 되어 있습니다. 그러나 경건회와 예배 사이에는 어느 정도 차이가 있습니다. 물론 넓은 의미에서 예배이기는 하지만 그 성격을 더욱 명확히 할 필요가 있을 것이라 여깁니다.
 저는 이런 제안을 해봅니다. 경건회 시간에는 하나님의 말씀을 되새기는 시간으로 정착시키는 것입니다. 다시 말해서 교수들이나 외부에서 초빙된 목회자들이 자기 생각에 따라 교훈적 설교를 하는 것이 아니라 성경 말씀을 그대로 해석하며 학생들로 하여금 기록된 주님의 말씀을 본문에 따라 구체적으로 기억하게 하는 것입니다. 물론 외부에서 초빙되는 강사 목사님들께도 학교의 그런 취지를 설명드릴 수 있을 것입니다.

학생들과 함께 경건회에 참석한 교수님들은 수업 시간을 통해 종종 경건회를 통해 가르쳐진 하나님의 구체적인 말씀을 성경 본문에 따라 적절하게 되새김으로써 학생들을 경건한 신앙의 길로 인도할 수 있을 것입니다. 그렇게 되면 전공 과목에 상관없이 4년 간 하나님의 말씀을 통해 건전한 신앙 훈련을 받을 수 있을 것이며, 그러한 학생들이라면 어떤 사회에서든지 인정받는 신앙 인격자들이 될 수 있을 것입니다.

3. 경건생활과 수업

(1) 규정에 따른 엄격한 수업 진행

1) 조기 종강 금지

모든 수업은 학칙에 맞게 진행되어야 합니다. 특히 졸업반에 있는 학생들은 어떤 경우에도 상식을 넘는 조기 종강을 요청해서는 안 될 것이며 교수님들도 이를 허용해서는 안 될 것입니다. 예를 들어 특정 학과에 신학대학원에 진학하기 위해 시험을 준비하는 학생들이 많으므로 인해 편의적 종강을 하는 것은 결국 불신풍조를 가져올 것입니다. 우선은 편의를 도모하는 것일 수 있을지 모르나 장기적으로 볼 때 그것은 옳지 않은 전통을 형성할 위험이 있습니다.

2) 변칙 수업 금지

교과목에 따라서는 매주 해야만 할 수업을 격주로 한다든지 혹은 한 학기의 수업을 며칠만에 끝내는 수업이 있습니다. 이러한 일들은 규정에 어긋날 뿐 아니라 이러한 일이 되풀이되면 학생들의 불만과 냉소적 시각만 더할 따름입니다. 그러므로 어떠한 경우에도 변칙 수업이 이루어져서는 안 될 것입니다.

(2) 무감독 시험과 교수들이 보여야 할 모범

학생들에게 무감독 시험을 치르도록 무조건 강요할 일은 아니리라 생각합니다. 그 문제는 학생들의 신앙이 성숙하여 복음을 올바르게 깨닫고 있을 때 저절로 그 문제가 해결될 것입니다. 설령 시험을 치며 부정행위를 하라고 해도 그것이 악한 것임을 알 때 학생들은 자발적으로 학교가 원하는 바에 적극적으로 참여하게 될 것입니다.

KS대학은 코람데오를 기본적인 교훈으로 받아들이고 있는 대학입니다. 누가 보든 보지 않든 성실하고 정직한 판단과 행동을 해야 합니다. 이를 위해서는 먼저 교수님들과 교직원들의 신실하고 정직한 본이 선행되어야 합니다. 만일 학생들이 보기에 대학의 지도자들이 온전한 코람데오의 삶을 살지 않는 것으로 비쳐진다면, 무감독 시험이라는 말은 도리어 냉소적이 되고 부작용만 더하게 될지도 모를 일입니다.

4. 캠퍼스 문화 점검
(1) 각종 게시물 부착에 대하여

학교 내 모든 게시물은 신학을 전공한 교수들을 중심으로 한 위원회가 구성되어 철저한 검증과 지도를 받아야 합니다. 그 위원회는 단순히 이름만 가질 것이 아니라 신학적 검증을 할 수 있는 목사 교수들이 중심이 되어 책임 있게 검토해야 합니다.

필요에 따라서는 게시물 부착 신청에 대한 논의의 결과를 일지로 기록할 수 있을 것이며, 학생들의 판단이 어려운 새로운 사상이 포함된 부착물을 게시하려 할 때는 신학과 교수회에 그에 대한 검증을 요구할 수 있어야 합니다.

그러한 기록들이 잘 축적된다면 후일 혹 시대의 조류를 잘 분별하지 못하는 학생들이 무리한 요청을 해 올 경우, 그 자료들을 전통있는 기독교대학의 지침 삼아 그에 적절히 대처할 수 있습니다. 만일 신학적 해석과 검증이 없이 자율적으로 모든 부착물들이 게시된다면 학생들의 판단력과 경건생활에 상당한 위해를 가져다 줄 수 있을 것이기 때문입니다.

(2) 현재 존재하는 캠퍼스 안의 문화에 대한 전반적인 점검
　지나간 세월동안 학생들의 캠퍼스 문화는 검증이 있지 않은 상태에서 발전했다고 할 수 있습니다. 즉 교수님들의 개혁주의를 지향하는 신학적 검증과 허락을 통해 이루어진 문화가 아니라 세속화된 외부에서 흘러 들어온 문화와 분별력 없는 학생들이 직접 도입하여 정착된 문화가 많이 있으리라 생각합니다. 그러므로 지금은 과연 신학적 해석을 내려야만 할 내용들이 있는지 거국적인 검증이 필요한 때라 생각합니다.
　현재 학생들 사이에서 유행하는 이른바 CCM/CCD 같은 것은 신학적 검증을 거친 후 학생들에게 도입 여부를 이야기 해 주어야 합니다. 그리고 경건회 시간에 때로 과도하게 사용되는 악기 문제 등도 신학적 검증을 동반해야 합니다. 대개의 경우 학교의 공적인 검증의 절차 없이 학생들의 취향에 따른 외부 문화의 도입이 많았을 것으로 생각되기 때문입니다.
　결국 이렇게 되면 매년 정기적으로 개최되는 '학생 축제' 같은 것도 성경말씀과 개혁주의 신학에 바탕을 둔 축제가 아니라 세속적 기독교의 유행에 이끌려 다니는 결과를 가져오게 될 것이며 그것들이 결국 학생들의 문화로 자리잡게 될 것입니다.

(3) 학생 서클 활동에 대한 적극적 관여
　학교는 학생들의 서클 활동에 적극적으로 관여해야 하리라 생각합니다. 그것은 학생의 자율을 방해하는 막연한 간섭이 아니라 아직 신앙이 어린 학생들에 대한 적극적 지도를 의미합니다. 이미 각 서클 지도를 위해 지도교수가 배정되어 있는 것으로 알고 있습니다.
　새로운 서클이 등록하고자 할 때는 반드시 신학적 성격에 의한 검증이 따라야 할 것이며, 교단 산하의 기독교대학 서클로서 존재하는 한 개

혁주의 신학과 그에 따른 문화의 테두리 안에 있어야만 합니다. 각 지도 교수들은 이를 위해 최선을 다해야 할 것이며, 어떤 변화가 있거나 그에 대한 해석이 어려울 때는 신학과 교수회 등의 도움을 받아야만 합니다.

〈글을 마치며 아뢰는 말씀〉

어쩌면 KS대학의 발전을 위한 저의 이러한 생각이 시대착오적인 발상이라 생각하는 분들이 있을지 모르겠습니다. 특히 이미 경건의 모습을 상실당한 채 학교생활을 누리고 있는 다수의 학생들에게는 더욱 그러할지 모르겠습니다.

그렇지만 제가 제기하고 있는 이러한 문제들은 매우 중요하다고 생각합니다. 누구든지 KS대학의 교정에 들어오면 세속적인 다른 대학과는 확연히 다르다는 느낌을 받을 수 있어야 합니다. 학생들 역시 다른 세속 대학의 학생들을 보면 당연히 가져야 할 문화적 이질감을 느껴야만 합니다.

학교는 이에 대해 미리부터 잘 대처하지 않으면 안 될 것이라 생각합니다. 이미 소위 기독교대학이라 자처하는 서구의 여러 대학들과 서울 등 대도시에 위치한 기독교대학을 자처하는 대학들에 동성애 그룹이 생겨나고 있습니다. 그런 세속적 기독교대학들에서는 술, 담배는 물론이며 불건전한 이성 교제에 대해서도 아무런 제재가 있지 않습니다. 그럼에도 불구하고 한국의 많은 성도들 중에는 그런 악한 대학들을 도리어 선망하는 어처구니없는 일들이 자연스럽게 일어나고 있습니다.

KS대학이 원래의 경건을 회복함으로써 앞으로 신실한 부모들이 자녀들을 사악한 문화가 범람하는 일반 대학에 보내는 데 두려움을 느낄 때 하나님의 이름으로 설립되어 경건생활을 보장할 수 있는 KS대학이 그 피난처의 역할을 감당해야 하리라 생각합니다. 우선은 다소 험난하게 여겨질지라도 이에 대해 잘 검토하여 적용하는 것이 경건한 기독교

대학의 백년대계를 생각할 때 유익이 되리라 믿습니다.

  이 글의 앞 부분에서 말씀드린 것처럼 이 일의 진행을 위해서는 지도자들부터 변해야 하리라 생각합니다. 세상 사람들에게 좋은 학교로 비쳐지는 것은 그다지 어려운 일이 아닐 수도 있습니다. 그리고 어떤 아이디어를 통해 대학을 홍보하는 것도 대단한 일이 아닐 수 있습니다. 그렇지만 기독교대학으로서 개혁주의적 훌륭한 전통을 세우고 유지하는 일은 결코 쉬운 일이 아닐 것이며 소수의 몇 사람이 쉽게 해결할 수 있는 일도 아닐 것입니다.

  그러므로 이제부터라도 허물어진 성벽을 다시 세우는 마음으로 새롭게 시작해야 하리라 생각합니다. KS대학의 영성이 회복되고 캠퍼스 안에서 경건이 확립될 때 그것이 주님께서 원하시는 가장 소중한 재산임을 확인했으면 하는 마음입니다. KS대학의 교직원들과 학생들을 포함한 모두에게 주님의 평강이 가득함으로써 감사와 찬송이 넘쳐나는 날이 속히 올 수 있도록 기도합니다.

  KS대학의 앞날에 무궁한 하나님의 은혜가 임하시기를 원합니다.

2001. 12. 12

동대구노회 실로암교회
이광호 목사

35 교단에서 신학교수의 역할

A교수님

오랜만에 서신을 드립니다. 최근 본 교단에서 일어나고 있는 여러 가지 불미스런 일들을 보며 마음 아파하고 있습니다. 얼마 전에 있었던 교육부 감사로 인해 KS대학 전체가 엄청난 충격에 휩싸여 있다는 이야기를 듣습니다. 코람데오를 삶의 기본으로 하고 있는 교단의 대학이라면 어느 누가 와서 감사를 하든 당당하게 대처할 수 있어야 하리라 생각합니다. 대학의 책임있는 위치에 있는 분들조차 그동안 덮여져 있던 비리에 놀라움을 감추지 못하고 있다는 이야기를 듣고 있습니다.

최근 제가 속해 있는 동대구노회에서는 P목사를 제명하려 하고 있습니다. 십일조 문제와 주일 문제에 대한 P목사의 신학 사상이 불건전하다는 것입니다. 그러나 제가 이해하기로는 P목사의 신학 사상이 문제 있는 것이 아니라 P목사를 제명하려는 목사들의 신학 사상이 문제라 생각합니다.

A교수님, 제가 이렇게 편지를 쓰는 것은 교단에 속한 신학교수들의 역할에 대해서 말씀드리기 위해서입니다. 일부 교수님들과 목사님들 중에는 속된 말로 제가 신학교수님들을 너무 몰아부친다고 생각하는 줄로 알고 있습니다. 그런 이야기는 제가 직접 종종 듣고 있는 이야기이기도 합니다.

그러나 A교수님은 저의 중심을 이해하실 줄 믿습니다. 물론 제가 지난 수년 동안 K신학대학원과 KS대학 신학부 교수님들에게 공적인 서면 질의를 수차례 하기도 했으며 기독교 신문이나 인터넷을 통해서 다양한 신학적 질문을 하기도 했습니다.

교수님, 제가 오늘 이렇게 편지를 쓰는 것은 제가 신학교수님들을 답변하기 어려운 궁지에 빠지게 하려는 것이 아님을 해명하려는 것입니다. 오늘, 어느 목사님이 저를 보고 신학교수님들이 저를 크게 오해할 수 있다는 이야기를 새삼 들려주었습니다. 그래서 제가 이 글을 쓰려고 마음먹은 것입니다.

최근 어느 목사님은 저에게 신학적 질문은 노회를 거쳐 하는 것이 순서이며 그렇게 함으로써 교수님들을 보호해야 한다는 말을 했습니다. 저는 원리적으로 그 말이 옳다고 믿습니다. 지금도 세계에 흩어져 있는 건전한 교회들은 그러한 줄로 알고 있습니다. 그러나 현실의 우리 교단은 그렇지 못합니다. 노회를 통해 신학적 질문을 하려 해도 제가 속해 있는 노회의 경우 그것이 번번이 차단되고 있습니다. 왜 차단되느냐 하시면 할 말이 없습니다. 그래도 되물어오시면 교권의 중심에 서있는 이들이 질문을 막고 있다고 밖에 달리 할 말이 없습니다.

저와 몇몇 목사님들은 지난 수년간 노회를 통해 질의를 수도 없이 했습니다만 단 한 건도 접수되지 못했습니다. 그것이 여의치 않아 동일한 질문을 총회 신학부에 직접 해보기도 하고, KS대학원 교수회와 KS대학교 신학부 교수회에도 질문을 하게 되었던 것입니다. 물론 그때도 제대로 된 답변을 들은 적은 없습니다. 제가 기독교 신문이나 인터넷을 통해 질의를 하기도 하고, 신학교수님들이 답변을 해야만 한다고 다그쳤던 것은 이제는 달리 방법이 없다고 판단했기 때문입니다.

A교수님, 저에게 노회를 통해 정식 경로를 거쳐 총회 신학부나 신학

교수회에 질의를 하라는 사람들에게는 이런 예를 들어 이야기하고 싶습니다;

경찰은 시민의 안전을 위해 치안을 담당하는 사람들입니다. 어느 날 순찰을 하던 중 어떤 연약한 사람이 다른 힘센 사람에 의해 심한 구타를 당하는 현장을 지나게 됩니다. 그 주변에는 여러 사람들이 둘러서서 구경하고 있습니다. 그런데 한 경찰관이 그 광경을 슬쩍 보고는 못 본 척 그냥 지나치려 합니다.

그 주위에 서 있던 한 사람이 경찰관에게 다가가 이야기합니다. 저 사람을 말리든지 잡아가야 하지 않느냐고 말한 것입니다. 그러데 그 경찰관이 그 사람에게 하는 말이, 정식으로 절차를 거쳐 신고하라고 일러줍니다. 신고를 해야 경찰이 어떤 정식적인 대응을 할 것 아니냐는 것입니다. 그 사이 구타를 당하는 사람은 치명상을 입게 되고 말 것입니다.

A교수님, 저의 예화는 자칫 극단적인 이야기로 들릴 수 있습니다. 저는 현재 우리 교단의 신학과 실천이 거의 이와 흡사하다고 생각합니다. 신학은 이미 많은 문제를 가지고 있습니다. 군에서의 집단세례 문제, 예배 시간에 사용되는 과도한 악기들, 몇 년 이내 전 국민의 70% 이상을 기독교인화 한다는 발상, 자유주의 교단과의 자유로운 강단교류 문제 등 수도 없습니다.

실천에 있어서도 교단 지도자들의 정치적, 재정적 부패는 차라리 불신자들조차 따라잡지 못할 정도로 되어졌습니다. 그렇다고 오해하지는 마시기 바랍니다. 그런 가운데서 주님의 말씀에 따라 살려고 애쓰는 성도들이 상당수 있는 것을 저 역시 잘 알고 있습니다.

저는 현재 우리 교단이 이렇게까지 신학적 어려움과 윤리적 부패에 이르게 된 가장 큰 까닭은, 신학교수님들이 그때그때 잘못들을 지적하지 않았던 침묵 때문이라고 생각합니다. 잘못된 신학적 문제가 도입되기 시작할 때 신학교수님들은 그것을 마땅히 지적했어야 하며, 부정직한 실천이 행해지기 시작할 때 신학교수님들은 그것을 엄중하게 지적했어야만 했습니다. 제가 이렇게 말하는 것은 신학교수님들을 막연히 질책하고자 함이 아니라 그 위치가 그만큼 중요함을 말씀드리고 있는 것입니다.

저는 진정으로 KS교단을 아끼고 있습니다. 그러므로 교단의 장래를 위해서는 지금이라도 그렇게 해야만 한다고 생각합니다. 어떤 목사님이 저에게 정식 경로를 밟아서 질의하면 좋겠다고 권면했지만 저는 그 권면을 수용하기에는 너무 힘이 듭니다. 정식 경로를 밟고 그런 경로를 통한 질문을 기다리는 동안 우리의 신학은 질식할지 모르며, 아직 학업 중인 신학생들은 혼선에 빠져 결국은 자기 취향에 따른 신학을 스스로 선택하게 될 우려가 있을 따름입니다.

지금껏 교단 신학에 완전히 반하는 신학적 내용들이 활발하게 있어 왔으나, 어느 정식 경로를 통해서도 질문되지 않고 있는 것들이 많이 있지 않습니까? 어쩌면 앞으로도 오랫동안 그런 질문이 신학부에 올라오지 않을지도 모릅니다. 설령 그런 질문이 올라오지 않는다 해도 신학교수님들은 미리 그 문제들을 찾아 답변해야 하리라 생각합니다.

신학교수님들은 학생들의 교수일 뿐 아니라 교단의 교수임을 말씀드리고 싶습니다. 저같이 못난 사람이 어떤 신학적, 혹은 윤리적 질문을 하면 교수님들은 강의실에서 학생들에게 할 수 있는 답변 그대로 해주시면 됩니다.

물론 제가 알지 못해서 하는 질문이 아니라 알고 있으면서 하는 질문들이 더 많이 있을 수 있습니다. 그렇게라도 해야만 하는 까닭은 교단 안의 많은 목회자들이 신학적으로 잘못 이해하고 있는 부분이 있음으로 인해, 신학교수님들의 답변을 통해 교단의 모든 목회자들이 다시금 우리의 신학을 더욱 가까이 이해할 수 있도록 도움을 주자는 취지입니다.

이번에 동대구노회의 한 시찰에서 문제를 제기하고 있는 십일조 문제와 주일성수 문제에 대해서도 제가 신학대학원 교수님들이 답변을 서둘러야 한다고 말한 것은 많은 분들이 그에 대해 오해하고 있기 때문입니다.

본 교단의 어느 목사님은 말라기 3장 10절의 '십일조를 하면 넘치는 복을 주시겠다' 는 하나님의 말씀이 '십일조 하는 것' =' 넘치는 복을 받는 비결'을 말하는 것이 아니라 전체적 문맥 속에서 이해해야 한다는 말에, 구약의 영감을 부인하는 것으로 단정해 버릴 정도입니다.

이 문제에 대해서 특별히 신학교수님들의 답변을 듣고자 하는 것은 그 답변이 있어야 노회에서 불필요한 소모적 논쟁을 없앨 수 있을 것이기 때문입니다. 지금 외국에서 유학중인 여러 목사님들이 그에 대한 바람직한 대화들을 KD교보 게시판을 통해 하고 있는 것을 봅니다. 사실 저도 그 속에서 한마디 하고 싶은 마음이 없지 않지만 저는 조만간 일어날지도 모르는 노회에서의 대응을 생각하느라 섣불리 나서지를 못하고 있습니다.

만일 지난 6월에 같은 동대구노회에서 어느 목사를 제명 출교할 때처럼 그런 일이 재발하게 되었을 때 교단 내의 유학중인 이러이러한 목사들이 이렇게 말하고 있다고 한다면 그들에게 아무런 설득력을 가지지 못할 것입니다. 그러나 신학대학원 교수회에서 이런 입장을 밝히고 있다고 말한다면 공신력을 가지게 될 것입니다. 제가 신대원 교수님들을 곤란에 빠뜨리고 있는 것으로 오해하시지 말기 바랍니다. 오히려 이렇게 함으로써 교수님들의 위상을 세워야 한다고 생각하고 있는 점 이해해 주시면 감사하겠습니다. 좋은 소식 기다리겠습니다.

(2001. 12. 15)

36 부끄러운 구원(?) (고전 3:15과 관련하여)

이 전도사님

안녕하세요? 오늘은 2001년의 마지막 날입니다. 지난 한 해를 돌이켜 보면 많은 일들이 있었던 듯 합니다. 유쾌하고 즐거운 일들이 많이 있었는가 하면 안타까운 일들도 더러 있었던 것 같습니다. 오늘 밤만 지나면 올 한 해도 다 지나가고 2002년 새해가 되는군요. 사람들은 새해가 되었으니 이제부터 새로운 마음으로 살아야겠다며 예의 각오들을 다시 하겠지요?

이 전도사님의 '부끄러운 구원'에 대한 질문을 받은 지 오래 된 것 같은데 이제야 답을 하게 되었습니다. 아직 여러분들에게 답변해야 할 많은 문제들을 남긴 채 한 해를 마무리해야만 하는 아쉬움이 남습니다만 이렇게 전도사님에게 글을 쓰게 되니 그나마 감사한 마음입니다.

전도사님의 말처럼 많은 설교자들이 교인들에게 '부끄러운 구원'을 강조하고 있는 것이 우리의 현실입니다. 그런 식으로 설교를 하는 사람들이야 그렇게 함으로써 교인들이 열심있는 신앙생활을 하도록 하려는 것이리라 짐작해 봅니다. 그렇지만 그렇지 않은 것을 그렇다고 말한다면 그것은 옳은 것이 아닙니다.

자칫하면 자기의 목회적 야망을 달성하기 위한 방편으로써 그렇게 할 위험이 따를 수 있습니다. 성경에서 가르치는 바가 아닌 데도 스스로 그렇게 잘못 설교할 수 있다는 것입니다. 설교자 자신은 마치 자랑스러운 구원을 받을 것인 양 생각하며 성도들에게 부끄러운 구원을 들먹이며 어떤 채찍을 가하는 듯한 자세를 가진다는 것은 이해하기 어려운 대목입니다.

성경에는 우리가 일반적으로 생각하는 바 '부끄러운 구원' 에 대해서 말하고 있지 않습니다. 하나님의 구원에 참여하게 되는 모든 성도는 동일하게 감사할 따름이며, 거기에 부끄럽고 자랑스럽고 하는 것은 없습니다. 하나님께서는 구원받은 자녀 중 누구는 끔찍이 사랑하여 자랑스럽게 하고 다른 누구는 구원해 주기는 했으나 부끄럽게 생각하도록 하시지 않은 것입니다.

여러 설교자들이 부끄러운 구원을 이야기하는 것은, 고린도전서 3장 15절 말씀에 대한 오해 때문이 아닐까 생각해 봅니다. 사도 바울은 고린도교회에 편지하면서 "누구든지 공력이 불타면 해를 받으리니 그러나 자기는 구원을 얻되 불 가운데서 얻은 것 같으리라"(If it is burned up, he will suffer loss; he himself will saved, but only as one escaping through the flames. NIV)는 말을 하고 있습니다.

우리말 성경의 '구원을 얻되 불 가운데서 얻은 것 같으리라' 는 말이 영어성경에는 그 의미가 '마치 불 가운데를 지나 탈출한 사람처럼 구원을 얻을 것이라' 는 말로 기록되어 있습니다. 이는 부끄러운 구원과는 아무런 관계가 없으며, 택함을 받은 백성으로서 자신이 한 일이 아무런 의미없는 일이라면 마치 불 가운데를 지나 탈출한 사람처럼 아슬아슬하게 구원에 참여하게 될 것이라는 의미입니다. 그것 또한 하나님의 은혜로 말미암은 것이지요. 다시 말해서 고린도전서에 기록된 '불 가운데를 지나 탈출한 사람처럼 구원을 얻는다' 는 말은 구원받은 상태를 말하는 것이 아니라 어떤 구원의 과정을 말하고 있습니다.

사도 바울이 고린도교회에 편지를 하면서 이 말을 한 것은 자신이 전한 진리의 터인 예수 그리스도 위에서 일을 하되 올바르게 하라는 것이었습니다(고전 3:11). 그 터 위에서 일을 하면서 '금이나 은이나 보석이나 나무나 풀이나 짚으로' 일을 할 터인데 마지막 심판날 그 일한 것들을 불로 시험하여 그 일한 내용들이 남아있으면 잘 한 것이요 다 타버리게 되면(고전 3:12, 13), 그동안 아무런 의미없는 헛된 일을 했다는 것입니다.

이 말씀에서 우리가 얻어야 할 교훈 가운데 하나는 '일하는 자의 능력이나 수고'가 아니라 '사용해야 할 자재'의 중요성입니다. 아무리 열심히 일을 했다 할지라도 자재를 잘못 사용한다면 그것은 헛수고일 따름입니다. 그러므로 올바른 자재를 사용하는 것이 훨씬 중요함을 말하고 있습니다.

사도 바울이 고린도교회와 오늘날 우리에게 주는 교훈은 바로 그 점입니다. 그러므로 주님의 일을 하는 우리도 자신의 열심을 내세울 것이 아니라 올바른 자재를 사용하도록 마음을 써야 합니다.

바울은 그 말을 통해 하나님의 일에 참여하는 자들의 가치 판단에 대한 분명한 기준을 제시하고 있습니다. 하나님께서 원하시는 바는 개인의 능력이나 열심 자체가 아니라 주님께서 원하시는 올바른 자재를 사용하는 것입니다.

물론 하나님의 구원은 하나님의 약속과 은혜에 달려 있는 것이기에 어떤 인간의 능력이나 마음 자세에 달려있지 않습니다. 그러므로 올바르게 신앙생활을 하려는 사람들은 이에 대해 명확해야만 합니다.

이 전도사님, 결론적으로 말씀드리자면 하나님의 구원에는 부끄러운 구원이란 없습니다. 부끄러운 구원이 있으니 그러한 수준 낮은 구원을 피하고 수준 높고 자랑스런 구원을 받기 위해서는 열심히 일해야 한다고 가르치는 것은 옳지 않습니다.

 오히려 고린도전서 3장 15절에 나타난 말씀은 구원받은 성도로서 하나님의 뜻에 합당한 방법으로 일을 하지 않은 채 이 땅에 사는 날 동안 하나님의 진정한 은혜 안에 살지 못하는 어리석음을 범치 말라는 권면일 것입니다.

 하나님의 자녀에게는 그의 은혜에 대한 감격이 있을 따름입니다. 그러므로 하나님의 일에 참여하는 그의 백성들은 그의 뜻에 합당하게 살며 일해야 합니다. 택함을 받아 구원에 참여하는 성도들은 이 점을 잘 이해해야 합니다. 하나님의 자녀다운 모습으로 살기 위해서이지요.

 우리도 사도의 이러한 가르침을 잘 깨닫는 가운데 온전한 신앙생활을 하게 되기를 바랍니다. 곧 새해가 되겠군요. 언제나 주님의 재림을 소망하며 기다리는 전도사님이기를 원합니다.

(2001. 12. 31)

37 '축도'에 대하여

이 집사님

잘 지냈는지요? 새해에도 주님 안에서 좋은 날들이 이어지기를 원합니다. 지난번 말씀하시던 교회의 안타까운 문제들은 잘 해결되었는지 모르겠습니다. 이미 오래 전 집사님께서 축도에 대한 질문을 하셨는데 오늘은 그에 대한 답변을 드릴까 합니다.

지금은 연초라 그런지 여러 교회들이 내건 '신년맞이 축복대성회'라는 선전 문구들이 시내 여기저기 눈에 띕니다. 참 안타까운 일입니다. 복음은 그런 식의 복을 추구하지 않을 뿐더러 그것을 위한 성회 따위는 있을 필요가 없기 때문입니다.

오래 전의 경험이기는 합니다만 시골의 여러 교회들에서 목사님이 있는 교회를 매우 부러워하는 것을 수차례 본 적이 있습니다. 어려운 형편 중에서도 전도사님이 아니라 목사님을 교역자로 청빙하기를 원하는 이유중 하나가 '축복기도' 때문이라 합니다. 예배를 마친 후 목사가 축복기도를 하고 교인들은 그 축복을 받아 한 주일 동안 살아가는 것이 커다란 힘이 된다고 합니다. 물론 그러한 생각은 근본적으로 잘못된 것입니다.

우리 한국교회의 경우, 축도를 축복기도로 이해하는 경향이 있습니다. 축도는 결코 축복기도가 아니며 그 둘은 서로 다른 것입니다. 축복기도란 특정 사람이나 특정 일을 위해 복을 빌어주는 행위를 말합니다. 성경에는 종종 다른 성도들을 위해 축복기도를 하는 내용이 나옵니다.

그러나 그것은 공예배 중 말씀을 맡은 목사가 하는 축도와는 성격이 전혀 틀립니다.

축도는 교인들에게 복을 빌어주는 행위가 아니라 하나님의 말씀을 통해 주님의 백성으로서 무리를 이룬 성도들(교회) 가운데 확인되는 하나님 언약의 선포와 수용입니다. 그러므로 그 축도는 아무나 할 수 있는 것이 아니라 말씀을 맡은 목사만이 할 수 있습니다. 그것은 목사가 특별한 위치에 있기 때문이 아니라 교회의 직분과 관련되어 있습니다. 교회는 그 하나님의 언약의 확인을 통해 소망을 확인하며 교회의 존재를 확증하게 되는 것입니다.

우리 한국교회가 검증해 보아야 할 내용 중 하나는 축도가 지나치게 난무한다는 사실입니다. 혼인식장에서도 축도를 하고 장례식장에서도 축도를 합니다. 뿐만 아니라 개업이나 회갑이나 생일잔치 같은 데서도 축도를 합니다. 우리의 그런 관행은 축도의 본질적인 의미를 모르기 때문이라 할 수 있습니다. 교회가 아닌 그런 자리에서 행해지는 축도는 올바른 것이 아닙니다.

축도는 오로지 교회로 모인 성도들의 공예배 가운데서 이루어집니다. 여기서 공예배라 함은 말씀 선포와 더불어 세례와 성찬이 이루어지는 예배입니다. 우리 한국교회의 일반적인 경우 주일 낮에 모든 성도들이 함께 모여 이루어지는 예배를 말합니다.

공예배를 통해 말씀을 맡은 자가 축도를 하는 것은 하나님의 언약에 속해 있음을 고백하는 것입니다. 이는 하나님의 몸된 교회의 상속을 의미하는 매우 중요한 표징이 되기도 합니다. 우리 시대에 이르러 예배 중 말씀을 선포하지 않은 목사일지라도 예우상 축도를 하도록 배려하는 식의 관행은 잘 점검되어야 합니다.

축도의 내용 가운데는 인간의 어떠한 의도도 배제되어야 합니다. 단지 정해진 하나님의 언약을 예배를 통해 공적으로 선포하며 수용할 따름입니다. 그러나 우리 한국교회에서 행해지는 축도는 목사가 교인들에게 복을 빌어주는 것인 양 본질적으로 크게 오해되고 있기 때문에 축도를 장황하게 늘여 자기 것으로 만들어 버리기 십상입니다.

축도에는 어떤 경우에도 자기 생각을 첨가할 수 없습니다. 하나님의 언약을 그의 교회가 그의 말씀을 통해 확인할 따름입니다. 그러므로 축도를 하는 목사가 '모든 사람들에게 복이 내리도록 축원하노라' 든지, '하나님의 축복이 있을지어다' 등의 용어를 사용함으로써 축도하는 목사 자신이 그럴 만한 권한을 위임받은 것으로 오해해서는 안 됩니다.

온전한 축도는 말씀의 선포 가운데 하나님을 예배하는 성도들에게 주어지는 언약의 확증입니다. 그러므로 그 축도의 주체는 축도를 하는 개인 목사가 아니며, 말씀 사역의 직분을 맡은 목사가 그 언약의 말씀을 전달하여 선포함으로써 교회의 교회됨을 확인하며 하나님의 은혜에 참여하게 되는 것입니다.

마지막으로 하나 더 중요한 것을 이야기한다면, 모든 교회는 축도 가운데 존재한다고 해도 과언이 아니라는 점입니다. 앞에서 말씀드린 것처럼 시골이나 목사님이 있지 않은 교회들에서는 축도를 하지 않는데 축도가 없는 것이 아니냐 한다면, 그것은 교회를 잘못 이해한 것입니다.

개혁주의를 지향하는 교회에서는 원래 말씀 사역의 직분을 가진 목사가 설교를 하게 되어 있습니다. 그러므로 교회의 형편상 전도사님이 설교를 하는 교회도 원칙적으로 가까운 교회 목사님의 감독을 받게 되어 있습니다. 그것은 행정적 감독뿐 아니라 말씀의 감독을 말하는 것이며 후자가 훨씬 중요합니다.

따라서 그 전도사님이 말씀 사역의 직분을 맡은 목사님의 온전한 감독 아래 있다면 형식상 매 예배 시간마다 축도를 하지 않는다 해도 의미상 축도 가운데 있는 것이라 할 수 있습니다.

이 집사님, 제가 드리는 말씀을 잘 이해하시기를 바랍니다. 우리 가운데 생겨난 일반적인 관행과 경험으로 인해 축도와 관련된 저의 말이 다소 어려울지도 모르겠습니다. 그러나 축도는 우리에게 매우 중요한 의미를 가지므로 교회 가운데서 올바르게 선포되며 누려지기를 바랍니다.
"주 예수 그리스도의 은혜와 하나님의 사랑과 성령의 교통하심이 너희(교회) 무리와 함께 있을지어다. 아멘"(고후 13:13).

(2002. 1. 4)

38 '주 5일 근무'에 대하여

K 성도님

주님의 이름으로 문안드립니다. 비록 얼굴은 알지 못하지만 몇 번의 서신을 통해 가까운 사이가 된 듯합니다. 저는 오늘 마침 무주 구천동 덕유산 자락에 와 있습니다. 이곳이 겨울 휴양지라 그런지 많은 사람들이 휴가를 즐기고 있는 것 같습니다. 휴가를 즐기는 사람들의 모습을 보며 우리나라에 주 5일 근무제가 도입되면 많은 성도들이 휴가 문화에 빠져 주일을 지키는 일에 소홀해질 것이라 염려하는 사람들이 생각납니다.

지난 가을에 저에게 주 5일 근무에 대해서 질문하셨지요? 정부에서 주 5일 근무제에 대한 논의와 함께 법제화의 가능성이 비쳐지자 많은 사람들이 관심을 보였습니다. 근로자들과 기업체의 관리자들은 그것이 자기 이익에 직접적인 문제가 되기에 찬반의 입장이 분명했고 정치인들도 그로 인한 정치적 득실을 따지기에 분주했습니다. 일반 국민들이나 학생들은 노는 날이 훨씬 더 많이 생기니까 그냥 반기는 듯 했습니다. 그러한 형편에서 다른 사람들이나 조직과는 다른 이유로 인해 민감하게 반응한 단체가 기독교계였습니다. 따라서 여러 목사님들과 신학자들이 그에 대한 해석과 실천 방안에 대해 격론을 하게 된 것입니다. 저는 주 5일 근무제에 대한 기독교에서의 논의는 신학적인 문제가 아니라 서로간의 이해 관계에 따른 것이라 보고 있습니다.

물론 주 5일 근무제에 찬성하는 이들도 다수 있고 반대하는 이들도 많이 있습니다. 찬성하는 이들의 입장을 보면 적극적 찬성이라기보다 굳이 반대할 필요가 없는 것으로 이야기하는 것 같지만 반대하는 이들은 매우 강경하게 반대하는 듯한 인상을 받습니다.

주 5일 근무제를 반대하는 이들의 가장 분명한 외부적 이유는 그들이 해석하는 바 성경적 근거 때문입니다. 성경에는 '엿새동안 일하고 하루를 쉬라' 는 입장을 취하고 있습니다. 안식일의 쉼은 엿새동안 힘써 일한 뒤에 따라오는 하루입니다. 그리고 그 다음의 중요한 이유들은 주 5일 근무제가 도입됨으로써 주일 예배에 참석하는 성도의 감소와 그에 따른 재정의 감소, 그리고 사회적으로 향락 문화가 활성화됨으로써 기독교인이 받게 될 부정적 영향 등입니다.

주 5일 근무제가 되면 많은 기독교인들이 매주 이어지는 연휴로 인해 휴가를 떠나게 될 것이며 그렇게 하다 보면 주일성수를 등한시하게 되며 동시에 신앙생활이 등한시 될 것이라는 우려입니다. 물론 이는 현실적으로 보아 상당히 우려되는 바라 생각됩니다. 그렇지만 한편 생각해 보면 교회의 지도자들이 그동안 성도들을 강인한 신앙인으로 양육하지 못한 결과 때문이라는 생각이 듭니다. 올바른 신앙인으로 잘 양육된 성도들에게는 그런 염려가 불필요합니다.

주 5일 근무제가 신학적으로 옳으냐 그르냐 하는 문제는 그다지 의미 있는 논의가 아닐 것입니다. 일부 신학자들이 주 5일 근무제가 비성경적이라는 말을 하는 것은 쉽게 이해하기 어렵습니다. 신학교수들을 포함하여 대학에서 강의하는 교수들은 이미 오래 전부터 주 5일 근무를 해 왔으며 그것을 두고 지금까지 아무도 신학적 문제가 있다고 말한 적이 없습니다. 구약시대 엿새 일하고 안식일 하루를 쉰 것은 오늘날 우리 시대의 주 5일 근무와는 아무런 상관이 없습니다.

우리에게 중요한 것은 늘 하나님 안에서 사는 삶일 것입니다. 주 5일 근무제가 아니라 주 4일 근무제라 할지라도 성도로서 날마다 근면한 삶을 살아야 하는 것은 기본입니다. 저는 개인적으로 주 5일 근무제가 되어도 성도들에게 유익한 면이 많이 있을 것이라 생각합니다.

여유있는 시간들을 이용해 불우한 이웃들을 위해 봉사할 수 있을 것이며, 현대 교회의 특성상 멀리 떨어져 살고있는 성도들이 좀더 가까이 만나 교제할 수 있는 시간을 늘린다든지, 함께 성경 말씀을 체계적으로 공부할 수 있는 기회를 만든다든지 하여 유용한 시간을 훨씬 많이 만들 수 있을 것이란 생각 때문입니다.

일년에 한두 차례 멀리 출타를 할 때는 보편교회에 속한 다른 교회들을 방문하여 성도들과 교제할 수 있다면 그것 또한 잘못된 것이 아닐 것입니다. 혹 휴가 중 시골의 어려운 교회를 방문했을 때 그런 교회를 위해 얼마간 연보를 할 수 있다면 아름다운 일이겠지요. 그럴 경우 누가 연보를 자기 교회에 하지 않았다고 책망할 수 있겠습니까? 사실 그러한 휴가나 출타라면 주 5일 근무와는 상관이 없는 것이기는 하지만 말입니다.

성도님, 주 5일 근무제가 문제있는 것이 아니라 그런 것조차 경계의 대상으로 삼아야 하는 우리 한국교회의 연약함이 문제가 아닐까 하는 생각이 듭니다. 이러한 현실을 보며 느끼는 것은 성도들을 말씀으로 더욱 잘 양육해야 할 것이라는 점과 주일 자체를 폐지한다는 결정이 아닌 한 그렇게 민감할 필요가 없는 성숙한 교회가 되어야겠다는 생각을 해 봅니다.

주 5일 근무제로 인해 주일 예배에 참여하는 교인들의 수와 연보 액수가 줄어들지는 않을까 전전긍긍한다면 그것은 매우 수준 낮은 염려일 것입니다. 그러나 굳이 염려를 하려면, 주 5일 근무를 함으로써 다수의

사람들이 여유로운 삶을 누리려 할 때 그런 입장이 되지 못하는 성도들 가운데 행여나 마음이 상하거나 세상적인 그런 것을 부러워하는 어린 성도들도 있지는 않을까 하는 염려를 해야 합니다.

　세상의 제도나 관행이 변화해 갈 때 교회는 세상이 아니라 주님의 말씀 자체에 민감할 수 있어야 합니다. 성도가 그러한 신앙의 자세를 가지고 있다면 세상이 아무리 변한다 해도 그렇게 놀라거나 당황해 할 필요가 없습니다. 이는 세상 사람들이 악한 향락 문화에 빠진다 해도 주님을 경외하는 성도들은 하나님의 뜻을 추구하는 가운데 세상을 견제하는 방법을 알 것이기 때문입니다.

　덕유산을 배경으로 함박눈을 동반한 창밖의 설경이 매우 아름답습니다. 오늘 저는 이곳에 휴가를 즐기기 위해서 온 것은 아니지만 하나님께서 지으신 자연과 휴가를 즐기려는 사람들이 오가는 모습을 내려다보며 이런 저런 생각을 해보게 됩니다.

(2002. 1. 7)

39 '데모'에 대하여

호진 형제께

안녕하세요? 먼저 적절한 때 답변드리지 못한데 대해 깊은 사과의 말씀부터 드립니다. 형제가 저에게 '성도로서 데모에 가담할 수 있는 범위'에 대한 질문을 한 지 오래되었는데 이제야 글을 쓰게 됩니다. 형제가 이에 대한 질문을 할 당시인 지난 해 가을 교사수급문제에 대한 국가정책으로 인해 많은 사람들이 강하게 저항했던 것으로 알고 있습니다.

늘 분주한 가운데 부담을 가지고 있었는데 지난 주 경북 성주에서 있은 대학생 수련회에 강의차 갔다가 담당 간사님을 만나 대화하는 중 형제의 질문에 대한 답변을 마무리해야겠다는 생각을 했습니다. 이제 그에 대한 문제들이 수그러든 터에 이러한 답변을 하게 됨을 형제에게는 진심으로 미안하게 생각합니다. 그럼에도 불구하고 뒤늦게나마 이렇게 글을 쓰는 이유는 형제와 비슷한 형편에 놓이게 될 다른 형제들을 위해서임을 이해해 주었으면 합니다.

이 글에서 데모라 함은 일종의 집단적 저항운동을 말하고 있습니다. 민주주의 국가에서는 흔히 있는 일로 과거 민주화투쟁이나 노동운동, 집단적 권익 보호를 위한 저항운동 등이 있지요. 이에 대해 대략 세 가지 정도로 구분해 볼 수 있다고 생각합니다.

첫째, 불의에 대한 저항운동. 둘째, 자신이 속한 조직의 권익을 지키기 위한 저항운동. 셋째, 자신이 속한 조직의 요구조건을 확보하기 위한 저항운동 등입니다. 이것은 일반적인 경우이며 이 외에 기독교인으로서 생각해 볼 수 있는 교회개혁을 위한 저항을 생각해 볼 수 있습니다.

저는 위의 일반적인 세 가지의 경우 저항운동을 하는 것에 대해서는 소극적인 입장을 취하고 있습니다. 이 말은 세속적인 어떤 불의에 항거하기 위해 조직적인 운동을 하는 것은 성경이 요구하는 바가 아니라고 생각하며, 자신이 속한 조직의 권익보호나 요구조건 확보를 위한 저항운동에 대해서도 성경이 적극적으로 말하고 있지 않다고 여기고 있습니다.

그러한 저항을 유발하는 대상 단체는 일반 국가와 사회기관입니다. 하나님을 아는 백성이 그러한 대상을 향해 조직적 저항운동을 한다는 것은 신중히 생각해 보아야 할 문제입니다. 그러나 그러한 불의나 잘못에 대해 조직적 저항운동을 하는 것이 아니라 개인적으로 이야기하며 의사표현을 하는 것은 별 문제가 없으리라 생각합니다. 그것은 시대에 대한 개인적 해석이며 세상에 참여하고 있는 성도들에 있어서도 삶의 기본에 해당되기 때문입니다.

그러나 성도가 교회의 잘못에 대해서는 적극적으로 대응해야 한다고 생각합니다. 예를 들어 하나님을 믿는다고 하는 기독교 기관이나 교회가 복음적이지 않은 불의를 저지를 경우 강하게 대처해야 합니다. 그리고 하나님을 믿는다 하면서 세상적 유익을 구하며 그러한 일에 적극적으로 가담하는 사람들에 대해서는 강하게 비판할 수 있어야 합니다.

그렇다면 제가 어떤 근거를 가지고 이런 말씀을 드릴 수 있는가에 대해 말씀드리고자 합니다. 우리는 이 세상을 살면서 모든 교훈을 성경에서 찾아야 합니다. 앞에서 세속국가나 사회조직에 대한 조직적 저항운동에 대해 제가 소극적 혹은 부정적으로 생각하는 이유는 성경에서 그러한 예를 전혀 찾아볼 수 없기 때문입니다.

　성경은 누가 오른편 뺨을 때리거든 왼편 마저 갖다 대라고 합니다. 누가 억지로 오리를 같이 가자고 하거든 십리까지 동행하라고 요구합니다. 주님의 이러한 요구는 막연한 기독교적 자비심을 요청하는 말이 아닙니다. 이 말씀에서 우리가 얻어야 할 교훈은 부당한 대우를 받고 있는 자신의 형편을 수용하라는 것입니다.

　예수님 당시 로마제국은 이스라엘 백성을 못살게 굴었습니다. 부당하게 세금을 징수해 갔으며 나라를 빼앗아 갔습니다. 그러나 예수님과 제자들은 국권회복을 위한 노력을 전혀 하지 않았습니다. 더구나 당시 국권회복을 위해 상당한 조직적 저항운동을 하는 '열성당원'들이 있었지만 예수님께서는 그들을 칭찬하지 않으셨을 뿐 아니라 도리어 복음을 알지 못하는 사람들로 지적하셨습니다. 그러한 이유 때문에 예수님과 제자들은 나라와 민족을 사랑하지 않는 사람으로 오해를 받기도 했습니다.

　이러한 예들은 성경 전체에 나타나고 있습니다. 사도 바울은 로마제국의 부당한 판결로 인해 수차례 감옥 생활을 했습니다. 당시의 가장 중요한 교회의 지도자가 부당하게 감옥에서 고통을 당하는 데도 교회는 그에 대해 어떤 조직적 저항도 하지 않았습니다. 베드로나 요한 등도 마찬가지입니다. 심지어는 예수님께서 십자가에 달리셨는데도 당시 그를 따르던 제자들은 아무런 조직적 저항운동을 하지 않았습니다.

　그러나 이스라엘 민족 내부에서의 불의나 교회 내부의 불의에 대해서는 무서우리만큼 단호했음을 알 수 있습니다. 삼십대 초반의 젊은 예수님께서는 당시 권위의 상징이라 할 수 있는 연로한 제사장들이나 장로들, 바리새인들 등을 향해 '독사의 자식들'이라는 극언을 서슴지 않았습니다. 사도 베드로는 아나니아와 삽비라가 교회 앞에 거짓말을 했을 때 사형을 언도해 그 자리에서 죽게 했습니다(행 5장). 물론 성령께서 하신 일입니다.

사도 바울은 고린도교회에 번지는 악한 누룩을 방지하기 위해 사악한 범죄를 저지르면서도 그것을 죄로 알지 못하는 사람을 사탄에게 내어주라는 엄한 명령을 하고 있습니다(고전 5장).

이에 대해서는 구약성경에서도 동일한 교훈을 주고 있습니다. 하나님의 약속의 땅인 가나안땅에서는 매우 엄격한 삶을 요구하는 하나님께서 이방 민족들에 대한 요구조건은 전혀 그렇지 않습니다.

우리가 성경을 통해 얻을 수 있는 교훈은 교회 안에서는 불의에 대해 강하게 대처하라고 요구하지만 교회 밖에서 이루어지는 불의에 대해서는 의외로 크게 문제삼지 않고 있다는 점입니다. 성경이 이러한 교훈을 주는 이유는 우리의 삶이 주님의 몸된 교회에 속해 있음을 명확히 보여주고자 함일 것입니다. 즉 교회 밖에서 중요하다고 생각되는 것이라 할지라도 실상은 그다지 중요한 것이 아니며 하나님의 거룩한 교회에서 발생하는 모든 것은 매우 중요하다는 의미입니다.

호준 형제, 결론적으로 말씀드리겠습니다. 교회가 세상 국가의 불의에 대해 어떻게 대응할 것인가 하는 문제에 대해서는 짧은 설명이지만 이해할 수 있으리라 생각합니다. 그리고 자기가 속한 조직의 유익과 그 조직에 속한 자신의 유익에 대한 어떤 권익에 대한 문제라면 조직적 저항을 해야 할 문제가 아니리라 생각합니다. 이유는 간단합니다.

내가 속한 조직에서 어떤 손해를 보게 된다고 생각할 때 나와 다른 조직에 속한 다른 사람들 가운데는 그로 인해 덕을 보게 된다고 믿는 사람들이 있을 것이기 때문입니다. 만일 그 가운데 크리스천이 있다면 그로 인해 하나님께 진심으로 감사드리는 사람들이 있을지도 모르기 때문입니다.

제가 이렇게 말하면 '자격'에 대한 이야기들을 합니다. 이에 대한 논의는 상당히 민감한 문제인데 '자격'에 대한 해석 또한 제각각일 수 있습니다. 우리가 일반적으로 말하는 전문직이라 할 수 있는 거의 모든 분야에서 언제든지 문제가 야기될 수 있음을 우리가 기억해야 합니다. 물론 사람들은 현재 자신이 어느 조직사회에 속해 있느냐 혹은 가까우냐에 따라 이해 관계를 달리할 따름이지만 말입니다.

늦은 답변이면서 혹 마음에 들어하지 않으면 어쩌나 하는 우려가 없는 것은 아닙니다만 '데모'에 대해 신중하게 잘 생각해 보는 기회가 되기를 바랍니다. 제가 쓴 소책자 가운데 "성경에 나타난 성도의 사회참여"(도서출판 실로암, 1992)란 책이 있는데 혹 도움이 될지 모르겠습니다.

(2002. 1. 18)

40. '어릴 적 거짓말'에 대한 고민

성도님

안녕하세요? 지난번 동일 수련원에서 있었던 저의 강의를 경청해 주셔서 감사합니다. 강의를 마치고 나올 때 질문을 하던 몇몇 형제 자매들 가운데 몇 얼굴이 아직 기억에 남아 있습니다. 성도님은 아마 그중 한 사람이 아닐까 짐작해 봅니다.

저에게 보내주신 성도님의 글을 보고 웃음을 머금었습니다. 왜냐구요? 매우 착하고 신앙이 순수한 청년임을 금방 알 수 있었기 때문입니다. 성도님의 글을 읽는 동안 마치 어릴 때 부모님 몰래 거짓말을 한 것을 나중까지 마음에 두고 고통스러워하는 어른과 같은 모습을 떠올리게 됩니다.

성도님은 수년 전 세례를 받기 위한 문답을 할 때 목사님께 거짓말을 했나 봅니다. 학생회 임원을 하기 위해서는 세례교인이어야 했고, 그 세례를 받기 위해서는 성경을 한 번 읽어야 할 조건이 있었습니다. 물론 성도님께서는 성경을 전체적으로 한 번 읽지 않았지만 문답할 때에 목사님이 '성경을 한 번 읽은 적이 있느냐?'고 질문하자 '예'라고 거짓말로 대답했습니다. 그래서 무사히 문답을 통과하여 세례를 받게 되었고 나중 임원이 되어 열심히 봉사했던 것으로 생각됩니다.

세례문답을 할 당시는 그다지 심각하게 생각지 않고 그렇게 했는데 시간이 흐르면서 점차적으로 마음에 많은 부담이 되었던 것 같습니다. 성도님은 그것이 자신에게 '평생 숨겨두어야 할 비밀이요 말못할 죄'가

될 것이라고 했습니다. 그리고 나중 '하늘에서 심판을 받을 것'이라는 다소간 두려움에 찬 고백도 했더군요. 그리고 그런 거짓말이 구원을 받는데 어떤 방해가 되지 않을까 염려하는 마음도 표현했습니다. 참 순수한 자세라는 생각이 듭니다.

사실 저는 요즘 여러 가지 일로 상당히 바쁘답니다. 여러 사람들에게 써야 할 밀린 편지들도 많이 있구요. 그런데도 제가 가장 최근에 질문해 온 성도님의 글에 대한 답변을 이렇게 빨리 보내는 것은 성도님의 그 부담을 빨리 덜어 주어야겠다는 생각 때문입니다.

성도님, 질문에 대해 구체적으로 말씀드리자면 우선 성도님의 지난 거짓말은 이제 아무것도 아닙니다. 거짓말 자체가 아무것도 아니라는 말이 아니라 그 거짓말이 잘못되었음을 잘 알고 있는 성도님께서는 그것이 더이상 아무런 문제가 될 것이 없다는 의미입니다. 이제는 그에 대해 되풀이해서 회개할 것도 없으며 평생 간직해야 할 비밀일 필요도 없습니다. 또한 나중 심판의 날 심판받을 대상도 아니며 그것으로 인해 구원에 어떤 위협이 되는 것은 더욱 아닙니다.

신앙이 지금보다 훨씬 어렸을 적 일이니 때로 교훈을 위해 이야기할 만 할 때는 다른 이웃들에게 스스럼없이 이야기해도 될 것입니다. 물론 제가 거짓말을 하는 것이 별 것 아니라고 말하는 것은 아닙니다. 어떤 사람은 그와 같은 일이 있었을 때 그것은 아무것도 아니라고 스스로 단정해 버리는 경우가 있는데 그런 경우는 잘못된 것입니다.

잘못을 잘못으로 알지 못한 채 떳떳하게 여기고 있다면 문제이거니와 잘못을 잘못으로 알고 앞으로는 그런 일에 주의를 기울여야겠다는 마음을 가진 사람에게는 아무런 문제가 되지 않습니다. 성도님의 경우 지나간 거짓말에 대해 그것이 잘못이었음을 알고 있으니 어릴 적 모르고 행했던 지나간 잘못 정도로 이해하도록 권면드립니다. 거기에 얽매여 있는 것은 성숙한 신앙인의 자세가 아니지요.

　요즘 하나님의 말씀을 부지런히 읽고 있다니 감사한 일입니다. 그러나 성경을 양적으로 부지런히 많이 읽는 것보다 더욱 중요한 것은 하나님의 말씀을 올바르게 잘 깨달아 이해하는 것이 더욱 중요합니다. 성도님이 세례문답을 했을 때도 성경을 한 번 읽었느냐는 양적인 횟수를 물을 것이 아니라 하나님의 말씀을 세례를 받아도 될 만큼 잘 이해하고 있느냐를 구체적으로 물었더라면 그런 일이 없었을 것입니다.
　아무리 여러번 성경을 되풀이하여 읽는다 해도 성경을 제대로 깨닫지 못하는 경우가 허다합니다. 예수님 당시 서기관들이나 바리새인들은 성경을 많이 읽었지만 성경에서 말씀하고 있는 바를 제대로 깨닫지 못하고 있었습니다. "너희가 성경에서 영생을 얻는 줄 생각하고 성경을 상고하거니와 이 성경이 곧 내게 대하여 증거하는 것이로다. 그러나 너희가 영생을 얻기 위하여 내게 오기를 원하지 아니하는도다"(요 5:39, 40).

　오늘날 우리의 시대에도 이와 흡사한 잘못을 범할 우려가 있습니다. 우리가 주의를 기울여야 할 부분은 바로 이 점일 것입니다. 성도님께서 지금껏 부담을 느껴왔던 그런 일에 대해서는 이제 완전히 잊으셔도 좋을 듯합니다. 신앙이 어릴 때 있었던 일로 인해 지속적으로 염려를 계속할 필요가 없을 뿐 아니라 그렇게 하지 말아야 합니다. 그대신 그러한 잘못이 있는 부족한 자신임에도 불구하고 베풀어주신 하나님의 풍성한 은혜를 기억하는 가운데 그의 말씀에 충실하고자 애쓰는 것이 신앙인의 도리일 것입니다.
　나중 시간이 되면 한번 보고 싶네요. 이제껏 비밀로 숨겨 두었던 것을 말한 자가 '바로 접니다' 하며 만날 수 있다면 더욱 반가운 마음이 될 것 같습니다. 저의 짧은 글이 성도님께 작은 위로가 되기를 원합니다.

(2002. 1. 19)

 '능력 대결' Power Encounter에 대하여

기운 형제

안녕하세요? 4학년이라니 곧 졸업을 하겠군요. 4학년이 되면 많은 학생들이 진로 문제를 두고 심각하게 고민하는 것 같은데 형제는 어떻게 결정했는지 궁금하군요.

지난번 형제가 질문한 능력 대결Porwer Encounter에 대한 간단한 말씀을 드릴까 합니다. 능력 대결이란, 쉽게 말해서 말 그대로 기독교의 하나님과 다른 이방 종교의 신들 중에 힘겨루기를 통하여 누가 더 강한지 가려내자는 식의 사고라 할 수 있습니다. 이러한 개념은 능력 전도Power Evangelism라는 말과 더불어 쓰이기도 합니다.

이러한 생각이 1970년대 이후 생겨나기 시작해 지금은 그것이 어느 정도 신학적 용어로 정착되어 있습니다. 이에 대한 주도적 역할을 한 학교는 미국의 풀러 신학교라 생각됩니다.

이러한 능력 대결에 대한 개념은 특별히 선교지에서 더 구체적으로 적용되어야 한다는 사람들이 생겨나게 되었으며, 하나님을 알지 못하는 지역의 사람들에게 기독교 하나님의 능력이 그들의 고유한 신들보다 더 강함을 보여줌으로써 저들의 신앙을 굴복시킨다는 것입니다.

각 선교지에는 그 지역의 악령Evil Spirit들이 존재하고 있는데 그 악령들보다 더 힘있고 막강한 능력을 지닌 신이 있음을 보여주어야 한다는 것입니다. 선교지의 하나님을 알지 못하는 사람들이 저들의 신보다 훨씬 힘이 강한 신이 있음을 알게 된다면 그에게 복종하리라는 것입니다.

일반적으로 말씀에 익숙하지 못한 어린 교인들은 하나님이 절대적 능력을 가졌으니 마땅히 이방신들을 힘으로 제어할 수 있지 않느냐는 식의 사고를 함으로써 자연스럽게 그 사상을 받아들이고 있습니다. 그들은 엘리야가 수백 명이나 되는 바알선지자들과 대결하여 승리한 사실을 그 근거로 삼기도 합니다. 그리고 예수님과 제자들이 여러 이적을 베풀었다는 것을 말하기도 합니다.

그러나 그러한 사건들은 하나님의 특별계시적 의미를 띠고 있기 때문에 우리 시대에 동일한 일이 일어나기를 기대할 만한 범주가 아닙니다. 그러므로 그런 식으로 성경을 해석하고 적용하는 것은 매우 위험한 생각입니다.

1960년대와 1970년대는 전 세계적으로 매우 중요한 역사적 전환의 시기였다고 할 수 있습니다. 미국을 중심으로 하여 과학이 발달하고 삶의 질이 높아지는 한편 '사신신학'이 발흥하여 인간의 두뇌를 지배하고 있던 신을 해체함으로써 그로부터 자유로운 인권을 강조하던 시대이기도 합니다.

그러할 때 위기감을 느낀 기독교에서는 신의 존재 확인을 하기라도 하려는 듯 성령은사운동Charismatic Movement이나 이적을 지향하는 불건전한 운동들이 많이 일어나게 됩니다. 능력 대결Power Encounter은 그러한 운동과 궤를 같이 하여 일어난 운동이라 할 수 있습니다.

최근에 들어와서는 이에 관심있는 사람들이 '악령의 간섭아래 있는 지역의 지도' spiritual map를 만들기도 합니다. 우리에게 잘 알려진 '10/40창' window도 그중 하나라고 볼 수 있습니다. 신앙이 어리거나 신학적 정립이 되지 않은 많은 교인들은 그런 것을 보며 새로운 이론이라도 되는 듯이 받아들이지만 사실은 위험의 소지가 다분합니다.

그러한 이론의 기초는 하나님의 예정과 선택에 대한 가르침이 완전히 배제된 이론이라 해도 과언이 아닙니다. 결국 그런 이론의 배경에는 인본주의 사고와 경험주의적 사고가 깔려 있습니다. 우리가 세상에 복음을 전파하는 것은 그런 식으로 싸워 세상을 정복하자는 것이 아닙니다. 우리는 하나님의 말씀에 순종할 따름이며 구원사역에 대해서는 하나님께서 친히 역사하실 것입니다. 우리는 하나님의 말씀에 겸손하게 순종하여 그의 복음사역에 참여할 따름입니다.

세상에서는 세상에 속한 자들이 강합니다. 설령 다른 이방 종교들에서 엄청난 이적을 행한다 하더라도 성도들은 그리스도와 성경 말씀에 계시된 이상의 이적에 대해 별다른 관심을 가지지 않기도 합니다. 인도 India 같은 나라에서는 힌두교가 엄청나게 많은 이적을 보여줍니다. 그렇지만 기독교에서는 거의 아무런 기적도 보여주지 않습니다.

아프리카의 토속 종교들에서는 주술을 이용해 많은 이적을 보여주며 아메리카 인디언들 가운데도 많은 이적이 일어납니다. 한국의 전통 종교들 가운데서도 많은 이적이 일어나는 것을 우리가 압니다. 그렇지만 각 지역에 있는 기독교에서는 그러한 이적들에 대해 크게 관심을 기울이지 않습니다. 우리는 이미 하나님께서 창조하신 엄청난 이적 속에서 살아가고 있으며 그 비밀을 알고 있기 때문입니다.

마태복음 24장에서는 주님께서 종말의 때에 일어날 일에 대해 말씀하고 계십니다. "거짓 그리스도들과 거짓 선지자들이 일어나 큰 표적과 기사를 보여 할 수만 있으면 택하신 자들도 미혹하게 하리라 보라 내가 너희에게 미리 말하였노라 그러면 사람들이 너희에게 말하되 보라 그리스도가 광야에 있다 하여도 나가지 말고 보라 골방에 있다 하여도 믿지 말라"(마 24:24-26).

이 말씀에서 우리가 보는 것은 표적이나 이적이 그리스도를 증거하는 것이 아니라는 점입니다. 도리어 특별한 이적을 통해서 다른 사람들에게 그리스도를 증거하려는 것이 의미 없음을 보여주고 있습니다.

　우리가 하나님을 믿는 것은 인간의 눈으로 확인할 수 있는 어떤 능력 때문이 아니라 하나님의 말씀 때문이라는 사실을 깨닫는 것은 매우 중요합니다. 만일 능력을 따라 하나님을 믿는다고 한다면 또 다른 시기에 더 능력이 있어 보이는 어떤 현상이 발생하면 또 그쪽을 따라가지 않을까요? 물론 이는 극단적인 이야기가 될 수 있기는 합니다만 원리적으로 그렇게 이해해야 한다는 것입니다.

　기운 형제, 저의 설명이 약간이라도 도움이 되었으면 합니다. 우리 시대처럼 하나님의 말씀이 약화되고 인간의 경험이 중시되는 때는 말씀의 원리를 기억하는 것이 더욱 중요합니다. 선교학을 공부한 만큼 앞으로 그에 대한 관심을 가지고 살아가리라 생각되는데 늘 말씀에 충실한 형제가 되기를 바랍니다. 서로 알지 못하는 사이지만 미리 졸업을 축하합니다.

(2002. 2. 5)

42 한국말의 특성과 인간 관계

유 선생님

잘 지내시는지요? 지금은 고등학교 3학년 학생들의 진학 지도가 끝난 시기라 한껏 여유로움을 찾을 때가 아닌가 생각해 봅니다. 지난번 문의하신 내용에 대해 저의 생각을 말씀드릴까 합니다.

저는 평소 우리 한국말이 쓰이는 어떤 모양에 있어서는 타 언어에 비해 그리 발전된 언어가 아니라 생각해 오고 있습니다. 제가 이런 말을 하면 다수의 한국어 학자들이나 민족주의적 경향을 띠는 분들은 저에 대해 심한 질책을 가해올지도 모른다는 생각을 해 봅니다.

물론 저는 한국어를 전공한 학자가 아니기 때문에 우리말이 타 언어들에 비해 문법적으로 얼마나 발전된 언어인지, 사실과 사물을 표현하는 데 있어서 얼마나 풍성한 내용들을 가지고 있는지 잘 알지 못합니다.

제가 아는 것은 현실적 언어 사용에 있어서 우리말이 가지고 있는 어떤 역기능에 대해서입니다. 다수의 외국인들이 나이에 상관없이 서로 친구가 될 수 있는데 반해 우리는 한국어의 특성으로 인해 나이 중심으로 친구가 형성된다는 특이성을 가지고 있습니다.

유 선생님께서 지난번 말씀하신 내용을 듣고 저는 오랫동안 웃음을 감출 수 없었습니다. 선생님 가족이 몇 년 전에 지금의 교회에 출석했을 때 다른 성도들이 환영을 했다는 것은 자연스럽습니다. 그래서 외견상 보기에 비슷한 나이 또래의 교인들이 함께 교회 청년회에 참여하자는 제안에 자연스럽게 그렇게 할 수 있었으리라 생각합니다.

막상 청년회에 가서 보니까 거기에는 주로 30대 중반의 교인들이 모이는 모임이었습니다. 당시 이미 선생님의 나이는 40대 후반에 들어서 있었지만 30대의 활발한 그 모임이 좋아 보였고 별 생각없이 열심히 참석하게 되었지요. 세월이 흐르는 동안 나이에 대해서 이야기를 주고받아야 할 이유 없이 여러 사람들과 친해졌고 서로 경어를 사용하며 잘 지내왔습니다. 교회에서 모임을 갖기도 하고 서로의 가정에 모여 함께 식사도 하며 교제를 나누는 것이 귀한 일이었지요.

그런데 그러던 것이 점차 문제 아닌 문제가 되기 시작했다고 하셨습니다. 선생님보다 무려 10-15세 정도나 후배가 되는 가까이 지내던 교인들이 언젠가부터 적당하게 말을 얼버무리게 되고 최근에 와서는 서로 말을 놓는 사이가 되어버렸다고 했지요?

물론 선생님께 말을 놓는 그 교인들은 아무런 거리낌도 없겠지요. 선생님의 동안童顔이 그들이 볼 때는 자기들과 비슷한 연배로 오해할 수도 있을 것이니까 말입니다. 처음 그런 분위기가 조성되기 시작될 때 선생님의 나이를 밝힐까 생각하다가 그들이 미안해 할까봐 가만히 있었던 것이 이제는 서로간 더욱 자연스러워진 듯(?) 합니다.

20대 중반부터 교편을 잡으신 선생님을 생각하면 청년회에서 말을 놓고 지내는 그 교인들보다 나이가 훨씬 많은 제자들이 있을 터인데, 제자들보다 어린 교인들이 말을 놓으며 친구처럼 지내는 것은 우리의 문화에서는 평범한 경우는 아닌 것 같습니다.

사실 선생님이 당장 내일이라도 그들에게 실제 나이를 밝히게 되면 그들이 상당히 당황해 하겠지요? 그리고 서로 미안해 하고 어색해 하는 마음을 가지게 되면 자칫 이제까지 좋던 교제의 관계가 흐트러질 수도 있습니다.

제가 앞에서 우리말이 그리 좋은 언어가 아니라고 한 것은 이러한 이유 때문입니다. 나이를 따지다 보면 말을 높여야 할지 놓아야 할지 아니면 적당히 얼버무려야 할지 신경이 쓰일 때가 많습니다. 만일 대인 관계에서 적절한 언어를 선택하지 못하면 오해를 받게 되고 언어 사용 문제 때문에 좋은 관계를 유지하지 못하게 되는 것입니다.

유 선생님, 선생님의 곤란함을 충분히 이해하고 있습니다. 그렇지만 그러한 형편을 빨리 풀지 않으면 갈수록 더욱 부담스러워지지 않을까 생각해 봅니다. 그래서 이러한 방법을 권해봅니다. 제가 지금 쓰고 있는 이 편지를 한 부씩 복사해 그들에게 보여 주시면 어떨까 싶습니다.

처음에는 그들이 다소 당황스러워할지도 모르겠습니다. 특별한 경우가 아니라면 10-15세 연상인 사람에게 반말을 해왔다는 것은 흔한 일은 아니지요. 그리고 그 사실을 알게 되면 함께 만나 식사를 하거나 교제하는 것을 부담스럽게 여길 수도 있겠지요. 이제까지 반말을 하다가 갑자기 경어를 사용하기도 그렇고 그냥 모른 척 하기에도 어색합니다.

그렇지만 중요한 것은 언어 사용 방법이 아니라 이웃해 살아가고 있는 그 사람들임을 서로간 잘 기억해야 합니다. 웃으며 이야기하십시오. '사실은 내 나이 내일 모레 50이다' 고 말입니다. "지금처럼 반말을 하는 것은 허락한다. 그러나 이제부터는 나를 형님으로 불러 모셔라." 그렇게 되면 신앙을 가진 그들이 한바탕 웃으며, "형님은 젊어 보여서 좋겠수다"는 식으로 말투가 약간씩 바뀌며 더욱 가까운 이웃이 될 수 있지 않을까 생각해 봅니다.

유 선생님, 곤란한 입장에 처하기는 했으나 별 것 아닌 것으로 여기는 것도 좋으리라 생각합니다. 언제 시간이 나면 유 선생님의 나이 어린 그 친구들과 저를 한번 만나게 해 주십시오. 유 선생님과 저의 나이가 동갑이니 그들 앞에서 저에게 말을 놓으십시오. 물론 저도 말을 놓겠습니다.

그렇지만 나이 들어 보이는 저에게 유 선생님이 반말을 하는 것을 보고 그들이 자연스럽게 자기들과 나이 차이를 실감하게 될 것입니다.

  하나님께서 허락하신 좋은 이웃들인 만큼 앞으로도 좋은 관계를 유지하시기를 바랍니다. 하나님을 믿는 성도로서 언어 사용 문제 때문에 이웃을 잃거나 교제의 관계가 소원해지는 일이 있어서는 안 될 것입니다. 우리말의 약점과 한계가 있다 할지라도 우리는 그 가운데 살 수밖에 없습니다. 그러한 형편을 지혜롭게 잘 넘기는 것이 성도의 지혜가 아닐까 생각해 봅니다.

(2002. 2. 7)

43 신학교와 학위 문제

L 전도사님

안녕하세요? 이제 졸업을 앞두고 강도사 고시를 통과했으니 강도사님으로 불러야 할지 아니면 아직은 전도사님으로 불러야 할지 잘 몰라 그냥 예전처럼 전도사님으로 부르겠습니다. 강도사 고시를 통과하면 강도사가 되는 것인지 아니면 신학교를 졸업하는 동시에 강도사가 되는 것인지 잘 모르겠네요.

강도사라는 직분은 한국교회에 있는 특이한 직분으로 사실은 목사와 거의 다를 바 없습니다. 현실적으로는 목사와 강도사의 차이는 매우 큰 것이 사실입니다. 아직 안수를 받지 않았으므로 노회원이 아니며 앞으로 안수를 받게 된다는 측면에서는 목사가 훨씬 높아(?) 보일 수도 있습니다.

그렇지만 하나님의 몸된 교회에서 독립된 직분자로서 주의 말씀을 가르치고 설교할 수 있는 교사로서 직분적 측면에서 본다면 목사와 강도사는 큰 차이가 없습니다. 강도사는 목사와 마찬가지로 교회가 인정하는 말씀의 교사입니다. 그런 면에서 L 전도사님은 이미 성도들을 말씀으로 양육하는 직분자로서 세워졌다 할 수 있으니 주님의 몸된 교회에 충실한 직분자가 되기를 원합니다. 개혁주의 교회에서 가장 중요한 것은 말씀 선포와 말씀 선포자로서 교사의 기능입니다.

최근 K신학대학원이 학위수여 문제 때문에 다소 시끄러운 줄 알고 있습니다. 같이 공부하고 모든 과정을 마쳤는데 어떤 이들에게는 석사학위(M.Div.)를 주고 또 다른 어떤 이들에게는 학위가 명시된 졸업장 대신에 수료증만 준다는 것이 문제의 핵심인 것 같습니다. 석사학위를 받지 못하고 수료증만 받는 학생들은 입학 당시의 약속을 지키지 않는 학교의 처사에 대해 적잖은 불만이 있는 듯합니다.

사실 이러한 문제는 이미 20여년 전부터 우리 한국교회에 배태되어 왔던 내용입니다. 1980년대 초부터 한국정부는 신학교대신 신학대학원 설립과 석사학위 과정 설립을 허락하기 시작했습니다. 신학적으로 부실하던 한국교회는 그것을 환영했으며 결국 교육부 인가認可의 신학대학원이 소위 실력있는 신학교인양 잘못 인식되기 시작했습니다.

그 이전만 해도 신학교에서 공부하는 것은 학위 과정이 아니었으며 신학교는 순수한 목회자 양성 기관이었습니다. 즉 국가와 무관한 교회의 신학교였던 것입니다. 그러던 것이 점차 국가의 배경을 가진 신학대학원들이 기득권을 가진 것처럼 행세하기 시작했으며 그로 인해 80년대 후반이 되면서 소위 무인가 신학교 논쟁이 일게 됩니다.

국가의 인가를 받고 학위를 주는 신학대학원은 정식 신학교이지만, 국가의 인가를 받지 않고 학위를 줄 수 없는 신학교는 소위 무인가 신학교라는 이상한 논리들을 전개하게 된 것입니다. 그와 발맞추어 학생 모집에 있어서도 신앙과 신학적 고백에 의한 검증보다 소위 이름있는 유수한 대학을 졸업한 학생을 얼마나 유치하느냐에 따라 좋은 신학교라는 어처구니없는 생각들이 동반하게 됩니다.

거기다가 신학교에서 가르치는 교수가 되는 것도 신학과 신앙고백에 의한 채용이 아니라 소위 어느 대학 출신이냐, 어느 나라에서 학위를 취득했느냐 하는 것 등을 기준으로 교수 채용을 하게 되었습니다. 그러다 보니 신학과 신앙고백이 중요하게 여겨져야 할 신학교가 엉뚱한 외양에 치중함으로써 이미 우리의 목회자를 교육하는 신학대학원이 흔들리기 시작한 것입니다.

저는 작금의 K신학대학원에 일고 있는 이러한 문제는 이미 십여 년 전부터 싹터왔으며 지금까지 그에 대한 명확한 비판없이 그 일을 되풀이하는 동안 지금처럼 되었다고 생각합니다. 즉 갑자기 이런 문제가 발생한 것이 아니라 올 것이 왔다는 것입니다. 신학교 관련자들이나 학생들은 교회를 위한 목회보다 개인이 가지는 어떤 자격에 더 많은 관심을 기울이기 시작하면서 발생한 문제라는 것입니다.

 지나간 이야기를 하나 하겠습니다. 수년 전 폐교되어 지금은 형체가 없어져 버린 수십 년 역사를 가진 교단 산하의 경북신학교가 있었습니다. 그 학교를 졸업한 목회자는 현재 우리 교단에 대략 400명 가까이 됩니다. 그 학교는 교단이 세우고 인가한 명실상부한 목회자 양성을 목적으로 한 신학교였습니다. 그러나 1990년대가 되면서 교단 안팎의 많은 사람들이 경북신학교를 무인가 신학교라 비아냥거렸으며, 마땅히 폐교해야 한다는 이야기를 아무 거리낌없이 하는 사람들이 많았습니다. 저는 경북신학교에서 오랫동안 강의를 했었기 때문에 당시의 무분별한 주장들을 생생히 기억하고 있습니다.
 본 교단의 신학교수들 가운데서도 그러했고 소위 개혁적이라 자처하는 이들 중에도 그런 사람들이 많았습니다. 심하게는 경북신학교를 없애는 것이 마치 교단의 개혁인 것처럼 극단적인 생각을 하는 인사들마저 있었습니다.

 저는 그 당시, 본 교단이 세운 학교는 무인가 신학교이며 세속 정부가 인정한 타 교단의 신학교를 인가 신학교라 한다면 그 신학적 바탕을 도대체 어디에 두고 있는 것이냐며 수없이 항변했던 기억이 납니다.
 세속 국가의 인가를 등에 업고 그것을 자랑으로 생각하며 자기 교단이 세운 신학교를 무인가 신학교니 폐쇄하라는 신학교수들을 포함한 교단내 인사들을 보며 안타까움을 금할 길 없었습니다. 설령 학생들의 영어 성적이 다소 부족하다고 하더라도 유능한 교수들이라면 그 정도는 얼마든지 극복할 수 있는 문제였습니다.

저는 현재 모교인 K신학대학원에서 학위수여 여부로 인해 발생한 문제를 보며 심히 안타까운 마음을 가집니다. 대한민국 정부가 인정하는 학위를 받느냐 받지 않느냐 하는 문제는 그다지 중요하지 않습니다. 주님의 교회를 돌보며 가르치는 데는 말씀을 가르치는 교사로서 교회의 자격 인정이 중요할 따름입니다.

물론 학자가 되고자 하는 이들은 학술적 신학 연구를 하기 위해 학위가 필요하다는 점을 부인하지 않습니다. 그러나 그에 대한 구체적인 생각없이 세속 정부가 부여하는 학위 자체 때문에 마음 상해할 필요는 없을 것 같습니다.

1980년대 초반 이전에 K신학교를 나온 목회자들은 아무도 목회학 석사(M.Div.) 학위가 없습니다. 지금 우리 교단의 신학자들 가운데 반 이상은 K신학대학원을 졸업한 것이 아니라 K신학교를 졸업했습니다. 그들은 목회학 석사 학위를 가지고 있지 않습니다.

저는 개인적으로 우리 교단에서는 교육부 학위인가를 반납했으면 좋으리라 생각해 봅니다. 물론 그렇게 될 리 없겠지만 교회를 위해 저는 그렇게 바라는 것입니다. 별 것 아닌 세속적 학위가 학생들에게 어떤 미끼 같은 역할이라도 하게 된다면 이미 그 순수성을 상실당할 것이 뻔하기 때문입니다.

그렇다고 제가 무조건 학위 무용론을 펼치는 것은 아님을 말씀드립니다. 학위의 과정은 개인의 학문성을 검증하는 기능을 가지고 있으며 가르치는 교수로서 자격 여부를 객관적으로 알 수 있는 어느 정도의 척도 역할을 할 수 있을 것이기 때문입니다.

제가 우려하는 바는 기독교 엘리트주의이며 그것이 교회의 교사인 목회자들 사이에서 마저 확산의 기미를 보이고 있다는 점입니다. 우리 시대에 형성된 기독교 엘리트주의는 매우 위험한 사고라 할 수밖에 없습니다. 그것은 세속주의의 한 표현이며 그것을 통해 자유주의 사상이 밀려들어오게 될 것이기 때문입니다. 우리는 이 점을 정확하게 직시해야 합니다.

우선 본 교단의 신학교이자 개혁주의 신학을 배경으로 하고 있는 K신학대학원에서 이 점을 잘 깨달았으면 합니다. 이에 대해서는 신학교수들이 가장 먼저 인식해야 할 것이며, 그 다음은 기존 목회자들 그리고 신학생들이 이 점을 분명히 알아야 합니다.

학생들이 굳이 학위에 연연해하는 것은 그로 말미암아 얻게 될 어떤 자부심이나 이득같은 것이 있을지도 모른다는 생각 때문일 것입니다. 그러므로 세속적 학위 따위가 결코 의미 있는 것이 아님을 제대로 일깨우는 것은 매우 중요합니다.

따라서 교회는 목회자를 청빙하면서 세속적 학위를 묻거나 특정 학교 졸업여부를 우선적으로 묻는 일 등은 없어져야 합니다. 목회자를 청빙하는 과정에서 목회자의 삶이나 인격을 통한 교제에 앞서 이력서에 기록된 외양을 지나치게 살피는 일은 지양되어야 합니다.

가장 중요한 것은 교단에 소속된 목회자라는 점이며, 교회가 원하지 않을 정도의 조건을 가졌다면 신학교는 졸업을 유보시켜야 하며, 교단은 애당초 강도사 인허를 하지 말아야 합니다. 물론 그것은 학업 성적만으로 결정할 일은 아니겠지요.

우리의 참된 소망은 이 땅에 있지 않고 주님의 재림과 그로 말미암아 완성될 그의 나라에 있습니다. 교회를 세우는 데 힘을 쏟아야 할 우리가 중요하지도 않은 비본질적인 문제 때문에 힘을 소진하는 어리석음에 빠지지 않기를 바랍니다. K신학대학원이 제 모습을 찾기를 원하며 기도합니다. 이제 몇 주 있지 않아 졸업식을 하겠지요? 멀리서나마 축하드립니다.

(2002. 2. 9)

44 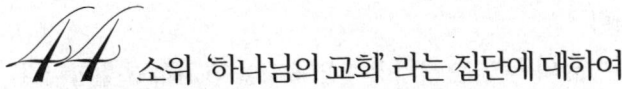 소위 '하나님의 교회' 라는 집단에 대하여

웃음띤 어느 성도에게

성도님, 주님의 이름으로 문안드립니다. 소위 '하나님의 교회' 라는 집단에 대해 질문을 하셨더군요. 성도님의 가까운 친구가 그 이단에 빠져 있어 안타까운 마음이라 하셨지요? 우리 시대에는 용어사용이 매우 혼탁한 때입니다. '하나님' 이라는 단어만 들어가면 그것이 무슨 신앙의 표현인 양 간주되고 있습니다. 그런 예는 더러 있지요. 선교학에 있어서도 '하나님의 선교' 라 하면 그 말 자체로 보아서는 매우 좋은 개념 같지만, 사실은 자유주의 신학사상을 담고 있는 위험한 용어입니다.

이처럼 '하나님의 교회' 라는 간판만 보고 어린 교인들은 그것이 상당히 신앙적인 집단의 표현이라 속아넘어갈 수 있는 것입니다. 얼마전 저의 가까운 친구로부터 상담요청이 있었습니다. 그 친구는 현재 고등학교 교사로 재직중인데 자기 학급에 '하나님의 교회' 에 나가는 학생이 있는데 아무리 봐도 이상하다는 것이었습니다. 그래서 그 학생을 불러 이야기하는 중에 '하나님의 교회' 에 빠져 있으며 기독교를 주장하지만 기독교가 아닌 것 같은데 도대체 그 정체가 무엇이냐고 물어왔던 것입니다. 마침 성도님께서도 저에게 같은 질문을 해 왔기에 답변을 드릴까 합니다.

이 세상에 살아가는 이단들은 자기중심적 성향이 있습니다. 그것은 지역에 따른 것일 수도 있고 민족에 의한 것일 수도 있습니다. 종교에 있어서도 지역성과 민족성은 기존의 종교를 통합하는 데 있어서 커다란 역할을 하게 됩니다.

　우리가 믿는 하나님의 복음은 지역성과 민족성을 완전히 초월합니다. 그러므로 기도교는 민족주의가 아니라 세계주의적이라 할 수 있겠습니다. 구약시대 이스라엘 민족이 특별히 선택을 받았던 것은 전체 인간들을 위한 하나님의 은혜의 방편이었다고 할 수 있습니다. 그것은 단순한 민족주의와는 다른 개념으로 이해해야 될 것입니다.

　그럼에도 불구하고 기독교에 있어서도 민족주의적 경향은 끊임없이 발생하고 있습니다. 문선명의 통일교, 박태선의 전도관, 정명석의 애천교 같은 이단들도 우리의 민족주의적 성향에서 출발했다고 볼 수 있을 것입니다. '하나님의 교회'라는 집단도 강한 민족주의적 이단이라 볼 수 있습니다. 그 집단의 원래 명칭은 '하나님의 교회 안상홍 증인회'입니다. 그들은 교주 안상홍을 재림주라고 생각하고 있습니다.
　안상홍은 1918년 1월 13일 전북 장수군 개남면 명덕리에서 태어나 안식교에 입교한 인물인데 그가 1962년 '하나님의 교회 안상홍 증인회'를 세우고 자신이 육신을 입고 온 하나님, 보혜사 성령이라고 가르치기 시작했습니다. 그는 1985년 2월 25일 67세로 죽었습니다.
　안상홍을 재림주로 추종하는 자들은, 안상홍이 하나님인 것을 성경이 증거하고 있다고 가르칩니다. 요한계시록 14:2에 "내가 하늘에서 나는 소리를 들으니 많은 물소리도 같고 큰 뇌성도 같은데 내게 들리는 소리는 거문고 타는 자들의 그 거문고 타는 것 같더라"에서 거문고 소리는 '상'이고 많은 물소리는 '홍'을 뜻하므로 그것은 '안상홍'을 지칭하는 말이라는 것입니다.
　그래서 그들은 성부의 이름은 여호와, 성자의 이름은 예수, 성령의 이름은 안상홍이라는 것입니다. 물론 그런 주장은 유치하기 짝이 없는 말일 뿐입니다. 성경원문이나 원래의 의도와는 아무런 상관 없이 한글과 한자의 뜻을 끼워맞춰 우스꽝스런 주장을 하고 있는 것입니다.

또한 그들은 소위 '어머니'라고 불리는 장길자라는 여교주를 추종하고 있습니다. 그들은 요한계시록 21:9과 22:17의 '어린양의 아내'와 '신부'가 곧 장길자라고 주장하는 것입니다. 그가 하나님의 신부인 것은 안상홍이 그 여인을 '하나님의 신부'로 지명했기 때문이라고 합니다. 안상홍과 장길자는 서로 부부관계가 아니었지만 안상홍이 그 여인을 신부로 인정함으로써 그렇게 되었다는 것입니다.

그들의 교리 가운데 두드러진 몇가지를 말씀드리겠습니다. 우선 그들은 안식일을 철저히 지켜야 한다고 합니다. 그것은 안상홍이 원래 안식교 교인이었기 때문에 그런 것이 아닌가 생각됩니다. 그리고 그들은 구약의 유월절을 지켜야 한다고 가르칩니다. 또한 안상홍 증인회는 시한부 종말론을 가르치고 있는데, 1988년에 세상의 종말이 온다고 했으나 불발로 끝나고 말았습니다. 모든 시한부 종말론자들이 그렇지만 막상 정해진 시한에 종말이 오지 않으면 적당한 핑계거리를 찾아 새로운 이야기들을 지어내곤 합니다.

그리고 그들의 특징 가운데 하나는 모든 것을 성경으로 끼워맞추려 한다는 것입니다. 안상홍이 하나님이라고 주장하는 어처구니 없는 문제에 대해서나, 신부 장길자, 안식일과 유월절을 지켜야 하는 이유, 그리고 종말론에 이르기까지 모든 주장들을 성경의 구절들을 끌어와서 이야기한다는 점입니다. '하나님의 교회 안상홍 증인회'에 빠져 있는 사람들은 자기들이 매우 성경적이라고 오해하고 있습니다. 다른 기존의 기독교인들은 성경을 근거로 말하지 않지만 자기들은 성경을 근거로 하여 말하고 있는 것으로 스스로 망상에 빠져 있는 것입니다.

성도님, 제가 말씀드리고 있는 이러한 설명은 새로운 것이 아닙니다. 그 이단에 빠져 있는 사람들은 지금도 다른 사람들에게 그렇게 말하고 있는 내용들입니다. 우리 시대는 이단이 범람하고 있는 시대입니다. 주님께서 가르치신 말씀이 기억나는군요. "그 때에 사람이 너희에게 말하되 보라 그리스도가 여기 있다 혹 저기 있다 하여도 믿지 말라 거짓 그리스도들과 거짓 선지자들이 일어나 큰 표적과 기사를 보여 할 수만 있으면 택하신 자들도 미혹하게 하리라"(마 24:23, 24).

성도님, 지금 그 이단에 빠져 있는 친구에게 다시금 복음을 잘 설명해 줄 수 있는 기회가 있기를 원합니다. 이단에 속한 자들은 기존 기독교의 비리나 잘못된 점들을 부각시킴으로써 할 수만 있으면 성도들을 미혹하려 합니다. 신앙이 어린 교인들은 성경말씀의 가르침에 익숙하지 않기 때문에 그들의 감언이설에 솔깃한 마음을 가지게 될지도 모르겠습니다. 더구나 기독교 가운데 있는 교권주의나 지도자들의 비윤리성을 목격하면서, 성경을 빗대어 주장하는 그들의 이야기를 들을 때 마치 그것이 일리 있는 것처럼 들릴 소지가 있을지도 모를 일입니다.

그러므로 우리는 늘 깨어 있어야 합니다. 우리의 신앙은 온전히 하나님의 말씀에 기초해야 합니다. 하나님께서 자기백성을 구원하신 목적이 무엇인지 그리고 그 놀라운 은혜 가운데 살아가는 성도의 삶의 지침에 대해 우리는 성경과 성령의 음성을 끊임없이 들어야 할 것입니다. 안녕히 계세요.

(2002. 2. 22)

 2002 동계올림픽을 보고 (세상사에 대한 분노에 대하여)

우섭 형제

안녕하세요? 새학기가 시작되어 분주하리라 생각합니다. 저도 강의 때문에 며칠 전 부산을 다녀왔습니다. 이번 학기 고신대학 강의가 월요일에 있으니 혹 만나볼 수 있는 기회가 있을지 모르겠습니다.

형제가 보내준 질문의 내용을 잘 읽었습니다. 최근 미국 솔트레이크 Salt Lake에서 있었던 동계올림픽에 대해서는 저도 신문을 통해 알고 있습니다. 미국의 자국 선수 감싸기와 경기에서 일등을 한 한국의 김동성 선수에 대한 편파적 판정, 그리고 그에 항의하는 한국과 해당 선수에 대한 언론의 비하 발언 등을 신문 기사를 통해 읽었습니다.

나중에 뉴스를 통해 보여준 것이기는 하나 TV를 통해 경기 상황을 볼 수도 있었습니다. 제가 보기에도 미국의 그러한 행동은 지나치다고 생각되는 것입니다. 동계올림픽 관련자들은 아무런 문제가 없다고 주장하며, 미국은 사과는커녕 도리어 한국과 해당 선수를 무시하는 발언을 함으로써 한국 국민들이 매우 분개해 하고 있는 것으로 알고 있습니다.
그래서 지금 다수의 한국인들은 미국에 대해 심한 분노의 감정을 가지고 있고 기독교인들 중에도 정의를 상실한 미국에 대해 반미를 외치는 것이 정당하다고 생각하는 이들이 많이 있는 것 같습니다.

이에 대한 저의 견해를 말씀드리겠습니다. 저는 사실 그 일 자체에 대해 큰 관심이 없습니다. 편파적인 판정을 하고도 떳떳하게 구는 미국이라는 나라가 역겹지만 그냥 그 정도입니다. 저는 그런 오만한 태도를 취하는 미국이라는 나라에 대해 특별히 저항할 마음은 가지고 있지 않습니다. 그러한 편파 판정을 하지 않았어도 그 정도의 나라 이상은 아닐 것이라는 점을 미리부터 잘 알고 있었으니까요. 그것은 비단 미국뿐 아니라 세상의 모든 나라가 다 마찬가지입니다.

제가 이런 말을 하면 다수의 사람들은 저를 정의의 편에 적극적으로 서기를 거부하는 것으로 오해할지도 모르겠습니다. 그러나 그렇지는 않습니다. 우리는 우선 정의라는 말이 늘 자기 입장을 나타내는 도구로 사용될 수 있음을 잘 이해해야 합니다.

지금 미국의 편파적 행동에 대해 분노하는 한국인들은 정의 때문에 그런 자세를 보이는 것이 아닙니다. 만일 미국이 우리가 알지 못하는 아프리카의 힘없는 어느 나라에 대해 우리에게 행했던 것과 동일한 편파적 판정을 내렸다면 지나가는 말로 한마디 욕설이나 던지고 지나쳐 버렸을 것입니다. 어쩌면 남의 나라 일이라는 이유로 완전히 무관심했을지도 모릅니다.

그리고 그러한 미국에 대해 항의하는 아프리카의 그 나라 사람들에 대해 누가 비하 발언을 했다고 해도 미국이 우리에게만 그렇게 하지 않으면 여전히 우방으로 생각하며 반미구호를 외치지는 않을 것입니다. 그러므로 지금 우리가 미국에 대해 분노하는 것은 정의 때문이 아니라 '우리의 자존심'과 관련되어 있기 때문입니다.

저는 미국을 욕해서는 안 된다고 말하는 것이 아닙니다. 미국이 설령 우리에게는 잘한다 해도, 무고한 아프가니스탄 사람들의 생명과 삶을 위협하는 부당한 행동을 했다면 여전히 미국에 대해 분개하며 비난할 수 있어야 합니다. 지난해 가을에 있었던 미국-아프가니스탄 전쟁을 통해 무고하게 피해를 입은 파키스탄 사람들이 미국을 욕하듯이 말입니다. 그것이 차라리 객관성 있는 정의로운 마음이 아닐런지요. 이는 상식을 갖춘 일반 시민들의 자세를 말하는 것입니다.

그러나 우리는 그러한 유형의 정의적 자세마저 요구받고 있지 않습니다. 복음을 아는 성도들의 자세는 그와는 달라야 합니다. 동계올림픽 경기를 하며 썩어 없어질 금메달 한 개를 더 확보하기 위해서 억지를 부리는 유아적인 미국이 측은한 것이지요.

그것을 바라보는 이가 한국사람이 아니라 미국사람이라 할지라도 동일한 이해를 해야 합니다. 마치 철없는 어린아이들이 구슬 하나를 더 얻기 위해 자기보다 약한 동무에게 무지한 행동을 하는 것과 다를 바 없기 때문입니다. 물론 자기와 가까운 편에 서있는 사람이 그런 행동을 했다면 더욱 부끄러운 마음이 들겠지요.

우리가 진정으로 분노해야 할 대상은 스포츠에 있어서 편파적 판정을 하고 우리나라를 무시하는 그런 사람들이 아닙니다. 우리가 진정으로 분개해야 할 대상은 주님의 몸된 교회를 어지럽히며 그 교회를 욕되게 하는 그런 자들입니다.

우리는 세상을 살아가면서 분노할 만한 일들을 많이 만나게 됩니다. 그럴 경우 때로 가벼운 분개감을 나타내기도 하지만 그에 지나치게 몰두할 필요는 없습니다. 그러나 주님의 몸된 교회와 관련된 악에 대해서는 강하게 대처하며 투쟁해야 합니다.

진리와 교회의 일이 아닌 분야에 대해 지나친 관심을 보이다 보면 우리의 본질적 싸움을 망각하거나 그에 대한 선한 자세가 흐트러지게 될 것입니다. 지금도 우리는 교회가 악한 자들에 의해 유린당하고 있는 것을 보면서 그것보다는 스포츠에 있어서 편파 판정을 한 미국에 저항하는 것을 더욱 중요한 것이라 오해하고 있을 수 있는 것입니다.

우리는 이 세상에 살면서 진정으로 분노해야 할 대상이 무엇인지 잘 분별할 수 있어야 합니다. 예수님과 그의 제자들이 분노했을 만한 내용이라면 우리도 분노해야 할 것이며 그들이 분노해 할 만한 일이 아니라면 우리도 분노할 필요가 없습니다.

결론적으로 말씀드리자면 복음을 아는 성도들은 세상사의 부조리를 보며 지속적이며 강한 저항을 할 필요는 없습니다. 세상은 원래 그런 곳이니까요. 그렇지만 그리스도의 이름으로 모인 교회나 그리스도의 이름으로 설립된 대학이 진리를 떠나 부당한 일을 자행하고 있다면 힘을 다해 불의와 싸워야 합니다.

우리 시대의 많은 어린 성도들이 선한 싸움을 싸워야 할 대상을 혼돈하고 있는 것을 보며 안타까움을 느낍니다. 이는 사탄의 획책 때문이라고 생각합니다. 우리는 싸워야 할 대상을 올바르게 분별하는 가운데 선한 싸움을 싸워가기를 바랍니다. 저의 부족한 답변이 다소간 도움이 되기를 바랍니다.

(2002. 3. 7)

46 '교회의 직분과 직책'에 대하여

정언 자매

업 시간을 통해 늘 보지만 이렇게 글을 통해서 만나게 되니 새롭습니다. 자매의 말대로 오늘은 날씨가 상큼해서 기분이 좋습니다. 약간 쌀쌀하게 느껴지는 아침 공기가 속살을 타고 들어오는 느낌이라고나 할까요?

자매가 이야기한 것처럼 우리 시대의 교회가 올바른 직분관을 가지기란 그리 쉽지 않으리라 생각합니다. 현대의 혼탁한 교회시대에 올바른 직분관을 가지고 그 의미를 실천하기란 그리 쉽지 않을 것이기 때문입니다. 올바른 직분자를 세우기 위해서는 우선 올바른 교회가 되는 것이 선행 조건이 되어야만 합니다.

자매가 말한 내용 가운데 직분과 직책 사이를 구별해야 할 필요가 있으리라 생각합니다. 우리가 직분이라 하는 것은 교회를 세우기 위한 기본 단위에 속한 것입니다. 우리 시대의 교회 직분은 일반적으로 교사, 목사, 장로, 집사가 있습니다. 여기서 교사라 함은 목사들을 양성하는 신학교에서 하나님의 말씀을 가르치며 교육하는 직분자를 일컫습니다.

개혁교회Reformed Church에서는 교사의 직분을 매우 중요하게 생각합니다. 한편 장로교에서는 일반적으로 교사의 직분을 따로 구별하지 않고 목사, 장로, 집사를 교회의 직분자로 두고 있으며 목사와 장로를 각각 가르치는 장로와 치리하는 장로로 구분하기도 합니다.

목사는 하나님의 말씀을 올바르게 가르치며 전함으로써 목양하는 것을 주된 임무로 하고 있습니다. 그 직분에는 교사의 직분이 포함되어 있습니다. 장로는 목사의 가르침을 선하게 감독함과 동시에 성도들이 그 선포된 말씀으로 잘 살아가고 있는지 살펴보아야 할 임무가 있습니다. 주로 영적인 일이지요. 집사는 교회의 전반적인 살림살이에 관련된 임무를 행하는 직분입니다. 재정에 대한 논의라든지 교회당에 관련된 문제들은 집사들이 맡아야 할 일들입니다.

이러한 직분들은 원칙적으로 개인의 판단 여하에 따라 부여하거나 가지는 것이 아닙니다. 직분은 하나님께서 교회를 통해 허락하고 요청하신 것입니다. 그러므로 하고 싶다고 하는 것이 아니며 하기 싫다고 하지 않아도 되는 것이 아닙니다.

목사와 장로들로 구성된 당회는 교인들의 영적인 면을 위해 직분을 감당하게 됩니다. 세례를 베풀기 위해 새로운 신앙인의 신앙을 확인한다든지 성찬을 베푸는 일 등은 당회가 해야 할 일입니다. 그리고 교회의 재정 문제는 집사회에서 할 일입니다.

우리 시대의 교회에서는 모든 직분자들이 함께 모여 교회의 형편들을 살피며 의결하는 제직회가 있습니다. 어느 누구도 독단적으로 교회를 이끌어갈 수는 없기 때문에 교회의 모든 직분자들이 함께 모여 기도하는 가운데 교회를 세워가게 되는 것입니다. 그러므로 교회에는 마땅히 이러한 직분들이 있어야만 합니다.

그러나 그 이외의 모임과 직책은 그렇지 않습니다. 이를테면 교회에는 여러 부서들이 있습니다. 남전도회도 있으며 청년회도 있고 학생회도 있습니다. 성가대도 있고 다른 친목 모임도 있을 수 있습니다. 그러한 모임들에도 회장과 부회장이 있으며 총무와 서기, 회계도 있습니다. 그리고 모임의 목적에 따라 여러 작은 부서들과 그 책임자를 둘 수 있습니다. 그렇지만 교회의 이러한 모든 모임들은 임의적인 모임입니다. 즉 있어도 되고 있지 않아도 된다는 것입니다.

물론 각 모임의 회장, 총무, 각 부서장 등도 꼭 있어야 하는 것은 아닙니다. 그러한 모임들은 언제든지 없앨 수도 있으며 또다시 만들 수도 있습니다. 그러므로 그러한 임의 기관들이 교회에서 강한 역할을 하는 것은 위험할 수 있습니다. 동시에 분명한 직분적 기능을 감당해야 할 당회나 집사회, 제직회 등이 그 기능을 제대로 발휘하지 않거나 각 직분이 이행해야 할 내용을 잘못 알고 있다면 문제일 수밖에 없습니다.

사실 교회의 직분은 계층적이지 않습니다. 어느 직분이 더 높다거나 낮다고 하는 개념이 없습니다. 그럼에도 불구하고 우리 한국교회의 경우 직분이 계층화되어 있습니다. 목사가 가장 높고 그 다음이 장로 그리고 집사는 그 다음이라고 생각하고 있습니다.

그러므로 낮은 위치에 있는 직분자들이 더 높은 위치에 있는 직분자들을 섬겨야 한다는 이상한 논리가 형성되어 있습니다. 집사의 직분을 오래 하면 장로로 올라가는 것이 아닙니다. 하나님께서 각 사람에게 허락하신 각기 은사에 따라 교회를 위해 봉사하고 순종해야 합니다. 저의 생각으로는 오랫동안 장로직분을 감당하던 성도들 가운데 다시 집사의 직분을 감당하는 성도들도 종종 나타났으면 하는 바람입니다.

제가 목회하고 있는 실로암교회에서는 일년동안 집사의 직분을 감당하는 서리집사를 선출할 때 선거를 합니다. 목사인 저를 포함한 특정인이 개인의 판단으로 직분자를 세우는 것을 피하기 위해서이지요. 우리 교회의 경우 전체 교인이 약 60여 명 됩니다. 제직회에서 몇 명 정도의 집사가 필요할 것인가에 대해 논의를 한 후에 전체 성도들의 모임인 공동의회에서 확인을 한 후 투표를 합니다.

지난해 우리 교회에는 8명의 집사가 필요할 것이라는 생각이 모아져 투표를 통해 집사들을 선출하게 되었습니다. 물론 투표를 하기에 앞서 다른 특정한 사람을 지지하는 개별적 의사 표현을 하지 않도록 조심합니다. 그렇게 함으로써 전체 교회의 총의를 알고자 합니다.

우리 시대의 가장 큰 병폐 가운데 하나는 직분을 마치 예우 차원에서 나누어주듯이 하는 점입니다. 보통 2-3년 교회에 출석하면 집사를 시키는 것이 자연스럽다고 주장하는 경우가 있는데, 집사를 시켜놓으면 더 잘할 것 아니냐는 지극히 인본적인 생각을 하기 때문입니다. 그러니 어떤 경우는 의논도 없이 자신도 모르는 사이에 집사가 되어 있다며 불평하는 사람들마저 있습니다. 얼마 전 어떤 분이 저와 상담을 하는 가운데 자기는 집사가 되고 나서부터 교회를 나가지 않았다고 말하기도 했습니다.

정언 자매, 답변이 되었을지 모르겠습니다. 우리 시대의 교회가 어떤 유행을 만들어내든지 간에 우리는 주님 말씀의 가르침을 좇아 직분자를 세우고 그 직분을 잘 감당해야 합니다. 교회가 세속화되고 타락해 가는 저변에는 직분자를 무분별하게 세움에 있음을 기억했으면 합니다. 수업 시간에 이에 대해 좀더 많은 대화를 나눌 수 있는 기회가 있기를 원합니다.

(2002. 3. 12)

47 '종교다원주의'에 대하여

미숙 자매

안녕하세요? 진작 소식을 드렸어야 하는데 이렇게 늦어져 죄송합니다. 처음 자매의 질문을 받고 어떤 사람일까 궁금하던 차에 승태 형제를 통해 자매를 구체적으로 소개받게 되었습니다. 개학 시즌이라 학교 수업에 적응하는 데 나름대로 분주하리라 생각해 봅니다.

종교다원주의에 대해 관심이 많은 것 같습니다. 질문하신 글을 통해서 볼 때 자매는 종교다원주의가 우리 시대에 수용되어야 할 이론이 아닌가 고민하는 것같아 보였습니다.

사실 종교다원주의란 기독교적 용어입니다. 종교다원주의자들은 기독교적 개념의 그리스도를 중요한 담론의 하나로 삼기 때문에 타종교인들이 반발하는 내용이기도 하지요. 즉 불교나 한국무속 같은 종교에는 아예 기독교에서 말하는 그리스도라는 개념이 있지도 않은데 기독교의 종교다원주의자들은 다른 종교들에도 나름대로의 그리스도적 개념과 기독교에서 일컫는 구원의 개념이 있다고 하니 불쾌하게 여길 만도 하겠지요.

그럼에도 불구하고 기독교의 종교다원주의자들은 그렇게 이해해 주는 것이 마치 다른 종교를 매우 깊이 인정해주는 것인 양 오해하고 있습니다. 그들이 정말 종교의 벽을 없애버리려면 그리스도라는 용어 자체를 포기해야만 합니다. 그렇지 않는 한 타종교인들은 기독교가 새로운 제국주의적 용어를 창출한 것으로 밖에 생각하지 않을 것입니다.

종교다원주의자들은 성경의 문자적 인정과 가르침을 포기하는 데서 출발합니다. 그들은 구약성경을 이스라엘 민족에게 준 설화 혹은 신화로 간주합니다. 성경의 기록들은 실재적 사건들이 아니라 교훈을 위한 기록이기 때문에 다른 독자들은 자기의 형편에 맞게 읽으며 그 의미를 찾으면 된다는 식입니다.

그들은 성경 말씀 자체가 진리가 아니라 성경은 진리를 담고있는 용기receptacle이므로 거기에 담겨진 글들을 통해 자기에게 의미화를 시키는 일이 중요하다고 설명합니다. 성경의 기록이 의미화 하기 위한 기록이 될 때 그것은 하나님을 믿는 특정한 성도들이 아니라 모든 인류를 위해 베풀어진 하나님의 사랑이라 표현하게 되는 것입니다.

그런 주장에 따라 종교다원주의를 인정하면 관대하고 포용성 있는 열린 사람이 되고 그렇지 않을 경우 독단적이며 배타적인 사람으로 간주될 수도 있습니다. 그러나 우리는 성경에 나타나는 모든 사람들이 하나님의 말씀으로 인해 편협하고 배타적인 사람들이었음을 유의해야 합니다. 우리에게 중요한 것은 인간의 이성적 관용이 아니라 성경에 기록된 하나님의 뜻이기 때문입니다.

종교다원주의를 주장하는 존 힉John H. Hick이라는 학자는 기독교만이 유일한 진리가 아니며 모든 종교가 각기 완전한 실재(기독교에서는 하나님이라고 일컫는)에 접근하는 방법을 가지고 있으며 각 종교인들이 어떤 방법을 택하더라도 구원의 길로 합해진다고 합니다.

인간은 그 실재와 무한한 진리를 표현하기에 언어의 한계를 가지고 있고, 또한 지역과 전통이라는 공간적 한계도 가지고 있으므로 어느 한 종교만이 유일한 진리일 수는 없으며 만일 그렇다면 이미 세상에서 고통과 힘겨움에서 구원하는 역할을 하고 있는 수많은 종교들을 부인하는 것이므로 그것은 편협하며 옳지 않다는 것입니다. 결국 모든 종교는 각각의 진리를 가지고 무한의 진리로 합해진다는 것이지요.

자매가 질문하는 글에서 언급한 존 힉의 용어들을 살펴보면 모두가 기독교적 사상에 기인한 용어들입니다. 이는 그 자신이 목사로서 서구의 기독교 배경을 가지고 있기 때문일 것입니다. 그가 사용하는 진리, 완전한 실재(하나님), 구원 등의 용어는 일반 타종교들이 사용하는 보편 언어가 아니라 기독교적 용어입니다. 그는 기독교적 용어를 가지고 타종교를 이해하려는 종교 이론적 접근을 시도하고 있는 것입니다.

종교다원주의자들의 주장을 듣게 되는 신앙이 어린 기독교인들이나 순진한 타종교인들은 그 말을 그럴듯하게 받아들이기도 합니다. 그러나 성경의 가르침을 알고 있는 성도들은 그 말이 얼마나 무의미한 말인지 분별할 것이며 자기 종교의 가르침을 주장하는 타종교인들은 그런 주장에 대해 조소할지도 모릅니다.

그렇지만 종교를 이용하려는 종교실용주의자들에게는 그의 말이 상당히 일리 있어 보일지도 모릅니다. 그리고 그들의 편에 서있는 자들은 그런 이론에 동조하게 될 것입니다. 그들은 모든 종교인들이 하나로 어우러져 대화하며 그로 인해 하나됨을 의미화 할 때 인류의 평화를 유지하게 될 것이라는 호의적 견해를 수용하게 될 것이기 때문입니다.

특히 서구의 산업혁명 이후 인간의 가치가 변하고 두 차례 세계대전을 경험한 후 인간들은 종교의 벽을 확인하기 시작했습니다. 결국 우리 시대에 이르러 종교의 충돌로 인한 파괴음을 끊임없이 듣고 있노라면 종교다원주의적 주장이 상당히 설득력을 얻게 되는 것이 사실입니다.

중동에서 일어나는 여러 사건들을 비롯하여 아프리카와 아시아, 중남미대륙을 뒤흔드는 대개의 국제적 갈등들은 종교적 대결 때문임을 우리가 부인할 수는 없습니다. 뿐만 아니라 각 국가의 내부 가운데서도 종교 문제는 이미 심각한 지경에 와 있습니다. 인도나 말레이시아, 싱가포르, 중국, 아프리카의 여러 나라들이 그렇습니다. 그런 일들을 직간접적으로 경험하고 있는 우리 시대의 지구촌 사람들이 그런 주장에 귀를 기울이는 것은 어쩌면 당연할지도 모릅니다.

그러나 기독교 복음은 결코 그렇지 않습니다. 성경은 세속적 타협을 허용하고 있지 않습니다. 우리 시대의 성도들은 알게 모르게 성경의 가르침을 벗어나 인간의 이성을 통한 타협 가운데 살아가고 있지만 그것은 성경이 요구하고 있는 삶이 아닙니다. 성경은 예수만이 그리스도이며, 그분만이 길이요 진리요 생명이라고 천명하고 있습니다. 그러므로 그로 말미암지 않고는 아무도 하나님께로 갈 수 없음을 분명히 하고 있습니다. 자기의 경험을 중시하는 인간들은 그것이 독단이며 편협한 종교적 발상에 지나지 않는다고 이야기합니다. 그러나 하나님의 백성은 인간의 경험을 토대로 하여 사고하고 판단하는 사람들이 아니라 하나님의 요청에 따라 사고하고 순종할 따름입니다.

미숙 자매, 아직 어린 자매의 입장에서는 충분히 해 볼 수 있는 갈등이리라 생각합니다. 자매의 말대로 모든 종교를 긍정하면서 기독교의 하나님을 우선에 두면 되는 것 아닌가, 그리고 부처의 가르침을 경청하면서 또한 예수의 가르침을 동시에 인정할 수 있다면 그것이 옳은 것 아닌가 생각되기도 할 것입니다. 그러나 그것은 자매의 관용한 이성에 기초하는 생각일 것입니다. 자매는 그러한 생각을 정리하기 위해 성경에서 그 해답을 구하기 어렵다고 말했지만 성경에는 그에 대한 명확하고도 풍부한 가르침들이 있습니다.

자매의 질문에 대한 저의 이러한 답변이 마음에 들지 않을지도 모르겠습니다. 그렇지만 지금의 생각에서 조금만 더 깊은 생각을 해 보았으면 합니다. 성경의 계시를 통해 말씀하시는 하나님의 음성을 듣는 가운데 말입니다. 언제 시간이 되면 대면하여 교제할 수 있는 기회가 있다면 좋겠습니다.

(2002. 3. 14)

 '추말자'의 변질과 우리의 교훈

교단 산하 목회자님들께

안녕하십니까? 주님의 이름으로 문안드립니다. 본인은 대한예수교 장로회(고신) 동대구노회에 속한 목사로서 진정 교단을 아끼는 마음으로 본인이 속한 노회에서 일어나고 있는 일들에 대해 호소하기 위해 이 글을 씁니다.

* * *

어느 사회든 인간이 사는 집단이라면 기준이 있기 마련입니다. 기준이 있지 않은 사회는 힘의 논리가 지배하게 되며 거기에는 암울한 부조리만 존재할 따름입니다. 인간 사회에서 발견되어 적용되는 가장 중요한 것 중 하나가 도량형입니다. 사람들은 물건을 사고 팔 때 '추'로써 정확한 무게를 달아 매매를 하게 되며, 양식을 사고 팔 때는 정확한 '말'을 통해 그 양을 정했습니다. 그리고 정확한 '자'로써 길이를 재어 사고 파는 물건들에 대해 측량을 하게 됩니다. 그러므로 '추말자'는 인간 사회에서 매우 중요한 기준이 되었으며 감독 기관인 정부가 해야 할 일 중에 가장 중요한 것이 '추말자'의 기준을 지키는 일이었습니다.

어느 나라든 '추말자'의 기준이 흐트러지면 마치 국가의 쇠망을 앞두고 있음을 보여주기라도 하듯 그 나라는 쇠망의 길을 걸었음을 우리는 역사를 통해서 보게 됩니다. 안정되고 좋은 시대에는 '추말자'가 정확했으며 혼탁하고 부조리한 시대에는 '추말자'가 정확하지 않았습니다. 오늘 우리의 시대는 국가의 권력을 가진 사람들이 법의 잣대를 늘였다 줄였다 하기를 마음대로 합니다. 어떤 사람들은 단돈 몇 천 원만 잘못 사용해도 공금횡령죄를 뒤집어쓰게 되고 어떤 사람들은 수십 억의 뇌물을 받아도 그냥 넘어가기도 합니다. 이에 대한 각성이 있지 않다면 우리 또한 패망의 길을 재촉하고 있다고 볼 수밖에 없으며 그 길을 피하기 위해서는 정확하고 균형있는 법 해석과 적용이 뒤따라야 합니다.

가장 공평하고 순결해야 할 우리 시대의 기독교는 어떻습니까? 오늘날 기독교는 과연 편벽됨이 없는 잣대를 가지고 있습니까? 우리에게 실질적인 '추말자'의 역할을 하는 것은 하나님의 말씀입니다. 우리 한국 교회가 되찾아야 할 것 중 하나가 올바른 잣대입니다. 그러나 안타깝게도 본 교단에 있어서도 '추말자'는 이미 변질되어 버렸습니다.

동일한 치리회 아래 있으면서도 권징 사역의 치리 방법에 객관적 기준이 사라져 버렸습니다. 그것을 바라보는 교회 지도자들 중에 '추말자'가 기능을 못하고 변질되어 있음을 지적하여 말하는 이가 없습니다. 설령 그런 부조리를 보며 부당함을 알고 있는 사람들조차도 잘못된 교권주의자들의 힘 앞에 입을 다물고 있는 실정입니다.

교단 산하의 책임있는 위치에 있는 사람들이 공문서를 위조하고 재정 횡령을 한 사실은 이미 모두에게 알려진 바입니다. 또한 노회에서나 총회에서 불법 타락 선거를 했다는 이야기를 심심찮게 들어왔습니다. 최근에는 서로간 상대를 향해 불법을 저질렀다는 교단 지도자들의 맞고함 소리를 언론을 통해 자주 들어왔습니다. 그에 연관된 지도자들은 교단 산하 기관에 속한 목사들이며 교단 산하의 노회에 소속되어 있습니다.

그러나 명확한 불법 사실을 알고서도 노회가 그들을 징계했다는 이야기를 듣지 못했습니다. 노회는 그들에 대해 아무런 징계도 하지 않고 있습니다. 마땅히 징계함으로써 교회가 교훈을 얻고 악한 일이 얼마나 두려운 것인가 하는 깨달음의 방편으로 삼아야 할 것이지만 그냥 넘어가고 있습니다. 잘못이 있을 때 적절한 징계 절차를 거치는 것은 마땅하며 그것을 통해 용서와 화해가 이루어져야 할 것입니다.

이에 비해 전혀 징계의 대상이 아닌 목사들을 제명한다면 어떻게 해야하겠습니까? 제명이란 이단 사상을 가진 자들에게 내리는 출교를 의미합니다(헌법, 헌법적 규칙, 제9장 권징조례 제2조 6, 출교). 교단 산하 동대구노회는 지난해 6월 임시노회에서 이미 목사 한 사람을 안식일과 십일조 문제로 출교한 바 있습니다(2001. 6. 22. 동대구노회 제10회 제1차 임시노회/ 2001. 6. 30 KD교보 제명공고).

그리고 금년 4월에 있을 봄노회를 앞두고 전권위원회에서는 또 다른 한 목사의 제명을 결정(2002. 3. 7)해 두고 있는 상태입니다. 놀라운 점은 해당 목사들의 신학적 입장에 대해 교단 신학교에서 신학적 문제가 없음을 입증한 상태에서 노회의 전권위원회가 제명을 시도하고 있다는 사실입니다. (동대구노회 전권위원회는 지난 3월 초순 이 문제에 대한 답변을 얻기 위해 고려신학대학원을 방문하였으며, 제명을 당하게 된 해당 목사 역시 3월 중순 신대원을 방문하여 신학적 문제가 없음을 확인했습니다.)

본인 자신도 이 문제에 대해 K신학대학원과 KS대학교의 여러 교수들과 수차례 논의한 적이 있습니다. 본인이 만난 교수들은 한결같이 제명당하게 된 그 목사들의 신학 사상에 별다른 문제가 있지 않다는 견해를 밝혔습니다. 그럼에도 불구하고 신학적 이유로 목사를 제명한다면 앞서 말씀드린 것처럼 권징에 대한 객관적 기준을 상실하고 있는 것입니다. 이런 상황을 보며 우리가 어떻게 해야 하겠습니까?

물론 본인은 이미 여러분들에게 호소한 바 있습니다. 교단의 지도자들에게 호소했으며 교단의 신학자들에게 호소하였습니다. 전권위원들 중 일부에게도 신학대학원에서 신학적 문제가 없음을 확인한 가운데 제명, 출교해서는 안 된다고 호소해 보았지만 아무런 효과가 있지 않았습니다. 본인이 이렇게 교단 산하의 여러 목회자님들께 편지를 쓰는 것은 이것이 마지막 호소 방법이라 판단했기 때문입니다.

* * *

교단의 목사들이 불건전한 신학적 주장을 하는 것이 아닌데도 이어 제명되는 것을 보며 그것을 예사로 생각해서는 안 될 것입니다. 더구나 건전한 신학을 소유한 흩어진 형제들이 하나로 화합해야 한다고 반성적으로 외치는 우리의 시대입니다. 만일 주님께서 사랑하시는 종을 부당하게 제명함으로써 형제를 출교하는 일이 본 교단 산하 노회에서 일어나고 있다면 그것은 엄청나게 심각한 일입니다. 그러므로 이에 대해 명확한 검증을 하는 것은 교단내의 어떤 사안보다 중요함을 결코 잊어서는 안 될 것입니다.

동일한 치리회에 속한 목사를 권징할 때는 객관성과 형평성이 있어야 합니다. 마땅히 권징해야 할 사람들을 정치적 이유로 인해 최소한의 권징조차도 하지 않고, 반면에 권징의 대상이 되지 않는 목사들이 제명되는 것을 보며 모른 척 외면하는 것은 코람데오를 외치는 교단의 목회자들이 취할 자세가 아니라고 생각합니다. 만일 이에 대해 계속해서 침묵하거나 방조한다면 우리는 이미 참된 교회의 대열에서 이탈해 있음을 반증하는 것이 될지도 모릅니다.

'추말자'의 변질을 방치하게 되면 쇠망의 길을 재촉하듯이 권징을 함에 있어서 객관적 일관성이 없으면 우리 교단의 앞날은 암담할 뿐입니다. 본인은 흐트러지고 왜곡된 현실을 바로잡음으로써 원래의 교단 정신을 이어가기 위해 기도하겠습니다.

2002. 3. 20
대한예수교 장로회 동대구노회 실로암교회 목사 이광호

 '죽은 자를 위한 기도'에 대하여(벧전 3:19)

김 선생님

그 동안도 잘 지내시리라 생각합니다. 미국 생활에 잘 적응하고 있겠지요? 한국에서 비합리적이며 상식적이지 못한 여러 일들이 일어나는 것을 보며 김 선생님이 부러운 마음이 들 때도 있습니다. 이번 학기에는 월요일에 수업이 있어 매주 부산에 내려갑니다. 그 전처럼 김 선생님을 만날 수 없으니 조금 서운하기도 합니다. 영문과에서 강의하는 선생님들을 만날 때 종종 김 선생님 이야기를 하곤 합니다.

지난번 김 선생님께서 질문하신 내용에 대해 이제야 답변을 하려하니 늦어 죄송한 마음이 듭니다. 최근 서울의 꽤 알려진 어느 목사가 죽은 자를 위해서 기도하는 것이 가능하다는 주장을 하고 있다는 이야기를 들었습니다. 그 분은 상당히 참신한 인물로 알려져 있기 때문에 자칫 많은 사람들이 잘못된 가르침의 영향을 받지는 않을까 염려가 되기도 합니다. 아마 김 선생님께서도 그 이야기를 들었을 것이며 그에 대해 상당한 의문이 생겼으리라 여겨집니다.

죽은 자를 위해 기도하는 것이 가능하다고 주장하는 자들은 베드로전서 3장 19절을 성경적 배경으로 삼고 있습니다. "저가 또한 영으로 옥에 있는 영들에게 전파하시니라"(벧전 3:19). 이 기록을 보면 그렇게 오해할 소지가 있는 것이 사실입니다.

우리가 이 문구에서 주의해서 보아야 할 단어 중 하나는 '전파'라는 단어입니다. 일반적으로 '전파'라고 하면 '복음을 전달하여 예수 믿으라고 권면하는 행위'를 연상합니다. 그러나 신약성경에 나타난 '전파'라는 말은 그런 의미가 아니라 '선포'의 의미를 가지고 있습니다. 다시 말하자면 그리스도께서 옥에 있는 영들에게 복음을 전파한 것이 아니라 그들에게 심판을 선포하셨다는 것입니다.

그런데 위 본문은 보편적이 아니라 매우 특별한 기록임을 알 수 있습니다. 그 뒤에 따라오는 말을 보면 노아의 때를 두고 설명하고 있습니다. "그들은 전에 노아의 날 방주 예비할 동안 하나님이 오래 참고 기다리실 때에 순종치 아니하던 자들이라 방주에서 물로 말미암아 구원을 얻은 자가 몇 명뿐이니 겨우 여덟 명이라"(벧전 3:20). 예수님의 영이 지옥에 가셨다는 사실은 분명하지만 전체적으로 보아 매우 난해한 구절임은 사실입니다. 그렇지만 우리가 생각해 볼 수 있는 것은 지옥에 있는 영들이 모든 불순종하는 자라는 점입니다.

예수님께서 육신의 죽음 가운데 있을 때 지옥에 내려가셨다는 것은 일반적인 이해입니다. 우리말의 사도신경에서는 번역상의 착오로 인해 빠져 있습니다만 원문에는 '그가 지옥으로 내려가시고'(He descended into the hell)라는 문구가 있습니다. 그리스도의 육신이 무덤 가운데 있을 때 그의 영이 지옥으로 내려가신 목적이 무엇인가 하는 점을 잘 이해하는 것은 매우 중요합니다.

저는 베드로전서의 기록을 문자 그대로 믿고 있으며 사도신경을 고백적으로 받아들이고 있습니다. 많은 사람들이 사도신경에 대한 번역상의 미비로 인해 원래의 의미를 잘못 알고 있습니다. 우리가 분명히 알 수 있는 것은 그리스도께서 무덤에 있을 동안 그의 영은 지옥에 내려가셨다는 사실입니다. 그렇다면 무엇 때문에 그곳에 가셨을까 하는 의문이 남습니다.

예수님의 영이 지옥에 내려간 것은 그곳에 있는 영들에게 하나님의 뜻과 심판의 능력을 선포하시기 위해서였습니다. 주님의 십자가 사건은 모든 인간들에게 영향을 미치는 사건입니다. 유대인들과 로마인들이 주님을 못박음으로써 그를 죽였지만 주님은 부활을 통해 온전한 승리를 선포하셨습니다.

그가 지옥으로 내려간 것은 죄인들이 죽인 주님이 심판의 능력자로 살아있음을 그들에게 입증하여 선포하신 것입니다. 즉 하나님의 완전한 승리를 그들에게도 선포하셨던 것입니다. 다시 말해서 산 자의 하나님 이실 뿐 아니라 죽은 자들의 하나님도 되심을 말씀하시듯이, 살아있는 자들에 대한 심판뿐 아니라 죽은 자들에 대한 심판도 아울러 행하시는 주님의 모습을 보여주신 것입니다.

앞서 말씀하신 죽은 자를 위한 기도의 개념은 이미 로마카톨릭의 연옥설에서 설명되고 있는 내용입니다. "한 번 죽는 것은 사람에게 정하신 것이요 그 후에는 심판이 있으리라"(히 9:27). 죽은 인간을 위해 기도한다는 것은 성경적인 가르침이 아닙니다. 죽은 사람을 위해서 기도할 수 있다는 것은 잘못된 것입니다.

김 선생님, 저의 짧은 답변이 도움이 되었으면 합니다. 변변치 못한 답변이지만 이해하실 줄 믿습니다. 미국에 있는 동안 학문의 정진과 함께 하나님의 인도하심의 손길을 깊이 체험하는 기회를 가지게 되기를 원합니다. 오늘은 이만 줄이겠습니다. 기도 제목이나 즐거움을 나눌 만한 일들이 있으면 연락주십시오. 혹 시간이 되면 좋은 연구 결과물들도 보내주시면 감사하겠습니다. 가족들에게도 문안합니다.

(2002. 3. 22)

50 '성경 공부를 하고 싶은데요'

진경 자매

녕하세요? 지난주에는 겨울(?) 날씨였는데 이번 주에는 마치 여름날씨 같습니다. 지난주 월요일 학교 강의 때문에 부산에 가면서 겨울 외투를 입고 갔었는데 어제는 윗저고리를 벗어야 할 만큼 더위가 느껴지는 날씨였습니다.

지난주 월요일 아침 일찍 겨울 외투를 입고 집을 나서는 저를 보며 괜히 자기가 부끄럽다고 하는 아내의 말을 듣고 그 의미를 잘 이해하지 못했거든요. 부끄러움을 느낀다면 외투를 입고 다니는 내가 부끄럽지 나와 함께 다니지도 않을 당신이 왜 부끄럽냐고 그냥 한마디 던졌거든요. 그래서 그랬는지 어제 아침에는 아내가 오늘은 왜 외투를 입지 않고 가느냐고 한마디하더군요. 쌀쌀한 아침 날씨 때문에 외투를 입을까 망설이다가 그냥 나갔었는데 그러기를 잘했다는 생각이 들었습니다. (제가 살고 있는 팔공산 아래 마을의 새벽에는 아직까지 창가에 성에가 끼고 있습니다.)

서론이 너무 길었지요? 지난번 자매께서 성경 공부 방법에 대한 질문을 하셨는데 이제야 그에 대한 답변을 드리게 되었습니다. 신앙생활을 한 지 10년정도 된다고 하셨는데 성경에 대한 깊은 관심을 가지고 있으니 참 감사한 일입니다.

우리는 성경을 공부하기 전에 우선 '성경의 의미'에 대한 이해를 명확히 해야 할 필요가 있습니다. 성경은 계시된 하나님의 말씀입니다. 이 세상의 모든 것들은 예외없이 죄악 가운데 존재하고 있습니다. 처음 인간이 범죄한 이후 하나님께서는 더이상 이 세상을 의로운 대상으로 보시지 않습니다. 하나님의 창조 의도를 벗어난 세상의 모든 것을 불의한 대상으로 보시게 된 것입니다. 그 악한 세상 가운데 존재하는 것들 가운데 선한 것이라고는 단 하나도 없습니다.

우리가 성경을 하나님의 계시라고 말하는 것은, 신구약 성경 66권은 더러운 세상 가운데서 생겨난 것이 아니라 하나님께서 자기 백성의 구원을 위해 하늘로부터 계시하여 주신 의로운 말씀이라는 뜻입니다. 즉 세상에서 유일하게 선하고 의로운 것은 하나님의 계시된 말씀이며 그 말씀이 계시하고 있는 바가 곧 그리스도 예수입니다. 우리가 성경의 가르침을 더욱 분명히 알고자 하는 것은 그 계시된 말씀을 통해 그리스도 예수와 더불어 하나님의 온전하신 뜻을 알고자 함입니다.

자매께서 '성경 공부를 하고 싶다' 고 하셨는데 그 의미 또한 잘 생각해 보아야 합니다. 저 또한 '성경 공부' 라는 용어를 사용하기는 합니다만 엄밀한 의미에서는 그게 옳은 표현 방법은 아닐 것입니다. 물론 진리를 탐구한다는 의미에서 '성경 공부를 한다' 고 하는 표현 자체가 잘못이 아닐 수도 있습니다.

그렇지만 우리가 명확하게 알아야 할 바는 성경이 인간들에게 연구의 대상으로 주어진 것은 아니라는 사실입니다. 인간은 성경을 연구의 대상으로 삼을 수 없습니다. 오늘날 자유주의 신학이 범람하게 된 것은 많은 사람들이 성경을 연구의 대상으로 삼았기 때문입니다. 연구한다는 것은 인간의 이성을 도구화한다는 말이 되며 결국 인간의 이성을 하나님의 말씀보다 우위에 두는 어리석음을 범하게 되는 것입니다.

그러면 어떻게 해야 할까요? 우리는 계시된 하나님의 말씀을 통해 그분의 가르침을 들어야 합니다. "믿음은 들음에서 나며 들음은 그리스도의 말씀으로 말미암았느니라"(롬 10:17).

어떤 사람들은 '믿음은 들음에서 난다'는 말의 의미가 마치 설교자의 설교를 들음에서 믿음이 나는 것으로 오해하기도 합니다. 그러나 그 말의 진정한 의미는 기록된 하나님의 말씀을 경청함으로써 믿음이 난다는 의미입니다. 우리가 하나님의 말씀을 듣는 방법은 하나님의 말씀을 읽고 그 의미를 깊이 묵상하는 가운데 그의 음성을 듣습니다. 물론 그 말씀을 들음의 과정에서 자기 마음대로 판단하고 해석하는 오류를 범해서는 안 됩니다.

성경을 깨달아 가는데도 단계가 있음을 성경은 말해주고 있습니다. 사람이 어릴 때는 젖을 먹고 자라지만 성장하게 되면 고기와 같은 단단한 음식을 먹을 수 있음을 비유로 말하고 있습니다(고전 3:2; 히 5:12-14). 이처럼 우리가 하나님의 말씀을 읽고 묵상하는 데 있어서도 한꺼번에 무리하게 이해하려 해서는 안 됩니다.

자칫 잘못하다가는 하나님의 뜻에 따르는 것이 아니라 자기 마음대로 성경을 해석해 버리는 잘못을 범할 수 있기 때문입니다. 다시 말씀드려서 하나님의 말씀을 그의 뜻에 합당하게 잘 들어야 하는데 말귀를 알아듣지 못하니까 자기 마음대로 해석하여 오해할 수 있다는 것입니다.

우리는 성장해 가는 과정에 있어서 점차적으로 어떤 이치를 알아가게 됩니다. 저는 자매께서 성경 말씀을 더욱 잘 깨닫기 위한 방편으로 몇 가지 사항을 말씀드리고자 합니다. 우선은 성경을 이해하기 위한 기초 작업으로 성경 전체 역사에 대한 배경을 공부하시기를 바랍니다.

창세기에서 요한계시록에 이르기까지 구속사Redemptive History적 의미를 이해하는 것은 하나님의 말씀을 깨달아 가는데 절대로 중요한 부분입니다. 그에 대한 이해가 있을 때 선포되는 말씀에 참여하거나, 스스로 성경을 읽을 때 그 의미를 온전히 파악하여 주님의 음성을 들을 수 있게 되는 것입니다.

　그리고 가능한 대로 성경인물과 지리에 대한 공부를 하시기 바랍니다. 성경에는 많은 인물들이 나오는데 그 사람들은 모두가 이 지구 위에 있는 땅을 밟고 살았던 인물들입니다. 물론 그중에는 성경이 그에 대해 명확하게 밝히지 않은 부분들도 있습니다만 가능한 데까지 공부할 수 있을 것입니다.

　거듭 말씀드립니다만 이러한 공부는 성경 공부가 아니며 성경을 통해 하나님의 말씀을 잘 듣기 위한 방편으로써 하는 공부임을 기억하시기 바랍니다. 다시 말해 위에 말씀드린 공부들을 잘 해 둠으로써 교회에서 주님의 말씀이 선포될 때 그 말씀의 의미를 잘 경청할 수 있을 것입니다.
　원리적으로 성도들은 교회의 무리와 함께 예배 시간에 선포되는 말씀을 통해서 하나님의 음성을 들어야 합니다. 즉 개개인이 자기 마음대로 하나님의 말씀을 아전인수격으로 들으려 해서는 안 된다는 뜻입니다. 물론 이 말은 성숙하고 온전한 교회일 경우에 해당되는 말이며 오늘날 우리의 기독교 현실에서는 그렇지 못함을 안타깝게 생각합니다. 각 개인 성도들이 개별적으로 하나님의 말씀을 읽고 묵상할 때도 교회의 전체적 의사 가운데 그렇게 해야 합니다.

　제가 너무 어려운 이야기를 한 것은 아닌지 모르겠습니다. 자매께서 성경을 통해 진리를 발견하고자 하며 그 말씀을 통해 하나님의 음성을 들으려 하는 것은 매우 아름다운 자세일 것입니다. 그 마음을 주님 오시는 그 날까지 잘 지켜 나가시기 원합니다. 제가 달리 자매에게 구체적인 도움을 드릴 수 없어 죄송합니다. 하나님의 선한 인도하심의 손길이 자매와 함께 하시기를 바랍니다.

(2002. 4. 2)

51 '부활절 연합예배'에 대하여

유진 자매

녕하세요? 밖에는 벌써 반소매 차림으로 다니는 사람들이 눈에 뜨이는군요. 서울에도 그런가요? 지난번 자매가 직접 정성스럽게 그려준 그림을 코팅하여 책장에 비스듬히 놓아두고 종종 감상하고 있습니다. 저는 그림에 대해서는 거의 문외한이지만 그래도 재미있다는 생각이 종종 듭니다.

얼마전 자매가 부활절에 대한 글을 보낸 데 대한 답신을 보냅니다. 기본적으로 저는 부활절을 없애야 한다고 생각합니다. 물론 아무리 이렇게 외친다해도 다른 사람들에게 받아들여질 리 없다는 것을 잘 알고 있습니다. 그럼에도 불구하고 저는 기회가 주어질 때면 그런 주장을 하곤 합니다. 부활절을 없애자고 주장하면 제가 마치 부활의 의미를 축소시키는 데 앞장서는 것으로 오해하는 사람들마저 있습니다. 그런 사람들은 화려하고 성대한 부활절 행사를 하는 것이 신앙적 표현이라고 잘못 생각하고 있기 때문일 것입니다.

부활의 의미가 새겨지는 것은 그리스도의 고난과 동일한 연장선상에서만 가능합니다. 거기에서 벗어난 것은 진정한 부활의 의미를 훼손합니다. 한국교회는 금번 부활절에서 '부활의 영광, 월드컵 승리'라는 슬로건을 내걸었는데 그것은 결코 부활의 의미를 아는 사람들이 할 수 있는 행동이 아닙니다. 소수의 무지한 사람들이 그렇게 한 것이 아니라 전체 한국교회가 그런 식의 슬로건을 내걸었다는 것은 우리의 참담한 신앙적 현실을 보여주는 것입니다.

　부활절 당일인 3월 31일자 기독교신문인 '뉴스앤조이'에 보도된 서울 상암 축구경기장에서 있었던 부활절 행사 내용을 보고 저는 깜짝 놀랐습니다:

　　　설교자 김장환 목사는 '이곳에서 축구를 하면 한국팀은 반드시 승리할 줄 믿습니다'며 참가자들의 '아멘'을 유도하는가 하면 '침체됐던 한국팀이 결승전까지 올라가기를 하나님 이름으로 축원합니다'고 강조했다. 또 그는 계속해서 '2002년 감격적인 부활절연합예배가 상암 축구경기장에서 개최되는 것은 한국의 경사요, 하나님의 특별한 계획과 섭리가 계신 줄 믿습니다'고 하는 등 온통 월드컵 예찬론으로 설교 시간을 메웠다.
　　　미리 작성된 설교 원고를 숨가쁘게 읽어 내린 김 목사는 거의 코미디 수준을 방불케 하는 말로 설교를 마무리했다. 김 목사의 마무리 설교의 요지는 '이제 한국 축구는 반드시 승리할 것을 믿는다. 미국팀에는 미안하지만 자살골 한 골 먹으면 한국은 16강에 올라갈 것이다. 폴란드와의 경기에서 한국은 페널티킥을 얻을 것이다. 이때 페널티킥을 못 넣는 사람은 한강에 빠져 죽어야 할 것이다. 포르투갈 경기에서 한국이 한 골 넣으면 16강에 오른다'라는 것이다.
　　　김 목사의 설교 후 이어진 6가지 제목의 특별기도 순서에서도 역시 월드컵 성공적 개최는 빠지지 않았다. 서울교회협 회장 박춘화 목사는 월드컵의 성공적 개최를 위한 기도에서 김 목사와 마찬가지로 '서울에서 역사적인 2002년 월드컵 경기를 개최하도록 섭리하시고 인도하여 주셨음을 감사드립니다'고 말하고 '월드컵 경기를 성공적으로 개최하고 잘 마칠 수 있도록 도와주시고 축복하여 주시옵소서'하고 기도했다.

　위 기사를 통해 우리가 알 수 있는 것은 그런 지도자를 둔 한국 기독교가 안타깝다는 점이며 그것이 정확하게 한국교회의 수준이라는 점입니다. 위 신문은 그렇게 보도했지만 다른 기독교 신문들에서는 수만 명이 모여 하나님께 영광을 돌린 뜻깊은 행사였다고 보도하고 있습니다. 많은 사람들이 모여 연보를 많이 거두고 시끌뻑적하면 그것이 곧 성공적이었다고 평가하는 시대가 되어 버린 것입니다.

부활절 행사에 하나님을 알지 못하는 불신자들을 초청하여 맨 앞자리에 내빈으로 모시는 행위는 간음행위의 극치라 할 수밖에 없습니다. 사실 그런 행사는 더이상 예배가 아니며 천박한 기독교적 행사일 따름입니다. 그리스도의 고난과 관계없는 부활절은 아무런 의미가 없습니다. 즉 2002년 월드컵 승리를 위해 그리스도가 고난을 받고 십자가에 달린 것이 아니라면 그리스도의 부활도 그와는 아무런 상관이 없습니다.

이 정도 되면 한국교회는 내년에는 부활절 연합 행사 같은 것은 하지 말자고 하는 음성들이 있어야만 합니다. 그렇지만 한국교회에 그렇게 할 정도의 신학과 신앙이 있다고 생각되어지지 않습니다. 아마 기독교 지도자들은 더욱 성대한 행사를 계획하며 기독교의 저력을 보여준다는 명목을 앞세워 교회를 어지럽힐 것입니다.

순수한 많은 성도들은 부활절 연합예배는 한국교회의 연합을 위해서 필요하다고 생각할지도 모릅니다. 그러나 행사를 통해 교회가 연합되리라는 생각을 하는 것이 문제입니다. 어떻게 교회가 그런 행사를 통해 하나가 될 수 있다고 상상이나 할 수 있는지 의아스럽기만 합니다. 진정한 연합은 성령의 사역과 그에 대한 진정한 고백에 달려 있을 따름입니다.

앞에서 말한 것처럼 우리 시대의 교회가 제 위치를 회복하기 위해서는 부활절을 없애야 합니다. 부활절이 있음으로 인해 교회에서는 일년에 단 한 차례만 부활절 찬송을 부르게 만들어버렸습니다. 봄, 여름, 가을, 겨울 할 것 없이 사시사철 주님의 부활을 노래해야 할 교회가 일년에 단 한 차례, 그나마 행사를 치르는 기분으로 찬송가를 부르도록 만들어 버린 것입니다.

제가 속한 실로암교회에서는 일년 어느 계절이든지 부활절 찬송을 합니다. 물론 이번 부활절을 보내면서도 우리 교회에서는 성탄절 찬송을 함께 불렀습니다. 종종 우리 교회에 다니러 오는 성도들이 있는데 그들 중에는 우리 교회의 그런 모습을 보며 이상한(?) 교회라 생각하는 이들마저 없지 않습니다. 왜 봄날이 화창한 4월에 성탄절 찬송을 하며 한겨울에 부활절 찬송을 하느냐는 듯이 말입니다.

어떤 성도들은 계절을 무시하고 성탄과 부활에 관련된 찬송을 하는 것을 보며 절기에 대해 둔감하기 때문이라고 생각하기도 합니다. 그런 이들은 절기에 최대한의 정성을 드리는 것이 신앙인의 자세라고 생각합니다. 그러나 사도시대 교회나 초대교회에서는 일년 한 차례만 지키는 그런 절기가 아예 있지 않았습니다.

중세 종교개혁자들도 그와 동일한 신앙적 자세를 가졌기에 각종 절기를 폐기할 것을 강력하게 촉구했던 것입니다. 주님의 탄생, 생애, 고난, 십자가에 죽으심, 부활, 승천은 우리가 날마다, 주일마다 끊임없이 노래해야 할 내용들이기 때문입니다.

유진 자매, 이러한 이야기들을 아무리 해보았자 귀담아 듣는 사람들이 그리 많지는 않습니다. 그러므로 이런 말을 여러 사람들에게 되풀이하여 이야기하는 것이 중요한 것이 아니라 매주일마다 성도들이 함께 모여 주님의 말씀과 더불어 실제로 주님의 탄생과 부활을 진정으로 노래하는 그것이 소중하지요.

우리 모두에게 그런 아름다운 시대가 오기를 원합니다만 너무 요원하기만 합니다. 그렇다 할지라도 자매는 교회 가운데서 그러한 은혜의 삶을 누리게 되기를 간절히 바랍니다.

(2002. 4. 4)

52 '교회의 옮김'에 대하여

연주 자매

녕하세요? 주님의 이름으로 문안드립니다. 지난번 서신을 보내면서 교회 때문에 많은 갈등을 하고 있다고 했지요? 지금은 어떠한지요? 아직 대학생이라면 심적인 고통이 적지 않으리라 생각되어 더욱 안타까운 마음입니다. 진작 소식을 드리려 하다가 자칫 제가 드리는 말씀이 교회를 옮기는 문제에 있어서 직접적인 원인이 될까 싶어 염려되는 마음으로 인해 다소 늦게 답변드리는 점 양해해 주시기를 바랍니다.

말씀을 바탕으로 한 올바른 신앙생활을 하려면 상당한 외로움을 감수해야 합니다. 이것은 비단 우리 시대에만 국한된 일이 아닙니다. 다수의 교인들은 말씀의 가르침보다 경험에 익숙해 있어서 집단적 경향성에 따라 신앙생활을 하려 하는 것이 일반적입니다. 그렇게 하는 것이 편안한 방법일 뿐 아니라 다수의 경험적 동의 아래 이루어지는 신앙의 형태이므로 그렇게 하는 것이 자연스럽게 인식되기 때문이지요.

성경의 가르침을 좇아 개혁주의 원리에 서 있는 성도들은 취향에 의한 집단을 형성하지 않는다는 특색이 있습니다. 어떤 사람들은 자기 주장을 합리화하기 위해 여러 사람들을 모아 자신의 타당성을 입증해 보이려 하지만, 성경에 나타난 성숙한 성도들은 하나님의 말씀을 좇아갈 뿐 사람들의 인정에는 그다지 관여하지 않았음을 볼 수 있습니다. 성경에 나타나는 선지자들이나 사도들은 집단적 그룹을 형성하려 하지 않았으며, 오직 주님의 말씀을 좇아 자연스럽게 교회 공동체를 이루어갔던 것입니다.

자매가 질문한 교회의 옮김에 대해 몇 가지 말씀을 드릴까 합니다;

우선 교회가 자신의 마음에 들지 않아 다른 교회로 옮기는 것은 옳지 않다고 생각됩니다. 여기서 마음에 들지 않는다는 말은 어떤 취향을 뜻합니다. 우리는 어떤 경우에도 교회를 자기 취향에 맞추려 해서 안 되며 자기 취향에 맞는 교회이기 때문에 좋은 교회인 것도 아닙니다.

그렇지만 교회를 옮기지 않으면 안 될 경우가 있습니다. 그것은 교회가 하나님의 말씀을 떠나 있을 때입니다. 온 성도들이 함께 모이는 주일 예배에서 하나님의 말씀이 올바르게 선포되지 않는다면 그 교회는 이미 온전한 교회가 아니므로 그곳은 속히 떠나야 합니다.

그리고 성례가 온당하게 이행되지 않는다면 그 교회는 참된 교회가 아닙니다. 교회는 세례를 베풀 때 충분한 문답을 거쳐야 하며 복음에 대한 진정한 고백이 있는 이들에게 세례를 베풀어야 합니다. 세례를 받아 입교한 그 성도들이 교회 공동체를 이루어 그리스도의 피와 살을 나누며 성찬에 참여하게 되는 것입니다.

또한 참된 교회에서는 지속적인 권징 사역이 이루어져야 합니다. 이는 잘못을 저지른 교인에게 벌을 주어야 한다는 의미가 아니라 올바른 교회로 세워져 가기 위해서 잘못된 가르침이나 누룩을 끊임없이 찾아 정리하는 성도들의 삶을 의미합니다. 세상에 살고 있는 성도들 중에 완벽한 사람은 아무도 없습니다. 그렇지만 주님의 거룩한 교회를 세워나가기 위해 서로 말씀으로 권면함으로써 권징 사역에 참여하게 되는 것입니다.

권징 사역은 모든 성도들 상호간에 끊임없이 이루어져야 합니다. 만일 설교자가 성경의 가르침을 벗어나 설교한다거나 성례를 잘못 시행하고 있다면 적절한 권면이 마땅히 필요합니다. 어떤 권위주의적 분위기로 인해 그렇게 하는 것이 주저된다면 매우 연약한 교회이거나 잘못된 교회라 할 수 있겠지요. 성경 말씀을 바탕으로 한 온전한 권면을 멸시하거나 그에 따르지 않는다면 교회는 그에 대해 엄히 징계해야 합니다. 그것은 교회와 그 당사자를 위해서입니다.

만일 교회가 위의 내용들에 소홀하거나 잘못하고 있다면 모든 성도들은 그것을 바로 세우기 위해 최선의 노력을 기울여야 합니다. 성숙하고 좋은 교회라면 어떤 문제가 발생한다 해도 그다지 문제될 것이 없습니다.
다수의 성도들이 이미 올바른 교훈을 알고 있을 것이며 잘못 알고 행한 당사자는 수월하게 제 위치로 돌아올 수 있을 것이기 때문입니다. 그러나 연약하거나 잘못된 교회에서는 그것을 바로잡기가 결코 쉽지 않습니다. 이미 다수가 그 잘못을 잘못인 줄 모르고 있을 가능성이 높을 것이며, 잘못된 점을 알고 있는 소수의 권면이 쉽게 받아들여지지 않을 것이기 때문입니다.

그러므로 교회는 처음부터 작은 잘못이라도 서로 말씀으로 권면하는 것으로부터 시작해야 합니다. 그것이 곧 진정한 사랑이기 때문입니다. 어떤 사람들은 성도의 잘못을 덮어두고 그냥 지나치는 것이 사랑이라 오해하는 경우가 있습니다만 그것은 매우 위험한 생각입니다. 그런 방치된 상태가 오래 지속되면 그것이 점차로 커져 참된 기준을 상실하게 될 것이며 모든 성도들 사이에 뒤엉키게 되어 결국 감당치 못하게 될 것이기 때문입니다.

마지막으로 자매의 경우를 구체적으로 기억하여 말씀드리며 글을 마칠까 합니다. 자매가 주일 예배에 참여했을 때 목사님의 설교에 기쁨으로 '아멘' 할 수 있다면 아직 떠날 단계는 아니리라 생각해 봅니다. 이는 물론 자매의 신앙이 상당히 성숙했을 것이란 전제로 드리는 말씀입니다.

그러나 설교가 옳지 않고 잘못되었다는 생각이 지속하여 들게 되면 그 교회에서 나와야 합니다. 하나님을 예배하는 데 온전히 참여할 수 없는 상태에서 그 교회에 남아 있다는 것은 아무런 의미가 없기 때문입니다. 우리 시대의 어떤 사람들이 목사의 설교를 거의 듣지 않는 상태에서 그 교회에 출석하는 것은 형식적 종교 행위에 지나지 않습니다.

심지어는 목회자와 거의 원수지간(?)처럼 되어 목사의 설교를 끊임없이 비난하면서도 꾸준히 교회에 출석하는 것을 보게 되는데 그런 경우는 여간 안타까운 일이 아닐 수 없습니다.

그렇지만 그보다 더욱 심각한 것은 출석하는 교회에 본질적인 문제가 있어 막상 다른 교회로 옮기려 해도 갈 만한 교회가 많지 않음이 더욱 큰 문제입니다. 저는 그것이 우리 시대에 있어서 가장 큰 불행이라 생각합니다. 자매에게 성령의 위로와 함께 하나님의 선한 인도하심이 있기를 원합니다.

(2002. 4. 11)

53 그리스도인과 입양

L 성도님

안녕하세요? 오랜만에 편지를 쓰게 됩니다. 그동안 일상적인 생활 이외에 몇 차례 논문을 발표하는 일들이 겹쳐져 시간을 내기 어려웠습니다. 엊그제(5월 7일)도 대구 남산교회에서 있은 학술발표회에서 '주일과 안식일'에 대한 논문을 발표했는데 할 때마다 늘 동일한 한계를 느끼고 있습니다.

성도님은 저에게 입양에 대해서 질문했지요? 이미 질문 서신에서 언급하신 것처럼 자기가 낳은 아이도 아닌데 남의 아이를 입양해서 키운다는 것은 여간 어렵지 않을 것이란 생각이 들기도 합니다. 그럼에도 불구하고 우리 시대의 많은 사람들이 다른 사람의 아이를 자기 자녀로 입양합니다. 대다수 그들은 불우한 어린 이웃을 돕고자 하는 아름다운 마음씨 때문에 입양하는 일에 참여하고 있다는 생각을 합니다.

그렇지만 잘못된 입양 동기를 잘 정리해 보는 것은 매우 중요하리라 여겨집니다. 그에 대해서는 몇 가지로 나누어 생각해 볼 수 있습니다. 첫째, 다른 사람이 낳은 아이를 입양할 때 자기 자신의 어떤 목적을 위해 입양을 한다면 그것은 매우 이기적인 생각입니다. 종종 자녀를 가질 수 없는 부부에게 자녀가 없으니 있는 것이 좋을 것이란 생각으로 입양하는 것을 보는데 그것은 바람직하지 않습니다.

그리고 자신의 자녀가 혼자 외롭게 크는 것보다는 함께 어울려 크는 것이 교육상 좋을 것이란 생각과 더불어 다른 아이를 입양하는 것도 바람직하지 않습니다. 나아가 어려운 아이를 입양해 길러줌으로써 좋은 일을 한다는 생각으로 입양하는 것도 주의해야 할 내용입니다. 인간의 속성이란 자기가 좋은 일을 한 만큼 나중에 어떤 유형으로든지 보상을 받으려는 심리를 가지고 있기 때문입니다.

 이제 입양에 대해 가져야 할 그리스도인의 자세에 대해 생각해 볼까 합니다. 하나님께서는 우리에게 자녀를 주실 때 일반적으로는 부부관계를 통해서 허락하십니다. 남녀가 혼인을 하면 건강상의 특별한 이상이 있지 않는 한 자녀를 갖게 되는 것이 일반적이지요. 그 이외에 일반적이지 않은 방법으로 하나님께서 자녀를 주시는 방법이 있는데 그것이 곧 입양입니다. 다시 말하자면 입양은 하나님께서 우리에게 자녀를 주시는 특별한 한 방법입니다. 입양한 그 아이는 나의 가짜(?) 자녀가 아니라 하나님께서 다른 경로를 통해서 주신 진짜 자녀입니다. 입양을 통해 얻은 자녀나 혼인을 통해서 얻은 자녀 사이에 아무런 차등이 있지 않습니다.
 그러므로 입양의 경로를 통해 자녀를 얻는 것도 자신의 취향으로 인한 선택이 아니라 하나님의 은혜 가운데 자연스럽게 이루어지는 섭리인 것입니다. 입양한 자녀 역시 자신의 몸을 통해 낳은 아이와 전혀 차이가 없이 다시 헤어질 수 없는 관계 속에 놓이게 되는 것입니다.

 저의 신학대학원 시절 지도교수였던 J. M. Batteau 교수님께서는 한국의 아이를 입양했습니다. 그 교수님은 서양인이었지만 한국의 아이를 자녀로 입양했던 것입니다. 그 입양된 아이는 장애가 있어서 다른 아이들처럼 건강한 아이가 아니었습니다. 그렇다고 그 교수님 부부는 그 아이가 다른 아이들보다 더 불쌍해서 입양한 것은 아니라고 했습니다.
 그 아이에게 자기들과 같은 부모가 필요할 것이라는 믿음과 하나님의 인도하시는 과정들을 통해 그를 자녀로 받아들이게 된 것입니다. 그 교수님의 가정에서 그 아이는 더이상 입양된 아이가 아니라 한 가족이었습니다. 다른 사람들이 보기에 피부가 다르고 생김새가 다른 부모와 살고 있으니 법적인 관계에서 입양이라는 단어를 사용하지만 그 가정 안에서는 입양이라는 용어가 더이상 필요하지 않았습니다. 하나님께서 한 가정을 이루어 주셨으며 그 은혜에 따라 함께 살 뿐이었던 것입니다.

입양을 하는 것을 두고 막연히 좋은 일을 하는 것이라고 규정할 성질은 아니라 생각합니다. 이는 자녀를 많이 낳아 기르는 것을 좋은 일이라 규정할 수 없으며 그것을 선행이라 말하지 않는 것과도 같습니다. 물론 하나님을 알지 못하는 사람들은 그것을 선행이라 할 것이며 그런 입장에서 입양을 권하기도 합니다. 그렇지만 하나님의 백성들에게 있어서는 단순히 그렇게 말할 수 없습니다.

앞에서 입양은 자신의 몸이 아닌 특별한 경로를 통해 자녀를 얻는 것이며 그것은 하나님의 은혜 가운데 이루어지는 섭리라고 말했습니다. 이는 우리 성도들이 늘 입양할 준비를 하고 있어야 한다는 말과 통합니다. 가령 성도들 가운데 갑자기 세상을 떠나고 어린 자녀들만 남게 된다면 우리는 선택의 여지없이 그 아이들을 자녀로 입양해야만 합니다. 물론 교회의 성도들이 많이 있을 경우에 어느 가정에서 입양하는 것이 가장 무난할지에 대한 논의 등은 부차적인 것이겠지요.

저의 가정에는 아직 입양한 자녀들이 있지 않습니다만 늘 개방되어 있습니다. 의도적인 입양을 고려하고 있는 것은 아니지만 언제 어떤 경로를 통해 가족이 늘어날지에 대해서는 아무도 모르는 것입니다. 그런 일이 자연스럽게 우리 가정에 있게 된다면 그것은 하나님의 큰 선물이며 은혜일 것입니다.

성도님, 저의 말이 그렇게 일반적이거나 단순한 이야기인 것은 아닙니다만 주님의 뜻을 잘 생각해 보는 기회가 되었으면 합니다. 우리 모든 성도들은 하나님께서 허락하시게 될지도 모르는 입양을 통한 자녀에 대해 열린 마음을 가지고 있어야 하리라 생각합니다.

(2002. 5. 9)

54 KD교보의 기능 회복을 기대하며

정주채 편집국장님께

한 번도 뵌 적이 없지만 정 목사님에 대해서는 진리와 올바름을 추구하는 좋은 목사님으로 이야기 듣고 있습니다. 저는 경북 경산에 있는 교단소속 목사로서 오래 동안 안타까운 마음을 가지고 있다가 이렇게 글을 쓰게 되었습니다. 혹 마음에 들지 않는 표현이나 어휘가 있더라도 이해해 주셨으면 합니다.

KD교보의 현실적 태도에 대해 저의 소견을 말씀드릴까 합니다: 최근 우리 교단에서는 여러 안타까운 일들이 끊임없이 발생해 오고 있습니다. 거창교회 문제, 부산 성은교회 문제, 대구 성산교회 문제, 동대구노회 언약교회 박길현 목사 제명문제, KS대 선교언어학과 S 교수의 논문 문제 등 이루 헤아릴 수 없을 정도입니다.

그런데 본 교단 교회들의 그런 중요한 일들에 관련된 기사나 정보를 교단지인 KD교보에서는 전혀 읽을 수 없고 뉴스앤조이라는 인터넷 신문을 통해 알게 된다는 점은 이해할 수 없는 부분입니다.

그러한 사건을 보도한 뉴스앤조이 기자는 본 교단 경북노회 소속 교회의 젊은 집사입니다. 다수의 사람들은 마치 그 기자가 우리의 치부를 외부에 떠벌리는 것인 양 오해하고 있습니다. 사랑이 없이 무조건 폭로성 보도를 하는 것으로 몰아붙이기도 합니다. 지금도 KD교보 게시판에는 그런 글들이 상당수 올라와 있는 것으로 알고 있습니다.

그렇다면 다시 한번 냉정하게 생각해 보아야 할 것 같습니다. 뉴스앤조이에서 그런 일들을 기사화하지 않고, KD교보에서 침묵함으로써 교단의 성도들이 알지 못하고 모르는 체 넘어가는 것이 마땅하다고 생각하시는지요?

저는 우리 교단과 관련된 그런 기사들을 꼼꼼히 다시 읽어보았지만 그 기자는 누구를 음해하거나 욕을 보이려는 태도를 가진 것은 전혀 아니라는 것을 알 수 있었습니다. 균형잡힌 올바른 기자 정신으로 성도들의 알 권리와 기도제목을 제공했다고 생각합니다. 허물어져 가는 교회를 세우기 위한 충심에서 그렇게 했다는 생각이 들었습니다. 그런 기자가 정말 우리 교단에 필요한 사람이 아닌가 저는 생각하게 됩니다.

그럼에도 불구하고 교단 안의 많은 사람들이 뉴스앤조이와 그 기자를 못마땅해하는 것으로 알고 있습니다. 그런 사람들은 교단 내부의 부끄러운 일들을 교단 밖에서 이야기함으로써 교단에 불이익을 준 것으로 생각하는 것 같습니다.

그러나 외람될지 모르겠습니다만 저는 교단인들의 생각이 분열되고 인터넷상에서 상호 불신하는 말들을 익명으로 주고받는 직접적인 원인은 KD교보의 잘못된 보도 자세 때문이라고 생각합니다. 다시 말씀드려서 그런 일들로 인한 문제들이 성도들에게 기도제목이 아니라 불신을 갖도록 한 데 대해서는 마땅한 보도 의무를 지닌 KD교보가 책임져야 하리라 생각합니다.

만일 KD교보가 그런 일들을 제대로 잘 보도하고 기도제목을 제시했더라면 지금처럼 되지는 않았을 것입니다. 저는 교단 내의 그런 중요한 현실적 일들에 대해 KD교보에서는 어떻게 일언반구도 없었는지 도무지 이해할 수 없습니다. 더구나 KD교보 인터넷 게시판을 통해 상당한 정보들이 던져졌으므로 KD교보에서 그런 일들에 대해 모르고 있었던 것이 아닐 것이기에 더욱 그렇습니다.

앞으로 이와 흡사한 일들이 발생하면 여전히 침묵할 것인지요? 일본의 시퍼런 칼날과 총칼 앞에 굴복하지 않던 신앙의 선배들을 기억한다면, 총칼을 가지고 생명을 위협하는 자들이 있는 것도 아닌데 우리는 무엇 때문에 무엇이 두려워서 침묵해야 하는지 도무지 이해가 되지 않습니다.

우리는 지금도 순교정신을 가졌던 우리의 선배들을 영광스럽게 생각하고 있습니다. 선배들을 영광스럽게 여긴다고 말들을 하면서 현재 자신의 자세가 그렇지 않다면 그것은 도리어 선배들을 욕되게 하는 것일 수 있습니다.

편집국장님, 이제는 KD교보가 교단 언론지의 역할을 회복하게 되기를 원합니다. 문제들이 발생하면 그것이 어떠한 문제이든 밝히 드러내고 기도제목으로 삼는 것이 중요합니다. 그렇게 하는 것이 진정으로 우리 교단을 위한 일일 것입니다. 저는 이러한 회복을 위해 편집국장이신 정 목사님의 역할이 클 것이라 생각합니다.

교단의 일들이 교단 밖에서 여과없이 시끄럽게 회자되고 교단 내부의 다수의 성도들은 그런 사실이 일어나고 있는지조차 모르고 있는 현실이 안타까워 감히 말씀드리게 된 점 이해해 주시기를 바랍니다. 혹 제가 지나친 언사를 사용했다면 용서바랍니다.

2002. 5. 22
실로암교회 이광호 목사 드림

55 KS대학의 '침묵'을 우려하며

K 교수님

신학기가 시작된 지 엊그제 같은데 벌써 학기말을 준비해야 할 것 같습니다. 답답한 마음에 K 교수님께 편지를 써야겠다는 생각이 들어 이렇게 책상 앞에 앉았습니다. 금년으로 7년째 KS대학에서 강의를 해오고 있는 저는 본 교단의 학교인 KS대학에 많은 애착을 가지고 있습니다.

최근 선교언어학과 S 교수의 논문 표절 문제로 여기저기 시끄러운 것으로 알고 있습니다. 이미 인터넷을 통해 수천 명이 그 기사를 읽었고 그 가운데 심한 격론이 벌어졌으며 오프라인 신문을 통해서도 기사화된 줄로 알고 있습니다. 저는 지금 S 교수의 논문이 표절이냐 아니냐에 대해 말하고자 하는 것이 아닙니다. 물론 그에 대한 저의 견해가 있지만 여기서는 언급하지 않으려 합니다.

저는 현재 KS대학의 교수님들과 학생들의 '침묵'을 보며 놀라움을 금치 못하고 있습니다. S 교수의 논문 표절 문제가 외부의 신문을 통해 기사화(뉴스앤조이 2002. 5. 15) 되어 논란이 된 지 이미 몇 주가 지났습니다. 아마 KS대학의 교수님들과 학생들 중 다수가 그 문제에 대해 알고 있을 것입니다. 그리고 정말 진정으로 학교를 아끼고 사랑한다면 마땅히 그에 대한 어떤 대처와 반응이 있어야만 하리라 생각합니다.

만일 교수님들과 학생들이 살펴보아 그 논문에 별다른 문제가 없다면 문제없다고 이야기할 수 있어야 할 것이며 어떤 문제가 있다면 문제 있다고 이야기할 수 있어야 합니다. 분명히 말씀드리지만 저는 지금 S 교수의 논문에 대해서 말하는 것이 아니라 KS대학 교수님들과 학생들에 대해서 이야기하고 있습니다.

　기성 세대와 대학생들의 차이는 올바른 비판정신의 함유 유무입니다. 일반 사회와 대학 사회의 차이는 원리에 대한 해석과 적용의 차이입니다. 기성 세대들은 일반 세상 가운데 살아가야 하는 자기 목적으로 인해 타협을 하기도 하고 때로 비굴해지기도 합니다. 그렇지만 대학 교수들과 대학생들은 원리와 근본을 두고 해석하기도 하고 그에 반응하기도 해야 합니다.
　우리 한국 근현대사를 통해서 볼 때나 세계적인 입장에서 볼 때도 대학 교수들과 대학생들은 불의에 대해 항거하기도 하고 정의를 위해 투쟁하기도 했습니다. 그들은 자기의 사사로운 목적이나 눈앞의 이득이 아니라 원리에 대한 적용을 중시했기 때문입니다.

　대학생일 때 그렇게 사회 정의를 부르짖던 사람들이 사회에 나가서는 과거에 언제 그랬느냐는 듯이 기존 사회의 타협에 쉽게 물들어 버리는 것을 우리는 수도 없이 경험하고 있습니다. 이러한 점을 염두에 둘 때 지금 KS대학교는 무언가 심각한 지경에 빠져있다고 생각합니다.
　KS대학의 침묵은 여간 위험한 수위가 아니라 생각합니다. 절대 다수의 교수님들과 학생들은 학교의 현안 문제에 관심이 없는 것일까요? 아니면 정의든 불의든 자기 자신과 직접적인 이해 관계가 없다고 판단되면 그냥 모르는 척하고 있는 것일까요?

　대학 교수들은 학생들에게 정의를 가르쳐야 하며 자기에게 손해가 발생하더라도 의로운 편에 서도록 지도해야 합니다. 그리고 학생들은 그러한 원리적 가르침을 몸에 베도록 받아들여 익혀야 합니다. 만일 대학의 그런 원리적 기능이 사라진다면 그곳은 단순한 기능인 양성소일 뿐

대학이라 말하기 어려울 것입니다. 더군다나 KS대학은 기독교대학입니다. 하나님의 말씀을 중심으로 하여 코람데오를 교훈으로 삼고있는 대학입니다.

  만일 문제의 중심에 서있는 특정 교수의 논문에 잘못이 없는데도 많은 사람들이 잘못이라고 함으로써 그를 어려운 궁지에 빠뜨리고 있다면 교수님들과 학생들은 마땅히 그에 대해 분개하며 그의 보호를 위해 적극적으로 대처할 수 있어야 합니다. 그리고 만일 그 교수의 논문에 문제가 있다면 그에 대해서도 동일하게 분개하며 대처할 수 있어야 합니다. 그것이 대학 교수들과 대학생들이 마땅히 가져야 할 대학정신입니다.

  침묵하며 잠잠히 입다물고 있는 것이 우선은 학교 당국이나 학생들, 그리고 해당 교수에게 유익이 될 것이라 판단하게 될지도 모르겠습니다만 그것은 지극히 짧은 안목이라 할 수밖에 없습니다.
  과거 KS대학에서 가르치던 교수님들은 진리를 수호하기 위해 생명을 아끼지 않던 분들이 많이 있었던 것으로 알고 있습니다. 학생들 가운데서도 불의에 항거하기 위해 자기 몸을 아끼지 않았던 선배들이 있었던 것으로 알고 있습니다. 그들은 감옥을 두려워하지 않고 자기 소신을 말했으며 그로부터 오는 고난을 넉넉히 감수했습니다.

  저는 적어도 지금처럼 침묵하고 있는 것은 진리를 위해 싸우며 정의를 위해 투쟁하는 기독교대학 교수님들과 학생들의 자세는 아니라고 생각합니다. 학교 밖에서 이렇게 떠들썩한데도 바람 한 점 없이 조용한 교내 분위기를 우려할 수밖에 없습니다. 학교의 문제가 학교 밖에서 그렇게 시끄러운데도 학교 내부의 지나친 침묵은 염려하기에 충분한 것입니다.

  저의 이 글이 KS대학 교수님들이나 학생들에게 추호도 오해 없기를 바랍니다. 그리고 어쩌다 문제의 자리에 놓이게 된 논문을 쓴 교수님에게도 오해 없기를 바랍니다. 저는 단지 본 교단 소속 목사로서, 그리고 KS대학에서 오랫동안 강의를 해 온 사람으로서 기독교대학인 KS대학이 진심으로 염려되어 이 글을 쓰고 있습니다. 누군가 저 대신에 이런 지적과 표현을 하는 사람이 있기를 바라왔지만 지속되는 침묵에 제가 말씀드리게 됨을 이해해 주시면 감사하겠습니다.

지금이라도 교수님들이나 학생들은 문제의 올바른 진단과 답변을 제시함으로써 KS대학의 발전에 도움이 되기를 바랍니다. 오늘의 주역인 우리가 어떤 당당한 자세를 보이느냐에 따라 그것이 우리 후배들에게 그대로 전수될 것이라는 점을 염두에 두어야 할 것 같습니다. 나중 만날 수 있는 기회에 이에 대해 좀더 구체적으로 이야기할 수 있게 되기를 원합니다.

2002. 5. 29
이광호 목사

56 '중보기도'에 대하여

진욱 형제

그동안 잘 지냈으리라 생각합니다. 소현씨와 하은이도 잘 있겠지요? 하은이는 많이 컸을 것 같은데 보고 싶군요. 나는 이번 봄을 분주하게 보냈습니다. 매주 이어지는 학교 수업 이외에 논문 발표가 두 차례 있었고 거기다가 말레이시아 Hudson 선교사님의 급작스런 소천이 눈코 뜰 새 없이 만들어 버렸습니다. 그 때문에 여러 질문들에 대해서도 제대로 답변하지 못하고 있습니다.

중보기도에 대해 질문했는데 상당히 중요하기도 하고 민감한 질문이라고 생각됩니다. 중보기도란 다른 사람을 위해 기도한다는 의미인데 그 기도의 방법이나 범위가 잘 이해되어야 하거든요. 일반적으로는 위해서 기도를 하는 그 사람에게 좋게 기도하거나 많이 기도해주면 그것이 곧 좋은 기도라 생각하는 경향이 있습니다.

예를 들어 어떤 사람이 사업에 실패했을 경우나 질병의 고통중에 있을 때 그 어려움에 처한 사람이 사업에서 재기할 수 있도록 기도한다거나 질병이 빨리 치유되게 해달라고 기도하는 식으로 말입니다.

그러나 올바른 중보기도는 그렇게 단순하지 않습니다. 미리 말씀드리고자 하는 것은 중보기도의 대상은 기도하는 사람 이외의 외부적 조건이나 환경 자체가 될 수 없습니다. 즉 어려운 형편을 변화시키는 것 자체를 위한 기도가 아니라는 뜻입니다. 질병이 없어지게 한다거나 사업이 잘 되도록 간구하는 것이 기도의 목적이 되는 것은 아닙니다.

중보기도의 중심에는 늘 위해서 기도해야 할 '인간'이 있습니다. 어떤 성도가 질병으로 인해 고통을 당하고 있다면 그가 그 고통중에도 하나님의 은혜를 기억하며 영원한 천국을 소망하도록 기도할 수 있는 것입니다. 또 다른 어떤 성도가 사업에 실패해 어려움에 빠져 있다면 그가 그런 실패를 통해 세상이 기댈 만한 대상이 되지 못함을 깨닫고 하나님을 더욱 의지할 수 있도록 기도해야 하는 것입니다.

정반대적인 예를 다시 들어보도록 하지요. 어떤 성도가 매우 건강하다면 우리는 연약함 가운데 사는 다른 성도들을 기억하며 건강한 사람들이 자신의 건강으로 인해 교만하게 생각지 않도록 기도해야 합니다. 동일한 측면에서 어떤 사람이 사업이 번창하면 그러한 대수롭지 않은 세상적인 일로 교만하게 되지 않도록 기도해야 합니다. 세상의 재물이 주님을 의지하는 데 방해요소가 됨을 우리가 잘 알고 있기 때문입니다.

중보기도란 복음을 아는 성도들 간에 하나님을 중심으로 교통하는 것이라 할 수 있습니다. 주님의 자녀가 된 성도들은 어느 곳에 살든지 어떠한 형편에 놓여 있거나 동일한 삶의 목적을 가지고 있습니다.

중보기도에 대해 오해하게 되면 기도의 결과를 자의적으로 주장하게 됩니다. 우리가 열심히 기도를 했더니 그가 치유되었다든지 열심히 기도한 결과 사업이 다시 번창하게 되었다는 식으로 말입니다. 그러나 그것은 올바른 주장이 아닙니다.

열심히 기도를 했음에도 질병이 악화되는 경우라든지 열심히 기도했음에도 불구하고 사업이 점점 나빠진다든지 했을 때 그들은 그것이 기도의 결과라 말하지 않습니다. 중보기도를 한다며 열심히 기도할 때 '아멘' 이라 했지만 기도자체의 효과보다는 그 결과를 보고 나서 기도의 효력을 주장한다면 그것은 올바른 믿음의 자세가 아닐 것입니다.

지금 한국에는 월드컵으로 인해 나라가 시끄럽습니다. 그 함성이 어찌나 큰지 가난한 사람들의 신음소리마저 삼켜버리고 있습니다. 나는 상업주의적으로 흘러가는 월드컵에 대해 조심스럽게 생각해야 한다고 믿습니다. 어느 유명한 목사는 한국 축구가 16강에 들도록 매일 아침 열심히 기도한다고 했습니다. 그것은 비단 그 목사뿐 아니라 다수의 한국 목사들이나 교인들이 그런 신앙을 가지고 있을 것이라 생각합니다.

그러나 우리는 그것이 얼마나 잘못된 미신적 기도 행위인가 하는 것을 알아야 합니다. 그들은 한국축구의 결과를 보고 16강에 들면 그것이 기도 덕분이라고 선전하며 주장하게 될 것입니다. 반면 탈락하게 되면 언제 그렇게 기도하며 '아멘'을 연발했는가에 대해서는 입을 다물고 말 것입니다. 그들은 '아멘' 할 자리와 하지 말아야 할 자리를 전혀 구분하지 못한 채 그런 식으로 미신적인 자기 신앙 행위를 하고 있습니다.

물론 나는 한국축구가 16강에 올라가든 않든 아무런 감정도 가지고 있지 않습니다. 월드컵 경기는 하나님께서 관심을 가질 대상이 되지 못하며 따라서 교회의 관심이 될 수도 없기 때문입니다. 어쩌다 텔레비전 중계라도 보게 되면 그냥 재미있게 시청하는 정도입니다. 그러므로 한국축구가 승리하도록 기도한 적도 없고 그렇게 하지도 않습니다.

그렇지만 우리는 그런 국제적인 경기가 어떤 잘못된 문화를 퍼뜨리게 될지, 혹은 그로 인해 삶의 상처를 입는 사람들은 있지 않을지에 대해 관심을 기울여야 합니다. 교회가 세속적 분위기에 휩쓸리지는 않을까 그 가운데 살고 있는 성도들의 신앙을 위해 중보기도할 수 있습니다.

우리 교회가 기도중 진욱 형제의 가정을 기억하고 있음을 전합니다. 그리고 진욱 형제가 출석하는 미국의 교회가 세속에 휩쓸리지 않고 주님을 경외하는 온전한 교회이기를 바라고 있음도 전합니다. 지금 방학이라니 좋은 시간 보내기를 원합니다.

(2002. 6. 1)

57 교회 생활과 갈등

유 집사님

반갑습니다. 서로 본적도 없고 만난 적도 없지만 주님 안에서 교제할 수 있는 기회가 주어지니 감사한 마음입니다. 더욱이 미국 이민생활이 쉽지 않을 터인데 주님을 의지하려는 아름다운 마음이 갈등 속에서 보이는 듯해 감사합니다.

집사님의 글을 통해 느껴지는 것은 집사님 내외분의 성격이 매우 활동적일 것이라는 점이었습니다. 저는 그런 활동적인 분들을 매우 좋아합니다. 그 이유는 활동적인 분들은 대개 헌신적이라는 것을 잘 알기 때문입니다. 사실 저에게는 그런 좋은 점이 결여되어 있어서 남을 위해 희생적이지 못하기에 더욱 그렇습니다.

미국에서 오랫동안 살았으니 서양인들의 합리적인 사고와 성격에 대한 이해가 많으리라 생각합니다. 때로는 지나치리만큼 냉정하게 느껴져 인간미가 없어 보이기도 하지요. 그들은 자기 판단이 서게 되면 자연스럽게 행동으로 옮기게 되고 그에 대한 모든 책임은 스스로 지게 됩니다. 그러므로 다른 사람들의 결정을 두고 간섭을 하는 일이 적을 뿐더러 오해하는 일도 훨씬 덜하게 됩니다.

그에 비해 정으로 얽혀진 우리 한국인들의 정서는 합리적인 서양인들에 비해 더욱 복잡합니다. 마음속에는 어떤 결정이 되어 있으면서도 주변의 눈치를 살펴야 하고, 내적인 판단과 외적인 행동이 상반된 상태로 장시간 머물러 있어야 하기도 하지요. 사실 그러한 한국인의 성품은 동양인들 가운데 특히 우리 민족에게 국한된 특성이 아닌가 생각됩니다.

　사람들은 그것을 좋은 의미에서 체면문화라 하지만, 그 체면이 우리의 진리를 향한 신앙의 중심이 될 수는 없습니다. 미국에 살고 있다해도 한국인의 그러한 정서를 버리기는 쉽지 않으리라 생각합니다. 더구나 동일한 모국어를 사용하는 한국인들로만 구성된 이민 교회에 속해 있는 성도들이라면 더욱 그럴 것입니다.

　집사님께서 저에게 말씀하신 내용들을 중심으로 몇 가지 말씀드리려 합니다. 집사님 내외분은 출석하는 이민 교회에서 주일학교, 성가대, 찬양팀, 구역장, 장년회, 거기다가 교회당에 관계된 제반 봉사와 교회의 일반행정에 이르기까지 여러 가지 일들을 한다고 했습니다.

　희생적인 봉사를 하는 것이 좋은 일이기는 하지만 자칫 본질을 놓칠 우려가 있음을 기억해야 합니다. 교회에서 많은 일을 하다 보면 일을 통해 보람을 느끼려 하게 되고 그러한 봉사 중심의 생활이 지속되다 보면 말씀의 본질적 삶을 등한시할 수밖에 없습니다.

　교회는 친목 단체가 아님을 깨닫는 것이 중요할 듯 합니다. 교회에서 인간적인 친교가 지나치게 중시되면 성도들이 불간섭의 무관심 속에 놓이게 됩니다. 서로 상대방의 삶에 간섭하지 않은 채 재미있게 지내면 그것이 최상이라 생각하게 될 것이기 때문입니다.

　교회가 친목을 위한 단체가 아닌 것은 마치 가정이 친목을 위한 공동체가 아닌 것과 흡사합니다. 가정에서는 부부사이나 부모-자식간에 어떤 잘못이나 문제가 있다면 서로 조심스럽게 지적하기도 하고 적절하게 반성하며 고쳐나가기도 합니다. 그렇게 함으로써 온 가족이 함께 훈련되며 성숙해 가는 것입니다. 가족들이 함께 살아가는 것은 친목을 위함이 아니라 하나님께서 허락하신 본질적인 삶의 현장입니다.

집사님의 말씀 중에, 교회를 옮겨야겠다는 생각으로 다른 주로 이사를 가는 것까지 염두에 두고 있다고 하셨는데 그것은 지나친 생각이 아닐까 여겨집니다. 만일 지금 출석하고 있는 교회가 참된 교회의 모습을 상실하고 있다면 마땅히 교회를 옮길 준비를 해야 합니다. 한편 그 동안 자기가 해놓은 일(업적)들이 아까워 그냥 머물러 있겠다고 생각한다면 그것이 도리어 더 큰 문제일 수 있습니다.

그렇지만 교회의 참됨 여부는 사람의 직관에 따라 판단할 문제가 아니며 말씀과 보편교회를 통한 객관성이 있어야 합니다. 신학에서는 참된 교회와 거짓교회를 구분하면서 올바른 말씀 선포, 성례의 시행, 권징 사역을 기준으로 하고 있습니다. 이러한 내용들이 충실하면 참교회이지만 그렇지 않을 경우 거짓교회라 칭합니다.

집사님께서 말씀하신 대로 집사님이 아직 어리다고 생각하신다면 지금의 교회에서 신앙생활을 시작할 때 어린 상태에서 짐들을 지나치게 많이 졌을 가능성에 대해서 생각해 봅니다. 그러나 이제 시간이 지나 웬만큼 분별력이 생겼다면 지금 출석하고 있는 교회가 참된 주님의 교회로서 위의 요건들을 어느 정도 갖추고 있는가 생각해 볼 수 있어야 합니다.

그것은 집사님의 가정을 위하는 일이며 동시에 그 교회 전체 성도들을 위하는 일이기도 합니다. 사실 이러한 생각에서 출발하여 위에서 말씀드린 권징 사역이 이루어지게 되는 것입니다.

물론 교회가 참됨에서 벗어나 있다고 판단되면 먼저 올바른 교회로의 회복을 위해 기도하며 힘을 기울여야 합니다. 교회를 위한 어떤 헌신적 봉사나 즐거움의 교제보다 훨씬 소중한 것이 바로 위의 요건들의 회복입니다. 그것을 위해 말씀 안에서 목회자와 많은 대화를 나누어야 하며 성도들간 말씀을 통한 깊은 교제가 있어야 합니다.

그런 애씀에도 불구하고 아무런 변화가 없다면 그 교회를 떠나야 합니다. 그렇게 하는 것이 하나님의 말씀에 참으로 순종하는 것이지요. 그럴 경우 다른 지역으로 이사를 갈 생각은 하지 않아도 될 듯 싶습니다. 주님께서 인도하시는 손길이 있는지 살펴 겸손하게 그에 따르는 것이 더욱 중요합니다. 집사님께서도 말씀하신 것처럼 우리 주변에 좋고 올바른 교회가 흔치 않다는 사실은 우리 시대의 안타까움입니다.

집사님의 경우, 말씀에 올바르게 서있는 미국인 교회가 주변에 있는지 살펴보는 것도 한 방법이 될 수 있으리라 생각해 봅니다. 미국 사회가 차별 사회(?)라 하나 하나님을 진정으로 경외하는 성도들에게는 그렇지 않습니다. 이미 오랫동안 미국에 사셨고 언어(영어)에 대한 불편함이 있지 않다면 그것도 한 방법이 될 수 있으리라 생각합니다.

저는 우리 한국사람들이 모든 면에서 지나치게 한 곳으로 몰리는 것은 바람직하지 않다고 생각하는데 교회는 더욱 그렇다고 생각합니다. 물론 이민 사회에서 생존에 대한 열망과 고국을 떠난 사람들이 함께 모여 위로를 나누며 민족적 한 그룹을 형성하는 것을 이해하지 못하는 바 아닙니다만 교회와 성도의 관계에서는 그것을 탈피해야 한다고 생각합니다.

집사님께 더 깊은 갈등의 요인이 있는지 모르겠습니다만 너무 오랫동안 갈등의 자리에 머물지 않기를 바랍니다. 주님의 말씀이 올바르게 선포되는 교회에서 하나님을 경배하는 기쁨을 속히 회복하시기를 원합니다. 교회를 옮김에 대해 지나치게 민감해 하거나 마음상해 하지는 말았으면 합니다.

이 세상에서 나그네로 살아가는 성도라면 삶의 형편이 늘 가변적일 수밖에 없습니다. 저의 이런 이야기가 집사님 내외분께 작은 위로가 되었으면 합니다. 현재의 어려움이 잘 해결되면 연락주십시오. 그때는 미국 어느 지역에 살고 계시는지 알려주시면 더욱 반갑겠습니다.

(2002. 6. 5)

58 "네 시작은 미약하나 나중은 심히 창대하리라"

우섭 형제

안녕하세요? 벌써 다음주가 되면 종강입니다. 시간이 덧없이 빨리 흐른다는 생각이 듭니다. 사람들은 그것도 모르는 체 한국에서 진행중인 월드컵을 환호해대지만 그것이 더 안타깝게 여겨짐은 감출 수 없는 마음입니다. 형제가 좋은 질문을 했지만 이제야 그 주제를 떠올리게 됩니다. 늦은 점 잘 이해해 주리라 믿습니다.

'네 시작은 미약하나 나중은 심히 창대하리라.'
기독교인의 가정이나 영업소를 방문하다 보면 액자나 목각에 새겨져 걸려있는 이와 같은 글귀를 자주 보게 됩니다. 가정이나 사업이 얼마나 번창하고 싶었으면 그런 글귀를 걸어놓게 되었을까 하는 생각이 듭니다.
사실 일반 성도들에게 그런 잘못된 기대감을 부추기는 잘못은 대개 기독교 지도자들에게 있습니다. 목회자들이 성도의 가정이나 업소를 심방할 때 그 말씀의 진정한 뜻을 뒤로한 채 환심을 사려는 듯 자주 적용하는 것이 일반적일 것입니다. 특히 이사를 간 집이나 개업을 할 때 목회자들은 위의 본문을 더 많이 말하게 되고 그 글귀가 새겨진 목각이나 액자를 선물하기도 합니다.

성경에서는 "네 시작은 미약하나 나중은 심히 창대하리라"(욥 8:7)는 말씀이 과연 어떻게 쓰여지고 있는가를 살펴보는 것이 중요합니다. 우선 우리는 그 말씀의 진정한 의미부터 생각해 보아야 합니다. 우리가 분명히 말할 수 있는 것은, 그 구절이 하나님께서 하신 말씀이 아니며 올바른 신앙을 소유한 선지자나 사도들의 입에서 나온 말이 아니라는 점입니다.

　그 말은 하나님에 대한 신앙이 온전치 못한 빌닷이 고난중에 있는 욥을 비난하며 정죄하면서 한 말입니다. 욥기에서 빌닷을 비롯한 욥의 친구들은 신앙적인 용어를 많이 구사하지만 올바른 신앙을 가진 것은 아니었습니다. 그에 대한 증거가 욥기 마지막 부분에 소상하게 기록되어 있습니다.

　"여호와께서 욥에게 이 말씀을 하신 후에 데만 사람 엘리바스에게 이르시되 내가 너와 네 두 친구에게 노하나니 이는 너희가 나를 가리켜 말한 것이 내 종 욥의 말같이 정당하지 못함이니라 … 내 종 욥이 너희를 위하여 기도할 것인즉 내가 그를 기쁘게 받으리니 너희의 우매한 대로 너희에게 갚지 아니하리라 이는 너희가 나를 가리켜 말한 것이 내 종 욥의 말같이 정당하지 못함이니라"(욥 42:7, 8).

　이 말씀 가운데 눈에 띄는 부분은 욥의 친구들의 말이 하나님 보시기에 정당하지 못했다는 점입니다. 이는 그들의 신앙이 온전하지 못했다는 말이기도 합니다.

　그에 비해 욥은 고난을 당하고 있었지만 하나님을 진정으로 경외하는 신앙인이었습니다. 하나님께서 욥의 참된 신앙을 분명히 인정하셨습니다. 욥기에는 시험을 받고 있는 욥과 그것을 보고 있는 욥의 친구들간의 대화들이 많이 나오고 있습니다. 하나님께서는 그 가운데서 당신의 뜻을 자기 백성들에게 보여주고자 하신 것입니다.

　그런 대화 중 신앙이 온전치 못한 빌닷이 하나님을 경외하며 순종하는 욥에게, "네 시작은 미약하나 나중은 심히 창대하리라"고 말했는데 그 말이 아무리 좋은 말이라도 기본 동기가 잘못되어 있었습니다. 욥은 하나님의 말씀을 순종한 성도였음에도 불구하고 빌닷은 욥의 신앙에 문제가 있다고 이야기합니다.

그러므로 욥이 잘못을 회개하고 하나님의 뜻을 구하면 하나님께서 그를 번창하게 해주시리라고 말하고 있습니다. 빌닷은 자기의 신앙이나 주장은 옳으며 욥의 신앙은 잘못된 것이라고 이야기하고 있습니다. 빌닷은 하나님께서 인정하시는 욥의 신앙에 대해 자신의 판단을 근거로 틀렸다고 지적하는 오만함을 드러내고 있습니다.

그러므로 욥기에 기록된 위의 말씀은 빌닷에 의한 인본주의적 발상이라고 할 수 있겠습니다. 예수님께서 말씀하신 겨자씨 비유나 누룩 비유와는 전혀 다른 것입니다.

예수님께서 비유를 통해 보여주신 것은 성도가 이 세상에서 얼마나 번창한 삶을 살 것인가에 대해 말씀하신 것이 아니라 세상에서 무시당하고 있지만 궁극적으로 회복하게 될 하나님의 나라에 대해 말씀하셨던 것입니다. 그러나 빌닷은 잘못된 신앙을 바탕으로 하는 이 세상에서의 번창을 염두에 두고 욥의 신앙을 문제삼았던 것입니다. 그것은 전혀 하나님의 뜻이 아니었습니다.

오늘날 우리는 올바른 신앙을 가지지 않은 빌닷이 욥에게 한 말인 그 구절을 우리의 구미에 맞추어 자의적으로 사용해서는 안될 것입니다. 성도의 가정이나 영업소에 그 구절이 새겨진 목각을 걸어두는 것은 잘 생각해 보아야 합니다. 하나님의 뜻 가운데 말씀을 묵상하기 위해 걸어둔 것이 아니라면 자칫 어떤 바람을 가지고 그렇게 하게 되므로 그것은 미신적 요소를 띨 수 있기 때문입니다.

더구나 형제가 이야기한 것처럼 술장사를 하는 영업장과 같이 성도들의 직업에 어울리지 않는 곳에서까지 돈을 많이 벌고 번창하게 되기를 바라는 뜻으로 목회자가 그 본문을 가지고 설교한다면 그것은 크게 잘못된 것입니다. 물론 그런 집에 그 글귀가 새겨진 액자를 선물한다는 것은 어처구니없는 일일 것입니다.

우리는 성경 말씀을 인용할 때 여간 조심하지 않으면 안 됩니다. 더구나 위의 경우처럼 아무렇게나 말씀을 오용해서는 안 될 일입니다. 그것은 그렇게 하는 사람의 의도와는 상관없이 주술적 바람을 표현하는 것 이상이 아닐 수 있기 때문입니다. 설령 의도가 좋다할지라도 우리는 조심해야 합니다. 예를 들어 개척교회 설립예배에서 말씀을 전할 때 이러한 구절을 잘못 인용해서도 안 될 것입니다.

우리 시대의 기독교가 혼탁해져 가는 가장 중대한 이유는 말씀에 대한 이해 부족과 잘못된 적용입니다. 교회의 교사(목사)가 하나님의 말씀을 잘못 전하게 되면 신앙이 어린 성도들은 아무런 분별력 없이 그대로 수용할 것이기 때문입니다. 하나님의 말씀이 교회 가운데서 온전히 증거되어 그 말씀이 우리 가운데 살아 역사하게 되기를 간절히 바랍니다.

(2002. 6. 8)

 마귀와 재난

정 목사님

안녕하신지요? 지난번 메일을 받고 나서 진작 글을 쓴다는 것이 이리저리 미루어졌습니다. 저는 작금에 일어나는 KS교단의 여러 실정들을 보며 안타까움을 금할 수 없습니다. 우리 교단이 정말 하나님을 두려워하며 천국에 소망을 두고 살아가는 교단인가 하는 생각마저 듭니다. 하나님께서 가르치신 진리나 원리보다는 인간적 힘의 결집을 통해 자기 유익을 꾀하기에 급급함을 여기저기서 봅니다. 교단의 지도자들이 그러하며 교단의 대학과 직영하는 병원이 그렇습니다.

최근에는 총회장의 자리를 이어받을 부총회장에 입후보한 자들이 총대들에게 향응을 제공하고 돈봉투를 돌렸다는 말을 듣고 아연실색할 정도였습니다. 불과 몇 년 전 그러한 작태로 인해 문제가 되어 총회적으로 회개한(?) 마당에, 교단을 대표하고자 하는 인물들의 그런 추태를 보며 어떻게 반응해야 할지 모르겠습니다.

더구나 교단의 많은 지도자들이 그런 부정한 대접을 받고도 아무렇지 않은 듯 넘어가려고 하는 사실은 또 어떻게 보아야 하는지요? 세상 사람들도 그런 부정한 행위를 한 사람들을 감옥에 보내고 주어진 직위를 박탈하는데, 하물며 하나님의 거룩한 교회임을 자처하는 교단에서 그런 일이 일어난다는 것은 어떤 이유라 할지라도 있을 수 없는 일입니다.

제가 이런 말을 하면 '너만 잘났냐?' 하는 사람들이 있을지 모른다는 생각을 합니다만 같은 교단에 속한 정 목사님께 편지를 쓰다보니 답답한 마음이 표출되는군요.

목사님의 메일에서 밝히신 '성도의 고난이 과연 사탄의 간섭 때문인가?' 하는 문제는 여간 민감하지 않다고 생각합니다. 성경에는 고난 당한 사람들이 수없이 많이 있습니다. 건강으로 인해 고통스럽게 살았던 사람들 중에는 욥이나 사도 바울 같은 경우가 대표적일 것입니다. 욥의 경우는 하나님의 경륜을 보여 주시기 위한 특별한 경우였으므로 일반적 형편에 대입할 내용은 아닐 것입니다. 그러나 바울의 경우는 일반적인 측면에서 설명이 가능하리라 생각합니다.

또한 성경에 나타난 성도들 가운데 어떤 사건으로 인해 고통을 당하거나 생명을 잃은 경우가 많이 있습니다. 엘리야, 이사야, 세례 요한, 스데반, 야고보 등 하나님의 사람들은 불의한 세력에 의해 고통을 당하거나 생명을 잃었으며 그 가족들도 엄청난 고통에 빠졌습니다.

나아가 초대교회의 많은 성도들이 고난을 당했습니다. 우리가 이미 잘 아는 것처럼 카타콤에서 고생한 성도들이나 로마제국의 압제로 인해 생명을 잃었던 성도들의 삶은 고달팠습니다. 최근 우리나라만 해도 일본의 압제로 인해 생명을 잃거나 육체적 고난을 당했던 성도들이 많이 있었습니다. 우리는 그런 신앙의 선배들이 고통을 당한 것과 우리 시대에도 볼 수 있는 일반적인 질병이나 사고로 인한 성도의 고통을 과연 사탄의 역사로 보아야 할지가 문제의 핵심일 것입니다.

이에 대해 저는 이렇게 생각하고 있습니다. 사람은 범죄한 이후 이미 그런 모든 불행한 형편에 놓일 가능성을 보유한 채 살아가고 있습니다. 누구든지 예외 없이 무서운 질병에 걸릴 수 있으며 복음으로 인해 순교를 당할 수도 있고 불행한 사고를 당할 수 있다는 것입니다. 또한 가족의 불행으로 인해 그 고통을 함께 나누어야만 할 일들이 언제든지 발생할 수 있습니다.

그에 대해서는 우리도 마찬가지이며 전혀 예외가 될 수 없습니다. 즉 예수를 믿게 되면 건강하게 산다든지, 예수를 믿기 때문에 사고가 나지 않는 것이 아니라는 말입니다. 만일 우리 시대에 어떤 사람이 그런 식으로 가르친다면 복음에 대한 이해가 부족하기 때문일 것입니다.

우리는 사탄의 세계에 항상 개방되어 있으며 사탄은 우리를 끊임없이 유혹하려 합니다. 사탄은 할 수 있는 대로 주의 자녀들을 혼란스럽게 할 것이며 그것을 위해 갖은 계교를 다 쓸 것입니다. 특히 세상에 속해 있다가 복음을 깨달아 주님의 자녀로서의 삶을 시작할 때 그런 일이 더욱 극명하게 일어날 수 있습니다.

세상을 버리고 주님을 의지하려 할 때 마귀는 온갖 방법을 동원해 그를 방해하려 합니다. 그 당사자나 가족에게 질병의 고통을 준다든지, 가위가 눌리게 한다든지 혹은 예기치 못하던 범죄의 자리로 몰아간다든지 하는 방법으로 말입니다.

이런 이야기를 할 때 우리가 결코 간과하지 말아야 할 내용이 있습니다. 그것은 사탄이 질병이나 고통을 통한 혼란을 제공할 뿐 아니라 돈이나 세상의 탐욕을 통해 그를 혼란스럽게 할 수도 있다는 점입니다.

복음에 무지한 교인들이나 신앙이 어린 사람들은 질병이나 육체의 고통이 사탄으로부터 오는 것이 아닌가 쉽게 생각하면서도 사업이 잘 된다거나 돈이 많아지게 되면 무조건 그것을 하나님의 은혜로만 생각하기 쉽습니다. 우리가 분명히 유념해야 할 점은 그 양쪽이 모두 사탄의 유혹일 수 있다는 점입니다.

앞에서 말씀드린 것처럼 이러한 일들은 성도의 한평생 삶 가운데 언제든지 일어날 수 있습니다. 물론 성도가 당하는 모든 고통이 사탄으로부터 온 것이냐에 대해 단정적으로 말할 수는 없습니다. 동시에 세상에서의 모든 건강이나 부는 하나님으로부터 오는 것이냐에 대해서도 쉽게 말할 수 없습니다.

그와 같은 일반적인 고통이나 부유함은 신불신자를 막론하고 누구나 각기 나름대로 경험합니다. 하나님을 믿기 때문에 이 세상에서의 고통이 줄어드는 것이 아니며 하나님을 믿기 때문에 모든 부유함을 누리는 것도 아닙니다. 그것을 두고 복이니 저주니 할 필요가 없습니다.

우리에게 진정으로 중요한 것은 어떤 형편에 놓이게 되더라도 주님으로 인한 성도들이 살아가는 삶의 내용이 전혀 변하지 않는다는 사실입니다. 우리의 소망이 이 땅에 있지 않고 하늘에 있다고 고백하는 이유가 바로 거기에 있습니다. 그러므로 성도가 이 세상에 살던 중 심한 질병에 걸리거나 커다란 고통에 빠진다 해도 세상의 속성을 알고 주님께 의지할 수 있어야 합니다. 반대로 건강이나 돈이 풍족해 이 세상이 살 만하다고 여겨질 때 그에 미혹되지 않도록 주님의 말씀으로 속히 돌아설 수 있어야 합니다.

이단에 속한 사람들은 복음을 반대로 가르칩니다. 그것은 모든 일반 종교들의 속성이기도 합니다. 이 세상에서 고통을 당하면 신神의 요구에 따르라고 하면서 사실은 종교 지도자를 따르도록 유도합니다. 모든 것이 부유하게 되면 신이 그렇게 해 주지 않았느냐고 강조하면서 사실은 종교 지도자 자신의 종교적 욕구를 충족시키도록 요구하는 것입니다.

하나님의 복음은 하나님의 영광을 위해서 존재할 따름입니다. 그러므로 우리가 살고 있는 세상의 속성을 잘 알 수 있다면 어떤 경우라 할지라도 문제가 없습니다. 고통이나 가난이 대단한 문제가 될 수 없으며, 건강이나 풍요로움 또한 별것 아님을 알게 될 것입니다.

우리에게는 주님의 재림이 유일한 소망이며 그의 영원한 영광에 참여하는 것만이 참된 소망입니다. 다음에 만날 기회가 있으면 이에 대해 더 이야기할 수 있기를 원합니다.

(2002. 7. 11)

60 '공예배'에 대하여

진욱 형제

안녕하세요? 가족들도 모두 잘 있으리라 믿습니다. 최근 며칠 간 이곳 한국은 전국이 마치 뜨거운 햇빛에 달군 냄비 같습니다. 밤이 되어도 섭씨 25도를 넘는 무더위로 인해 밤잠을 설친다고 하는군요.

학업에는 상당한 진척이 있으리라 생각합니다. 그리고 교회 생활에도 힘을 다하리라 생각합니다. 저는 내일 말레이시아로 가서 태국 남부에 있는 WIN선교회의 재활센터를 방문한 후 인도네시아에 들렀다가 8월 15일경 귀국할 예정입니다. 그동안 바쁜 일들이 많아 서신을 통한 질문에 대해 답변을 소홀히 했는데 형제의 질문에 답변을 드리고 떠나야겠다는 생각에 컴퓨터 앞에 앉았습니다.

형제는 공예배의 의미에 대해서 질문을 했지요? 여기서 '공예배'는 말뜻대로 한다면 '공적인 예배'라는 의미를 지니지만 사실은 그 이상의 뜻이 있음에 유념해야겠습니다. 일반적으로 '공적인 예배'라 하게 되면 '사적인 예배'에 대비되는 말일 것입니다. 즉 사적인 예배는 개별적으로 모이는 예배이며 공적인 예배는 공적으로 모이는 예배라는 뜻으로 이해할 수도 있습니다.

교회의 예배 모임에는 공적인 예배 모임이 많이 있습니다. 우리 한국교회의 경우 주일 오전예배와 오후예배, 그리고 수요일 예배가 그렇습니다. 물론 용어상으로는 주일 오전 모임을 '대예배'라 부르고 주일 오후

모임을 '찬양예배' 그리고 수요일 모임을 '수요기도회' 라고 부르지요.
  그 이외에도 대다수 교회가 공적으로 행하고 있는 새벽기도 모임이나 금요일 구역 모임도 공적으로 모이는 만큼 공적인 예배 모임이라 할 수도 있습니다. 이에 비해 가정예배라든지 개별 성도들의 사적인 특별한 날 모이는 것은 사적인 예배 모임으로 볼 수 있습니다.

  우리는 공적인 예배 모임과 사적인 예배 모임을 구별하는 데는 별 어려움이 없습니다. 그러나 위에서 이미 언급한 것처럼 '공예배'와 '공적인 예배' 사이를 구별하는 것은 개혁교회에서 매우 중요합니다.
  앞에서 여러 유형의 공적인 예배 모임들을 이야기했지만 공예배를 제외한 모든 모임들은 교회가 정한 임의적 모임이라 할 수 있습니다. 그러한 임의적 모임은 형편에 따라 없앨 수도 있고 내용을 변경할 수도 있습니다.

  그러나 공예배만은 결코 없앨 수 없는 교회의 본질에 해당합니다. '공예배'에는 하나님의 말씀이 선포되고 세례와 성찬이 있으며 권징 사역이 이루어져야 합니다. 그리고 축도를 통한 하나님의 언약을 확인하는 은혜를 누리게 되는 것입니다. 이는 다른 공적인 예배 모임에서는 세례와 성찬, 권징 사역이 이루어지지 않으며 축도를 통한 언약의 은혜를 선포하지 않는 것과 대조적입니다.

  형제가 잘 알고 있는 것처럼 미국의 여러 교회들에서는 대부분 새벽 모임이 없고 수요예배 모임이나 금요일 철야 모임도 없습니다. 그리고 주일 오후예배나 저녁예배가 없는 것도 일반적이지요. 그러나 미국에서 건전한 교회들은 주일날의 '공예배'는 필히 있습니다.

  우리가 꼭 유념해야 할 것은 올바른 '공예배'가 이루어질 때 다른 공적인 예배 모임이 정상적일 수 있다는 점입니다. 다시 말해서 '공예배'가 올바르게 행해지지 않은 상태에서는 다른 공적인 모임도 별 의미가 없게 됩니다.

좀더 구체적인 용어들을 사용한다면 일주일에 한번씩 모이는 주일 '공예배'는 그리스도의 피와 살을 기념하며 하나님의 말씀을 바탕으로 하는 성도의 교제 Holy Communion이며, 여타의 공적인 모임은 성도들 간의 교제 Fellowship를 의미합니다.

제가 여기서 '공예배'의 중요성을 강조하는 것이 자칫 다른 공적인 모임들이 중요하지 않은 것으로 오해하지는 말았으면 합니다. 공예배를 통한 Holy Communion이 이루어지지 않은 상태에서 진행되는 Fellowship은 인본주의적 경향을 가지게 됨으로써 도리어 위험할 수 있습니다.

교회의 본질은 '공예배'에 있습니다. 공예배 이외에 다양한 형태의 공적인 예배 모임들도 있으며, 주일학교나 청년회, 찬양대 등 교회의 각 부서 모임도 있습니다. 그러한 모든 모임들은 공예배의 의미로 인해 파생된 의미를 가지게 되는 것입니다.

이 정도로 설명을 드리면 저의 생각을 알 수 있으리라 생각합니다. 우리 시대에 와서 많은 교회들이 공예배의 진정한 의미를 소홀히 하고 있음을 보며 안타깝게 여기고 있습니다. 형제가 출석하는 교회에서는 공예배의 의미가 충분히 살아있기를 원합니다.

공예배 이외의 공적인 모임들에 지나친 강조를 하다 보면 자칫 공예배의 진지한 의미가 희석될 수 있음도 생각해 보아야 합니다. 참, 이번 선교 여행에 박준태 전도사와 이윤호 집사도 동행하게 됩니다. 건강하게 잘 다녀올 수 있도록 기도중 기억해 주면 감사하겠습니다.

(2002. 8. 2)

61 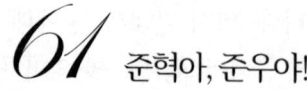 준혁아, 준우야!

사랑하는 아들 준혁아, 준우야!

준혁이는 벌써 고등학교 졸업반이 되었고 준우도 청소년이 되었구나. 여름수련회를 앞두고 전도사님이 부모들이 자기 자녀들에게 편지를 쓰라는 숙제를 내어 주었단다.

이렇게 편지를 쓰려고 앉으니 너희가 태어날 때와 비교하면 세상이 많이 변했다는 생각이 드는구나. 너희가 어렸을 때는 우리가 경남 창녕군에 있는 조그만 시골에 살았는데 교회당 뜰에 나서면 비닐 하우스가 가득한 넓은 들판이 있었고 그 너머로 널따란 낙동강이 흐르고 있었지. 비가 오는 날이면 정말 장관이었단다.

그때는 교환을 거쳐야 하는 수동식 전화가 있었지만 통화가 잘 되지 않았고 우리 마을에 자기 자동차를 가진 사람은 한 사람도 없었단다. 대다수 사람들은 가난했으며 너희 엄마는 너희 둘을 데리고 시장을 보기 위해 낡은 시외버스를 타고 한참 떨어진 남지 읍내로 갔어야 했단다. 자장면을 사 먹고 싶었지만 돈이 아까워 중국집에서 나는 맛있는 냄새만 맡아야 했다는 이야기를 들을 때는 아빠도 마음이 씁쓸했단다.

불과 20년이 채 지나지 않았지만 세상은 너무나 많이 변했구나. 모든 것이 풍요로운 시대가 되어 너희 또래 아이들은 세상을 보는 눈이 이전 사람들과 다를 것이다. 요즘은 많은 아이들이 컴퓨터를 즐기지만 그때는 그런 물건이 있지도 않았단다. 그래도 그때가 더 인간미 넘치는 시절이 아니었는가 생각해 본다.

　동성애 그룹이니 트렌스젠더니 하는 말들은 그저 이상한 말들이었을 뿐이었단다. 지금은 사람들이 인간 복제를 한다고 난리다. 컴퓨터에는 음란한 내용들이 널려있고, 극장에서 상영하는 영화에는 어른들이 봐도 민망한 내용들이 많이 나오고, 텔레비전 연속극에도 불건전한 내용들로 가득하다.
　나아가 시중에 나오는 잡지들을 보면 옷을 벗고 있는 이상한 여성들이 자기 몸을 상품화하여 드러낸 모습을 쉽게 보게 된단다. 뿐만 아니라 신용카드로 인한 쓰임새는 청소년들을 불안하게 만들고 있으며 그로 인해 고통을 당하는 사람들이 많이 있다는 이야기를 듣게 된다.

　엄마, 아빠는 이러한 세상을 보고 있노라면 세상이 마치 지뢰밭같이 느껴진단다. 그래서 우리 아들들은 이러한 지뢰밭을 잘 피해다니는 지혜를 가지게 되기를 바란다. 세상을 산다는 것은 곧 지뢰밭을 헤매고 다닌다는 말과 다르지 않기 때문이다.

　그러나 늘 올곧게 자라는 너희들이 너무나 미덥고 감사하단다. 특히 대학입시를 앞두고 있으면서도 주일을 잘 지키며 성실하게 신앙생활하는 준혁이는 어려서부터 알아서 학교생활을 스스로 잘했던 것을 기억하고 있다. 엄마, 아빠는 그런 네가 늘 믿음직스러웠고 너에게 깊은 신뢰를 가질 수 있어서 고맙단다.

　잘 먹지 않는 점(식생활은 건강과 직결되니까) 외에 나무랄 것 없는 훌륭한 아들 준혁이, 그리고 어느새 키는 엄마만큼 자란 청소년 아이인 준우!
　자신이 할 수 있는 일에 나름대로 최선을 다하는 준우야, 더욱 힘내고 하나님이 허락하신 좋은 목소리를 아끼지 말고 큰소리로 말했으면 좋겠어. 네가 수영하는 모습이 얼마나 멋있는지 엄마가 얘기해 줬지? 앞으로도 더욱 열심히 하고, 또 자전거도 타고, 나중에는 준우 소망인 건축 만드는 회사에도 다녀야겠지. 등산가면 다리가 아파도 참고 올라가지 않니? 매사에 그렇게 최선을 다하면서 살아가길 바라면서 부탁한다.

   우리 아들들은 하나님을 경외할 줄 아는 좋은 친구들을 많이 사귀기를 바란다. 혹, 지뢰밭인줄 모르고 아무렇게나 세상을 살아가는 사람들을 만나면 '지뢰를 조심해야 한다' 는 메시지라도 남길 수 있는 여유도 가지기를 원한다.
   그러나 세상 사람들은 그 지뢰밭을 즐기며 아무렇게나 뛰어 다녀도 지뢰가 터지지 않은 것을 보며 도리어 그것을 즐기는 것을 보게 될 것이다. 그런 사람들은 도리어 하나님을 경외하는 너희와 같은 사람들을 보며 '겁쟁이' 라고 놀려댈지도 모르며, '함께 지뢰밭을 뛰어다니며 즐기자' 고 유혹할지도 모른다. 그러나 그런 사람들의 말을 가려들을 수 있는 것이 지혜일 것이다.

   우리가 늘 이야기하고 있듯이 이 땅에 소망을 두지 않고 하늘에 소망을 두고 최선을 다해 살아가는 아들들이 되기를 바란다.

2002. 7. 27

여름수련회 때
사랑하는 엄마, 아빠

62 '이스라엘 민족'에 대하여

진섭 성도님

안녕하십니까? 주님의 이름으로 문안드립니다. 성도님의 질문을 받은 지 꽤 오래됩니다만 이제야 답변을 드리게 됩니다. 저는 말레이시아와 인도네시아를 방문하였다가 최근 귀국했습니다. 그곳에서 복음을 알지 못한 채 가난에 찌들려 살고 있는 많은 사람들을 만나며 우리의 배부른 불평이 얼마나 부끄러운 것인가 다시금 생각했습니다.

저에게 '이스라엘 민족의 앞날'에 대해 질문했더군요. 이에 대한 답변을 위해서는 이스라엘 민족의 전반적 의미에 대한 이해가 있어야 하리라 생각됩니다. 이스라엘 민족이 언제부터 시작되는가 하는 점은 그리 복잡하지 않습니다. 성경의 아담이나 셋, 노아 등은 이스라엘 백성과 직접적인 관계가 없는 인물들입니다. 이스라엘 민족은 아브라함과 이삭과 야곱에 기초합니다. 아브라함의 자손이 나중 이스라엘 민족으로 발달해 가게 되었습니다. '이스라엘'은 야곱의 다른 이름으로 이스라엘 민족의 언약적 의미를 담고 있는 이름이라고 할 수 있습니다.

이스라엘 민족의 가장 중요한 의미는 하나님의 언약적 도구라는 점입니다. 이스라엘 민족은 많은 백성들 가운데 특별히 하나님의 선택을 받아 언약적 도구의 기능을 한 것입니다. 즉 하나님께서는 자기 백성을 구원하시고자 이스라엘 백성을 택하여 자신의 거룩한 뜻을 이루어 가셨던 것입니다. 구약시대의 이스라엘 민족은 예수 그리스도가 오심으로 말미암아 하나님의 선한 도구로서 기능을 완성하게 됩니다. 이스라엘 민족이 특별히 세워졌던 것은 예수 그리스도의 오심을 위한 준비였던 것입니다. 그러므로 주님이 오신 이후에는 더이상 이스라엘 민족의 구원사적 기능은 없습니다.

그럼에도 우리가 눈여겨 보아야 할 내용들이 전혀 없는 것은 아닙니다. 그것은 우리 시대에 있어서 이스라엘 민족이 역사와 시대의 잣대로 사용되고 있다는 점입니다. 이것은 저의 개인적인 견해입니다만 잘 들어주셨으면 합니다. 물론 저는 세대주의적 입장을 취하지는 않습니다. 이스라엘 민족에 대한 세대주의 입장이란 종국에 가서는 전체 이스라엘 민족이 회개하고 주님께로 돌아올 것이라는 주장입니다. 복음서의 기록들 가운데 그렇게 해석할 만한 구절이 전혀 없다고 하기는 어려우나 그렇다고 해서 꼭 그렇게 해석해야만 한다고 말하기도 어렵습니다.

마태복음 24장에는 종말에 대한 기록들이 나옵니다. 제자들이 종말에 일어날 일들에 대해 질문했을 때 예수님께서는 여러 가지 사실들을 말씀하셨습니다. 그중에 이스라엘 민족과 관련되어 관심을 끄는 구절이 나옵니다. '무화과나무의 비유를 배우라 그 가지가 연하여지고 잎사귀를 내면 여름이 가까워진 줄 아나니 이와 같이 너희도 이 모든 일을 보거든 인자가 가까이 문 앞에 이른 줄 알라'(마 24:22, 23). 이 말씀은 이스라엘 민족과 관련된 말씀이라 생각됩니다. 즉 저는 이 말씀이 종말을 앞두고 있게 될 이스라엘의 국가적 재건을 이야기하고 있는 것으로 생각합니다. 19세기 말의 시오니즘 운동은 20세기 전반기 동안의 1, 2차 세계대전이라는 격란을 통해 1948년 이스라엘을 독립 국가로 재건토록 하게 됩니다. 멸망한 지 2천년이 된 이스라엘 민족이 그런 식으로 독립할 것이라는 사실을 예견하는 데는 기독교 밖의 사람들은 없었습니다.

'민족'이라는 용어는 의미심장하면서도 수수께끼 같은 용어라고 할 수 있습니다. 바벨탑 사건이래 민족들은 끊임없이 생성되었다가 끊임없이 사라져 갔습니다. 민족이란 영원한 것이 아니기 때문입니다. 역사 가운데 사라져간 민족이 수없이 많이 있으며 또다시 생성된 신흥민족도 많이 있습니다. 단일 민족이 멸망한 상태에서 2천년이 지난 후 다시금 독립국가가 된다는 것은 기적에 가깝습니다. 이스라엘은 나라와 땅을 상실한 지 2천년이 지나 다시 신생국가로 독립한 나라가 되었습니다.

저는 이스라엘 민족을 세계사를 가늠하는 한 표지로 이해하고 있습니다. 즉 이스라엘 민족의 변화를 보며 세상이 멸망할 시기를 가늠하는 시계watch로 삼습니다. 흔히 이런 말을 듣습니다. '인류 역사를 하루로 본다면 지금은 23시 50분이다' 는 식의 이야기 말입니다. 물론 그런 이야기를 하는 사람들 가운데는 위험한 사람들이 많이 있습니다만 예를 들자면 그렇다는 것입니다. 저는 지난 세기 이스라엘의 독립과 현재 이스라엘의 세계사적 위치를 보면서 역사의 시계를 보는 듯 합니다. 말씀드린 것처럼 무화과나무의 비유를 보며 더욱 그런 확신을 가지게 됩니다.

그러나 이스라엘이 전 민족적으로 회개하고 주님께로 돌아올 것인가에 대해서는 말하기 어려울 듯 합니다. 그렇다할지라도 이스라엘 민족은 여전히 인간의 역사 가운데 중요한 위치를 차지하고 있다고 할 수 있겠습니다. 말씀드린 대로 구속사적인 기능은 이미 완성되었지만 역사를 가늠하는 표지로서의 기능은 하고 있기 때문입니다.

우리가 마음에 두어야 할 점은 주님께서 재림하실 날이 크게 멀지 않다는 사실입니다. 하나님께서 과연 이스라엘 민족에게 특별한 구원의 은혜를 베푸실까 하는 점은 주님께 속한 일입니다만 우리가 그 민족을 통해 얻을 마땅한 교훈이 있다면 그것은 버리지 말아야 합니다.

사람들이 주님의 재림이 '멀었다' 거나 '없다' 할 동안 주님의 재림은 점점 가까워 오고 있음을 결코 잊어서는 안 될 것입니다.

(2002. 8. 22)

63 'JMJ씨 명예박사학위 수여'에 대하여

녕하세요?
KS대학이 JMJ씨에게 명예 보건학 박사학위를 수여하는 문제에 대해 저에게 질문해 주신 데 대해 한편으로는 감사하기도 하고 다른 한편으로는 부담이 되기도 합니다. 학생이 KS대학 게시판을 통해 공개적인 질문을 했다는 사실을 알고, 질의한 글을 읽으면서 아마 저의 과목을 수강했던 학생중 한 사람이 아닐까 생각되었습니다.

 진작 답변을 쓸까 생각하다가 학위수여식을 앞두고 저의 견해를 밝히는 것이 자칫 지혜롭지 못한 처사가 되지는 않을까 하는 판단에서 미루었습니다. 오늘은 JMJ씨에게 학위를 수여한 날이어서 이제 그에 대한 저의 답변을 말씀드려보고자 합니다.
 이미 엎질러진 물이기는 하나 우선 그에 대한 명확한 해석은 있어야 하리라는 것이 저의 견해입니다. 정말 잘한 일인지 아니면 엄청난 실책이었는지 해석이 있어야만 하리라 생각합니다. 그렇게 해야 하는 이유는 JMJ씨에게 명예박사학위를 준다는 사실이 공개되고나서부터 상당한 저항이 있었기 때문입니다. 그러했음에도 불구하고 KS대학은 그에게 명예박사학위를 수여했습니다.

 우선 결론부터 말씀드리겠습니다. JMJ씨에게 명예박사학위를 준 것은 돌이킬 수 없는 실책입니다. KS대학이 KS교단에 속한 대학이라면 그가 KS교단, 즉 교회에 끼친 공로가 있어야만 가능합니다. 막연하게 인류에게 공헌했다든지 민족이나 국가에 끼친 공로가 인정된다든지 혹은 선교 사역에 유익이 될 만한 어떤 일을 했다든지 하는 것은 아무런 설득력이 없습니다.

만일 그런 논리를 세우게 된다면 탁월한 예술가들이나 정치가나 군인들에게 그 공로를 인정해 명예박사학위를 수여할 수 있을 것이며, 삼성이나 대우그룹 등 재벌들에게도 선교에 도움을 준 기업들로 인정해 그 총수들의 공로를 인정할 수 있습니다.

실제로 선교지에 나가면 한국의 대기업들이 만든 상품들을 통해 한국의 위상이 높이 인정받고 있으며 선교사들에게는 그런 것들이 엄청난 프리미엄으로 작용한다고 말할 수 있습니다. 물론 그것은 선교신학적으로 점검되어야 할 내용들을 담고 있지만 말입니다.

JMJ씨는 KS교단 혹은 한국교회에서 그 공로를 인정받을 만한 사람인지는 분명하지 않습니다. 그 분이 자기 분야에서 얼마나 성실하게 살았느냐 하는 것을 말하고자 하는 것이 아닙니다. 그것은 이와는 별개의 문제이기 때문입니다.

JMJ씨에게 박사학위를 수여하자는 아이디어가 누구에게서 나왔는지 모릅니다만 추측컨대 그렇게 함으로써 KS대학의 위상을 높여 학교에 유익을 얻게 되리라는 생각으로 그렇게 했으리라는 것은 쉽게 짐작할 수 있습니다.

동기가 아무리 순수하고 좋다할지라도 원리에 벗어나면 그것은 올바르지 않습니다. 개혁주의 신학을 기저로 하고 있는 교단에 속한 기독교대학에서 신학적으로 충분한 고려 없이 학위수여를 결정하고 학위를 수여했다는 것은 아무리 양보한다 해도 결코 이해할 수 없습니다.

JMJ씨가 인간적으로 신실한 사람인가에 대해서는 알 수 없습니다만 우리의 입장에서 보아 그가 신실한 정도라 할 수 없음은 쉽게 말할 수 있습니다. 그는 얼마전에도 불상 앞에서 절을 하는 모습을 텔레비전을 통해 보여주었습니다.

그가 술을 마시고 회사의 노조에 대해 어떻게 대응하느냐 하는 문제는 그만 두고서라도 불상 앞에 머리를 조아린다는 것은 마땅히 징계를 받아야 합니다. 만일 그가 기독교인이라면 교회법상 엄한 징계를 받아야 할 사람을 개혁신학을 외치는 교단 산하의 KS대학이 명예박사학위를 수여한다는 것은 우선 논리적으로 말이 되지를 않습니다.

저는 이번 KS대학이 하는 일을 보며 심한 우려감을 가집니다. 결국 신앙적 삶이나 신학적 공로가 아니라 세속의 일을 대단한 일로 평가하며 특정인에게 박사학위를 수여했다는 것은 교단 학문의 보루라 할 수 있는 KS대학이 세속화의 길로 질주해 가고 있는 것처럼 이해되기 때문입니다.

이보다 더욱 염려가 되는 것은 KS대학 교수님들의 침묵입니다. 행정적 처리를 통해 그에게 명예박사학위를 주기로 결정했다 하더라도 다수의 교수님들은 즉시 그에 대한 신학적 해석에 돌입했어야 했습니다. KS대학 신학과와 기독교 교육학과, 그리고 선교언어학과에는 신학적 입장을 분명히 밝혀야만 할 목사 교수들이 많이 있습니다.

더구나 같은 대학의 K신학대학원에는 신학적 해석을 주업으로 하는 직분자들인 교수님들이 있습니다. 그런 교수님들이 그에 대해 아무런 입장을 밝히지 않는다는 것은 책무를 다하지 못한 처사로 밖에 볼 수 없습니다. 더구나 여러 학생들과 교단의 생각 있는 여러 목사님들의 지적이 있었는데도 그냥 모른 척 넘어간다는 것은 결코 있을 수 없는 일입니다.

앞에서 말씀드린 바 대로 학생의 공개질문에 대해 답변을 미루었다가 이제야 답변하는 것은 KS대학 교수님들의 개혁주의 신학에 입각한 어떤 해석과 설명이 있을 것이라는 막연한 기대 때문이기도 했습니다. 그러나 저의 그런 기대는 결국 어긋나 버렸습니다.

오늘 KS대학은 JMJ씨에게 명예보건학 박사학위를 수여하였습니다. 그가 앞으로 명확한 불신자적 악한 행위를 하지 않는 한 그 학위가 취소되지는 않습니다. 그러나 우리는 지금이라도 그에 대해 명확한 입장을 확인해야 합니다. 그래야만 앞으로 그런 일이 되풀이되지 않을 것이기 때문입니다.

언젠가부터 무너지기 시작한 우리의 신학에 대해 교수님들의 각성이 있기를 바랍니다. 지나갔으니 이제는 안도해도 되겠다는 안일한 생각을 가지고 있다면 KS대학은 아무런 소망이 없습니다. 세상 사람들은 KS대학의 그러한 행동을 보며 발전이라고 할지 모르지만 교회에 속한 기관으로서의 KS대학은 아무런 의미가 없어지고 말 것이기 때문입니다.

저의 이 짧은 글이 학생에게 도움이 되었으면 합니다. 그리고 KS대학과 여러 교수님들께도 도움이 되기를 바라는 마음 간절합니다.

2002. 8. 26

답답하고 아픈 마음으로
이광호 목사

64 '십일조'를 어느 교회에 내야 할까요?

신철 성도님

주님의 이름으로 문안드립니다. 성도님의 질문을 받고 곧바로 답변드리지 못한 점 이해해 주시기를 바랍니다. 바쁜 것이 좋지 않다는 것을 뻔히 알면서도 생활속에서 여유로움을 누리지 못하는 저 자신을 스스로 안타깝게 생각하고 있습니다.

성도님의 서신을 읽으면서 참 힘들겠다는 생각을 했습니다. 직장 관계로 사랑하는 가족을 떠나 홀로 객지인 포항에서 살고 있다는 것도 힘들텐데 십일조 연보 문제로 부부간에 견해를 달리 하고 있으니 더욱 힘들 것입니다.

서울에 계시는 부인께서 성도님이 원래 출석하던 교회이자 지금도 온 가족이 출석하는 교회에 십일조 연보를 해야 한다고 주장하는 것은 아마 체면 때문이 아닐까 생각해 봅니다.

만일 부인께서 이 글을 읽는다면 전혀 '그렇지 않다'며 이런 글을 쓰는 저 같은 사람을 서운하게 생각할지도 모르겠습니다. 제가 이런 이야기를 하는 것은 성도님이나 성도님의 가정에 국한해 말하는 것이 아니라 우리 한국교회의 일반적인 이야기를 하는 것이니 이해해 주시기를 바랍니다.

우리 한국교회에서 십일조를 율법화하고 있는 것은 시정되어야 할 문제입니다. 그리고 십일조 연보를 하는 사람들이 자기 이름을 봉투에 적어 내는 것도 문제입니다. 나아가 예배 시간에 십일조 연보를 한 사람의 명단을 불러 따로 기도해주는(?) 것도 문제이며 주보에 명단을 게재하는 것도 문제입니다. 또한 십일조 연보를 한 사람의 명단과 액수를 사무실에서 따로 관리하는 것도 문제입니다. 이렇게 보면 한국교회의 십일조 연보 제도에는 전반적으로 많은 문제가 있습니다.

십일조 연보를 하려면 율법적 의무가 아니라 사랑에 기초해야 합니다. 십일조 봉투에 이름을 적어 여러 사람 앞에 자신을 드러낼 필요도 없습니다. 겸손하게 남들이 알지 못하게 수입의 일부를 교회에 냄으로써 교회에 참여하면 되는 것입니다.

우리 한국교회에서 이름을 적어 십일조를 하는 것은 결국 자기를 나타내기 위한 방편이며 목회자들이 그것을 강요하는 것은 그렇게 해야만 더 많은 연보를 거둘 수 있을 것이라 판단하고 있기 때문입니다. 달리 이름을 적지 않고 특별히 주보에 그 명단을 올리지 않아도 여전히 동일한 액수의 연보가 들어와도 과연 그렇게 할까요?

십일조의 의미에 대해서 다시 한번 말씀드립니다. 구약성경의 십일조 제도는 예수 그리스도가 오심으로 인해 그 의미가 완성되었습니다. 마태복음에 기록된 이와 관련된 예수님의 말씀 즉, '화 있을진저 외식하는 서기관들과 바리새인들이여! 너희가 박하와 회향과 근채의 십일조는 드리되 율법의 더 중한 바 의와 인과 신은 버렸도다. 그러나 이것도 행하고 저것도 버리지 말아야 할지니라'(마 23:23)고 하신 기록은 성도들이 십일조를 계속하라고 주신 내용이 아닙니다.

여기서 명확하게 볼 수 있는 것은 잘못된 신앙을 가지고 있으면서도 자기가 옳다고 생각하는 사람들을 경고하고 있습니다. 구약성경의 십일조 제도는 그리스도가 오심으로 그의 사역 가운데서 완성이 되었습니다.

현재의 십일조 제도는 한국교회의 특징입니다. 달리 말하면 세계에 흩어져 있는 건전한 교회들 가운데 십일조 연보를 제도로 정해두고 있는 교회들이 많지 않다는 것입니다. 화란이나 호주, 미국, 영국 등 서구에 있는 개혁교회들에서는 십일조 제도가 없습니다.

물론 그 가운데 일부 성도들은 십일조 연보를 열심히 하고 있는 우리보다 훨씬 요긴하게 돈을 사용하고 있기도 합니다. 그들은 율법적, 혹은 의무적이 아니어도 이웃을 위해서 그리고 선교사들을 위해서 연보하는 방법을 잘 알고 있습니다. 우리 한국교회의 성도들이 교회에 십일조를 내고 나면 의무를 다했다는 생각으로 수입의 나머지는 자의대로 사용하는 것과는 대비된다 할 수 있겠습니다.

저는 십일조 문제에 대해 이렇게 말씀드리고 싶습니다. 교회를 위한 연보에 힘을 쓰되 교회가 성도들로부터 모아진 돈을 잘못 사용하거든 교회에 십일조를 하지 말도록 당부합니다. 온 교인들이 십일조를 열심히 하기 때문에 교회가 부자의 모습을 띠게 되면 달리 연보가 필요한 곳을 찾아보아야 합니다.

개인이나 교회가 돈이 필요 이상으로 많아지면 부패하기 시작합니다. 돈의 능력을 경험하기 시작하여 성경이 경고하는 바 돈을 따를 위험이 있기 때문입니다. 한국교회가 물질주의화 된 것은 결국 돈의 능력을 인정하면서부터였습니다.

이제 결론적으로 말씀드리겠습니다. 십일조 연보를 할 때 의무적으로 하지 말기를 바랍니다. '성도는 십일조 연보의 의무를 하면 되고 사용하는 것은 교회의 책임있는 자들이니까 나의 의무만 충실히 하면 된다' 는 식의 사고는 위험합니다.

연보를 하는 의무보다 더 중요한 것은 교회가 하나님의 뜻에 충실하게 잘 사용하느냐에 대해 관심을 기울이는 것임을 기억하시기를 바랍니다. 한번 돈 내는 것은 쉬운 일이지만 성도들의 연보가 어떻게 쓰이는가에 대한 선한 살핌은 훨씬 어렵습니다. 그러니 어린 교인들은 돈만 내고 마는 쉬운 길을 택하려 합니다.

　서울에 살고 있는 가족들이 출석하는 교회가 재정적으로 어렵고 성도님의 힘이 필요하다면 그곳으로 보내는 것이 옳습니다. 그리고 지금 포항에서 나가는 교회의 재정이 어렵다면 그 교회에 연보를 하는 것이 옳습니다. 양쪽 모두 어렵다면 적절히 갈라서 낼 수도 있습니다. 그러나 양쪽 다 부자처럼 되어 있다면 십일조를 양쪽 교회에 내지 말고 재정적으로 정말 어려운 참된 교회를 찾아서 내어도 될 것입니다.

　서울의 부인께서는 남편인 정 성도님께서 십일조를 보내주지 않으면 체면에 상당한 손상을 입을지도 모릅니다. 그점에 있어서는 정 성도님도 마찬가지일 것입니다. 주일마다 출석하는 교회에서 교인노릇(?) 하려고 하면 연보를 통한 어느 정도의 성의(?)를 보여야 할 것이기 때문입니다.
　앞에서 말씀드린 것처럼 교회에서 신앙을 인정받는 기준이 연보에 달려 있다는 것은 서글픈 일이라 생각됩니다. 혹 형편이 어려워서 많은 연보를 할 수 없는 성도들도 직분을 받을 수 있고 십일조 봉투에 이름을 쓰지 않고 연보를 해도 그 신실함을 인정받는 때가 속히 와야 합니다.

　성도님의 질문에 대해 제대로 답변이 되었는지 모르겠습니다. 성도님의 가정에서 일어나고 있는 문제에 대해서 제가 이렇게 하라 혹은 저렇게 하라는 식의 정답을 드리는 것은 아닙니다. 십일조에 대한 간단한 원리와 함께 그런 제도 가운데 살고 있는 우리의 모습을 잠시 생각해 본 것입니다. 저의 답변 때문에 더 어려운 일을 만나지는 않았으면 하는 바람입니다.

(2002. 9. 5)

65 KS교단의 현실과 내일

KS교단 지도자들께

최근 우리 한국의 정치적 파행을 잘 알고 있으리라 믿습니다. 특히 국무총리 인준 문제를 둘러싸고 국회의원들이 지명자의 과거 문제들까지 들추어내어 그 윤리성을 확인하는 과정을 우리 모두가 보았습니다. 결국 그들의 비윤리성으로 인해 두 번의 인준 부결과 장기간 국무총리 공백이라는 초유의 정치력을 경험하고 있습니다.

여러분들은 이 문제에 대해 어떻게 생각하시는지요? 하나님을 알지 못하는 세상의 단체에서도 지도자들의 윤리성을 매우 중요하게 생각하고 있습니다. 지도자의 윤리가 땅에 떨어진 상태라면 그 유해성이 전체에 퍼질 뿐 아니라 올바른 정치를 기대할 수 없기 때문입니다.

주님의 거룩한 교회에 속한 성도와 교회 지도자들의 윤리성은 세속의 그것보다 훨씬 높은 수준을 요구하고 있음을 우리 모두가 잘 알고 있는 사실입니다. 올바른 성도의 삶은 하나님을 경외함으로써 자연스럽게 복음적 윤리에 도달하게 됩니다.

본 KS교단의 제52회 총회가 '새로운 미래를 향하여' 라는 표제로 9월 23일부터 27일까지 천안에 있는 K신학대학원에서 열린다는 공고가 났습니다. 총회 회기 중에 교단설립 50주년 기념 행사가 있어서 교단사상 최대 집회로 준비하고 있다는 보도도 동시에 보입니다. 그런데 그것을 기뻐하며 감사해야 할 교단의 목사로서 본인은 도리어 처절한 마음에 휩싸이는 것을 어떻게 이해해야 할지요?

지금 본 교단은 엄청난 문제들에 휩싸여 있다고 판단됩니다. BE병원 문제, K신학대학원 모교수의 학위논문에 대한 논란, 최근 있었던 JMJ씨 명예박사학위 수여와 교수의 흡연문제로 인한 KS대학 학생들의 학교에 대한 불신 문제 등 교단의 정체성을 뒤흔드는 문제들이 산적해 있습니다.

그럼에도 불구하고 교단 50주년 기념행사를 기획하며 현실에 대한 자성이 없는 '교단설립 50주년 21세기 선언문' 작성은 도리어 교단의 미래를 우려하기에 충분하다고 판단됩니다.

그런데도 교단의 지도자들은 누가 총회의 임원이 될 것인가에 대한 교권에 관심을 집중하고 있습니다. 특히 부총회장에 출마한 목사님들이 돈봉투를 돌리고 향응을 제공했다는 사실은 차라리 듣지 않았으면 하는 대목입니다.

그러나 지난 5월에 이미 경남중부노회의 한 목사님이 부총회장에 입후보한 목사님들로부터 금품과 향응을 제공받았음을 공개적으로 밝혔습니다. 네 명의 입후보자들 중 세 명으로부터 돈봉투를 받았으며 한 사람으로부터는 식사를 제공받았다는 것입니다(한국기독신문, 2002. 6. 1, 제310호. 참조).

그리고 최근에는 창원에서 목회하시는 어느 목사님이 지난 4월과 5월에 각각 5만원과 10만원이 든 돈봉투와 식사제공을 받았다고 양심선언을 했습니다(한국기독신문, 2002. 8. 31, 제319호). 그러나 교단의 선거관리위원회는 후보등록 이전에 있었던 일이기 때문에 문제삼을 수 없다고 발표했습니다.

돈봉투를 돌리고 식사를 제공한 입후보자들이 표를 의식해 총대들을 상대로 행한 명백한 불법 행위인데도 그것을 문제없다고 한다면 그것은 동일한 불법일 따름입니다.

목사님들의 생각에는 본 교단의 이러한 일이 대수롭잖은 작은 일로 여겨지는지 모르겠습니다. 그러나 그러한 부정은 하나님을 알지 못하는 일반 사회에서도 법적인 책임을 져야 할 지탄의 대상이 되는 중대한 불법입니다. 만일 국가 공직자가 선거를 앞두고 그런 식으로 돈봉투를 돌리고 향응을 베풀었다면 국가로부터 엄중한 처벌을 받고 그 지위를 박탈당하게 됩니다.

하물며 하나님을 두려워해야 할 교단의 총회장이 불법에 익숙한 비윤리적인 인물이라는 것은 결단코 있을 수 없는 일입니다. 관례적으로 부총회장은 다음 총회장을 이어받는 것을 원칙으로 하고 있음을 모두가 알고 있습니다. 그러므로 교단의 총회장이 될 인물의 적법성과 윤리성은 더욱 철저하게 검증되어야 합니다.

저는 이런 중요한 사실에 대해 왜 본교단 신문인 'KD교보'가 철저히 침묵하는지 이해할 수 없습니다. 신학교에서 가르치는 교수님들은 그런 부정한 사실을 알면서 왜 분명하게 지적하지 않는지 이해할 수 없습니다. 그리고 총대인 여러 목사님들과 장로님들이 돈봉투와 향응을 제공받고서도 왜 아무런 거리낌도 없이 그냥 넘어가려 하는지 이해할 수 없습니다. 교단의 개혁을 위해 발벗고 나섰다는 'KS목회자협의회'는 왜 이럴 때 한마디도 하지 않고 침묵하고 있는 것입니까?

코람데오를 삶의 기본으로 하는 성도라면 모두들 이래서는 안 됩니다. 본 교단이 진정으로 하나님을 경외하는 교단이라면 결코 그럴 수 없습니다. 교회의 성도들에게 주님의 재림을 기다리며 오로지 하나님의 뜻대로 살 것을 가르치는 지도자들이 그래서는 결코 안 됩니다.

저는 지금이라도 우리 모두가 회개의 물꼬를 터야 한다고 믿습니다. 이대로 가다가는 본 교단이 하나님을 떠난 세속주의 기독교 단체로 전락해 버리게 될 것입니다.

먼저 부총회장에 출마하신 목사님들께 부탁드립니다. 금품살포나 향응제공 등의 일이 있었다면 사실대로 밝히시기 바랍니다. 이것은 개인의 문제가 아니라 교단을 위해서입니다. 얼마의 돈을 얼마나 많은 사람들에게 돌렸는지, 누구를 대상으로 몇 번의 식사제공을 했는지, 그리고 그 돈의 출처는 어디인지 구체적으로 밝히셔야 합니다.

그것이 개인의 돈이든지, 교인이 연보한 교회의 돈이든지, 그 어떤 경우라 하더라도 이는 있을 수 없는 일이며 진솔한 회개를 통해 이런 일이 다시는 일어나지 않는 계기로 삼아야 합니다.

돈과 식사제공을 받은 총대 목사님들과 장로님들이 참회에 동참하시기를 원합니다. 어디에서 누구로부터 얼마의 돈을 받았는지, 식사제공은 어떻게 받았는지 구체적으로 밝혀야 합니다. 돈을 주고받은 분들이 같은 마음으로 그 사실을 밝힌다면 회개의 역사는 자연스럽게 이루어지리라 생각됩니다. 비록 소극적 행위라 하더라도 그것이 교단을 해치는 행위임을 깊이 인식해야 되리라 생각합니다.

신학교에서 목사후보생을 지도하는 교수님들과 교단 내의 모든 교수님들은 회개해야 합니다. 교단의 전반적인 흐름을 신학적으로 감독해야 하는 중요한 직무를 제대로 행하지 않았기 때문입니다. 우리 교단이 이 지경에까지 이른 것은 신학자들의 책임이 크다할 수밖에 없습니다.

그리고 교단의 모든 목사님, 장로님, 그리고 강도사님, 전도사님들은 뼈를 깎는 아픔으로 회개해야 합니다. 부정과 불의를 감독함으로써 저들을 진정으로 사랑해야 할 교회의 지도자들이 자신의 일시적 안위를 위해 수수방관함으로써 저들을 불의의 자리로 몰아간 것은 우리 모두의 책임이라 할 수밖에 없습니다.

본 교단은 코람데오를 삶의 기본 원리로 하고 있으며 개혁주의 신학을 가장 바람직한 신학으로 이해하고 그에 따르고 있습니다. 우리는 그 원리를 결코 포기해서는 안 될 것입니다. 마지막으로 본인은 본 교단이 이렇게 부패한 것을 소수 특정인들의 탓으로만 돌리고 싶지는 않습니다. 신앙의 정도를 벗어난 채 세속을 누리려 한 우리 모두의 못난 소치의 결과라 생각하기 때문입니다.

　이번 총회를 통해 진정한 회개의 물결이 일어나기를 기대해 봅니다. 이런 부정 가운데서도 외국의 자매 교단의 축하를 받아가며 거금을 들여 교단설립 50주년 기념행사를 멋있게 치르게 된다면 그것은 자랑이 아니라 도리어 수치임을 말씀드리고 싶습니다. 외국의 신실한 형제들이 본 교단의 파행적인 실제 모습을 안다면 얼마나 놀라겠습니까?
　우리 가운데 진정한 회개의 운동이 일어나지 않는다면 우리 교단은 소망이 없습니다. 만일 이러한 형편이 지적되지 않고 앞으로도 이어진다면 저같은 미말의 성도는 더이상 어떻게 해야 할지 모르겠습니다. 아픈 마음으로 하나님의 인도하심을 기다릴 뿐이겠지요.
　글의 내용 중 표현상 격한 용어들이 섞여 있다면 이해바랍니다. 본인은 진정으로 교단을 아끼고 위하는 마음과 사랑과 충정으로 이 글을 쓰고 있음을 밝힙니다. 주님의 은혜가 우리 가운데 함께 하시기를 원합니다.

2002. 9. 8

　주님의 선한 손길을 바라며,
　동대구노회 실로암교회 목사 이광호

66 국경일 기념예배

재석 형제

반갑습니다. 저에게 질문을 해놓고 오래 기다리셨을 텐데 너무 기다리게 해서 죄송합니다. 군 복무를 마친 지 얼마 되지 않고 복학을 기다린다고 했으니 어쩌면 지금쯤 복학해서 학교에 다니고 있을지도 모른다는 생각을 하게 됩니다.

지난 8월 중순 교회에 가니 '경축, 광복절 기념예배'라 적혀 있고 기념예배를 드렸다고 했지요? 그리고 그 교회에서는 지난 6월 25일에도 '6.25기념예배'를 드렸다고 했습니다. 그런 교회라면 아마 '3.1절 기념예배'도 드렸을 것입니다.

아직 신앙이 어린 상태에서 그런 모습을 보며 스스로 의구심을 가질 수 있음은 매우 다행한 일이라 생각됩니다. 대다수 사람들은 그런 경우 별 생각없이 따라 하는 것이 일반적이라 여겨집니다. 그리고 형제는 저에게 질문을 하면서, 각종 기념 예배를 드리는 교회가 더욱 국가관이 투철한 교회인지 그리고 국경일을 잘 챙기는 것이 교회의 임무인지 궁금하다고 말했습니다.

결론부터 미리 말씀드리자면 그것은 매우 잘못된 것입니다. 하나님을 예배하는데 '광복절기념'이라든지 '6.25기념'이라든지 하는 말 등이 붙여질 하등의 이유가 없습니다. 나아가 교회는 그렇게 하지 말아야 합니다. 성경에는 그런 국경일을 기념하며 하나님을 예배했던 경우가 없습니다.

구약시대 이스라엘 백성들이 예루살렘 성전을 통해 하나님을 경배할 때도 그런 식의 '기념'이라고 하는 것은 있지 않았습니다. 하나님의 특별한 선택을 받은 이스라엘이었지만 그들은 국가에 대한 기념과 함께 하나님을 경배하지는 않았던 것입니다.

유월절이나 장막절, 칠칠절 등 이스라엘 백성들의 각종절기는 하나님의 언약을 나타내는 절기들입니다. 이렇게 말하면 어떤 사람들은 '부림절'을 떠올릴지도 모르겠습니다. 부림절은 페르시아 제국에서 유대인 말살 음모가 있을 때 아하수에로 왕의 유대인 왕후였던 에스더로 인해 최후의 순간 극적으로 구출된 사건에서 유래하며 그것을 기념한 절기입니다. 그 절기 또한 하나님의 구속사 가운데서 해석되어야 합니다.

구약시대의 모든 절기들은 하나님의 구원 계획과 직접 연결되어 있으며 이스라엘 백성은 그로 인한 은혜 가운데 있었습니다. 그러므로 이스라엘 백성이 절기를 지킨 것은 하나님이 구원 역사 가운데서 그의 놀라운 은혜와 경륜을 기억하기 위한 절기였던 것입니다.

그런데 그 모든 절기들은 예수 그리스도께서 오심으로 그에 대한 모든 의미들이 완성되었습니다. 즉 구약시대의 절기들은 그리스도를 예표하는 그림자였으므로 실체인 그리스도께서 오신 후에는 더이상 그림자가 필요 없게 된 것입니다. 그러므로 오늘날은 구약의 절기들을 더이상 지키지 않습니다. 우리는 구약성경에 기록된 여러 절기들을 통해 하나님의 놀라우신 계획과 섭리를 기억하며 그의 은혜에 참여할 뿐입니다.

따라서 우리 시대에는 구약성경에서 말하는 그런 절기는 없습니다. 신약성경 시대의 성도들은 어떠한 '기념'이라는 것을 붙여 하나님을 예배하지 않았습니다. 그들은 하나님을 찬송하며 예배하는 데 있어서 어떠한 다른 조건들도 허용하지 않았던 것입니다.

우리 민족에게는 광복절이나 삼일절 등 민족적인 절기가 있습니다. 그런 유사한 절기들은 각 민족이나 나라마다 있습니다. 독립기념일이나 승전기념일 등 각 국가들의 기념일들이 있겠지요. 그러나 그러한 날들은 대개 대상이 있는 기념일들입니다.

우리나라의 삼일절이나 8.15 광복절은 우리에게는 기쁜 날이었지만 일본 사람들에게는 슬픈 날이기도 했습니다. 국가적 책임이나 문제에 관계없이 개별 시민들 가운데는 충분히 그럴 수 있다는 것입니다. 한편에서는 전쟁에 승리한 날이어서 즐거워하는데, 상대편 국민들은 쓰라린 전쟁의 패배로 인해 결코 즐거운 날이 될 수 없을 것입니다.

한국의 기독교인들이 삼일절이나 광복절을 기념하여 하나님을 예배할 때 일본의 기독교인들은 어떻게 해야 할까요? 만일 일본이 1910년 한일합방을 했는데 일본의 기독교인들이 '한일합방 기념예배'를 드린다면 우리는 어떻게 받아들여야 할까요? 물론 제가 지금 이야기하는 것은 누가 잘했느냐 못했느냐가 아니라 자기 입장에서 그렇게 한다면 어떻게 하겠느냐 하는 것입니다.

우리는 하나님을 예배함에 있어서 다른 어떤 조건도 필요하지 않습니다. 단지 그의 높으신 이름과 그의 놀라운 구원 사역에 감격해 경배할 따름입니다.

결론적으로 말씀드리겠습니다. 하나님을 경배하면서 민족이나 국가의 각종 절기를 기념하여 예배한다는 것은 잘못입니다. 성경에 그런 예나 가르침이 있지 않으며 하나님에 대한 예배는 전체 보편교회가 동일하게 가지는 보편성이 있어야 합니다. 어느 시대, 어느 지역에 있더라도 모든 성도들이 함께 기뻐할 수 있는 내용은 개별 민족적 혹은 국가적 절기일 수 없습니다. 우리는 놀라우신 하나님의 은혜를 감격해 할 따름입니다.

(2002. 9. 17)

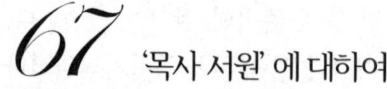 '목사 서원'에 대하여

하랑 자매님

주님의 이름으로 문안드립니다. 지난 여름 홍수로 인해 김해 지역의 피해가 심각하다는 소식을 들었는데 자매님의 가정이나 교회에는 큰 피해가 없었는지요? 우리는 그런 예기치 못한 자연현상들을 통해 인간의 나약함과 한계를 잘 배워나가야 합니다.

자매님이 교제하고 있는 남자 친구가 태중에 있을 때, 그 부모님들이 목사로 키우겠다고 하나님께 서원했다고 그랬지요? 그 친구는 어려서부터 부모님으로부터 그런 이야기를 습관처럼 들어왔고 나이가 들어 생각해 보니 그것이 아니라는 생각이 들면서 심한 갈등을 겪고 있는 줄 알고 있습니다.

목사나 장로 등 교회의 직분은 자기 혹은 개인이 원해서 서원하거나 임의로 시킬 수 있는 것이 아닙니다. 말씀드리는 김에 하나 더 이야기하겠습니다. 자매님이 궁금해하는 내용은 그 부모가 자식을 하나님께 바쳐 목사를 시키겠다는 경우였습니다만, 어떤 경우는 자기 스스로 하나님 앞에 목사가 되겠다고 서원하는 경우가 있습니다. 이런 경우에도 그것은 무의미한 서원입니다. 목사가 되는 것은 자기의 결심이나 서원에 달려 있는 것이 아니며 그래서도 안 되기 때문입니다.

목사를 비롯한 교회의 모든 직분은 교회가 기도하는 가운데 세워야 합니다. 교회가 그를 목사로 세울 의사가 있지 않고 교회의 확인을 거치지 않은 상태에서 스스로 목사가 되겠다고 하는 것은 문제가 있습니다. 즉 교회의 직분은 자기의 결단이 아니라 하나님으로부터 주어지는 은사입니다.

예를 하나 들어볼까요? 어떤 부모가 자기 자녀를 판사나 검사를 시키고자 국가에 바치기로 서원했다고 생각해 봅시다. 그리고 나중에 커서 꼭 판사가 되어야 한다며 그 아이에게 서원 사실을 주입시킨다고 해도, 그것 자체로는 실제적 의미가 발생할 수 없는 단순한 개인적 생각일 따름입니다. 물론 억울한 사람을 위해 공평한 재판을 하는 법관이 되기를 바라는 부모의 마음이 자녀로 하여금 열심히 공부하는 계기가 될 수는 있습니다.

그렇지만 그가 사법시험을 통과하고 사법연수원 과정을 거쳐 판사가 된다면 그것이 그의 부모님의 서원과 상관이 있는 것은 아닙니다. 또한 어떤 사람이 국가와 민족을 위해 훌륭한 법관이 되겠다며 스스로 결심하고 국가에 서원한다 해도 그것만으로 어떤 효력이 발생될 수는 없습니다.

이처럼 목사가 되기 위한 서원을 한 것 자체로는 원천적으로 의미가 없습니다. 물론 그런 교육 환경 가운데 목회자가 되기 위한 준비를 하여 후일 목사가 될 수도 있습니다. 그러나 그가 목사가 된 것은 그 부모님 혹은 자신의 서원 때문에 목사가 된 것이 아니라 직분자를 필요로 하는 교회의 의사 때문임을 알아야 합니다. 아무리 서원을 했다해도 하나님의 부르심과 교회의 요구가 있지 않다면 결코 목사가 될 수 없으며 되어서도 안 됩니다.

더구나 남의 삶을 두고 대신 서원한다는 것은 안 될 일입니다. 즉 자식의 삶에 대해서 부모가 대신 서원한다는 것은 있을 수 없습니다. 하나님에 대한 주관적 충성심과 자식에 대한 기대가 아무리 순수할지라도 그것은 올바른 방법이 아닙니다.

　우리는 근본적으로 하나님 앞에서 서원을 할 수 있을 만한 존재가 되지 못합니다. 예수님께서는 산상보훈에서 "또 옛 사람에게 말한 바 헛맹세를 하지 말고 네 맹세한 것을 주께 지키라 하였다는 것을 너희가 들었으나 나는 너희에게 이르노니 도무지 맹세하지 말지니 하늘로도 말라 이는 하나님의 보좌임이요 땅으로도 말라 이는 하나님의 발등상임이요 예루살렘으로도 말라 이는 큰 임금의 성임이요 네 머리로도 말라 이는 네가 한 터럭도 희고 검게 할 수 없음이라 오직 너희 말은 '옳다 옳다, 아니라 아니라' 하라 이에서 지나는 것은 악으로 좇아 나느니라"(마 5:23-27)고 말씀하셨습니다.
　이 말씀에서 보는 바와 같이 우리는 하나님 앞에 서원을 할 만큼 무언가 갖추어진 존재가 되지 못합니다. 날마다의 삶에서 천국을 바라보며 오직 주님의 뜻을 따라 살기를 바랄 따름입니다. 그러는 중 어떤 사람은 교회의 뜻에 따라 목사로, 또 어떤 사람은 장로나 집사로, 또 다른 어떤 사람은 다른 은사로써 주님을 섬기며 살게 될 것입니다.

　어떤 사람들은 구약성경을 인용하며 한번 서원한 것은 꼭 지켜야 한다고 주장할지도 모릅니다. 그러나 구약성경의 관련구절들을 그런 식으로 이해해서는 안 됩니다. 구약시대 이스라엘 민족에게 율법적 요구를 하는 것과 주님의 시대에 전체적으로 이해해야 하는 내용은 획일적이지 않습니다.
　위의 산상보훈의 가르침에서 주님께서는 '구약에서는 그렇게 가르치지만 구약에 제시된 약속의 실체로 온 나는 너희에게 그 참 의미를 이렇게 가르친다' 고 말씀하고 계심에 유념해야 합니다.

　그러므로 자매님의 남자 친구는 자기 부모님이 한 서원으로부터 자유로울 수 있을 뿐 아니라 자유해야 합니다. 자칫 그런 잘못된 서원이 도리어 자신의 삶을 옭아매게 된다면 결코 바람직하지 못합니다. 그렇지만 그런 사람은 결코 목사가 되지 말아야 한다고 제가 말씀드리는 것이 아님을 잘 기억하시기를 바랍니다. 주님 안에서 올바른 신앙생활을 하게 될 때 그 서원과는 관계없이 하나님의 부르심과 교회의 요청에 따라 신학훈련을 받고 목사가 될 수도 있습니다.

부모님의 주관적인 충성심으로 그런 서원을 했으니 자매님의 그 남자친구뿐 아니라 그의 부모님들 역시 하나님께 한 서원을 제대로 잘 지키지 못하고 있다는 마음 때문에 힘들어할지 모릅니다. 그러므로 그 부모님들 역시 스스로 한 그 서원으로부터 자유로워져야 합니다.

오래 전 일이니 지금보다 신앙이 어릴 때 잘 모르고 그렇게 하게 되었다고 여기고 더 높은 하나님의 뜻을 바라보아야 합니다. 하나님께서 원하시는 것은 그런 서원을 지키겠다며 힘들게 애쓰는 것이 아니라 자신은 그럴 만한 사람이 되지 못함을 깨닫고 주님 앞에 온전히 무릎꿇는 자세일 것입니다.

우리의 한국교회 성도들의 일반적인 신앙 관습을 생각하면 그로부터 완전한 자유를 가지는 것이 쉽지 않을 것이란 생각을 해봅니다만 하나님의 말씀 앞에 온전히 겸손해짐으로써 진정한 자유와 함께 그보다 훨씬 큰 주님의 은혜를 누리게 되기를 바랍니다. 이 답변이 약간의 도움이라도 되기를 바라며 그치겠습니다.

(2002. 10. 8)

68 일반 성도는 성경을 너무 깊이 알면 안 되는지요?

'요나' 님

녕하세요? 주님의 이름으로 문안드립니다. 저의 졸저들을 보시고 배울 점이 많이 있었다니 우선 감사의 마음을 전합니다. 늦여름에 질문을 하셨는데 상강霜降이 지난 이제야 답변을 드리게 되어 죄송하게 생각합니다.

성도님의 질문에 "많은 목사님들이 성경에 대해 깊이 공부하고 알려고 하면, '성도들이 성경을 너무 깊이 알면 안 되며 그냥 믿기만 하면 된다'고 말하는 데 그것이 과연 옳은 말인가?"하고 물으셨습니다. 우리 한국교회에서는 그러한 경향이 있는 것이 사실입니다. 교회의 지도자들도 그렇고 일반 성도들도 그렇게 생각하고 있는 것을 흔히 보게 됩니다. 목사님들은 성경을 잘 이해해야 하고 다른 성도들은 목사님의 가르침에 무조건 의존하면 된다고 생각합니다.

그러나 그것은 잘못된 것입니다. 하나님의 말씀에 대해서는 모든 성도들이 깊이 이해해야 할 의무가 있습니다. 일반적으로 목사님들이 성경을 너무 깊이 알아서는 안 된다고 하는 것은 두 가지 이유 때문일 것입니다. 첫째는 올바른 교사가 없는 상태에서 성경을 깊이 공부한다 하면서 말씀의 가르침을 잘못 이해하게 되면 잘못된 이단의 경향성으로 빠질 위험에 대한 염려 때문일 것입니다. 둘째는 일반 성도들이 성경을 올바르게 깊이 알게 되면 목회자의 목회에 부담이 될 것이라는 이유 때문일 것입니다.

위의 첫 번째 이유라면 우리가 신중하게 생각해 보아야 할 내용입니다. 종종 올바른 교사가 있지 않은 상태에서 성경을 깊이 있게 공부한다고 하는 자들 중에 도리어 잘못된 종교 이데올로기에 빠지는 경우를 보게 됩니다. 우리 주변에 있는 많은 이단에 빠진 자들이 늘 손에 성경책을 들고 다니지만 성경의 참된 가르침에 대해서는 무지한 것을 봅니다. 구약시대의 거짓 선지자들이나 신약성경의 바리새인들이나 잘못된 서기관 같은 자들이 곧 그런 류에 속합니다.

두 번째의 경우는 결코 있을 수 없는 일입니다. 잘못된 교회는 하나님의 말씀보다는 인간들의 행위를 강조하게 됩니다. 말씀을 통한 진정한 기쁨보다는 인간의 종교적 행위를 요구하게 됩니다. 성도의 유일한 소망은 천국에 있다고 하면서도 이 세상에 대단한 소망이 있는 듯이 가르치는 것입니다. 성경 말씀에는 성도의 소망은 천국에 있으며 이 세상은 지나가는 나그네와 같고 오늘 피었다가 내일 지는 들풀과 같다고 가르치고 있습니다. 그럼에도 잘못된 기독교 시대에는 이 세상에 바벨탑과 같은 작품들을 만들려 하고 그런 것을 만들고는 흐뭇해합니다.

그런 지도자들은 일반 성도들이 성경을 깊이 알게 되면 목회자가 하는 일에 순순히 따르지 않는다고 생각하는 경향이 있는 것 같습니다. 사실 성도들이 목회자가 하는 일에 아무런 비판 없이 무조건 순순히 따른다는 것은 문제입니다. 목회자를 비롯한 누구라 할지라도 항상 하나님의 말씀을 통해 해석이 되어야만 합니다.

올바른 목회자는 성도들로 하여금 하나님의 말씀에 비추어 모든 것을 건전하게 해석할 수 있도록 교육하게 됩니다. 여기서 해석이나 비판을 한다는 말은 비판적으로 비난한다는 말은 아닙니다. 그리고 무조건 반대하고 문제화 한다는 말도 아닙니다.

제가 드리고자 하는 말씀은 성경을 통한 해석과 반성을 통해 더욱 올바른 신앙을 세워나가야 한다는 말입니다. 그러나 목회자들은 그런 식으로 목회를 하다보면 가시적인 성과가 나타나지 않는다거나 빠른 발전적 모습이 보이지 않는다고 스스로 생각하게 될지도 모릅니다.

  잘못된 기독교 시대에 살며 목회를 하는 사람들 가운데는 일반 성도들은 무조건 목회자의 말을 듣고 따르는 것이 미덕이라고 잘못 알고 있습니다. 거기에 따른 잘못된 사고가 교인들을 우민화愚民化합니다. 구체적인 하나님의 말씀을 통한 순종보다는 목회자의 목회 방침을 따르도록 훈련시키는 것입니다. 그렇게 함으로써 교회의 지도자들이 교인들을 통치하는 통치자처럼 역할을 하게 되는 것입니다.
  그러나 그것은 옳지 않습니다. 목사는 성도들에게 하나님의 말씀을 깊이 있게 잘 가르쳐야 합니다. 앞에서 말한 것처럼 혹 교사의 감독없이 스스로 성경을 깊이 있게 공부하려고 한다면 목사는 그들을 잘 감독하는 가운데 하나님의 말씀을 깊이 있게 공부하여 이해하도록 도와주어야 합니다. 사실 그것이 목사에게 맡겨진 가장 중요한 책무입니다.

  이 정도면 저의 답변을 어느 정도 이해했으리라 생각합니다. 진정한 교사는 자기보다 더 나은 제자를 양육하고자 애쓸 것입니다. 이처럼 진정한 목사라면 성도들이 하나님의 말씀을 자기보다 더 깊이 이해할 수 있도록 교육합니다. 현실적으로 보아 지금 당장은 그것이 어려울지라도 미래에는 그렇게 되기를 바라며 세월을 두고 성도들을 교육합니다.
  한국교회의 모든 성도들이 하나님의 말씀을 잘 깨닫고 있다면 아무도 교회에서 함부로 하지 못할 것입니다. 그러나 현실은 그렇지 못합니다. 대다수 성도들이 말씀에 대한 이해가 빈약하므로 일부 목회자들은 자기의 생각이 곧 하나님의 말씀이라도 되는 양 절대시하는 경향이 나타나고 있습니다. 모쪼록 '요나'님은 하나님의 말씀에 깊은 이해를 함으로써 주님의 몸된 교회를 세우는 데 잘 참여하게 되기를 원합니다.

(2002. 10. 25)

69 '전원교회'에 대하여

이 목사님

주님의 이름으로 문안드립니다. 목사님께서 보내주신 저서들은 감사한 마음으로 잘 읽고 있습니다. 아직 목사님을 뵙지는 못했지만 복음에 대한 목사님의 열정을 읽을 수 있어 감사했습니다. 엊그제 보내주신 목사님의 서신 또한 잘 받았습니다. 변변찮은 졸저들에 대해 과찬의 말씀을 주신 데 대해 몸둘 바를 모르겠습니다.

서신을 통해 한꺼번에 던지신 목사님의 많은 물음들을 보며 적이 당황스러웠습니다. 목사님께서 그에 대한 답변들을 모르기 때문에 저처럼 미천한 자에게 그런 질문들을 던지는 것이 아닐 것이란 생각 때문이었습니다. 어쩌면 한참 후배인 저 같은 이를 가르치며 채근하시기 위한 사랑의 목적이신가 하는 생각이 들기도 했습니다.

하여튼 목사님께서 저에게 문제를 주셨으니 마치 시험을 치르는 학생처럼 저의 소견을 말씀드려 보도록 하겠습니다. 한자리에서 다 답변드릴 수 있는 내용이 아닌 만큼 시간이 될 때마다 조금씩 답변을 작성해 나갈 수밖에 없음을 양해해 주시기 바랍니다.

우선 목사님께서 첫 번째 말씀하신 '전원교회'에 대해서 저의 소견을 말씀드릴까 합니다. 결론적인 말씀부터 미리 드린다면 '전원교회'란 말은 현대 세속주의의 한 결과로 인해 등장한 것이라 생각합니다. 우리 시대에 마치 유행처럼 사용되는 '전원교회'는 기독교 내의 세속적 유행에 따른 형태일 것입니다.

교회의 지도자들이 아름다운 풍광을 배경으로 한 전원교회당을 지어 그것을 교회의 참신함으로 내세우려 한다면 바람직한 자세가 아닐 것입니다. 그리고 전원과 같은 아름다운 곳에 위치한 교회당을 마치 여가 장소처럼 인식한다거나 일주일 중 한 날을 번잡한 도시를 떠나 경치 좋은 분위기에서 특이한 종교적 여유를 누리는 것 자체가 성도들의 목적이 될 수 없습니다.

만일 그렇게 되면 복음의 본질보다 비본질적인 것이 더욱 중요하게 여겨질 것이 뻔하기 때문입니다. 성도들이 복음 이외의 다른 것을 누리거나 그것을 자랑스러워해서는 안 될 것입니다.

더구나 그런 식의 아이디어가 교회 안팎의 여러 사람들의 관심을 이끌어내는 도구가 되어서는 안 될 것이라고 생각합니다. 교회는 주님의 거룩한 몸을 이루는 성도들의 실체이며, 교회당은 성도들이 함께 모여 하나님을 경배하는 편의적 장소로서 그 이상의 의미를 지녀서는 안 될 것입니다.

역사 가운데서도 기독교가 타락했을 때는 외적인 것을 통해 교인들의 만족을 채워주려 했던 것을 많이 볼 수 있습니다. 중세 종교개혁을 앞둔 로마카톨릭에서는 거창한 성당을 짓는데 심혈을 기울였습니다. 당시의 기독교 지도자들은 로마에 대형 교회당들을 세워 사람들에게 보임으로써 자기 종교를 과시하려 했던 것입니다.

그보다 수세기 전에는 아름다운 수도원을 지어 자기를 과시하려는 움직임들이 있었고 그중 많은 건축물들은 지금껏 그 흔적이 남아있습니다. 타락한 시대의 기독교 지도자들은 그런 일에 관심을 가지고 참여하는 것이 성도들의 진일보한 신앙의 표현이라고 가르쳤던 것입니다.

물론 저는 전원교회라 일컬어지는 모든 교회들을 통틀어 한마디로 평가하는 것은 아닙니다. 교회들 가운데는 그럴 만한 사유가 있는 교회들이 있습니다. 사실 지금 제가 목회하고 있는 실로암교회를 보고 '전원교회' 라 칭하는 사람들이 더러 있습니다.

　대구 팔공산의 동쪽 끝자락에 자리하고 있는 교회당이 일반 민가와 다소간 떨어져 있어서 조용하고, 앞뒤로 계절에 따라 변화하는 산들이 있으며, 모든 교인들이 주일마다 자동차를 타고 와야 한다는 점 등이 '전원교회' 라 이름 붙이는 까닭일 것이라 생각해 봅니다.

　거기다가 전체 성도가 유아세례교인들을 포함하여 80여 명 정도 되니 가족적 분위기를 가진 자연 속의 아름다운 전원교회라 칭하는지도 모르겠습니다. 그래서 그런지 우리 실로암교회의 소문을 들은 어떤 사람들은 교회당 구경을 와서 사진을 찍기도 하며 부러워하는 경우도 없잖아 있습니다.

　그렇지만 저를 비롯한 우리 성도들은 일반적으로 말하는 전원교회에 대한 아무런 개념이 있지 않습니다. 하나님께서 좋은 장소를 허락하셔서 부담 없이 신앙생활을 할 수 있는 여건을 주심에 대해서 감사드리지만 그것 자체가 아무런 자랑거리가 될 수 없음을 잘 알고 있기 때문입니다.

　우리 실로암교회의 경우 일부러 자연이 있는 장소를 찾아 교회당을 지은 것이 아니라 도시의 값비싼 물가 때문에 시골로 밀려난 교회라 할 수 있습니다. 원래 대구의 변두리 지역에 교회당이 있었으나 성도들의 수가 조금씩 늘고 어린이들이 많아지면서 예배와 교육을 위한 공간이 부족해 교회가 논의한 끝에 값싼 지역으로 예배당을 옮기게 된 것입니다. 즉 전원교회를 지향한 것이 아니라 교회의 재정적 형편에 맞추어 생활을 하다보니 자연스럽게 시골 지역으로 이사하게 된 것입니다.

　목사님, 저는 교회당이 위치한 외적인 환경보다 성도들의 신앙과 삶의 질이 훨씬 중요하다고 믿습니다. 전원교회당을 세워 좋은 환경에서 교육을 하면 더 나은 결과가 있을 것 아니냐는 식의 생각은 그다지 호소력이 있지 않다고 생각합니다. 참다운 교회를 위해서는 외부적인 일반 환경보다 올바르게 말씀을 가르치고 배울 수 있는 자세를 갖춘 인적人的 환경이 바탕이 되어야 하기 때문입니다.

간단하게 저의 소견을 말씀드렸으니 부족한 점이 있으면 지적해 주시기를 원합니다. 목사님께서 서신 중에서 요구하신 대로 제가 이해하고 있는 바를 간단하게 말씀드렸습니다. 우리 시대의 교회가 주님의 은혜 가운데 내적인 올바른 성장의 지향점을 가지게 되기를 원합니다. 주님 안에서 평안하시기를 바랍니다.

(2002. 10. 26)

70 '총동원 전도주일'에 대하여

선주 학생

안녕하세요? 지난 학기에 '기독교 사상의 이해'를 강의할 때, 수업 시간에 늘 앞자리에 앉아 열심히 공부하던 학생이라 쉽게 얼굴을 떠올릴 수 있습니다. 학생들은 그다지 눈치채지 못했겠지만 수강생들 가운데 불신자들이 많아 강의시간에 좀더 신경을 써야했던 기억이 납니다.

'총동원 전도주일'에 대해서 질문했더군요. 수업 시간에 하는 질문이라 생각하고 편안하게 답변하도록 하겠습니다. 학생의 말대로 내가 쓴 책이나 글 중에서 '총동원 전도주일'이란 말은 개혁주의 교회에서는 올바른 것이 아니란 말을 한 적이 있습니다.

이미 잘 알고 있으리라 생각합니다만 우리 한국교회에서는 '총동원 전도주일'이라는 말이 거의 보편화되어 있습니다. 신앙이 어린 성도들은 무엇이든지 일반화되어 있는 문제에 대해서는 아무런 비판 없이 수용하려는 자세를 가지게 됩니다. 더구나 그 의도가 좋을 경우에는 더욱 그런 경향성을 띠게 됩니다. 그러나 다수의 사람들이 좋은 의도로 무엇을 행한다 해서 그것이 무조건 좋은 것은 아닙니다.

공부를 한다는 것은 크게 보아 두 가지 의미를 가집니다. 첫째는 지식의 습득을 위함이요, 두 번째는 판단력을 배양하기 위함입니다. 물론 올바른 지식은 판단력을 갖게 합니다. 특히 우리의 신앙이나 신학에 있어서 성숙하고 올바른 판단력을 가지는 것은 매우 중요합니다.
　어떤 사람들이 특별한 신학적 주장을 하거나 신앙을 고집할 때 우리는 마땅히 성경을 통해 그것들의 진정한 의미를 생각해 보아야 합니다. 성경 말씀에 의한 분명한 확인이 되지 않을 때 우리는 그에 대해 적절한 해석을 해야만 합니다.

　'총동원 전도주일'에 대한 이야기를 할 때도 역시 그렇습니다. 우선 '총동원 전도주일'이 과연 언제부터 있었는가를 생각해 보아야 하겠지요. 그리고 전 세계의 건전한 보편 교회들에서도 그런 특이한 주일을 지키는 경우가 있는가 하는 것을 살펴보아야 합니다. 내가 '총동원 전도주일'을 지키는 것은 옳지 않다고 하는 근거는 바로 거기에 있습니다.
　성경에는 총동원 전도주일이라고 하는 것이 아예 있지 않습니다. 베드로나 요한, 바울 등 어느 누구도 그런 류의 특별한 주일을 지킨 적이 없습니다. 그 이후에 어거스틴이나 루터, 칼빈 등도 그런 형태의 주일을 지킨 적이 없으며 역사 가운데서나 전 세계에 흩어져 있는 현재의 건전한 교회들 가운데서 그런 주일을 지키는 교회는 있지 않습니다.

　그럼에도 불구하고 한국의 여러 교회들에서 '총동원 전도주일'을 지키는 까닭은 무엇일까요? 많은 사람들은 전도를 위해서라고 대답합니다. 그러나 그것은 잘못된 성장주의를 추구하는 인간의 종교적 욕망에서 나온 생각이라 할 수 있습니다. 한국의 많은 교인들은 교회의 덩치를 키우고 그렇게 하여 힘을 가지는 것이 하나님께서 원하는 뜻이라 잘못 생각하고 있습니다.

　교회를 키우고 많은 교인들을 모음으로써 어떤 힘을 가지려 하는 것은 올바른 신앙인의 자세가 아닙니다. 한국교회에서는 목회자들이 큰 교회에서 목회를 하면 그것으로 성공적이라 평가하는 것이 보통입니다.

만일 그런 논리를 가지게 되면 그것은 하나님의 교회가 아니라 사람들이 주인이 되는 그런 교회로 전락하게 될 것입니다. 입으로는 하나님이 일하신다 하면서도 사실은 인간들이 힘을 행사하는 이상한 모습의 교회가 될 수밖에 없습니다.

앞에서 말한 것처럼 성경속의 사도들이나 역사속의 훌륭한 신앙의 선배들이 복음전파의 중요성을 몰라 그런 식의 총동원 전도주일을 지키지 않은 것이 아닙니다. 그들이 그런 주일을 따로 두지 않았던 것은 그것이 성경적이지 않기 때문입니다.

성도들은 주일에 모여 하나님의 말씀에 참여하며 주님의 살과 피를 나눔으로써 하나님의 은혜를 누리며 예배하게 됩니다. 그 예배에는 세례받은 성도들만 참여하게 됩니다. 세례받은 성도란 이 세상의 모든 것을 포기하고 오직 하나님께만 소망을 두고 천국을 바라며 사는 신자들입니다.

그러므로 세례를 받지 않은 자들은 그 하나님의 영화로움에 참여할 수 없습니다. 그리고 그리스도의 대속하심의 은혜를 아는 성도들은 마땅히 주일 공예배에 참여해야만 합니다. 그것은 어떤 외부적 강제성 때문이 아니라 하나님의 은혜로 인한 자발성에 그 기초를 두게 됩니다.

현대 한국교회에는 대형교회들이 많이 있습니다. 그런 교회들에서는 본 교회 성도가 주일 예배에 참여하지 않아도 서로 알지 못합니다. 신앙교육을 제대로 받지 못한 교인들은 자신을 큰 교회의 무리 속에 숨김으로써 잘못된 자유를 누리려 합니다. 그러다 보니 전체 교인들 가운데 많은 성도들이 주일의 공예배 참여를 등한시하는 경우가 생깁니다. 총동원주일이란 그런 불참자가 없이 모두 참석하도록 하자는 의미를 포함하고 있는 것 같습니다.

나아가 총동원 전도주일이란 주변의 불신자들까지도 전부 데려와 예배에 참석시키자는 것입니다. 그러나 주일 공예배에는 그리스도의 피로 인해 구속받은 자들이 모여 말씀 선포와 더불어 그의 살과 피를 나누는 거룩한 시간이므로 복음을 알지 못하는 사람들을 그런 식으로 불러모아 함께 예배를 드릴 수 없습니다.

  이 정도 설명을 하면 알아들었을 것이라 생각합니다. 앞에서 말한 것처럼 많은 사람이 한다고 해서 옳은 것이 아니며 좋은 의도로 한다고 해서 옳은 것도 아니라는 점을 잘 생각해 보기를 바랍니다.
  또한 더불어 꿈과 환상에 대한 질문을 했더군요. 이것저것 바쁜 일이 많아 또 언제쯤 답변을 할지 모르겠습니다. 늦게나마 잊지 않고 답변을 하기를 원합니다. 혹 내가 너무 오랫동안 답변을 하지 않으면 또 소식 주세요.

(2002. 11. 1)

71. '신지학' Theosophy에 대하여

희구 학생

아마 지금쯤 논문 준비로 인해 정신이 없을 거란 생각을 해봅니다. 학부생일 때와 지금은 많이 달라져 있겠지요? 교육학과에 훌륭한 교수님들이 많이 있으니 학문에 적잖은 진전이 있으리라 믿습니다.

지난번 '신지학'에 대해 질문했는데 이제야 답변하게 되는군요. 신지학은 원래 철학적 학문으로 출발했지만 지금은 그것 자체가 종교화되어 있는 듯 합니다. 즉 신지학은 신을 과학적으로 규명하는 것을 목적으로 한 종교학적 학문 분야였다고 할 수 있습니다.

신지학은 러시아 출신 헬렌 블라바츠키(Helen Petrovan Blavatsky)가 1875년 뉴욕에서 신지학협회(Theosophical Society)를 설립하면서 구체적으로 출현한 것으로 볼 수 있습니다.

신지학은 신의 존재뿐 아니라 사탄의 존재도 인정합니다. 이는 기본적으로 기독교적 사상을 배경으로 하고 있다는 말이기도 합니다. 그러면서 그들은 진화론을 동시에 수용하고 있습니다. 물론 그들의 사상은 잘못된 이단 사상들의 혼합체라고 할 수 있습니다.

그러한 신지학 사상은 나중 뉴에이지 운동의 사상적 배경이 됩니다. 그들의 주장은 인간의 행복, 조화로운 세계, 자아 실현, 세계의 평화 등을 추구합니다. 얼른 들으면 그것이 매우 훌륭한 것으로 생각되지만 전반적으로 인본주의 사상임을 알 수 있습니다. 하나님보다는 인간 자체에 본질적인 의미를 두고 있습니다.

학자들은 일반적으로 신지학이 인류사에 끼친 영향이 매우 크다고 평가하고 있습니다. 물론 그들의 영향은 선한 영향이 아니라 악한 영향입니다. 특히 잘못된 기독교 신학자들이 그로부터 영향을 받음으로써 복음을 상대화하는 엄청난 오류에 빠지게 됩니다. 오늘날 종교다원주의 역시 그러한 영향과 관련이 있는 것으로 생각할 수 있습니다.

앞에서 언급한 것처럼 신지학은 원래 신을 과학적으로 규명하려는 의도에서 출발했으나 점차 그것 자체가 종교화되어 갑니다. 그래서 그들이 주장하는 바 나름대로의 메시아 사상을 만들어내고 메시아적 대체 인물을 내세우기도 합니다.

블라바츠키가 죽은 뒤 그 조직은 애니 비산트(Annie Besant, 1847-1933)의 지도 아래 계속 번성하여 갔으며 그때부터 더욱 종교화되어 갑니다. 비산트는 리드비터Leadbeater라는 영국인 목사와 협력하여 신지학협회를 통한 메시아의 옹립에 주력하였습니다.

그리고 1911년 "그 별의 질서"(Order of the Star)라는 조직을 세워 크리슈나무르티Krishnamurti라는 인도인을 메시아로 선포하기도 합니다. 하지만 크리슈나무르티가 1929년 "그 별의 질서"를 해체하고 스스로 메시아의 지위를 포기함으로써 타격을 입기도 합니다.

그후 그들은 앨리스 베일리(Alice Baily, 1880-1949)를 새로운 메시아로서 내세우는데 그녀의 남편은 기독교 목사였습니다. 이렇듯이 그들은 소위 평화를 앞세워 말도 되지 않는 이단 사상을 퍼뜨리고 있습니다.

그러나 지금도 신지학은 사람들을 사로잡고 있는 것이 사실입니다. 많은 사람들은 자기가 그 영향을 받고 있다는 사실조차 모르는 채 심각한 영향을 받고 있는데 그것은 매우 안타까운 일입니다. 그에 대한 정체를 알지 못하면 많은 사람들이 유혹에 빠질 수 있을 만큼 매혹적인 주장들이 그들 가운데 있습니다.

그들의 주장은 모든 종교는 동일하다는 것입니다. 그들은 지구상의 모든 종교들은 신과 진리를 추구하고 있다고 주장합니다. 즉 다양한 종교들은 서로 다른 관점에서 신과 진리를 바라보고 있다고 생각합니다. 서로 다른 이름으로 신을 부르고 신앙의 방법이 서로 다르다 할지라도 신을 찾고 진리를 추구하는 측면에서는 동일하다는 것입니다. 땅위에 살고 있는 인간들이 다양한 종교들을 가지고 아옹다옹하지만 훨씬 높은 곳에서 내려다보는 신의 눈에는 모든 종교들이 동일하다는 것입니다.

신지학의 영향을 받은 자들은 어떤 종교를 가지든지 인간들이 신을 추구함으로써 신실하게 살면 신에게 도달할 수 있다고 주장합니다. 이러한 가르침은 많은 종교인들에게 호소력을 가지며 신앙이 어린 교인들의 귀를 솔깃하게 할 내용입니다. 그들에게는 인간다움과 보편적 평화가 최고선이기 때문입니다.

흔히 우리가 '사랑의 하나님', '평화의 하나님'이라는 용어를 사용할 때 그 개념이 성경적으로 명확하지 못하다면, 그런 언어마저도 신지학의 주장과 통하고 있는 것임을 주의 깊게 생각해 보아야 합니다. 성경이 가르치고 있는 바 사랑이란 모든 인류를 동일하게 사랑하는 보편적 사랑이 아니며, 성경의 평화는 우리가 생각하는 일반적 평화와 다르기 때문입니다.

우리 성도들은 각별히 그런 사상을 주의해야 합니다. 그러므로 교회의 지도자들은 그런 악한 사상을 잘 알아 성도들을 제대로 교육해야 합니다. 우리 시대의 사람들에게는 세계 평화가 지상 과제처럼 되어 있습니다. 곳곳에서 종교적 갈등이 일어나고 있고, 전 세계적으로 이슬람과 기독교의 갈등이 강하게 일고 있습니다. 물론 여기서 기독교란 복음적 교회의 범위를 넘어서는 종교를 일컫습니다.

인도에서는 힌두교와 이슬람의 갈등, 기독교와 힌두교의 갈등, 토속 종교와 외래종교의 갈등 등 끊임이 없습니다. 사람들이 그런 가운데 진정으로 필요로 하는 것은 종교적 갈등해소이며 결국 신지학의 인본주의적 이론이 힘을 얻게 되는 것입니다.

우리 시대에 우려할 만한 일은 복음을 윤리화하는 것입니다. 성경의 언약적 해석이 결여된 인간 사랑, 세계 평화, 자아 실현, 세상에서의 복락 등은 모두가 윤리화된 개념입니다. 신지학의 영향을 받은 자들은 기독교 복음만이 유일하다는 성경의 가르침을 극단적인 종교주의자들에 의한 편협한 사상으로 보며 보편적인 관점에서의 단일한 종교를 추구하고 있습니다.

신지학은 학문인 만큼 훨씬 복잡한 이론들을 주장하고 있습니다만 여기서는 복음을 아는 자의 입장에서 그들의 종교 윤리적인 측면을 주로 이야기한 점 이해했으면 합니다. 논문을 잘 마무리하기 바랍니다. 나중에 시간이 되면 만날 수 있는 기회가 있기를 바랍니다.

(2002. 11. 2)

72 혼인과 함函

목사님

안녕하세요? 서신을 받은 지 꽤 되었는데 진작 답변을 쓰지 못해 죄송합니다. 이것저것 바쁘다는 핑계로 늦어졌으니 넓은 마음으로 이해해 주시면 감사하겠습니다.

목사님께서 말씀하신 성도의 혼인에 대해서는 점검되어야 할 부분이 매우 많다고 생각합니다. 일반적으로 '혼인예배'라는 이름으로 행해지는 예식장에서의 혼인식에 대해서는 신학적으로 신중하게 검토해 보아야 할 내용일 것입니다. 그 이외에 살펴보아야 할 구체적인 내용들이 많으리라 생각합니다만 이 글에서는 목사님께서 질의하신 내용을 중심으로 살펴볼까 합니다.

목사님의 관심은 성도들이 혼인을 하면서 함函을 보내는 것이 개혁주의 신학적 관점에서 옳으냐 하는 문제인 것 같습니다. 지금도 우리 사회에는 혼인을 앞두고 함을 보내는 것을 흔히 볼 수 있습니다. 아울러 성도들 가운데도 함을 보내는 것을 종종 봅니다.

우리 시대에 들어와 혼인문화에 많은 변화가 있습니다만 전통적인 혼인은 남녀 두 사람의 혼인이 아니라 양가兩家의 큰 일입니다. 그 양가란 단순히 두 '집'의 혼사婚事가 아니라 두 '집안'의 혼사입니다. 그러므로 거기에는 엄격한 격식이 중요시 될 수밖에 없습니다.

양가의 혼인이 결정되면 먼저 신랑집에서 신랑의 생년월일을 적어 신부의 집으로 사주단자四柱單子를 보냅니다. 신부의 집에서는 그것을 기초로 하여 혼인날을 잡습니다. 그것은 한국인의 전통문화로서 민간 신앙과 밀접하게 관련되어 있습니다. 즉 종교적 의미를 강하게 띠고 있다는 의미입니다. 지금도 많은 불신자들은 그로부터 자유롭지 못합니다. 흔히 점쟁이를 찾아 궁합을 보며 혼인날을 잡는 것은 바로 그와 동일한 맥락입니다.

불신자들은 각각의 사주가 다른 만큼 개인에 따라 좋은 날이 따로 있다고 생각합니다. 그러므로 그들은 혼인식 날을 아무렇게나 잡지 않습니다. 종종 우리는 '손 없는 날'이라는 말을 듣는데 그 날은 모든 사람들에게 길일吉日이라는 뜻입니다. 즉 귀신이 특별히 간섭하는 조건이 없으므로 누구에게나 좋은 날입니다.

혼인날이 잡히고 나서 혼인을 앞둔 신랑집에서는 신부집으로 다시금 함을 보냅니다. 함 안에는 신랑집에서 보내는 편지인 혼서지婚書紙와 청홍색의 채단采緞 등이 담겨 있습니다. 그것은 보통 신랑의 친구들에 의해 신부의 집으로 가져가게 되는데 상당히 어려운 과정을 거치게 됩니다. 신랑의 친구들로 구성된 함진아비들은 그 함을 가급적이면 어렵게 들여보내려 하고 신부집에서는 그 함을 빨리 받으려 하면서도 함진아비들의 그런 행동을 그리 싫어하지는 않습니다. 그래서 함진아비들은 그것을 신부집에 판다고 생각하고 돈을 요구합니다. 점점 어렵게 만드는 것이지요. 이는 함이 들어가지 않으면 혼인이 성사되지 않는다는 것을 의미하지만 동시에 어려운 과정을 거쳐 들어가기를 원합니다.

종교학자로서 저는 그에 대한 해석을 이렇게 합니다. 한국의 장례식을 보면 행상을 메고 가는 상여꾼들이 쉽게 산을 오르지 않고 상주들을 애먹이는 것을 봅니다. 경우에 따라서는 가까운 길을 두고 일부러 꼬불꼬불한 복잡한 산길을 돌아 어렵게 가기도 합니다. 상주의 집에서 돈을 주지 않으면 잘 가려하지 않습니다. 그들이 그렇게 하는 것은 귀신이 함부로 집으로 되돌아오지 못하게 한다는 의미가 있습니다. 이왕에 가는 북망산천으로 잘 가라는 뜻입니다.

이처럼 함진아비들은 함을 어렵게 들여보내고 신부집에서는 그것을 어렵게 받습니다. 이는 그렇듯이 어렵게 시작되는 혼례가 쉽게 풀리지 말고 신부가 시집을 가면 다시 돌아오지 말고 그 집 귀신이 되라는 의미입니다. 어렵사리 함을 받아들이게 되면 신부의 집에서는 함진아비들을 극진히 대접합니다. 사실상 첫 번째 잔치인 셈입니다.

전통적인 혼례에 있어서는 함진아비들은 신랑의 대사大使 역할을 합니다. 그래서 신부의 집에서는 함진아비들이 설령 애를 먹이고 무례한 행동을 한다 해도 그들에게 화를 내거나 하지는 않습니다. 어떻게 해서든지 그들을 극진히 대접하려고 합니다. 이것이 곧 원래 함에 대한 종교적 의미라 생각합니다.

그렇다면 우리 성도들은 어떻게 해야 할까요? 함에 대한 종교적인 인식이 조금이라도 남아 있다면 우리는 결코 그런 것을 하지 말아야 합니다. 그러나 단순히 친교를 위한 문화라면 절대로 해서는 안 된다고 규정하기는 어렵지 않을까 생각되기도 합니다. 물론 그것이 그렇게 단순한 문제만은 아닐 것입니다.

우리는 사도 바울이 고린도교회에 편지하면서 제사음식에 대한 교훈을 준 것을 기억합니다. 그것이 귀신과 관련된 행위라면 제사음식을 먹지 말아야 하나 음식을 먹는 행위 자체로는 종교적 문제가 아니라고 했습니다. 그렇더라도 믿음이 연약한 성도들을 기억하는 가운데 판단해야 할 문제이므로 성숙한 성도들은 책임있는 행동을 해야함을 가르치고 있습니다.

기독교인들 가운데 행해지는 함문화에 대한 저의 견해는 '그것은 미신적 행위다'라고 단정적으로 말하기보다 성도들에게 그에 대한 원래적 의미와 신앙적 이해를 시키는 것이 중요하리라 생각합니다. 그럼에도 불구하고 저는 그것을 가치 판단을 보류하는 아디아포라adiapora의 영역에 막연히 묶어두어서는 안 될 것이라 생각합니다.

혼인을 앞둔 성도들 가운데 함을 주고받으려는 사람들이 있다면 그런 문화에 대한 전반적인 이해를 시킬 수 있으리라 생각하지만, 혹 불신자인 부모들이 그것을 고집할 경우 종교적인 문제에 대해서는 무의미화시키면 되지 않을까 생각해 봅니다. 이는 불신자인 부모가 제사음식을 준비하는 것에 대해 믿는 자녀가 종교적 의미를 두지 않는 것과 비슷하게 설명할 수 있을지 모르겠습니다.

종교학이나 문화학은 저의 전공과 관련이 있는 분야이기는 합니다만 역시 현실적으로 그리 쉽지 않다는 생각을 늘 하고 있습니다. 단일한 답변을 제시하지 못하는 부족한 내용이지만 다소간 도움이 되었으면 합니다. 언젠가 실명으로 만날 수 있는 날이 있기를 기대해 봅니다.

(2002. 11. 2)

73 성미誠米에 대하여

윤선 사모님

안녕하세요? 글을 쓰려고 자리에 앉으니 바닷내음이 와 닿는 듯한 기분 좋은 느낌이 듭니다. 한참동안 가덕도를 방문하지 못했습니다만 부산에서 신학대학원에 다니는 동안 그곳을 종종 찾았던 기억이 납니다. 가덕도를 가려고 많은 사람들이 부산에서 진해로 가는 길에 있는 용원에 가서 여객선을 타지만 저는 그보다 훨씬 재미있는 길을 알고 있었습니다.

지금은 어떤지 모르겠지만 1980년대 초반에는 부산 여객부두에서 출발하여 가덕도에 가는 정기 여객선이 있지 않았습니다. 대신 자갈치 시장 남쪽 부두에서 가덕도까지 곧바로 가는 부정기선인 자그마한 통통배가 있었습니다. 아마도 부산에서 생필품 등 물건들을 운반하는 배가 아니었을까 싶습니다. 제가 그 통통배를 좋아했던 이유는 반 이상은 보따리 짐들이고 사람은 그저 몇 명만 탔었는데 그 배를 타면 사람 사는 냄새가 물씬 풍겨났기 때문입니다. 언제 틈이 나면 그 배를 다시 한번 타고 사모님이 살고 있는 교회당 마을까지 갈 수 있는 기회가 생겼으면 좋겠다는 생각을 해봅니다.

서론이 너무 길었지요? 사모님께서 '성미'에 대한 질문을 하셨는데 그에 대한 포괄적인 말씀을 드려볼까 합니다. 우리 한국교회의 성미제도는 복음이 들어올 무렵의 초기 한국의 종교적 상황과 더불어 생겨난 것입니다. 그러므로 성미제도는 한국 이외 지역의 교회들에는 있지 않은 제도입니다. 지금은 많이 사라지기는 했습니다만 성미제도는 초창기부터 한국교회의 특이한 제도로 자리매김을 했던 것입니다.

우선 '성미'를 한자로 쓰면 '聖米'가 아니라 '誠米'입니다. '聖米'라 하게 되면 '거룩한 쌀' 혹은 '성스러운 쌀'이라는 의미가 됩니다. 그렇지만 '誠米'란 '정성이 깃들여진 쌀'이라는 뜻입니다. '誠米'는 원래 한국의 민간 신앙에 있던 일종의 종교행위였습니다. 새벽 일찍 일어나 아침식사를 준비하는 부인들은 쌀의 일부를 신령에게 바치는 몫으로 한 숟가락 정도 조금씩을 따로 챙겼습니다. 그것을 '고수레'의 한 방식으로 신령에게 바친다는 마음으로 밖으로 던지기도 했으며, 불교를 믿는 사람들은 그것을 모아 두었다가 시주施主하기도 했습니다. 그들에게 있어서 그 쌀은 정성이 깃들여진 특별한 쌀이었던 것입니다.

그런 습성을 가지고 있던 부인들이 복음을 알고나서부터는 그 성미誠米를 모아 교회에 가져오기 시작한 것입니다. 그것이 한국교회의 성미제도의 효시라고 할 수 있습니다. 성미제도의 긍정적인 측면은 당시 한국교회의 가난하고 어려운 상황 가운데서 교역자의 생활을 분담할 수 있었다는 점입니다.

지금은 많이 달라졌습니다만 초기 한국교회에서는 교회에서 수종을 드는 교역자들에게 식량을 제공함으로써 함께 생활했던 것입니다. 그래서 오늘에 이르기까지 교회가 목회자의 가정을 위해 부담하는 돈을 생활비라고 합니다. 우리 시대에 목회자의 사례비, 혹은 월급 등의 용어를 사용하는 것은 원래적 의미에서 벗어나는 것입니다. 사례비란 '감사함에 대한 예우'라는 의미이며, 급여라고 하게 되면 노동에 대한 대가가 되는 것입니다. 그러나 생활비라 하면 함께 성도들과 삶을 나누는 의미가 담긴 뜻입니다.

한편 부정적인 면을 생각해 본다면 성미는 목회자만 먹어야 한다는 생각입니다. 따라서 성미의 의미가 '聖米'가 되고 성별된 목회자와 그 가족이 그 쌀을 먹을 수 있는 것처럼 됩니다. 그러므로 막연하게나마 성미가 '거룩한 쌀'인 만큼 아무나 먹을 수 있는 쌀이 아니라는 생각을 하게 되는 것입니다. 그러나 우리 시대에 와서 더이상 성미제도란 필요하지 않은 제도라 생각됩니다. 사모님이 이야기한 것처럼 그로 인해 도리어 마음을 상하게 될 우려가 있다면 주의해야 합니다. 더구나 성미로 거둔 쌀은 목회자만 먹어야하므로 달리 어떻게 처리할 방도가 있지 않다고 생각하게 될지도 모를 일입니다.

교인들은 성미라 하면 일반적으로 목회자가 먹을 거룩한 쌀이라고 생각하며 목회자 가정에서 먹어야 할 것으로 인식하고 있지만 정작 목회자 가정에서는 그 쌀이 달갑지 않을 수도 있습니다. 이 집 저 집에서 조금씩 모은 다양한 쌀들이 뒤섞여 있어서 밥맛이 덜할지도 모릅니다. 또한 요즘 같으면 어떤 목회자 가정에서는 현미를 먹기 원하는데 성미를 가져다 주면 도리어 부담이 될 수도 있습니다.

사모님의 교회처럼 성미로 인해 서운해하는 성도가 생길 수 있다면 성미제도를 없애는 것도 한 방법이 될 수 있으리라 생각해 봅니다. 성경에서 요구하는 제도가 아니며, 그것이 우리 한국교회에 도입된 과정을 돌이켜 본다면 그 자체가 별로 중요한 것이 아님을 알 수 있습니다. 그런 제도로 인해 지속적으로 마음이 상할 일이 생긴다면 그만 두는 것이 지혜로운 판단일 것입니다.

그러나 성급하게 성미제도를 없애버리려 한다면 다른 부작용이 일어날 수 있음도 염두에 두었으면 합니다. 성도들이 충분히 이해할 만큼 설명이 되고 온 교회가 함께 그에 대한 결정을 하게 되기를 바랍니다. 포괄적인 답변을 했습니다만 문제 해결에 다소간 도움이 되기를 바랍니다. 목사님과 성도님들에게도 주님의 이름으로 문안드립니다.

(2002. 11. 15)

74 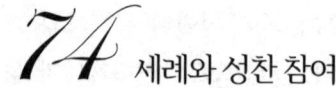 세례와 성찬 참여

SM 형제

안녕하세요? 서신을 통해서나마 교제를 나누게 되어 반갑습니다. 저의 글들을 통해 형제가 이미 익숙하게 받아들이고 있던 일부 신앙적 행위들에 대해 다시금 생각해 볼 수 있는 기회가 되었다는 말을 들으며 감사한 마음을 가집니다.

대개는 자기화(自己化)된 종교적 내용들에 대해서 누가 다른 설명을 하게 되면 저항감부터 가지는 것이 일반적입니다. 그것은 우리가 신중하게 생각해 보아야만 할 종교적 자기 선입관 때문일 것입니다. 그러므로 하나님을 믿는 모든 성도들은 성경 말씀을 통해 자신과 이 세상의 형편들을 끊임없이 해석하려는 자세를 가져야 합니다.

형제가 궁금해하는 점에 대해 간단한 설명을 드려볼까 합니다. 질문의 내용은, 약혼한 남녀 중 남자는 세례를 받은 성도이고 그 약혼녀는 교회를 다니지만 아직 세례를 받지 않았을 경우 그 여성이 성찬에 참여할 수 없느냐는 내용이었습니다. 그것은 곧 형제 자신의 이야기이지요?

형제와 약혼한 자매의 부모님들이 일부 타락한 교회들로 인해 커다란 상처를 입고 있음은 매우 안타까운 일입니다. 구체적인 내용은 알 수 없으나 그런 것들이 결국 형제의 약혼녀가 세례를 받는데 상당한 걸림돌이 되리라 생각해 봅니다.

성찬에 대한 의미를 말씀드리겠습니다. 그리스도의 살과 피를 상징하는 떡과 포도주를 나누는 성찬은 세례를 통해 이 세상을 포기한 성도들의 고백적 표현입니다. 여기서 세상을 포기한다고 하는 것은, 복음을 아는 성도들이 본질적인 측면에서 이 세상적 값어치를 포기하고 있음을 의미합니다. 그런 성도들이 성찬에 참여하면서 그리스도 한 분만이 유일한 참된 소망임을 은혜로 누리며 고백적으로 확인합니다.

형제가 이야기한 것처럼 세례를 받지 않은 사람들은 성찬에 참여할 수 없느냐 하는 문제는 상당히 중요합니다. 결론부터 말씀드리자면 세례를 받지 않은 사람은 성찬에 참여하지 않는 것이 옳습니다. 세례는 곧 공교회 앞에서 이루어지는 예수 그리스도에 대한 공적인 고백을 의미하며 그 고백의 기초 위에서 성찬이 이루어지기 때문입니다.

그런데 이런 경우가 있을 수 있습니다. 속마음으로는 진정으로 예수 그리스도를 주님으로 영접하고 있지만 특별한 사정으로 인해 세례를 받지 못하고 있는 경우입니다. 우리 주변에서는 그런 일이 거의 없지만 복음을 영접하는 것 자체가 사회적 범죄로 규정되는 지역이 있을 수 있습니다. 이슬람 국가나 일부 공산주의 국가 등이 그렇습니다. 그러나 그런 경우라 할지라도 세례를 받지 않은 사람들은 성찬에 참여하지 않는 것이 일반적입니다. 즉 비밀리에라도 공적인 고백을 통해 세례를 받은 자여야만 성찬에 참여할 수 있기 때문입니다.

형제의 경우에는 이런 말씀을 드리고 싶습니다. 교회에서 성찬식이 있을 때 형제만 성찬에 참여하십시오. 그러면 옆에 있는 약혼녀가 성찬에 참여하고 싶거나 왜 일부 사람들만 성찬에 참여하는지 의아해 할 것입니다. 그리고 왜 자기는 성찬에 참여하는 것이 허용되지 않는지 궁금하게 생각할 수 있습니다.

그럴 때 형제가 세례의 의미와 성찬의 의미, 그리고 그 성찬에 참여하는 성도들에 대해서 설명해 줄 수 있습니다. 사실 복음의 전파는 그렇게 해서 이루어지는 것입니다. 형제가 약혼녀에게 성찬에 대해 설명할 기회가 생긴다면 초대교회의 이야기를 꼭 해주었으면 합니다.

초대교회는 당시 복음을 알지 못하는 로마제국에 의해 밀의종교密議宗敎라 불렸습니다. 비밀리에 모인 종교집단이라는 의미입니다. 그래서 많은 오해를 받았습니다. 그들이 받은 오해 가운데 가장 중심에 있었던 것이 곧 그리스도의 피와 살을 나누는 성찬이었습니다.

예수 믿는 사람들이 매주 비밀리에 모여 피와 살을 나누어 먹는다고 소문이 났던 것입니다. 그래서 어떤 사람들은 기독교를 매우 잔인하고 위험한 종교로 인식하기도 했던 것입니다.

초대교회 성도들이 비밀리에 모인 것은 물론 당시의 박해 때문이었습니다. 그렇지만 그들은 성찬을 나누며 세상의 값어치를 부인하고 예수 그리스도의 사역과 그의 재림을 소망하며 신앙생활을 했던 것입니다. 그들은 세상 가운데서 어려운 삶을 살았지만 도리어 그들을 박해하며 세상에서의 일시적 삶을 대단한 것으로 여기는 교회 바깥 사람들을 불쌍하게 여기며 살았던 것입니다.

이런 설명들을 형제의 약혼녀에게 해준다면 어떤 반응이 있을 것입니다. 성찬에 대한 진정한 의미를 알고, 자신도 세례를 통해 성찬에 참여하고자 하는 마음이 그녀에게 허락된다면 그보다 감사한 일은 없습니다. SM 형제, 제가 설명드리고자 하는 바를 이해하리라 생각합니다. 바라기로는 형제의 바람대로 그 약혼녀가 복음을 깨닫고 세례를 받아 성찬에 참여할 수 있기를 원합니다. 지금 맞닥뜨리고 있는 형제의 형편은 약혼녀에게 복음을 설명할 수 있는 좋은 기회라 생각됩니다.

약혼을 했다니 곧 혼인할 계획인지요? 너무 조급하게 생각지 말고 약혼녀에게 복음을 차근히 설명하여 세례를 통해 교회 안으로 인도하시기를 바랍니다. 어디에 살고 있는지는 모르나 혼인을 하게 되면 메일을 통해 연락주세요. 형제가 기도하는 바가 잘 이루어지기를 바랍니다.

(2002. 11. 25)

75 "모이기를 폐하는 어떤 사람들의 습관"에 대하여

진욱 형제

오랜만입니다. 어려운 세태 가운데서 꿋꿋이 신앙생활을 하기가 쉽지 않으리라 생각되지만 끝까지 믿음을 잘 지켜나갈 줄 믿습니다. 부인과 따님도 주님 안에서 잘 지내리라 생각합니다.

지난 월요일 장인어른이 별세하셔서 엊그제 장례를 치르고 오늘은 산소에 다녀왔습니다. 불신자들은 삼우제三虞祭라 하여 제사를 지내는 날이지만, 성도들은 우리의 관습을 따라 무덤을 살펴보는 날로 되어있지요. 하여튼 지난 한 주일을 바쁘게 보냈습니다.

장례식을 치를 때마다 느끼는 것이지만 인간이란 존재가 얼마나 보잘 것 없는가 하는 점을 다시금 되새기게 됩니다. 시신을 무덤에 묻어두고 마냥 슬퍼하기만 하는 아직 복음을 알지 못하는 일부 유가족들을 보며 안타까운 마음을 금할 수 없었습니다.

오래 전에 보낸 질문에 대한 답변을 이제야 하게 됩니다. 히브리서에 기록된 '모이기를 폐하는 어떤 사람들의 습관과 같이 하지 말고 오직 권하여 그 날이 가까움을 볼수록 더욱 그러하자' 는 말씀의 의미가 궁금하다 그랬지요? 형제의 말처럼 대다수 사람들은, 교회의 각종 모임과 행사에 열심히 참석하도록 권유할 때 이 성구를 인용하고 있습니다. 그러나 이 구절은 단순히 그런 모임을 자주 가지도록 주신 말씀이 아닙니다.

"모이기를 폐하는 어떤 사람들의 습관과 같이 하지 말고 오직 권하여 그 날이 가까움을 볼수록 더욱 그리하자"(히 10:25/한글개역성경). "어떤 사람들과 같이 모이는 일을 그만두지 말고 서로 격려하여 그 날이 가까이 오는 것을 볼수록 더욱 힘써 모입시다"(히 10:25/표준새번역). "Not forsaking the assembling of ourselves together, as the manner of some is; but exhorting one another: and so much more, as ye see the day approaching"(Heb 10:25/KJV).

이 본문에서 '모이기', '모이는 일'이라는 말이 영어성경에서는, 'the assembling of ourselves together'(KJV), 'our own assembling together'(NASB), 'meeting together'(NIV) 등으로 표현되고 있습니다. 저는 여기서 말하는 '모이기'라는 말은 그 의미상 단순한 동사나 동명사형이 아니라 명사라 생각합니다. 즉 '모이기'라는 의미는 '모이는 행위'가 아니라 '모임'이라고 생각합니다. 그러므로 그 모임은 '교회'를 의미하며 교회의 가장 중요한 모임은 예배 모임입니다.

히브리서 10장 25절의 '모이기를 폐하는 어떤 사람들'이라는 말은 '모임을 폐하는 어떤 사람들'이라는 말로 이해할 수 있으며, 그런 사람들은 교회의 소중함을 알지 못하는 사람들일 것입니다. 그들 가운데는 교회를 헤치려하는 악한 무리들이나 교회의 의미를 중요하게 인식하지 못하는 무리들도 있을 것입니다.

히브리서 기자는 여기에서 성도들에게 교회의 지킴을 당부하고 있는 것입니다. 이는 우리 시대에도 동일하게 요청되는 말씀입니다. 기독교의 타락으로 인해 사람들이 가시적인 교회에 대해 회의를 느끼고 있는 경우를 자주 보게 됩니다. 그런 사람들은 무교회주의를 주장하기도 합니다. 또한 우리 시대에 이르러 사탄은 주님의 몸된 교회를 해체하기 위해 안간힘을 쓰고 있습니다. 이러한 시대에 살고 있는 우리 성도들은 교회의 보존과 교회됨을 지키기 위해 힘써야 합니다.

그러나 형제가 위에서 말한 것처럼 이 구절은 일반적인 교회의 행사 모임이나 각 부서들의 잦은 모임, 혹은 성도들의 사사로운 교제에 참석하는 것을 권면하기 위해 주어진 말씀이 아닙니다. 그러한 설명은 객관성을 가지기 어렵습니다. 분별이 없는 어떤 모임에 대해서는 도리어 절제해야 할 일도 있습니다.

우리는 성경 말씀을 인용할 때 자의적으로 인용해서는 안 됩니다. 미리 목적을 두고 그것이 잘 되도록 하는 방편으로 성경구절을 이용해서는 안 된다는 말입니다. 오직 우리는 사도의 가르침대로 교회로 부르심을 받은 성도로서 주님의 몸이니 그 '모임'을 잘 지켜나가도록 힘써야 합니다.

주님의 이름으로 모여, 선포되는 주님의 말씀에 참여하며, 주님의 피와 살을 나누는 성도들로 이루어진 교회의 모임이 주님께서 재림하실 때까지 신실하게 지속되어야 할 것이며 그것을 위해 우리 모든 성도들이 힘써야 합니다.

이 정도로 그칠까 합니다. 멀리 떨어져 있지만 주님 안에서 교제들이 잘 이어져 가기를 원합니다. 진욱 형제가 속한 그곳 교회도 주님의 뜻 가운데서 온전히 자라가는 아름다운 교회이기를 바라며 성도들에게 문안인사 전합니다.

(2002. 12. 4)

76 장로장립과 '헌금빚'(?)

안녕하세요? 어제는 정말 충격이었습니다. 우리 한국교회에 종종 일어나고 있는 문제이기는 하지만 제가 잘 알고 있는 교회에서 그런 일이 발생하고 있음을 이야기 듣고는 당황하지 않을 수 없었습니다. 지금 형제의 가정에서 겪고 있는 문제에 대해 마음이 많이 상하였으리라 생각되지만 어떻게 격려의 말을 전해야 할지 모르겠군요.

교회의 직원이 전화를 걸어와, 장로임직을 받게되는 다른 분들은 500만원씩 다 입금시켰는데 000님만 입금되지 않았으니 빨리 입금시켜달라는 말을 했다는 것은 결코 있을 수 없는 일입니다. 그런 말을 교회 직원이 마음대로 했으리라 생각되지 않고 기존의 목사나 장로들의 요청에 의한 것이란 생각이 드니 안타까운 마음 금할 길 없습니다.

형제의 가정 형편을 듣고는 더욱 마음이 아픕니다. 이미 직장에서 퇴직한 아버지는 그만한 액수의 돈을 한꺼번에 낼 만한 형편이 되지 못하는데 어디서 그 돈을 마련할 것인지 염려하는 형제의 얼굴을 보며 목사인 나 자신이 면목이 없습니다. 결국 은행에서 빚을 얻어 그 돈을 내야만 할 수밖에 없다는 이야기를 들으며 할말을 잃었습니다.

형제의 효심을 보며 사실 어떤 답변을 주어야할지 막막할 따름이었습니다. 직분을 받으면서 거액의 돈을 요구하는 교회가 매우 잘못된 것이라는 점을 뻔히 알면서도 그것을 거절할 수 있는 입장도 되지 못하고, 그렇다고 그 돈을 선뜻 낼 만한 경제적 여유도 없고, 그렇다고 직분을 포기하라 하면 그로 인해 엄청난 상처를 입게 될 부모님을 생각하면 형제의 입장을 충분히 이해할 것 같습니다.

그러나 우리는 교회의 일을 생각할 때 개인의 사사로운 형편을 중심으로 이야기 할 것이 아니라 주님께서 피로 값주고 사신 거룩한 교회를 중심으로 판단하고 생각해야만 합니다. 즉 개인의 형편을 생각하다보면 결국 타협에 이르게 될 것이며 그렇게 하다보면 교회가 세속화되어 점차 진리로부터 멀어지게 될 것입니다. 그러므로 우리는 많은 아픔이 따를지라도 성경이 가르치는 원리 속에서 모든 것을 이해해야만 합니다.

형제의 아버지는 교회에서 받는 직분이 돈과 관계없음을 분명히 밝힐 수 있게 되기를 바랍니다. 설령 경제적 여유가 된다 하더라도, 직분과 관련하여 교회가 돈을 요구하는 것은 결코 있을 수 없는 일임을 이야기해야 합니다. 경제적 여유가 있는 사람들이 비판없이 그런 사악한 일에 동조함으로써 많은 가난한 사람들에게 상처를 주게 되며, 결국 소극적으로나마 직분을 돈으로 사게 되는 시모니simony, 즉 성직매매에 참여하게 되는 것입니다. 그리고 그런 말이 통하지 않을 경우 직분을 포기해야 합니다. 직분은 교회를 세우기 위함인데 그 직분이 돈과 결부되어 도리어 교회를 무너뜨리는 역할을 한다면 차라리 직분을 받지 않는 것이 훨씬 나은 일입니다.

예수님 당시에 제사장이나 서기관, 장로 등의 직분을 가진 사람들이 다른 사람들보다 악한 일을 훨씬 많이 한 것을 우리가 기억합니다. 직분이란 올바르게 세워져 올바르게 사용할 경우 아름다운 것이지만 그렇지 않을 경우 그것은 매우 위험한 것입니다. 진리를 세우는 것이 아니라 도리어 진리를 허무는 일에 앞장서게 될 것이기 때문입니다.

이런 일을 올바르게 행하기 위해서는 상당한 용기가 필요합니다. 그 용기는 개별적인 성향에서 나오는 것이 아니라 하나님의 말씀을 통한 은혜로 말미암는 것이어야 합니다. 우리가 늘 고백하는 것처럼 우리의 소망은 천국에 있습니다.

직분자로 장립을 받기 위해 은행에서 빚을 내어 헌금을 하는 어리석음은 범치 않게 되기를 바랍니다. 그것은 결코 하나님의 몸된 교회를 진정으로 위하는 신자들의 자세가 될 수 없습니다.

앞에서도 말씀 드렸습니다만 경제적으로 여유가 있는 사람들도 직분을 받는 일로 인해 돈을 내어서는 안 됩니다. 그들의 무책임한 그런 행동이 많은 가난한 사람들로 하여금 상처를 입게 하며 주님의 교회를 어지럽히기 때문입니다. 경제적인 여유가 있을수록 더욱 겸손하여 남들이 전혀 알지 못하도록 비밀리에 연보하는 것이 우리 성도의 자세이지요.

형제의 아픔에 어떻게 동참해야 할지는 모르겠습니다. 제가 말씀드린 대로 한다면 부모님이 심한 정신적 상처를 입게 될지도 모르기 때문입니다. 직분이 마치 계급이나 명예처럼 되어 있는 한국교회의 형편에서는 상당한 상처를 입을 수 있을 것이기 때문입니다.

올바른 성도로서 판단하며 행동하게 되면 많은 사람들로부터 칭찬을 듣는 것이 아니라 도리어 엄청난 비난을 받게 될 것은 자명한 일입니다. 한국교회가 이런 형편이 되어 있음은 여간 안타까운 일이 아닙니다.

제가 형제에게 드릴 수 있는 말씀은 오직 천국을 바라며 하나님의 은혜를 참된 위로로 깨닫게 되기를 바랄 따름입니다. 주님의 말씀을 분별하며 신앙생활을 한다는 것은 여간 어렵지 않습니다. 그러나 우리는 주님의 뜻 가운데서 그의 경륜을 바라보며 힘겹지만 그렇게 할 수밖에 없습니다. 앞서 세상을 떠난 올바르게 살았던 모든 신앙의 선배들의 삶이 그러했던 것을 잘 기억하시기를 바랍니다.

저의 이야기들로 인해 형제와 형제의 부모님이 더욱 혼란스러움에 빠지지 않을까 염려가 됩니다만 잘 이겨나가기를 원합니다. 형제의 가정에 하나님의 위로가 함께 하시기를 바랍니다. 그리고 형제가 출석하고 있는 교회가 말씀을 통해 거듭나게 되기를 소망해 봅니다.

(2002. 12. 13)

77 "오늘날 우리에게 일용할 양식을 주옵시고"

혜영 집사님

보내주신 예쁜 성탄절 카드는 잘 받았습니다. 옛날에도 그랬지만 요즘 신문에는 미국과 관련된 기사들이 유난히 눈에 띕니다. 소파SOFA개정 문제와 이라크 침공에 대한 기사, 그리고 최근 문제가 되고 있는 북한의 핵 관련 문제로 인해 미국에 관련된 묵직한 기사들이 한층 눈에 띄는 것 같습니다. 미국에서 살고 있는 우리 동포들에게는 이러한 문제들이 어떻게 비쳐지는지 모르겠습니다.

오늘은 12월 24일이라 많은 교회들에서는 성탄전야 모임을 갖는 것으로 알고 있습니다. 우리 교회에는 오늘 밤 특별한 모임이 없고 내일은 함께 모여 말씀을 나누며 모든 성도들이 즐거운 교제를 나누려 합니다. 오늘 집사님께서 보내신 카드를 받고 나니 지난번 질문하신 내용이 생각나 그에 대해 간단한 답변을 해보려 합니다.

집사님 말씀처럼 많은 교인들이 기도할 때 의식주에 대한 기도를 하고 있습니다. 어쩌면 어린 교인들이 하는 기도 가운데는 그와 관련된 내용이 거의 전부가 아닐까 생각해 봅니다. 그들에게는 이 세상에 살면서 잘 먹고 잘 입고 잘 사는 문제가 주된 관심사일 수 있습니다. 나아가 자식을 위해서 기도한다는 것도 결국 자녀가 이 세상에서 잘 되게 해 달라는 간구일 것입니다.

다수의 교회 지도자들은 그렇게 기도하라고 가르치기도 합니다만 그것은 올바르지 않습니다. 우리가 자식을 위해 기도한다면 그들이 세상을 탐하거나 세상적 사상과 값어치에 휩쓸리지 않도록 기도해야 합니다.

주님께서는 제자들에게 의식주에 대한 그런 기도는 하지 말라고 명령하십니다. 그런 기도는 이방인들이나 하는 기도이기 때문입니다. 산상보훈 가운데서 주어진 주님의 가르침을 잠시 살펴봅시다.
"내가 너희에게 이르노니 목숨을 위하여 무엇을 먹을까 무엇을 마실까 몸을 위하여 무엇을 입을까 염려하지 말라 목숨이 음식보다 중하지 아니하며 몸이 의복보다 중하지 아니하냐"(마 6:26). "그러므로 염려하여 이르기를 무엇을 먹을까 무엇을 입을까 하지 말라 이는 다 이방인들이 구하는 것이라 너희 천부께서 이 모든 것이 너희에게 있어야 할 줄을 아시느니라"(마 6:31,32). 이 말씀들에서 보여 주는 바는 이 세상에서의 먹고 마시고 입는 문제 즉 생활의 번영을 위해 기도하지 말라고 하시는 것입니다.

일부 교인들은 어떤 성경 구절에서는 그렇게 말하지만 또 다른 성경구절에서는 달리 말한다고 주장하기도 합니다. 그렇지만 그것은 매우 잘못된 주장입니다. 모든 성경의 가르침은 동일한 하나님의 뜻을 담고 있습니다. 여러 성경구절들 사이에 상치되는 내용이 있는 것이 아니라 모든 성경 말씀은 의미상 상호 조화된다는 말입니다.

위의 구절이 포함되어 있는 동일한 산상보훈에 보면, "구하라 그러면 너희에게 주실 것이요 찾으라 그러면 찾을 것이요 문을 두드리라 그러면 너희에게 열릴 것이니 구하는 이마다 얻을 것이요 찾는 이가 찾을 것이요 두드리는 이에게 열릴 것이니라"(마 7:7, 8)고 가르치고 있습니다.
어떤 이들은 이 구절을 두고 무엇이든지 열심히 구하기만 하면 하나님께서 다 들어주신다고 주장하기도 합니다. 그러나 여기서 말하고 있는 바는 아무것이나 원하는 대로 구하고 기도하면 들어주신다는 것이 아니라 '진리'와 '성령'과 관련된 것이어야 합니다. 이에 대해서는 시간이 나면 누가복음 11장 9-13절의 말씀을 잘 묵상해 보시기를 바랍니다.

'오늘날 우리에게 일용할 양식을 주옵시고'에 대한 의미를 좀더 구체적으로 생각해 보겠습니다. 이 구절의 정확한 번역은 '오늘 우리가 먹을 양식을 주십시오'(Give us this day our daily bread)입니다.
주님께서 이 말씀을 통해 제자들에게 가르치고 계신 것은 생존에 대한 것입니다. 다시 말해서 풍요나 번영에 관련된 것이 아니라는 뜻입니다. 사람들은 이 세상에서의 풍요나 번영이 하나님께서 성도들에게 베푸시는 복이라 생각하지만 그렇지 않습니다.

주기도문에서 주님이 가르치고 계시는 것은 성도의 일상 생활을 주님께 맡겨야 함을 의미합니다. 이는 곧 성도의 생명은 자기 개인에게 달려 있는 것이 아니라 날마다 음식을 공급하시는 주님께 달려 있음을 고백적으로 말하며 기도하도록 가르치기 위함입니다. 그러므로 오늘날 우리도 여전히 그와 동일한 기도에 고백적으로 참여하고 있는 것입니다.

그런데 우리에게 이미 양식이 풍부한 터에 또다시 '우리에게 일용할 양식을 주십시오'라고 간구한다면 앞뒤가 맞지 않는 기도가 될 것입니다. 사실 선진화된 생활 문화권에 들어 있는 우리에게는 생존에 대한 것보다는 풍요나 번영을 추구하는 삶을 살고 있는 것이 일반적입니다.
물론 지금도 지구상에는 생존으로 인해 고통당하는 성도들이 없잖아 있습니다만 이 글을 읽는 사람들이라면 생존 때문에 염려하는 사람은 그다지 많지 않으리라 생각합니다. 그럼에도 불구하고 우리는 여전히 '오늘 우리가 먹을 양식을 주십시오'라고 주님께 기도하고 있습니다. 이것은 무엇을 의미할까요?

먹고 마실 양식이 풍부하며 편안하게 생활할 만한 거처가 있어 풍요로운 삶을 누리고 있는 우리가 '오늘날 우리에게 일용할 양식을 주십시오'라고 하는 기도에는 과연 어떤 의미가 담겨 있는지 잘 생각해 보아야 합니다.

이 말씀의 가르침은 "우리의 곡간에 양식이 가득하다 해도 우리의 생명은 거기에 달린 것이 아니라 오로지 주님께 달려 있습니다"는 고백으로 이해해야 합니다. 물론 그 고백은 상징이나 위선이 아니라 매우 실제적임을 깨닫는 것이 중요하겠지요.

우리 시대의 많은 사람들이 입으로는 '주님의 은혜'를 이야기하지만 사실은 자기 능력이나 곡간에 채워져 있는 양식에 삶을 의지하기 쉽습니다. 만일 그렇다면 그것은 '오직 은혜'(soli deo gloria)를 고백하는 성도의 삶에 어울리지 않습니다. 그러한 신앙의 행태는 현대에 살고 있는 성도들이 극복해야만 할 내용이기도 합니다.

우리의 생명은 자기의 건강이나 학식, 능력, 직업 등에 달려 있는 것이 아니라 오직 하나님께 달려 있음을 제대로 깨달아야만 합니다. 만일 그것을 바르게 깨닫지 못한다면 하나님 앞에 교만한 자기의 삶을 노출함으로써 그것을 복이라고 오해하게 될지도 모릅니다.

집사님, 이 정도면 제가 설명하고자 하는 바를 잘 이해하시리라 믿습니다. 앞에서 잠시 말씀드린 것처럼 우리가 살고 있는 세상이 더욱 어지러워져 감을 느낍니다. 이럴 때일수록 주님의 말씀에 온전히 의지하는 주님의 백성들이 되기를 원합니다.

Merry Christmas and a Happy New Year!

(2002. 12. 24)

78 연보와 연말세금공제

주헌 형제님

주님의 이름으로 문안드립니다. 광주에 주님을 경외하는 좋은 교회가 있다는 소식과 더불어 형제를 알게 되어 무척 감사합니다. 연말을 당해 전통적 관습에 따라 정리해야 할 일들이 많은 것 같습니다.

교회적으로는 다양한 행사들과 새해에 대한 계획뿐 아니라 공동의회를 비롯한 행정적인 문제들이 놓여 있습니다. 개별 성도들에게도 연말은 여러 가지로 분주한 것 같습니다. 그 가운데는 형제께서 이야기하신 '연말 소득공제'에 대한 문제도 포함되는 것 아닌가 생각해 봅니다.

제가 형제의 질문에 대해 명쾌한 답변을 드리기 어려울 것이라는 점을 미리 말씀드리며 양해를 구합니다. 그렇지만 그에 대해 제가 평상시에 생각해 오던 바와 현재 우리 교회에서 실행하고 있는 바를 중심으로 말씀드리려 합니다.

이를 위해 먼저 연보의 성격이 무엇인지를 알아야 할 것 같습니다. 연보에 대한 논의를 할 때 우리의 경험에서 출발하는 것은 무리입니다. 역사적 관점에서나 세계적 관점에서 본다면 신약시대의 연보의 다양성을 볼 수 있기 때문입니다.

연보에 대한 서구의 상황은 우리와 조금 다릅니다. 우리나라처럼 완전히 정교 분리된 나라의 교회와, 외형상으로나마 기독교적 모습을 띤 나라에 있는 교회에서의 연보형태는 많은 차이가 납니다. 미국이나 영국 독일 등 여러 나라들은 복음의 본질은 상실했다 하더라도 여전히 기독교 국가의 형태를 띠고 있습니다.

  미국에서는 대통령 선서를 할 때 성경책 위에 손을 올리고 선서를 하며 서방의 많은 국가들에서는 목사를 공무원처럼 인정하고 있습니다. 그 말은 교회가 성도들의 연보로써 운영되는 것이 아니라 국민들이 내는 세금에는 교회(당)의 일부 경비까지 포함되어 있다는 뜻이기도 합니다.

  그렇지만 우리나라와 같이 순수 세속 국가에 존재하는 교회들은 순전히 성도들의 연보를 통해 교회가 운영됩니다. 국가가 종교단체들에게 면세 혜택을 주고 종교단체에 낸 돈에 대해서 감세 혜택을 주는 것은 종교가 국가를 위해 필요한 단체로 보기 때문일 것입니다.

  세속 국가는 건전한 종교가 시민들을 도덕적으로 올바른 삶을 살도록 지도하고 있다고 생각하여 종교 생활을 장려하는 것이 일반적입니다. 물론 그것은 영원한 진리나 복음과는 아무런 상관이 없는 종교 자체를 말합니다.

  그러므로 종교인들이 국가에 기부금 납입증명서를 제출하게 되면 그에 따른 소득공제 혜택을 받게 됩니다. 시민들이 공익을 위해 사용했다고 판단하는 액수에 대해 국가가 소득공제를 해주고 있습니다. 그 원래의 취지에는 시민들로 하여금 수입의 일부를 공익을 위해 혹은 이웃을 위해 사용하도록 독려하는 의미가 담겨 있습니다.

  다시 연보에 대해 살펴봅니다. 형제께서 이야기한 것처럼 교회에 하는 연보는 결코 기부금이 아닙니다. 기부금이란 남을 위해 사용하는 돈을 의미하지만 연보는 남을 위해 기부하는 돈이 아니라 자신이 포함된 거룩한 주님의 몸된 교회에 고백적으로 드려지는 돈입니다.

  그러므로 성도들이 세법에 근거한 '문화, 예술, 교육, 종교 등을 위한 공익성 기부금' 이라는 항목에 따라 연말정산을 하는 것에 대해서 신앙의 잣대를 내밀기에는 많은 어려움이 있다는 생각을 해 봅니다. 문제가 되는 것은 연보를 하는 성도들이 기부금 납입증명서를 발급 받기 위해 기명으로 연보를 해야 한다는 강박관념에 사로잡힐 수 있다는 점입니다. 나아가 교회 지도자들은 그것을 이유로 기명으로 연보하게 함으로써 성도들을 잘못 지도할 수 있습니다.

제가 목회하고 있는 실로암교회의 경우 모든 성도들이 무명으로 연보를 하고 있습니다. 그 연보 액수에 대해서는 본인 이외에는 아무도 알지 못합니다. 그러므로 우리 교회에서는 기부금 납입증명서를 백지로 발급하고 있습니다. 자신이 연보한 액수를 본인이 잘 기억하고 있으리라 믿고 정직하게 기록할 것이라는 분명한 신뢰감이 있기 때문입니다.

부분적이기는 하겠지만 부정직한 어떤 사람들은 기부금 제도를 악용하고 있다는 이야기를 듣고 있습니다. 그중에는 일부 교회들마저 연보에 관계없이 부당하게 백지 기부금 납부증명서를 교부하는 경우가 있다는 이야기를 듣기도 합니다. 그것이 사실인지는 알지 못하나 만일 기독교인이라 하면서 그런 행위를 하는 사람이 있다면 참으로 안타까운 일이 아닐 수 없습니다.

우리가 소중하게 여겨야 할 점은 하나님을 경외하는 성도들은 평소 성실한 삶에 익숙해져야 한다는 사실입니다. 이는 성도라 하면서 자기의 부당 이득을 위해 거짓 행위를 할 수 없기 때문입니다.

성도들이 기부금 납입증명서를 제출하고 세금을 감면받는 것이 단순히 금전적 이득을 취할 목적이어서는 안 될 것이라 생각해 봅니다. 국가질서 속에 살고 있는 성도가 그 제도에 자연스럽게 따르는 정도로 생각해도 좋을지 모르겠습니다.

연말소득공제 제도는 국가가 이웃을 위해 금전을 사용한 사람들에게 약간의 세금 혜택을 주기 위해 제정된 것이라 생각합니다. 교회에 연보한 돈으로 인해 세금공제를 받는 것은 법적으로 정당한 것이기는 하지만 좀더 성숙한 성도의 자세를 가질 필요가 있다고 봅니다.

  마땅한 권리나 이득을 찾는다는 생각보다 국가에서 제공하는 적법한 제도를 통해 감세 혜택을 받고 그 정신에 조화되는 삶을 삶으로서 그로 인해 얻게 되는 돈 역시 주님이 원하시는 대로 잘 사용해야 되리라 생각합니다.

  형제에게 쓰는 이 글이 제가 쓰는 올해의 마지막 편지가 될 것 같습니다. 언제 형편이 되면 서로 얼굴을 대하며 교제할 수 있는 기회가 있기를 원합니다. 광주개혁교회와 형제의 가정에 주님의 은혜가 늘 함께 하시기를 원합니다.

(2002. 12. 30)

79 장로교 정치원리와 당회에 대하여

YS님

안녕하세요? 아침에 일어나 보니 밤새 함박눈이 내려 세상이 온통 하얗게 변해 있었습니다. 성도님의 메일을 받고 미안한 마음으로 새해 첫 번째 편지를 쓰게 됩니다.

성도의 삶이 지나치게 바쁜 것은 바람직하지 않다고 생각하는 제가 너무 분주했던 탓에 YS님의 질문을 까맣게 잊고 답변드리지 못한 점 죄송하게 생각합니다. 이 기회에 저에게 질문을 했음에도 불구하고 제대로 답변을 듣지 못한 여러분들께도 사과의 말씀을 드립니다.

성도님의 질문을 바탕으로 하여 장로교 정치 원리와 그 적용에 대해 간단한 말씀을 드리겠습니다. 이 논의에 대한 이해를 위해서 우선 '장로'라는 말과 '정치'라는 말의 정의를 명확히 해야 할 것 같습니다. 장로라는 말은 오늘날 목사와 장로를 포함하는 말입니다. 이는 성경에서 언급되고 있는 감독과 같은 말로 이해할 수 있겠습니다. 즉 장로는 감독의 직분을 일컫습니다.

장로교에서 목사는 가르치는 장로를 의미하며, 장로는 치리하는 장로를 의미합니다. 가르치는 장로인 목사는 교회의 교사의 직분자로서 하나님의 말씀을 선포하고 가르치는 직분자입니다. 이에 비해 치리하는 장로는 목사의 가르침에 참여하며 성도들이 말씀의 내용대로 살도록 권면하는 직분자입니다. 물론 목사나 장로는 공히 교회에서 매우 중요한 직분자들입니다.

한편 교회에서 '정치'란 우리가 일반적으로 이해하고 있는 정치와는 다른 의미입니다. 일반 국가에서 정치는 '다스림'을 의미하지만 교회에서 정치란 성도를 다스리는 것이 아니라 교회를 세움에 참여하는 것을 의미합니다. 그러므로 어느 누구도 권력자로서 성도들 위에 군림할 수 있는 자는 없습니다. 단지 교회의 세워짐을 위해 직분자로서의 소임을 성실하게 감당해야 합니다.

YS님이 속한 교회는, 현재 15명 정도의 성도들이 모이는 미조직 교회로서 당회가 구성되어 있지 않은 작은 규모의 교회라 하셨습니다. 그런 교회에서 목사님이 단독으로 연보의 수납과 지출을 관리하며 결정한다고 했습니다.

YS님의 글을 보면 서리집사를 세우는 일에도 목사님이 자기의 편의에 따라 임명한다고 했습니다. 그로인해 목사님이 교회의 아무런 결제나 보고 체제 없이 재정을 자의적으로 사용하고 있다고 했습니다.

그러나 그것은 잘못된 것입니다. 장로교에서 목사와 장로의 모임이 있는 것은 어느 누구도 개인의 마음대로 하지 못하도록 하기 위한 것일 수 있습니다. 더구나 재정은 목사나 장로가 관리할 일이 아닙니다. 원리적으로 교회의 재정은 집사들이 관리해야 할 영역입니다.

장로교회에서 당회장이라는 말은 조심해서 사용해야 합니다. 우리나라의 여러 교회들에서 당회장이란 직책을 목사가 가질 수 있는 일종의 권한이나 권리처럼 인식하고 있음은 안타까운 일입니다. 당회장은 치리회의 의장입니다.

장로교에서 치리회라 하면 일반적으로 당회, 노회, 총회를 일컫습니다. 치리회의 중요한 직임 중 하나가 권징을 결정하고 시행하는 일입니다. 물론 각 치리회에서 어떤 개인이 권한을 가질 수 있는 것은 아닙니다. 여러 직분자들이 모인 회會가 권위를 가지는 것입니다. 이는 목사가 말씀을 선포하도록 교회로부터 부여받은 직분적 자격이나 의무와는 다른 개념입니다.

그러므로 당회장인 목사는 어떤 권력형 특권을 가지는 것이 아니라 교회를 세우기 위한 직분을 겸손하게 감당할 따름입니다.

장로교에서 말씀과 관련되는 권위는 기본적으로 장로회(당회)에 있습니다. 그러므로 장로들의 모임인 당회에서 말씀을 보존하도록 노력하며 성도들을 말씀으로 관리하게 되는 것입니다. 이에 반해 교회의 일반적인 문제들은 다수결의 원칙에 따라야 합니다.

제직회가 있고 일년 한 차례 이상 공동의회를 의무적으로 개최해야 하는 것은 곧 다수결의 원칙이 적용되어야 함을 의미합니다. 재정의 사용이나 일반 관리는 마땅히 그렇게 되어야 합니다. 물론 모든 성도들이 사랑의 자세로 그렇게 해야 합니다.

이런 논의를 할 때 종종 회중교회의 입장을 떠올리기도 합니다만, 회중교회에서는 영적인 문제를 포함한 모든 것을 회중이 결정하려 합니다. 그러나 장로교에서는 영적인 문제는 장로회의 전권에 속하며 기타의 것은 전체 교회의 의사를 따라야만 합니다.

그렇지만 한국의 많은 장로교회들에서는 장로교의 원리가 제대로 적용되지 않고 있음을 봅니다. 특히 개척교회의 경우는 더욱 그렇습니다. 원리적으로 보아 개척교회일 경우 파송된 목사는 노회의 간섭을 받아야 합니다. 즉 교인들이 감독을 받는 것이 아니라 목사가 감독을 받아야 합니다. 교회가 세워짐에 있어서 만일 목사 한 사람이 잘못하게 되면 전체 교회가 잘못될 위험이 있을 수 있기 때문입니다. 당회가 구성되지 않은 상태에서 목사가 단독적인 판단과 결정을 지속하게 되면 위험해질 수 있겠지요.

그래서 노회는 각 지교회들을 잘 돌보기 위해 '시찰회'를 두고 있습니다. 발생할 수 있는 위험을 방지하기 위해 노회 산하의 여러 목사, 장로들이 시찰지역 내에 있는 교회들을 잘 보살피는 것이 그 직무입니다.

YS님의 소속 교회의 경우에도 여러 성도들이 보아 목사님이 잘못하고 있다면 우선 해당 시찰회에 문의할 수 있습니다. 그것은 누군가 성도님에게 말했다는 노회에 소송을 제기하는 것과 다른 것입니다. 해당 시찰회는 YS님이 속한 교회에 어떤 문제가 있는지 잘 살펴보아 그 잘못을 지적하고 시정해야 합니다.

장로교에서는 모든 지교회들이 노회에 속해 있습니다. 큰 교회든 작은 교회든 개척교회든 모든 교회가 노회소속 교회이며, 목사는 그 노회에 소속된 각 지교회에서 말씀을 선포하며 가르치기 위해 파송된 이들입니다. 그러므로 당회가 구성되지 않은 미조직 교회 역시 동일한 입장에 놓여 있습니다.

그렇지만 현실적으로는 문제 해결이 쉽지 않을 것이란 안타까운 생각이 들기도 합니다. 이미 진리가 약화되고 장로교의 기본적인 원리가 많이 훼손된 상태이기 때문에 노회나 시찰회의 책임있는 위치에 있는 목사님들이나 장로님들이 어떻게 대처할지에 대해 잘 알 수 없기 때문입니다.

그렇다 할지라도 우선은 그런 절차를 거칠 수밖에 달리 방법이 없습니다. 성도님의 교회가 처한 어려운 문제가 주님의 은혜 가운데 잘 해결되기를 간절히 바랍니다.

(2003. 1. 3)

80 선교지의 기독교 혼합주의에 대한 대처

선교사님께

안녕하세요? 또 새로운 한 해가 시작되었습니다. 선교사님이 있는 그곳이 정치적으로 매우 불안하다는 소식을 듣고 있습니다. 역사를 돌이켜 보면 힘들고 어려운 상황일수록 복음의 순수성이 더욱 명확히 드러났음을 알게 됩니다.

선교사님이 말씀하신 것처럼 선교지에서 만나게 되는 기독교 혼합주의 양상은 복음을 증거하는 데 도리어 방해 요소가 되기도 합니다. 그들은 진정한 복음을 알지 못하면서도 자신들은 기독교인이기 때문에 예수를 믿고 있다고 생각하지요. 그들이 가진 전통에 의한 기독교는 매우 복잡한 양상을 띠고 있습니다.

선교사님이 계시는 그곳 현지 교회의 목사들 중에는 성상들에 절을 하는가 하면 십자가에 절을 하는 이들마저 있다고 하지요? 저도 오래 전이기는 합니다만 아프리카의 어느 나라를 방문했을 때 그곳 목사님이 윤회설을 믿는 것을 보고 깜짝 놀란 적이 있습니다.

그 나라의 민간신앙 가운데는 황소를 특히 신령한 동물로 생각하는데 인간과 황소는 상호 윤회가 가능하다는 생각을 하고 있었습니다. 그런데 문제는 목사로 인정을 받고 목회를 하는 사람이 그렇게 생각하면서도 자신이 잘못 알고 있음에 대해 아무런 인식이 없다는 점이었습니다.

선교사님이 일하고 있는 그 지역의 일반 성도들 역시 성상에 의미를 부여한다거나 십자가에 절을 하는 등의 의례에 대해 자연스럽게 생각하고 있습니다. 교회의 지도자들이 잘못 가르치게 되면 그들로부터 배우는 일반 교인들은 그냥 따라가게 마련이지요. 이는 마치 장님이 장님을 인도하는 경우와 같다고 할 수 있습니다. 어쩌면 그것은 남의 일만이 아닐지도 모르겠습니다. 즉 우리나라의 성도들이 자연스럽게 받아들이고 있는 다양한 신앙의 내용들 가운데 그와 유사한 유형의 잘못이 있을 가능성이 없지 않으리라는 점 때문입니다.

선교사가 선교 현지 교회들이 그런 전통을 가지고 있을 때 어떻게 처신해야 하는가 하는 점은 매우 중요하면서도 많은 어려움이 있습니다. 그런 것을 보며 무조건 잘못되었다거나 미신적이라 강하게 지적하게 되면 충돌이 일어나겠지요? 그렇다고 해서 그냥 아무 말 없이 지나게 되면 마치 그것을 인정하는 것처럼 되어버리겠지요?

비단 교회 가운데 상당한 미신적 요소들이 들어가 있기는 하나 신구약 성경 66권을 하나님의 계시된 진리로 알고 삼위일체 하나님을 믿으며 건전한 보편교회의 고백을 하고 있다면 그들과의 교제를 완전히 단절하기도 어려울 것입니다.

그러면 어떻게 해야 할까요? 선교사님이 저에게 질문하신 내용들에 대한 간략한 답변을 드려볼까 합니다. 우선 현지 교인들을 교회에서 만나거나 예배에 참여하게 될 때 그들의 잘못된 의례에 참여하지 않는 모습을 보여 주어야겠지요. 그렇게 되면 처음에는 그들이 이상하게 생각할 것입니다. 기독교인으로서 마땅히 해야 할 의례를 행하지 않기 때문이지요. 그러면 웃으면서 한국교회에서는 그렇게 하지 않는다고만 간단하게 이야기 해 주세요. 누가 옳고 그르고 따지는 것은 도리어 도움이 되지 않을 수 있습니다.

중요한 것은 그들에게 성경 말씀을 구체적으로 가르쳐 알게 해야 합니다. 자기들은 그것이 옳다고 믿으며 오랫동안 비판없이 그렇게 해왔는데 외국에서 온 선교사가 현지교회의 전통적인 종교의례를 무조건 틀렸다고 하면 그들은 그것을 받아들이기 어려울 것입니다. 어쩌면 그로 말미암은 논쟁으로 인해 자기들이 옳다는 잘못된 신념만 강하게 해 놓을 우려마저 있습니다. 성경 말씀을 차근차근 읽고 공부해 가면서 성령께서 그들에게 깨달음을 주시도록 해야 합니다.

 그들이 말씀을 깨달아가기 시작하고 저들의 그러한 의례가 잘못일 수 있다는 생각의 틈이 생기면 역사적인 이야기들을 해 줄 필요가 있습니다. 기독교 역사 가운데는 성경을 멀리 함으로써 잘못된 종교의례가 교회 안으로 들어온 예들이 많이 있습니다. 그들에게 그런 사례들을 들려주며 우리 역시 인간의 역사 가운데 살아가고 있는 존재임을 인식시켜 줄 필요가 있습니다.
 그러나 선교사들이 항상 유의해야 할 점이 있습니다. "나는 이렇게 생각한다" 혹은 "나의 고향 한국교회에서는 이렇게 하고 있다"는 식으로 그들을 설득하려 해서는 안 됩니다. 선교지에 나와 있는 다양한 나라 출신의 선교사들이 저마다 자기 경험에 따라 달리 가르칠 우려마저 염두에 두어야 할 것이기 때문입니다.
 그대신 성경의 본문을 가리키며 "이 말씀의 뜻이 무엇이겠느냐?" 혹은 "하나님께서 왜 이런 교훈을 주셨겠느냐?"는 식의 질문을 동반하는 공부를 통해 올바른 신앙적 태도를 가질 수 있도록 도움을 주어야 합니다.

 종종 보내주는 기도편지는 잘 받고 있습니다. 선교지에서 가장 소중한 것은 함께 주 안에서 교제하며 사랑을 나눌 수 있는 좋은 이웃입니다. 하나님께서 그곳에 보내신 뜻을 잘 분별하시기를 원합니다. 그리고 모든 것을 급하지 않으면서도 너무 느슨하지 않게 사고하며 일하는 지혜로운 선교사님이 되기를 바랍니다.

(2003. 1. 11)

81 한기총의 '평화 기도회' (?)

정훈 형제

반갑습니다. 서울대 SFC에서 강의를 한 것이 엊그제 같은데 벌써 몇 년 전의 일이 되었는가 싶습니다. 모두들 잘 있겠지요? 형제의 얼굴을 정확하게 떠올릴 수 없어 죄송한 생각이 듭니다만 이해하실 줄 믿습니다.

지난해 말 발생했던 미군 장갑차에 의한 두 여중생 사망 사건과 대대적인 촛불시위는 한국뿐 아니라 전 세계를 깜짝 놀라게 했습니다. 교계의 소위 보수적 입장을 가진 사람들은 같은 시기 대통령 선거를 앞두고 보수적 성향을 지닌 특정인을 지지하며 진보적 성향의 노무현씨가 대통령이 되면 나라가 금방이라도 망할 것 같은 어투로 기독교 신문에 대대적인 광고를 내었습니다. 그러나 막상 그가 대통령에 당선되었을 때 그들은 아무런 해명도 없이 얼굴을 바꾸었습니다.

최근 몇 주간 서울에서 지속되고 있는 평화기도회는 우리의 마음을 아프게 합니다. 더불어 그 기도회를 주관하는 한국교회총연합회 지도자들의 신앙을 의심케 합니다. 제가 말씀드리는 것은 단순히 민족주의적 입장이 아니라 저들의 기본적인 신앙에 대해 의심을 가지게 한다는 것입니다.

엊그제(1월 23일) 있었던 한기총 실행위원회에서 김기수 대표회장은 "김대중 대통령과 만난 자리에서 기도회를 잘 해줘서 고맙다는 격려를 받았다"고 전하고, "기도회를 반대하는 사람은 금수와도 같다"며 교계

안팎의 비난 여론에 대한 불쾌감을 원색적으로 표현했습니다(뉴스앤조이 2003년 1월 24일자 참조).

    김대중 대통령의 격려를 자랑으로 생각하는 것이나 그 기도회를 반대하는 사람들을 금수와도 같다고 표현하는 대표자와 그것을 수긍하는 지도자들의 행태를 보며 차라리 할 말을 잃습니다.

    그런데도 다수의 기독교 지도자들은 그 말의 의미조차 모르는 듯 합니다. 그러므로 지금까지 소위 평화기도회가 지속되고 있지만 가맹 교단들은 한마디도 비판적인 말을 하지 않는 것 같습니다. 우리 KS교단 역시 전혀 다르지 않습니다. 지난주에 이어 오늘 발간된 KD교보에는 도리어 그것을 매우 훌륭한 행사인양 보도하고 있습니다(기독교보, 2003년 1월 25일자 참조).

    지금 이어지고 있는 평화기도회라는 것은 진정한 기도가 아니라 다른 사람들에게 보이기 위한 일종의 정치적 시위에 지나지 않습니다. 즉 그 기도회를 개최하는 사람들은 하나님께 기도하기보다 사람들에게 자기들의 목적있는 생각을 전달하기 위해 그렇게 하고 있습니다.

    만일 어떤 사람들이 시위를 하기 위한 방편으로 기도회를 이용한다면 그것은 말이 되지 않습니다. 기도는 오직 하나님께 드려지는 찬양의 성격을 지니기 때문입니다.

    누군가가 하나님과 기도회를 빗대어 자기 목적을 이루려 한다면 그것은 하나님께 욕이 될 수 있음을 알아야 합니다. 정말 그렇게 기도해야 할 일이 있다면 조용히 하나님께 기도하면 됩니다. 성경은 우리에게 기도에 대해서 가르쳐 주고 있습니다. 하나님께서는 우리에게 남들이 알지 못하도록 조용한 골방에서 기도하라고 하십니다. 그러면 은밀한 중에 계시는 주님께서 은밀하게 응답하실 것이라 약속하셨습니다(마 6:6).

    예수님께서는 많은 사람들이 보도록 길가에서 큰 소리로 기도하는 바리새인들을 위선자라고 하셨으며 하나님께서 응답하지 않을 것이라 말씀하셨습니다(마 6:5). 기도를 하면서 특정한 목적을 가지고 사람들 앞에 시위하듯이 한다면 그것은 하나님을 믿지 못하기 때문임을 알아야 합니다. 정말 하나님의 도우심이 필요하다면 주님만 의지하고 기도해야 합니다.

형제의 이야기처럼 한기총을 어떤 단체로 보아야 할 것인가에 대해서는 명확한 입장을 가져야 할 것이라 생각됩니다. 이는 개인에 앞서 교단이나 교단의 신학자들의 명확한 입장이 선행되어야 합니다. 형제와 마찬가지로 저 또한 저의 의사와는 아무런 관계없이 한기총에 소속된 것처럼 되어 있습니다. 어떤 단체에 소속된다는 것은 그냥 이름을 올려놓는 것이 아니라 끊임없는 해석과 더불어 가입 전에 가졌던 정신의 보존에 힘을 기울여야 합니다. 만일 그에 대해 태만한다면 자타에 대한 불성실한 자세이거나 자기 기만일 것입니다.

한기총의 정신은 원래 KS교단의 정신과는 모든 면에서 떠나 있습니다. 비단 이번 문제뿐 아니라 중요한 신학적 입장에서도 그러합니다. 진리나 신앙의 정신에 따라 조직된 단체가 아니라 정치적 화합일 경우 결국 이기적인 명분에 따라 움직이게 된다는 것이 우리가 역사를 통해 배우고 있습니다.

좀더 가까이 생각해 본다면 지금 KS교단 또한 원래의 정신을 떠나 있습니다. 이름만 남아있을 뿐 예전에는 상상도 할 수 없었던 부정과 비리가 곳곳에 가득합니다. 교단지도자들이 한다는 일들이 차라리 불신자들보다도 못한 모습을 보이는 곳이 한둘이 아닙니다. 이럴 경우 우리는 어떻게 해야 할까요?

형제가 지금 고민하고 있는 이 점에 대해 잠시 이야기를 나누어 보았으면 합니다. 건전하지 못한 한기총에 속한 교단과 교회를 떠날 것인가 하는 점에 대해서는 신중해야 하리라 생각합니다. 그것은 비단 한기총이 아니라 해도 부정직한 문제들로 가득 찬 KS교단에 남아 있을까 하는 것과 동일한 맥락에서 생각해야 합니다.

전통적 신학의 원리에서 볼 때 원래의 소속 교회를 스스로 떠나는 것은 조심해야 합니다. 그것은 자신의 정당성을 스스로 입증해야 하는 부담이 따르기 때문입니다. 다시 말해 개인인 자신이 어느 정도 객관성을 가지는가에 대해 역사적 겸허함을 소유해야만 한다는 것입니다.

그러므로 우리가 할 수 있는 방법은 교회를 바르게 세우고 일깨우기 위한 역사적 대열에 서는 것입니다. 즉 현재 속한 교회에서 잘못 알고 있는 어린 성도들에게 끊임없이 진리를 말함으로써, 말하는 자신과 듣는 성도들이 함께 모든 것을 확인하며 배워가는 것입니다.

그렇게 하는 중 기존의 교회가 정말 잘못되어 있다면 진리를 말하는 자를 귀찮게 여길 것이며 결국 배척하게 될 것입니다. 그럴 때도 가능한 나가지 않으려 하는 자세로 하던 말을 계속해야 합니다. 그러다가 그곳에서 출교를 당하면 하나님의 뜻을 바라며 그분의 선한 인도하심을 위해 기도해야 하겠지요.

정훈 형제, 괴로운 심정을 충분히 이해합니다. 그러나 아무런 갈등없이 신앙생활을 하고 있는 주변의 형제들을 측은히 여기는 마음으로 형제의 이야기를 지속해 가시기를 바랍니다. 제가 이해하기로는 그것이 우리가 취할 수 있는 유일한 길입니다.

형제와 마음을 터놓고 대화할 수 있는 기회를 가지게 되어 기쁩니다. 저를 기억하는 형제들에게 문안해 주시면 감사하겠습니다. 시간이 되면 만나 교제할 수 있는 기회가 있기를 기대해 봅니다.

(2003. 1. 25)

82 선교사에게 십일조를 보내도 되는지요?

지훈 형제

안녕하세요? 서신으로 인사를 나누게 되어 반갑습니다. 진작 답변을 드려야 했는데 너무 늦어진 점 이해해 주시기를 바랍니다.

친동생이 키르키즈스탄의 선교사로 있다니 더욱 친밀한 느낌을 갖게 됩니다. 저도 선교학을 연구하는 학자로서 투르크족에 대해 특별한 관심을 가지고 공부하며 선교에 참여하고 있습니다. 터키와 중앙아시아 여러 국가들은 늘 제가 관심을 기울이는 지역입니다. 언제 형제와 함께 동생을 만나 교제하는 시간이 있었으면 하는 막연한 기대를 해 봅니다.

열악한 환경의 선교지에 나가 있는 동생의 선교비가 부족한 것을 마음 아파하는 형의 마음을 충분히 이해합니다. 그것은 비단 그 선교사님이 친동생이 아니라 해도 모든 성도들이 함께 나누어 가져야 할 마음이 아닐까 싶습니다.

형제께서 고민하고 있는 문제에 대한 저의 생각을 말씀드리겠습니다. 형제의 말처럼 많은 교회의 목회자들이 십일조는 본 교회에 하라고 말하고 있습니다. 원리적으로 그것은 틀린 말이 아닐 것입니다. 성도들이 하나님의 은혜로써 세상에서 열심히 일해 얻은 수입 중 일부를 교회와 더불어 나누며 마땅히 해야 할 복음 사역을 하는 것은 자연스럽습니다.

한 교회에 여러 성도들이 있으면 서로간의 형편을 잘 이해하고 있어야 합니다. 그것은 성도로써 기본적인 의무에 속합니다. 그러므로 형제의 염려를 온 성도들이 함께 나누는 것은 지극히 당연한 일입니다. 그러나 형제의 경우 교회의 현실적 형편에 어려움이 있는 것으로 짐작됩니다. 형제께서도 이미 말씀하신 것처럼, 그동안의 신앙적 습성으로 인해 동생에게 직접 십일조를 보내는 것이 마음이 편치 않다고 하셨습니다. 그렇다고 교회에 연보하는 것 이외에 동생에게 따로 선교비를 보내는 것도 쉽지 않습니다. 그러므로 저는 형제에게 이런 권면을 드려봅니다.

　형제께서 저에게 말씀하신 동일한 고민을 지금 소속된 교회의 목사님과 상의하시기를 바랍니다. 그리하여 형제의 십일조 연보가 교회를 통해, 교회의 이름으로 동생인 선교사님을 후원할 수 있을 것입니다. 상식적으로 생각한다면 교회는 형제가 십일조를 한 액수보다 오히려 더 많은 액수를 후원하게 될 것입니다.
　예를 들어 형제가 매월 100달러를 십일조한다면, 교회는 거기에 보태 200달러를 선교비로 보낼 수 있습니다. 한 교회 성도인 형제의 기도 제목을 함께 나누며 그에 참여하는 것은 지극히 당연한 일이겠지요?
　물론 예외적인 경우가 있을 수 있습니다. 만일 형제의 소속 교회가 경제적으로 매우 궁핍하여 형제의 십일조가 없으면 교회의 기본적인 유지마저 되지 않는다면 그것은 다른 문제일 것입니다. 그럴 경우는 더 많은 생각이 필요하겠지요. 그러나 일반적으로는 그렇지 않을 것이므로 교회는 자연스럽게 선교에 참여할 수 있습니다.
　선교사님의 입장에서도 형님이 개인적으로 선교비를 보내는 것보다 교회가 보내는 것이 훨씬 바람직합니다. 형님이 보내게 되면 인정에 의존할 가능성이 있지만 교회가 적절한 선교비를 부담한다면 교회의 요구를 수행하는 선교가 될 것이기 때문입니다.

　다시 한번 말씀드리지만 목사님과 잘 상의하시기를 바랍니다. 상식적인 교회라면 형제의 이야기를 귀담아 들을 것입니다. 하지만 상식을 벗어난 교회들이 워낙 많은 시대이기에 염려가 되지 않는 것은 아닙니다만 주님의 선한 인도하심이 있기를 바랍니다.

(2003. 2. 25)

83 CCM, CCD에 대하여

재익 형제

주님의 이름으로 문안드립니다. 보내주신 글을 읽으며 아마 고학년일 것이라는 생각을 해 보게 됩니다. 지금은 겨울방학이니 학과 공부 이외에 밀린 독서와 대학생일 때만 경험할 수 있는 일들로 인해 어쩌면 학기 중보다 더 바쁘리라 생각해 봅니다.

형제의 고민하고 있는 바에 대해 부족한 저를 대화의 상대로 삼아주심에 감사드립니다. CCM(Christian Contemporary Music)과 CCD(Christian Contemporary Dance)에 대해 이야기를 하려니 적잖게 부담이 되는 것이 사실입니다. 왜냐하면 CCM이나 CCD에 몰입해 있는 사람들이 어떻게 반응할까에 대한 우려 때문입니다. 원래 인간은 경험적 존재이므로 자신의 경험을 기준으로 모든 가치 평가를 하려는 경향이 있습니다.

예를 들어볼까요? 제가 지금 CCM과 CCD를 강한 어투로 비판을 했다고 합시다. 그러면 그것을 좋아하는 사람들은 화를 낼 것이지만 그것에 대해 별 관심이 없는 사람들은 별 반응이 없을 것입니다. 그리고 그런 것을 싫어하는 사람들은 저의 말에 박수를 보낼 것입니다.

이러한 경향은 비단 음악이나 춤에만 관련된 것이 아니라 모든 기독교적 문화영역에 동일하게 일어나고 있는 양상입니다. 만일 그렇다면 그것은 아무런 객관성이 없게 됩니다. 모든 사람들이 자신의 경험이나 취향에 따라 가치평가를 하게 될 것이기 때문입니다.

그렇지만 성숙한 사람들은 자기 경험이나 취향을 기준으로 가치 평가를 하지 않습니다. 자신이 아무리 좋아해도 그것이 아닐 수 있음을 들어야 하며, 자기가 아무리 싫어하더라도 그래서는 안 되는 일이 있음을 깨달아야 합니다. 물론 그 모든 것들에 대한 평가는 성경의 가르침과 신학에 대한 이해가 바탕이 되어야 합니다. 여기서 신학이라 함은 일반적으로 생각하는 어떤 전문적인 학문을 말하는 것이 아니라 하나님의 말씀에 대한 체계적 이해를 말합니다.

이제 본론으로 들어가 보겠습니다. 결론부터 말하자면 CCM이나 CCD는 위험한 것입니다. 그런 것들은 우리 시대에 생겨난 기독교적 유행이라 말하는 것이 옳습니다. 물론 과거 시대에도 다양한 양상의 나름대로의 유행이 있었지만 우리 시대에 발생하고 있는 유행은 전통적 시대와 비교해 볼 때 훨씬 자극적이라는 특색을 가집니다.

여기서 우리가 명확히 말해야 할 부분은 '동기'에 대한 해석입니다. 즉 동기가 얼마나 순수하냐, 동기가 좋지 않느냐 하는 것 자체가 값어치를 가지는 것은 아니라는 점입니다. 다시 말해 하나님을 높이기 위해 순수한 마음으로 그렇게 한다고 하는 자체가 올바름의 보증이 되는 것은 아니라는 것입니다.

칼빈이 말한 것처럼 인간은 전적으로 부패한 존재입니다. 설령 사람들이 생각할 때 순수하고 좋은 마음 같아 보이지만 실상은 부패한 인간의 마음 이상이 아닙니다. 성경에는 그러한 예들이 수도 없이 많이 나옵니다. 동일한 경우는 아니지만 예수님 당시의 바리새인들을 비롯한 유대교 지도자들은 정말 순수한 마음으로 하나님을 섬긴다고 생각했지만 예수님께서는 그들의 신앙을 참된 것으로 말씀하시지 않았습니다.

우선 하나님을 찬양하고 교회의 신앙적 문화가 되기 위해서는 보편성이 있어야 합니다. 음악이나 춤, 예술 등은 교회 가운데서 보편성을 가지지 않습니다. 즉 취향에 의존한다는 것입니다. 좀더 구체적으로 이야기하자면 음악이나 춤을 좋아하는 사람에게는 그것이 문화로서의 기능을 하겠지만 그렇지 않은 사람들에게는 별다른 의미가 없다는 말입니다.

우리 시대의 문화 중심의 교회들에서는 20대 청년들이 가지는 문화와 80대 노인들이 가지는 기독교 문화가 완전히 다른 것입니다. 20대의 청년들 중에는 CCM이나 CCD를 좋아하고 그런 기독교적 행사가 있으면 떼를 지어 몰려가게 됩니다. 그러나 그런 CCM, CCD 행사가 있다해도 거의 대다수의 노인들은 거기에 가지 않습니다. 이는 교회가 보편적으로 가지는 신앙적 문화가 될 수 없음을 보여주는 것입니다.

또한 사람의 즐거움이 강하게 추구되어서는 안 됩니다. 성도들이 누리는 즐거움은 음악이나 예술이 아니라 하나님의 은혜와 영원한 천국에 대한 소망입니다. 사람들은 음악이나 예술을 통해 그런 것을 가지게 된다고 주장할지 모르지만 그것은 위험한 생각입니다.

성도들이라 할지라도 죄의 성품을 그대로 간직하고 있는 한 직접 오관으로 느끼는 즐거움을 추구하며 그에 반응할 것이기 때문입니다. 우리는 우리가 느끼는 기쁨 때문에 기뻐하는 것이 아니라 하나님께서 회복하시는 영화에 참여함으로써 기쁨을 얻게 되는 것입니다.

더구나 공예배 시간에 CCM이나 CCD가 동원되어서는 안 될 것입니다. 칼빈을 비롯한 종교개혁시대의 많은 성도들은 공예배 시간에 음악이 연주되는 것을 견제했습니다. 하나님을 예배하기 위해 모인 성도들이 선포되는 하나님의 말씀보다 인간들의 음악이나 예술적 기능을 더 매혹적으로 여길 우려가 있기 때문입니다.

형제가 출석하는 교회에서 시행했던 설문 조사는 매우 위험한 것입니다. 형제가 보내준 설문지를 보니, "당신은 CCM, CCD를 좋아하느냐?", "그런 것들이 공예배 시간에 사용될 수 있다고 생각하느냐?"는 식의 문항들이었습니다. 하나님을 예배하는 것이 다수결에 의해 결정될 수 있다고 생각하는 자체가 위험합니다.

만일 그 설문조사에서 90% 이상이 긍정적이라 답해 그렇게 하겠다고 한다면 신학이나 원리보다 교인들의 취향에 맞추겠다는 것 아니겠습니까? 하나님을 예배함은 어떤 경우에도 유행에 이끌려서는 안 됩니다. 성경에서 교훈되는 바 하나님께서 원하시는 방법과 절차에 따라 하나님을 예배해야 합니다.

우리 시대에는 교회의 지도자들이 교인들의 취향에 맞추려는 경향성을 가지고 있습니다. 교인들이 원하는 대로 함으로써 교인들을 붙들어 두며 성장을 지속해 가겠다는 지극히 인본주의적인 발상이지요. 그것이 곧 교회가 세속화되어 가는 모습이라 할 수 있습니다.

우리에게는 신앙의 선배들이 성경 말씀을 통해 세워둔 아름다운 전통이 있습니다. 그것은 교회가 시류에 민감하지 않고 말씀의 요구를 따라 순종하는 것입니다. 그렇게 하다보면 미련해 보일 수도 있고 지혜가 부족해 보일 수도 있습니다. 현대의 시류에 익숙한 많은 교인들이 재미없어 하고 그들로부터 호응을 받지 못하므로 가시적인 화려함이 없을 수도 있습니다. 그러나 우리는 신앙의 선배들이 남긴 개혁주의 신학을 그 고백에 따라 잘 행하는 교회로서 위치를 지켜나가야 합니다.

(2002. 1. 29)

84 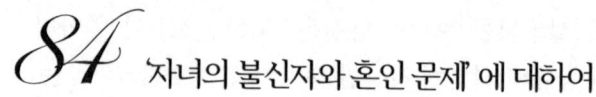'자녀의 불신자와 혼인 문제'에 대하여

성도님

안녕하십니까? 부족한 저에게 상담서신을 보내주신 데 대해 우선 감사드립니다. 성도님의 서신을 읽으며 '아무리 힘센 장사라 할지라도 자식을 이기는 장사 없다'는 우리의 옛 속담이 생각납니다.

성경에는 믿지 않는 자와 멍에를 같이 하지 말라는 교훈이 있습니다. 이는 하나님을 믿는 자와 그렇지 않은 사람들 사이에 근원적인 차이가 있음을 말해주고 있습니다. 하나님을 믿는 성도가 동일한 신앙을 가진 성도를 만나 부부로서 살아간다는 것은 커다란 복입니다.

그러므로 혼기를 앞둔 자녀를 양육하는 부모들은 자녀가 올바른 믿음을 소유한 배우자를 만나도록 많은 관심을 기울이며 기도하게 됩니다. 그러나 그것이 마음대로 잘 되지 않아 마음 아파하는 성도들이 많이 있음을 자주 보게 됩니다. 성도님의 경우도 지금 그와 같은 형편에 놓여 있는 것 같습니다.

성도님께서 이미 잘 알고 계시듯이 성경에도 자녀의 불신자와 혼인 문제로 인해 속이 썩었던 부모들이 더러 있었습니다. 이삭과 리브가의 경우도 그 한 예가 아닐까 싶습니다. "에서가 사십 세에 헷 족속 브에리의 딸 유딧과 헷 족속 엘론의 딸 바스맛을 아내로 취하였더니 그들이 이삭과 리브가의 마음의 근심이 되었더라"(창 26:34-35).

성도님의 자제가 오랫동안 교제해 온 불신자인 처녀와 혼인을 하겠다고 하니 마음이 심란하리라 생각합니다. 그러나 객관성 있는 생각을 하시기를 바랍니다. 저는 지금 성도님을 위로하려거나 불신 혼인이 별 문제 없음을 말하려 하는 것이 아님을 미리 말씀드립니다.

지금 제가 말씀드리고자 하는 것은 혼인에 대한 성경의 전체적인 가르침에 관심을 가지고 생각해 보려는 것입니다. 우리는 일반적으로 불신 혼인 자체를 비신앙적 행위로 규정하려는 경향이 있으므로 더욱 조심스럽게 말씀드리게 되는 것입니다.

우리가 혼인의 모든 비밀을 선명하게 알 수 있는 것은 아니지만 말씀을 통해 그 교훈을 생각해 볼 수 있습니다. 하나님의 선택을 받아 세례를 받고 신앙생활을 하는 성도와 지금은 아니지만 앞으로 복음을 받아들이게 될 택함을 받은 성도를 짝지어 주실 수 있음도 생각해 보아야 합니다. 물론 어떤 경우에는, 하나님의 자녀이지만 하나님의 선택과 관계없는 불신자를 배우자로 허락하시는 특별한 경우도 있습니다.

성경에 나타나는 인물들 가운데 불신 혼인을 한 예는 룻, 솔로몬, 호세아 등 헤아릴 수 없을 만큼 많습니다. 우리는 성경 속의 믿음의 선배들의 불신 혼인에 대해 함부로 말하지 않습니다. 그 모든 경우에는 하나님께서 자기 자녀에게 선한 깨달음을 주시거나 그를 올바른 길로 인도하시기 위한 하나님의 놀라운 섭리가 있었음을 알고 있기 때문입니다.

저는 성경의 그러한 내용들이 우리에게 시사하며 가르치는 부분이 있다고 믿습니다. 즉 불신 혼인 자체가 권장할 만한 일이 아니며 그것을 자기 합리화해서는 안 된다고 생각하지만, 그 가운데 나타나는 하나님의 섭리가 있을 수 있음을 생각해 보아야 합니다. 그것을 위해서는 하나님 앞에서 지극히 겸손한 자세를 가져야 합니다.

이제 성도님의 가정에 대한 저의 생각을 말씀드리겠습니다. 만일 자제분이 그 처녀와 혼인을 하겠다고 강력하게 주장한다면 그럴 만한 이유가 있을 것입니다. 그래서 제가 당부드리고자 하는 바는 그것을 무조건 반대하지는 말라는 것입니다. 만일 무조건 반대하게 되면 자제분은 물론 상대 처녀도 마음에 심한 상처를 입게 될 것입니다. 그러다가 혼인을 하게 되면 한 평생 마음에 서운함을 간직하며 살아야 할 부담을 가지게 될지도 모릅니다.

자제분이 악의나 나쁜 동기를 가지고 혼인을 고집한다면 그것은 잘못된 것이겠지만 그렇지 않다면 그 인격을 존중하는 가운데 생각해 보아야 합니다. 어쩌면 하나님께서 그 처녀를 구원의 반열에 세워두고 있을지 혹은 그녀를 통해 성도님의 가정에 대한 특별한 하나님의 계획이 있을지 알 수 없기 때문입니다.

이러할 때 온 가족이 하나님께 기도해야 할 제목은 방법을 결정하는 것이 아니라 그것을 통한 하나님의 뜻을 바라보는 것입니다. 자제분에게도 그 혼인에 대해 무조건 나무라거나 부담을 줄 것이 아니라 하나님의 뜻을 겸손하게 생각해 보도록 해야 합니다. 물론 자기 합리화나 이왕 그렇게 되었으니 좋게 받아들여야 하지 않느냐는 식의 나약한 수용은 도리어 금물입니다.

우리 한국교회에서는 이것이 매우 민감한 문제이기 때문에 시원한 답변이 쉽지 않습니다. 그러나 우리는 그에 대한 분명한 신학적 이해를 해야 합니다. 이는 비단 당사자나 해당되는 집안 사람들뿐 아니라 우리 모두가 그런 이웃을 둘 수 있기 때문에 더욱 그렇습니다. 부족한 답변이지만 약간의 도움이라도 되었으면 합니다.

(2003. 2. 7)

85 '인터넷 뱅킹을 통한 연보'에 대하여

안녕하세요? 추운 겨울이 지나가고 어느덧 날이 풀리는가 싶더니 벌써 개학할 날이 가까워 오는군요. 어제는 대구 지하철 참사로 인해 하루종일 떠들썩했습니다. 저도 어제 볼일이 있어서 대구에 나갔다가 어수선한 분위기를 보며 안타까움을 금치 못했습니다.

백 수십 명이 생명을 잃고 그보다 더 많은 사람들이 심한 상처를 입었다고 합니다. 그들의 가족을 생각한다면 수천 명의 사람들이 깊은 슬픔에 잠겨 있습니다. 저는 어제 지하철 참사를 보며 우리가 살고 있는 이 세상이 곧 지하철과도 같으며 늘 그와 동일한 참사를 당할 수 있는데도 사람들이 그것을 깨닫지 못하고 있는 것같아 안타까웠습니다.

저는 현대 과학이 인간에게 유익을 끼치는 것이 아니라 도리어 해악을 끼치고 있다고 생각합니다. 인간들이 스스로 만든 과학적 결과물들을 잘 사용하면 이기利器가 될 것이라고 하지만 죄성을 지닌 제한적인 인간들의 손에서는 그것이 언제 위험한 도구로 돌변할지 모르기 때문입니다.

어제 일어난 대구 지하철 참사 역시 동일한 해석이 가능합니다. 나아가 과학이란 인간을 겸손하게 만드는 것이 아니라 도리어 교만하게 만들고 있는 것도 문제입니다.

형제가 질문한 '인터넷 뱅킹을 통한 연보'에 대한 것도 같은 맥락에서 생각해 보아야 합니다. 우리 시대에 생겨난 인터넷은 인간을 꼼짝하지 못하도록 얽매어 가고 있습니다. 지금 거의 모든 것이 컴퓨터에 의해 움직여지고 있으며 그것들은 인터넷과 연관이 있습니다. 이미 가벼운 인터넷 사고들이 몇 번 있었던 것을 기억합니다만 그것이 전 세계를 위협하게 될 날이 오지 않는다는 보장을 할 수 없습니다.

그러므로 하나님을 믿는 성도들은 가급적이면 현대 과학으로부터 거리를 두려고 하는 마음을 먹는 것이 중요합니다. 설령 생활 가운데서 늘 인터넷을 사용한다 할지라도 그에 대한 의존도와 실질적 의미를 축소화할 수 있는 지혜를 가져야 합니다. 즉 어느 날 갑자기 인터넷을 통한 모든 혜택이 없어진다 할지라도 별 무리없이 그것을 수용할 수 있어야만 합니다.

하나님을 예배하는데 현대 과학을 포함한 인위적인 것들이 무분별하게 동원되는 것은 잘못이라 생각됩니다. 하나님을 경배하기 위해서는 하나님의 자녀들의 인격이 소중할 따름입니다. 하나님께서 기뻐하시는 대상은 오로지 자기 백성이기 때문입니다. 따라서 하나님의 말씀과 인격 이외에 인위적인 것들을 동원하는 것은 위험한 일입니다. 설령 어떤 교인들이 좋은 의도를 가진다 할지라도 인간의 의도 자체가 의로운 것은 아니기 때문입니다.

인터넷 뱅킹을 통한 연보도 현대 과학의 결과라 할 수 있습니다. 연보는 단순히 교회에 돈을 내는 것이 아니라 예배에 참여하는 소중한 절차에 해당합니다. 그것은 하나님을 향한 예배 가운데 이루어지는 고백적 표현입니다. 그러므로 다른 지역에 있는 교회의 예배에 참여하게 되면 그 예배 중에 연보를 하면 됩니다.

현대 일부 교회들 가운데서 출타중인 성도들의 돈을 거두기 위한 방편으로 인터넷 뱅킹을 요구한다면 그것은 문제입니다. 외국이나 타지에 나가 있는 성도들은 그 지역에 있는 성도들과 교제를 나누며 함께 신앙생활을 하게 되는 것입니다. 비록 단기간 출장중인 성도라 할지라도 인터넷 뱅킹을 통해 본 교회에 연보를 한다는 것은 우스운 일이 아닐 수 없습니다.

　형제가 말한 서울 S교회 같은데서 인터넷 헌금을 장려하고 있다면 그것은 잘못된 것입니다. 특히 "교회에 오셔서 헌금하실 수 없으신 외국에 계신 성도나 출장중인 성도나 여러 가지 사정이 있으신 성도들께서는 온라인 헌금을 통해서 헌금하실 수 있습니다"는 문구를 공식적으로 사용하고 있는 것은 매우 잘못된 사례입니다. 그것은 결국 교회가 돈에 대한 욕심을 보이는 것으로 보일 수 있기 때문입니다.
　성숙한 교회라면 멀리 있는 본 교회 성도가 연보를 보내온다면 그렇게 하지 않도록 가르쳐야 합니다. 재정적으로 매우 어려운 시골 교회나 약한 교회들에 연보를 보내는 것은 예외라 할 수 있겠지만 그럴 경우에도 현재 출석하고 있는 교회와 논의가 있어야 합니다.

　큰 교회들에서 그런 식으로 성도들에게 연보를 요구하는 것은 다른 많은 교회들에게 잘못된 본을 보일 수 있기 때문에 여간 신중하지 않으면 안 됩니다. 한국의 영향력 있는 여러 대형 교회들의 무분별한 그러한 행태들이 전체 한국교회에 끼친 부정적인 영향들이 많이 있습니다.

　우리는 현대교회에 침투해 들어오는 과학적 요소들과 편의주의적이며 이기적인 발상들을 경계해야 합니다. 세상 사람들이 다 그렇다할지라도 성도들은 그렇게 하지 말아야 합니다. 나아가 일반 성도들은 그런 유혹을 받는다 할지라도 교회는 결코 그래서는 안 됩니다. 우리 시대의 교회가 올바르게 잘 세워지도록 애쓰는 우리 성도들이 되기를 바랍니다.

(2003. 2. 19)

86 하나님은 세속 국가 정치에 관여하실까요?

이 선생님

안녕하세요? 지금은 봄방학이어서 여유가 있으리라 생각합니다. 곧 3월이 되면 새학기가 시작되니 자주 보게 되겠지요. 지난 겨울방학 때 질문하신 내용을 새 학기가 시작되기 전에 답신을 주어야겠다는 생각에 이렇게 편지를 쓰게 되었습니다. 그리고 글을 쓰다보니 마침 오늘이 노무현 대통령 취임식이네요.

이 선생님이 질문하신 '하나님께서는 세상의 제도나 구조에 어느 정도 구체적으로 간섭하실까 하는 문제와, 성도들은 세상의 제도나 구조적인 문제에 있어서 어느 정도까지 참여해야 할까' 하는 문제는 중요하면서도 민감한 문제입니다. 이는 국가에 대한 정치 참여와 세상적 불의에 대한 대응 자세에 대한 문제까지 포함되어 있기 때문이기도 합니다.

설명을 복잡하게 끌어가지 않기 위해 간략하게 말씀드리도록 하겠습니다. 하나님은 일반적으로 세속 국가에 대한 정치적 관여를 하지 않습니다. 이는 특별한 경우에는 간섭하실 수도 있음을 말하는 것이기도 합니다. 하나님께서 세속 국가에 간섭하신 예들은 구약성경에서 그 예들을 많이 볼 수 있습니다.

어떤 나라가 이스라엘과 국가 정치적으로 연관되어 있을 때 하나님께서는 선별적으로 그들의 정치에 관여하셨습니다. 예를 들어 모세 당시의 애굽, 사사시대의 주변 국가들, 이스라엘 왕국시대 주변의 앗시리아, 바빌로니아 등의 정치에 개입하신 하나님을 볼 수 있습니다. 그러나 하나님께서 항상 그들 세속 국가의 정치에 관여하신 것이 아니라 자기 백성에 대한 특별한 목적이 있을 때 그렇게 하신 것을 알 수 있습니다.

그러나 일반적인 경우에는 하나님께서 세속 국가의 정치에 직접 관여하지 않습니다. 예수님 당시 로마제국은 매우 악한 국가였지만 하나님께서는 그 정치에 관여하지 않으셨습니다. 예수님께서 이 세상에 오셨을 때 당시의 정치는 불의가 가득하였습니다. 그러나 예수님께서는 로마의 황제나 군부에 대해 별다른 관여를 하지 않으셨습니다. 그러나 이스라엘 백성 가운데 지도계층에 있는 자들의 불의에 대해서는 매우 심하게 질책하신 것을 알 수 있습니다.

예수님의 제자들도 그와 동일했습니다. 예수님을 십자가에 못박은 로마제국의 불의에 대해 직접적인 저항을 하지 않았습니다. 사도 바울 역시 불의에 의해 수없이 감옥에 드나들었지만 교회는 그에 대해 행동적 대응을 하지 않았습니다. 그러나 교회 내부의 불의에 대해서는 매우 엄하게 대응했던 것을 볼 수 있습니다.

우리가 세속 국가에 대해 생각할 때도 그에 대한 의미를 염두에 두어야 합니다. 이제 이 선생님이 질문하신 구체적인 내용에 대해 말씀드릴까 합니다. 하나님께서는 대한민국 정부와 정치에 어느 정도 관여하실까 하는 문제입니다. 좀더 구체적으로 말씀드린다면 대한민국의 대통령을 세우는데 과연 하나님의 주권적 간섭이 있었느냐 하는 문제입니다.

많은 사람들이 대한민국의 대통령을 세우는 일에는 하나님의 어떤 간섭이 있었을 것이라 생각하고 있습니다. 그러나 하나님께서는 그런 정치에 관여하시지 않습니다. 대한민국 대통령은 하나님께서 세우시는 것이 아니라 대한민국 국민들이 투표를 통해 선출합니다. 시민들의 수준에 따라 선출하게 되는 것입니다.

이 세상에는 많은 국가들이 있습니다. 외견상 기독교 국가의 형태를 보이는 국가가 있는가 하면 우리나라처럼 기독교 국가와는 아무런 관계가 없지만 기독교인들이 많이 살고 있는 나라도 있습니다. 그런가 하면 무신론자들이 통치하는 공산주의 국가들도 있으며 이슬람이나 힌두교인들이 국가를 통치하는 나라들도 있습니다.

하나님께서 어떤 국가의 통치에 대해서는 간섭하시지만 다른 어떤 국가에 대해서는 그렇지 않다고 말할 수 없습니다. 즉 기독교 국가 형태를 띤 유럽의 국가나 기독교인들이 많이 있는 국가들의 통치에는 하나님이 간섭하시지만 이슬람 신도들의 아랍 국가들이나 북한과 같은 공산주의 국가의 통치에 대해서는 하나님이 간섭하지 않는다고 하는 것은 말하기 어려울 것입니다.

성도들의 정치적 참여의 범위도 성경과 예수님의 가르침과 본을 기준으로 해야 합니다. 어느 정도 적극성을 띠어야 할 것인가, 아니면 무관심해도 좋을까 하는 문제는 자기의 개별적 판단에 의존해서는 안 될 것입니다. 물론 이는 그리 간단한 문제는 아닙니다. 그렇지만 성경의 원리를 기억하는 가운데 이해하고 참여하려는 자세를 가져야 합니다.

마지막으로 말씀드리고 싶은 것은 우리의 시민권은 하늘에 있으며 이 땅에서는 나그네라는 점입니다(빌 3:20 참조). 나그네가 주인처럼 행세해서는 안 됩니다. 이 세상은 인간이 타락한 이후부터 공중권세 잡은 자의 권한에 들어가 있습니다(엡 2:2 참조).

주님의 피로 사신 바 되어 택함을 받은 성도들은 이 세상에서 지혜롭게 살아가는 자세를 가져야 합니다. 그것은 이 세상이 아니라 영원한 천국에 소망을 두고 있는 성도의 마땅한 본분이기도 합니다. 세상을 통해 인간의 모습을 보며 하나님의 은혜를 깨달아 누리는 우리가 되기를 바랍니다.

이제 그만 쓰겠습니다. 이해가 덜 되는 부분은 수업 시간을 통해 좀더 깊이 있는 대화를 나누기 바랍니다.

(2003. 2. 25)

87 '성경 번역과 사본'에 대하여

학영 형제에게

긴 겨울방학을 잘 보냈으리라 생각합니다. 이제 얼마 있지 않아 개강일이 다가오는군요. 이번 봄학기에는 금요일에 수업이 있을 예정입니다. 학교에서 우연히라도 마주쳐 인사를 나누게 되기를 기대해 봅니다. 그런데 미안하게도 내가 학생의 이름은 기억하지만 얼굴을 잘 기억하지 못합니다. 만나게 되면 이름을 밝혀 주면 고맙겠습니다.

지난번 질문한 '성경 번역과 사본학'에 대한 문제는 매우 전문적인 영역이라 생각됩니다. 마침 나의 친구 중에 성경 번역에 많은 경험을 가지고 있으며 현재 A국에서 성경 번역을 하고 있는 성경번역전문가가 있어서 그에게 연락해 유익한 설명을 들었습니다. 그 내용을 정리하여 말씀드리니 도움이 되기를 바랍니다.

먼저 성경을 번역함에 있어서는 어떤 원본the source text을 택하여 번역하느냐의 문제가 우선 대두되는 문제라 할 수 있습니다. 구약의 경우 대다수 개신교회의 성경은 번역 원본이 히브리어 마소라 사본(the Masoretic Text of the Hebrew Bible)이며, 구체적으로는 독일 성서공회가 출판한 BHS(Biblia Hebraica Stuttgartensia)를 사용하고 있습니다.
한편 러시아 정교회의 경우 구약번역을 위해서 히브리어 구약성경과 아울러 칠십인역the Septuagint을 매우 중요한 대본으로 참고하고 있습니다 물론, 히브리어를 모르는 번역자 팀이 번역하는 소수민족어 성경에 있어서는 영어성경을 대본으로 삼는 경우가 많습니다. 구약의 경우 사본의 수가 많지 않고 사본을 유대인들이 주도적으로 전수해 왔기 때문에 어느 성경이나 같다고 할 수 있습니다.

신약의 경우 사본의 수가 5,000여 개가 넘고 다양한 성향을 보이기 때문에 내용이 상당히 복잡합니다. 그리고 영어 성경의 경우에도 킹제임스 역과 다른 번역 성경들이 둘로 양분 될 수 있는 성격이 아닙니다.

킹제임스 성경은 전통적으로 헬라어를 사용하던 교회들이 초대교회로부터 사용해 오던 사본을 기초로 하고 있습니다. 원본이 아니라 근 이천년에 걸쳐 수없이 많이 복사를 해왔고 여러 지역에서 필경사들이 복사해 왔기 때문에 조금씩 차이가 나는 경우가 많습니다. 그러나 중요한 부분들에 있어서는 거의 공통성이 있습니다.

그 사본들이 1500년대에 활자로 출판되어 유럽의 여러 지역에 널리 퍼졌고 킹제임스 성경의 대본이 되었습니다. 이를 흔히들 The Received Text(Textus Receptus)라 부르기도 합니다. 20년쯤 전에 미국의 몇몇 학자가 더 많은 사본을 참고로 해서 The Majority Text 신약헬라어성경을 편집한 바가 있습니다.

반면 오늘날 주로 사용하는 번역성경은 고대에 제작된 몇몇 사본을 사본학자들이 비교적 과학적으로 연구해서 편집한 사본을 대본으로 삼고 있습니다. 백여 년 전 홀트, 웨스트코트가 편집한 성경과 관련되어 있지만 바로 그 책은 아닌, 네슬레와 알란트가 편집을 시작하여 현재 26번째 편집된 헬라어 신약성경(Nestle and Aland, eds. , Novum Testamentum, 26th edition)을 대본으로 삼고 있습니다.

그 책은 독일 성서공회에서 출판한 것입니다. 이는 성서공회 연합회가 출판한 헬라어 신약성경 제4판과 내용이 같습니다(The United Bible Societies(ed.), The Greek New Testament. 4th edition/GNT). 알렉산드리아 계열의 사본들이 사용된 것이 사실이지만, 오리겐 같은 초대 교부가 고의적으로 사본을 조작했는지는 잘 알 수 없습니다. 그리고 한두 사람이 조작하면 전 세계에 흩어진 교회가 다 따라가는 것인지도 모를 일입니다.

　Received Text와 GNT에는 사소한 수많은 차이가 있습니다. 그러나 전체적으로 보아 예수님과 복음의 진리가 완전히 드러납니다. 일부 사람들이 말하는 '마귀에 의해 변개된 성경'이란 주장은 지나치다고 할 수밖에 없습니다. 이 두 사본을 마태복음 1장부터 대조해 보면 두 사본은 매우 가깝고 그 차이가 제3의 언어로 번역될 때에는 더욱 흐려지기 때문에 Received Text이건 GNT건 하나를 선택해서 번역하더라도 무난하다고 할 수 있습니다. 그러므로 킹제임스 성경이건 NIV, NLT 이건 너무 문제삼을 것은 아니라고 봅니다. 다만 같은 원본을 보고 그 뜻을 번역자가 해석해서 번역문으로 옮겼기 때문에 번역 과정에서 뜻이 바뀔 가능성은 있습니다.

　수천 개의 사본을 대조하는 작업은 매우 전문적이고 어려운 일입니다. 문제는 미국의 일부 보수적인 신자들 중에 영어 킹제임스 성경을 최고의 원본으로 주장하고 다른 성경은 '사탄의 성경'이라고 말하는 자들이 있다는 것입니다. 심지어 일부는 히브리어, 헬라어 원본보다 영어 킹제임스 성경을 더 중요하게 보고 주장하고 있습니다. 물론 원어를 모르고 영어만 알 경우 주관적으로 그렇게 말 할 수 있을지는 모릅니다. 그들의 주장에는 편견이 있음이 분명합니다.

　그리고 성경 번역원리와 번역의 문제 또한 매우 중요합니다. 성경 번역은 오래 전부터 직역과 의역에 대한 문제가 있어 왔습니다. 최초의 번역본인 헬라어 칠십인역의 경우에도 책에 따라 직역되기도 하고 의역되기도 했습니다. 아람어 번역본인 탈굼은 매우 의역입니다. 킹제임스 성경은 문자적으로 매우 직역된 번역본입니다. 그러나 근래의 번역본들은 의역되는 경우가 많습니다. 의역이라 할 경우 번역자의 본문에 대한 이해에 따라 뜻이 여러 모습으로 나타납니다. 그러므로 근래의 여러 역본들을 대조해 보면 의미가 차이나는 부분이 많습니다.

NIV 성경은 비교적 무난합니다. 그러나 NIV 성경 안에도 번역에 문제가 있는 부분이 수 백군데 - 어떤 이는 2,000군데라고 함 - 있다고 합니다. NLT성경은 더 의역한 성경입니다. 그래서 번역자의 주관적 의미이해에 따라 해석된 경우가 NIV보다 더 많습니다.

설교나 강해를 위한 준비를 할 때는 NIV만 놓고 연구하는 것은 별로 바람직하지 않습니다. 킹제임스 성경이 상당히 정확하지만 킹제임스역만 보고 본문 해석을 할 수도 없다고 봅니다. 여러 번역본과 주석을 두루 참고하는 것이 필요하며, 무엇보다 원문을 바로 해석하는 것이 필요합니다.

한국에도 말씀보존학회라는 단체가 있어서 킹제임스 성경에서 바로 번역한 성경을 보급하고 있습니다. 원문(히브리어, 아람어, 헬라어)에서 바로 번역한 것이 아니라 번역본(킹제임스)을 번역했기 때문에 원문에서 상당히 멀어져 있습니다. 뜻이 흐릿해졌기 때문에 사실상 한글개역성경보다 수준이 더 떨어지는 성경이라 할 수 있습니다. 어떤 경우는 영어의 미묘한 문법적 해석을 잘못해서 영어를 오역한 경우마저 있다고 합니다.

이쯤에서 글을 마무리할까 합니다. 앞으로 학생이 히브리어와 헬라어 등 성경 원문을 깊이 이해할 수 있게 되기를 원합니다. 기본적인 지식이 부족하면 객관성 있는 의미보다 자기의 경험을 따라갈 위험이 많은데, 성경이해에 있어서도 그러합니다.

학생의 질문에 대해 전문적인 지식을 가진 나의 친구가 있어서 참 다행이란 생각이 듭니다. 혹 원한다면 나중 기회가 있을 때 그 분을 소개해 주도록 하겠습니다. 열심히 공부하기를 바랍니다.

(2003. 2. 27)

88 CCC에 대해

동현 형제

반갑습니다. 저는 지금 매우 바쁜 중에 생활하고 있습니다. 교회를 돌보는 일 이외에 몇몇 대학들에서의 강의도 저를 바쁘게 만들고 있습니다. 뿐만 아니라 지난해 여름 한국기독신문에 실린 술과 관련된 저의 글이 문제가 되어 지난 1월 15일 동대구노회에서 전권위원회가 구성되어 더욱 분주하게 된 것 같습니다.

혹 기회가 되면 그 자료를 구해서 읽어보기를 바랍니다만 지극히 상식적인 글일 따름인데 그것을 문제삼고 있습니다. 짐작하기로는 일부 노회원들이 다른 신학적 문제를 제기하자니 너무 민감한 문제가 될 수 있으니 다른 것을 적당히 골라서 억지로 문제삼는 것이 아닌가 생각해 봅니다. 물론 그 결과에 대해서는 봄 노회가 지나봐야 알 것 같습니다.

하여튼 그런 여러 가지 정황들로 인해 저에게 질문한 여러분들의 쌓인 질문들에 대해 제대로 답변을 하지 못하고 있는 실정입니다. 제가 이렇게 장황하게 쓰는 이유는 이 글을 읽는 분들 중에 저의 답변을 기다리는 분들이 있으면 이런 형편을 이해해 주었으면 하는 바램 때문입니다.

CCC에 대한 질문을 했더군요. 이에 대해서는 답변하기가 상당히 신경이 쓰입니다. 왜냐하면 이미 우리 주위의 많은 사람들이 대학을 다니면서 CCC에서 활동을 했고 지금도 그런 형제 자매들이 많이 있기 때문입니다. 제가 CCC에 대해 부정적인 말이라도 하게 되면 그들은 필요 이상으로 민감해질 가능성이 있습니다.

그러나 성숙한 성도들은 다른 사람들이 말하는 내용들을 잘 들어볼 수 있는 귀를 가져야 합니다. 사실 어느 조직을 성경의 가르침을 좇아 평가하는 것은 충분히 가능한 일이며, 해당 단체는 그런 평가의 정당성을 겸허하게 생각해 볼 때 진정한 교정과 성장이 있습니다.

형제가 이미 말한 것처럼 CCC에 대한 평가는 매우 다양합니다. 미국의 근본주의 신학자들은 CCC를 불건전한 단체로 이해하고 있으며 어떤 사람들은 이단으로 규정하고 있기도 합니다. 성경의 가르침이나 원리에 충실하지 못한 단체라는 의미일 것입니다.

이제 CCC에 대한 저의 견해를 말씀드리겠습니다. 저는 CCC를 신학이 충실한 선교 단체로 여기지 않습니다. CCC의 조직이나 신학을 건전한 것으로 인정하기 어렵기 때문입니다. 최근에도 CCC의 지도자 세습 문제로 인해 한국교회가 떠들썩한 것을 알고 있습니다.

어느 선교 단체든 특정인이 권리를 가진 주인처럼 인식되고 있는 것은 큰 문제입니다. 물론 이런 말을 하면 결코 그렇지 않다고 주장합니다. 그러나 실질적인 권한을 가진 특정인이 있다는 것은 복음을 알고 있는 자들에게 어울리지 않는 이야기입니다.

저는 그 전부터 CCC의 고위지도자들이 신학적 검증없이 타종교와 교제하는 불건전한 에큐메니컬 운동에 참여하고 있는 것을 보아왔습니다. 그들이 기독교 이외의 종교지도자들과 신앙을 상호 인정하는 듯한 모습을 보이는 것을 보아왔던 것입니다. 이는 비단 CCC뿐만 아니라 다수의 한국교회 지도자들이 취하고 있는 자세이기도 합니다. 그러나 그것은 잘못된 것입니다. 만일 CCC가 올바른 신학을 가지고 있고 특정인 중심의 조직체가 아니라면 CCC내부에서 그에 대한 분명한 문제 제기가 있어야만 합니다.

오래 전부터 생각해 온 저의 견해를 하나 더 말씀드리겠습니다. 그것은 CCC에서 만든 4영리(four spiritual law)에 대한 것입니다.

4영리의 맨 앞에 나오는 말이, '하나님은 당신을 사랑하십니다' 라는 말입니다. 그러나 그것은 매우 잘못된 틀린 말입니다. 우리는 아무나 보고 그런 말을 할 수 없습니다. 하나님이 사랑하지도 않는 사람을 보고 '하나님은 당신을 사랑하십니다' 라고 말한다면 그것은 거짓이며 하나님을 욕되게 하는 것이기 때문입니다. 하나님은 모든 사람을 사랑하는 것이 아닙니다. 하나님은 택하신 자기 백성을 사랑하실 따름입니다. 예수님께서 이 세상에 오신 것은 자기 백성을 죄 가운데서 구원하시기 위함임을 성경이 말하고 있습니다(마 1:21). 이렇게 말하면 신앙이 어린 사람들은 다른 성경 본문을 이야기하며 여기는 이렇게 기록되어 있지 않느냐고 주장할지도 모릅니다. 그러므로 성경 말씀을 원리에 따라 전체적으로 이해하는 것은 매우 중요한 일입니다.

　저는 CCC의 사상이 인본주의에 빠져있다고 생각하고 있습니다. 위의 내용들을 종합해 볼 때 그렇다는 것입니다. 이 글을 읽는 분들 가운데 CCC와 관련된 분들이 있을지 모른다는 생각을 하며 몇 마디 덧붙입니다. 제가 이야기하고 있는 대상은 CCC라는 조직입니다. 우리가 믿고 있는 예수 그리스도를 비난하는 것이 아니며 하나님의 말씀을 폄하하고 있는 것이 아니라는 점을 이해해 주시기를 바랍니다. 달리 말씀드리자면 이 글을 읽고 마음 상해하는 분들이 제가 속한 교단이나 교단내 여러 조직에 대해서 논리적인 비판을 하신다면 저도 여유롭게 생각해 보고 받아들일 만하면 겸허하게 받아들이도록 하겠습니다.

　동현 형제, 이 정도로 답변하면 도움이 될지 모르겠습니다. 우리에게 중요한 것은 어떤 조직이 아니라 주님께서 피로 값주고 사신 교회이며 그의 말씀에 순종합니다. 설령 건전한 선교 단체라 할지라도 교회보다 강한 힘과 영향력을 가지는 것은 결코 바람직하지 않습니다.

(2003. 3. 25)

89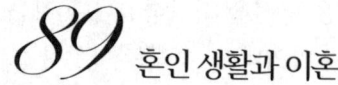

재희 자매님

이렇게 서신으로나마 인사를 나누게 되니 감사합니다. 자매님의 서신을 읽고 안타까운 마음을 금할 수 없습니다. 자매님께서 말씀하신 대로 가정에서의 극단적 고통을 겪어본 경험이 없는 저로서는 어떤 위로의 말씀을 드려야할지 모르겠습니다.

자매님처럼 날마다 남편으로부터 폭언과 폭행을 당한다면 저라고 한들 왜 이혼에 대한 생각을 하지 않겠습니까? 더구나 남편의 횡포로 인해 아무것도 모르는 어린 자녀가 큰 상처를 입으며 소중한 가정이 망가져 가는 것을 보면서 그 쓰라림이 얼마나 크겠습니까? 그로 인해 온갖 복잡한 상상을 다하게 되리라는 것도 생각해 봅니다.

그럼에도 불구하고 자매님에게 부탁드리고 싶은 말씀은 이혼을 하면 안 된다는 점입니다. 우선 폭행을 일삼는 남편이 힘을 지닌 폭군이라 생각지 말고 안타까운 환자라고 생각해 보시기를 원합니다. 저는 자매님의 글을 읽으면서 자매님에 대한 안타까움도 컸지만 폭력을 휘두르는 남편이 측은하다는 생각을 더욱 많이 하였습니다.

여러 가지 정황을 보아 자매님은 하나님을 경외하고 복음을 알고 있는 분으로 이해됩니다. 그러나 자매님을 괴롭히고 있는 남편은 하나님을 알지 못하거나 스스로 자기의 소중한 삶을 심각하게 훼손시키고 있는 불쌍한 사람이지요. 그래서 오히려 그런 사람에 대해서는 누군가의 희생적인 도움이 필요합니다.

자매님을 괴롭히는 그 사람이 남편이 아니라 부모나 형제라 생각해 보십시오. 그 역시 상상조차 안 되는 힘든 일일 것입니다. 만일 부모나 형제가 어떤 폭력적인 악한 행동을 일삼는다 하더라도 그 관계 자체를 끊을 수는 없습니다. 부부의 관계도 하나님께서 가족으로 짝지어 주셨으니 인간이 깨트려서는 안 됩니다.

  지난날 사랑을 꿈꾸며 서로 의지하고 믿었던 남편으로부터 지속적인 고난을 당할 때 그 심적인 고통은 엄청날 것입니다. 이루 말할 수 없는 배신감이 들기도 할 것이고, 한번뿐인 인생을 사정없이 망가뜨린 그로부터 아무런 보상도 받을 수 없다는 마음에 한없이 원통한 마음이 들기도 할 것입니다.

  자매님, 이런 어려운 상황을 주님을 의지하며 잘 이겨내시기를 바랍니다. 별 도움이 되지 않을지도 모른다는 생각을 하면서도 상황에 대처할 수 있는 몇 가지 방법을 말씀드려 봅니다. 정말 더이상 견디기 어려운 상태가 되면 이혼이 아니라 별거를 생각해 보십시오. 잠시 떨어져 살아보는 것입니다.

  물론 제가 알지 못하는 많은 어려움이 따를 수 있습니다. 예를 들어 그로 인해 남편이 더욱 난폭해질 수 있다는 점을 우선 생각해 볼 수 있습니다. 그리고 생활비 문제입니다. 그래도 남편과 함께 살아야만 그나마 경제적인 문제가 해결될 수 있는데 별거를 하게 되면 또 다른 어려운 상황에 처하게 될지도 모릅니다.

  어쩌면 속사정을 알지 못하는 다른 사람들의 눈에는 자매님의 남편이 매우 정상적인 사람으로 보일 수도 있습니다. 아무도 알지 못하는 부부 사이에서만 폭력을 행사할 수 있기 때문입니다. 만일 그렇다면 용기를 내어 별거를 제안하십시오. 주변의 많은 사람들이 남편을 문제있는 사람으로 인식하고 있다면 더욱 용기를 내어 일시적 별거를 요구하십시오.

대개 아내를 폭행하는 사람들은 의외로 아내에게 의존적인 사람들이 많아 아내의 별거 요구에 예상치 못한 저자세로 응할 수도 있습니다. 남편과 별거가 합의되어도 생활문제나 거처 문제가 염려가 되면 문제해결을 위해 저와 직접 만나 대화해 보기를 바랍니다.

　자매님께서 말씀하신 것처럼 자녀의 올바른 성장에 대해 많은 신경이 쓰일 것입니다. 자녀의 올바른 성장은 매우 중요합니다. 자매님께 꼭 말씀드리고 싶은 것은 여섯 살짜리 자녀교육 문제는 전적으로 정상적인 신앙을 가진 어머니의 몫이라는 점입니다.
　만일 어린 자녀가 무서운 아빠가 엄마를 폭행하는 광경을 보았다면 커다란 상처를 입었을 것입니다. 폭행 장면이 아니라 할지라도 부부간 심하게 다투는 광경을 여러 차례 보았다면 여린 마음에 다른 사람들을 불신하는 어떠한 성격 장애를 가지게 될지도 모릅니다.

　부부간 폭행이 있을 경우 아이들은 무조건 약자의 편입니다. 즉 어머니 편이지요. 그럴 때 폭행을 당하는 어머니는 남편으로부터 고통을 당하니까 자신도 모르는 사이 자녀를 자기편으로 여기고 의지하게 될 우려가 있습니다. 그것은 상당히 위험한 처신입니다. 그럴 경우 어머니는 도리어 아빠(남편)의 편을 들며 아빠는 원래 좋은 분인데 일시적인 어려움으로 인해 그렇다고 잘 이해시켜 주어야 할 필요성이 있습니다.
　다시 말해 아빠에게 증오감이 아니라 측은한 마음을 가지게 해 주어야 합니다. 그리고 아이의 손을 잡고 아빠와 가정을 위해 기도할 수 있어야 합니다. 그것이 아이를 보호하는 길이기 때문입니다. 아내와 자녀가 자신을 불신과 두려움의 눈으로 보고 있다는 사실을 느끼게 되는 남편은 막다른 골목에 다다른 듯 더욱 난폭해질 수도 있습니다.

　제가 바라기로는 자매님께서 남편에게 이전보다 더 잘해 주시기를 부탁 드려봅니다. 물론 할 수 있는 모든 노력을 다해 보았을 것이라 짐작합니다만 다시 시작해 보시기를 권합니다. 남편을 고통에서 헤어나지 못하는 안타까운 환자로 생각하여, 그로부터 어떤 대가도 바라지 말고 단지 그가 지닌 잘못된 질병이 속히 치유되기를 바라는 마음으로 말입니다.

자녀에게도 엄마와 함께 아빠를 도와주어야 한다는 점을 잘 일깨워 주시기를 바랍니다. 그래도 참기 어려우면 앞에서 말씀드린 것처럼 별거를 요구하시기를 바랍니다. 그것 역시 남편에 대한 애처로움과 치유를 기대하는 마음이어야 합니다. 그런 자세를 가질 때 인내와 고통을 동반하는 가운데서도 가정의 회복을 기대할 수 있을 것입니다.

제가 고통 중에 있는 자매님에게 너무 어렵고 힘든 부탁을 드리고 있는지도 모르겠습니다. 그러나 소중한 가정을 위해서 그렇게 해야 합니다. 그것은 자매님 자신과 사랑하는 자녀와 남편, 그리고 함께 힘든 상황에 처해 있을 주변의 모든 식구들을 위해서입니다. 그리고 그것이 하나님께서 원하시는 길임을 잘 깨달으셨으면 합니다.

자매님, 어려움 가운데서도 힘을 내시기 바랍니다. 건강하고 올바른 믿음을 가진 자매님이 잘못된 시대에 살면서 자신의 삶뿐만 아니라 소중한 가정마저 잃어야 할 위기에 놓여있는 남편을 측은한 마음으로 보아주시기 바랍니다. 제가 살고 있는 대구에서 그렇게 먼 곳에 있지 않다면 또다시 어려움이 닥칠 때 연락을 주십시오. 혹시 저 같은 사람이나마 자매님의 가정을 위해 어떤 도움이 될 수 있을까 하는 마음 때문입니다.

현재의 고통이 빨리 지나가고 주님 안에서의 온전한 삶이 속히 회복되기를 바라는 마음 간절합니다. 주님의 선한 인도하심과 평강의 손길이 자매님의 마음에 함께 하시기를 기원합니다.

(2003. 3. 27)

90 전권위원회의 결과가 궁금하시지요?

재익 형제

안녕하세요? 반갑습니다. 언론을 통해 저와 관련된 전권위원회 소식을 알게 되었다고 했지요? 공개되어서 별 유익이 없으리라 생각되어 알려지기를 원치 않았지만 형제처럼 다른 경로를 통해 알게 된 여러 성도들이 전권위원회의 결과를 궁금해할 것같아 공개적으로 관심을 보이신 형제에게 대표로 편지를 씁니다.

형제에게 쓰는 이 편지를 읽는 여러분들이 이를 통해 전반적인 상황을 알게 될 것이라 생각됩니다. 그동안 여러분들이 기도와 함께 격려의 소식을 보내주심에 대해 깊이 감사드리며 이왕에 쓰는 글이니 간단하게나마 부연 설명을 드릴까 합니다.

지난해부터 저의 글이 '한국기독신문'에 연재되어 오고 있습니다. 제가 미리 써 둔 글들 중에 독자들을 위해 필요하다고 판단되는 글들을 편집부에서 연재 형식으로 게재해 오고 있습니다. 신문사의 청탁에 의해 제가 글을 쓰는 것이 아니라 이미 써 둔 저의 글들 중에 신문사에서 선택해 싣고 있는 것이지요.

지난해 8월 24일자 신문에는 제가 쓴 '목사님, 술을 마시면 죄가 됩니까?' 라는 글이 신앙 상담란에 실렸습니다. 그 글은 서울 근교에 사시는 어느 집사님의 질문에 대한 저의 답신입니다. 형제가 원하면 그 글을 쉽게 구해 읽어볼 수 있으리라 생각합니다.

지난해 가을부터 노회의 일부 정치적인 사람들이 저의 그 글을 문제

삼기 시작했습니다. 그래서 어떤 고마운 성도는 고신과 총신, 합신 등 건전한 신학교에서 가르치는 여러 신학자들에게 글을 보내 문제성 여부를 밝혀줄 것을 의뢰했습니다. 물론 신학자들의 회신을 통해 확인한 것은 별다른 문제가 있지 않다는 사실이었습니다.

그러자 노회에서는 술에 대한 글에서 점차적으로 주일성수 문제, 십일조 문제 등으로 폭을 넓혀 갔습니다. 지난번 노회가 몇몇 목사들을 주일성수와 십일조 문제를 빌미삼아 제명할 때 제가 그들을 강하게 변호했던 것이 그들의 마음에 심하게 걸렸던 모양입니다. 저는 지금도 그 목사들을 제명한 노회의 결정은 잘못이라고 확신합니다.

사실 저는 주일을 지키는 것과 십일조를 하는 것이 우리 시대 교회가 소유해야 할 언약 사상과 조화된다는 입장을 견지하고 있습니다. 그러나 신학을 앞세워 교권을 행사하기를 원하는 교단의 일부 사람들은 상상과 짐작으로 저의 신학 사상을 문제삼았던 것입니다.

그로 인해 지난해 가을 정기노회에서는 저의 신학 사상이 논란의 주제가 되었으며, 금년 초 임시노회(1월 15일)에서는 결국 저에 대한 문제를 처리하기 위한 전권위원회를 구성하였습니다. 전권위원회(3월 12일)에 소환된 저는 저의 신학적 입장을 그대로 밝혔습니다.

그것은 우리가 지향하는 바 개혁신앙과 일치하는 신학입니다. 그들과 대화가 되지 않는 부분들이 없었던 것은 아니나 별 문제 될 것이 없었습니다. 그럼에도 불구하고 저를 위해 수고하며 애쓰신 몇몇 목사님들은 정기노회를 앞두면서까지 그 결과를 염려했던 것이 사실입니다.

그렇지만 엊그제 있었던 정기노회에서는 아무 일이 없었습니다. 물론 완전히 무죄(?)라는 용어를 사용하지는 않았지만 저는 아무런 징계를 당하지 않았습니다. 노회에서는 앞으로 두고 볼 것이라고 하는데 저는 전혀 개의치 않으려 합니다. 하나님 이외에 달리 두려워할 대상이 없음을 잘 알기 때문입니다. 도리어 이번 기회를 통해 복음을 올바르게 이해하려는 많은 목사님들이 있다는 사실을 알게 된 것은 도리어 수확이라 생각됩니다.

앞으로 진리와 복음을 위해 더 분명한 소리를 내어야겠다는 다짐을 해봅니다. 재익 형제에게 보내는 이 서신을 통해 저와 관련된 전권위원회의 결과를 궁금해하는 여러분들에게 적절한 알림이 되었으면 합니다. 주님의 은혜가 우리와 늘 함께 하시기를 원합니다.

(2003. 4. 10)

신앙생활 업그레이드 시리즈
전체 271문항 제목별 색인

CNB 507 "손에 잡히는 신앙생활"(I – 1~80 문항)
CNB 508 "아름다운 신앙생활"(II – 1~90 문항)
CNB 509 "열매맺는 신앙생활"(III – 1~101 문항)

제목별 색인(I, II, III권 전체 271문항)

*⟨ ⟩는 권수와 목차 번호

- 2002 동계올림픽을 보고(세상사에 대한 분노에 대하여)⟨II - 45⟩
- CCC에 대해⟨II - 88⟩
- CCM, CCD에 대하여⟨II - 83⟩
- JMJ씨 명예박사학위 수여에 대하여⟨II - 63⟩
- JYK 목사에 대하여⟨III - 43⟩
- K신학대학원과 공군사관학교⟨III - 78⟩
- KD교보의 기능 회복을 기대하며⟨II - 54⟩
- KS교단 시국선언, 어찌 봐야 할까요?⟨III - 66⟩
- KS교단의 현실과 내일⟨II - 65⟩
- KS대학의 침묵을 우려하며⟨II - 55⟩
- MEBIG에 대하여⟨II - 15⟩
- Music과 Song⟨I - 80⟩
- SFC와 개혁주의에 대하여⟨I - 44⟩

- ㄱ -

- 가위눌림 어떻게 보아야 하나요?⟨II - 22⟩
- 가인과 아벨의 제사⟨I - 40⟩
- 감사에 대한 올바른 신앙인의 자세⟨III - 15⟩
- 감사의 말씀과 더불어⟨III - 34⟩
- 강단권을 어떻게 이해해야 합니까?⟨III - 20⟩
- 개혁교회와 찬양대⟨II - 6⟩
- 개혁의 대상이 된 한국교회⟨I - 30⟩
- 개혁주의와 복음주의에 대하여⟨I - 45⟩
- 계시의 종결⟨III - 33⟩
- 고신신학의 정체성이 있는가?⟨III - 76⟩
- 고신의 미래를 생각하며⟨III - 53⟩
- 고신의 미래와 현실 인식⟨III - 27⟩
- 공예배에 대하여⟨II - 60⟩
- 교단에서 신학교수의 역할⟨II - 35⟩

- 교리적 예수? 역사적 예수?〈Ⅲ - 96〉
- 교역자의 이동에 대하여〈Ⅰ - 65〉
- 교회 개척과 건축에 대하여〈Ⅲ - 42〉
- 교회 생활과 갈등〈Ⅱ - 57〉
- 교회 세습에 대하여〈Ⅰ - 2〉
- 교회 음악과 예배 중 악기 사용에 대해서〈Ⅰ - 1〉
- 교회, 교회론의 문제-동성애 관련〈Ⅰ - 63〉
- 교회가 복지재단을 운영하는 문제에 대하여〈Ⅲ - 10〉
- 교회가 없는 지역에서의 예배〈Ⅲ - 70〉
- 교회가 흥미를 제공해야 하는가?〈Ⅰ - 68〉
- 교회를 통한 상행위商行爲에 대하여〈Ⅰ - 74〉
- 교회에 나가 보려고 하는데…〈Ⅲ - 67〉
- 교회와 목적지향주의〈Ⅰ - 60〉
- 교회와 무교회주의〈Ⅱ - 21〉
- 교회와 성도, 투자(투기)할 수 있는가?〈Ⅲ - 100〉
- 교회의 교회됨을 위하여〈Ⅰ - 69〉
- 교회의 부서에 대하여〈Ⅱ - 18〉
- 교회의 옮김에 대하여〈Ⅱ - 52〉
- 교회의 직분과 직책에 대하여〈Ⅱ - 46〉
- 교회적 구제 사역에 대하여(행 6:1-6을 기억하며)〈Ⅲ - 95〉
- 구약시대 성도들의 믿음과 기도〈Ⅲ - 89〉
- 구원과 자기 결정〈Ⅰ - 55〉
- 구원의 기초〈Ⅰ - 53〉
- 구원의 확신에 대하여〈Ⅰ - 72〉
- 국가의 전쟁수행권〈Ⅱ - 31〉
- 국경일 기념예배〈Ⅱ - 66〉
- 국기에 대한 경례 및 순국선열에 대한 묵념〈Ⅰ - 7〉
- 권사제도에 대하여〈Ⅲ - 7〉
- 귀신론에 대하여〈Ⅰ - 46〉
- 그리스도인과 입양〈Ⅱ - 53〉
- 그리스도인과 직업에 대해〈Ⅰ - 26〉
- 기관목사와 교회〈Ⅱ - 30〉

- 기도 응답에 대하여(창 21:16, 17과 관련하여)⟨III - 84⟩
- 기도에 대하여⟨I - 19⟩
- 기독교 언론의 사명⟨III - 23⟩
- 기독교 음악 공연과 예배⟨III - 49⟩
- 기독교인이 보험이나 적금을 들어도 되는지요?⟨III - 59⟩
- 꼭 교회에 나가야만 합니까?(UBF와 CMI에 관련하여)⟨III - 71⟩
- 꿈dream에 대하여⟨II - 26⟩

- ㄴ -

- 나는 900살을 살 수 있는가?⟨II - 24⟩
- 나로 말미암지 않고는 아버지께로 올 자가 없느니라(요 14:6)⟨III - 13⟩
- 낙태절대불가에 대하여⟨I - 47⟩
- 남에게 대접을 받고자 하는 대로 너희도 남을 대접하라(마 7:12)⟨III - 61⟩
- 냉장고 구입 기념예배라니요?
  (BE병원 펫-시티 구입기념예배와 관련하여)⟨III - 60⟩
- 너는 힘써 대장부가 되라(왕상 2:2)⟨III - 41⟩
- 네 시작은 미약하나 나중은 심히 창대하리라⟨II - 58⟩
- 네덜란드 개혁주의 교회와 사회 참여⟨II - 13⟩
- 노동과 돈에 대한 현실적 문제⟨III - 35⟩
- 노방전도에 대하여⟨III - 54⟩
- 능력 대결Power Encounter에 대하여⟨II - 41⟩

- ㄷ -

- 다단계 판매에 대한 작은 생각⟨III - 51⟩
- 다락방 운동에 대하여-한국교회의 축소판⟨I - 48⟩
- 다양한 헌금 종류에 대하여⟨I - 77⟩
- 단군상 파괴와 기독교 신앙에 대해⟨I - 22⟩
- 담임목사와 부교역자의 관계는?⟨I - 27⟩
- 대통령의 노벨상과 한국 기독교⟨I - 73⟩
- 대한민국 대통령을 세우는데 하나님의 관여가 있는가?⟨III - 57⟩
- 데모에 대하여⟨II - 39⟩
- 독신, 혼인 선택의 문제인가?(창 2:18; 고전 7:8)⟨III - 38⟩
- 돌아가신 목사의 사모가 그 교회의 권사가 될 수 있나요?⟨I - 3⟩
- 동성애 인정 교단과 자매결연 문제⟨I - 56⟩

- 두세 사람이 모이면 교회인가?(마 18:20에 대한 해석과 함께)⟨Ⅲ - 64⟩
- 드보라와 바락⟨Ⅰ - 58⟩

- ㄹ -
- ㅁ -

- 마귀와 재난⟨Ⅱ - 59⟩
- 마태복음 24장 34절과 마가복음 9장 1절에 대한 해석⟨Ⅲ - 29⟩
- 말씀 선포의 대상은?⟨Ⅰ - 61⟩
- 매직설교가 성경적인지요?⟨Ⅲ - 55⟩
- 모든 사람이 죄를 지었으므로의 의미⟨Ⅰ - 21⟩
- 모로 가도 서울만 가면 된다(?)(빌 1:12-18과 복음전파)⟨Ⅲ - 12⟩
- 모이기를 폐하는 어떤 사람들의 습관에 대하여⟨Ⅱ - 75⟩
- 목사 서원에 대하여⟨Ⅱ - 67⟩
- 목사는 기름부음 받은 하나님의 종인가?⟨Ⅲ - 65⟩
- 목사는 하나님께서 직접 간섭하시는 하나님의 종인가?⟨Ⅲ - 88⟩
- 목사님, 애완견을 키워도 됩니까?⟨Ⅲ - 50⟩
- 목사님에게 축복권과 저주권이 있는지요?⟨Ⅲ - 98⟩
- 목사인 남편의 비신앙적 행동에 대한 고민⟨Ⅲ - 5⟩
- 목사제복은 필요한가?⟨Ⅰ - 11⟩
- 목회자와 생활비⟨Ⅱ - 9⟩
- 목회자의 길은?⟨Ⅲ - 63⟩
- 무교회주의에 대하여⟨Ⅱ - 14⟩
- 무덤에 장사된 그리스도의 영은 어디에 계셨는가?
  (벧전 3:19에 대한 해석)⟨Ⅲ - 2⟩
- 믿음은 바라는 것들의 실상(히 11: 1)⟨Ⅲ - 31⟩

- ㅂ -

- 베드로가 예수님의 수제자인지요?(마 16장과 행 1,2장 중심으로)⟨Ⅲ - 94⟩
- 보편교회와 보편성이란 말의 의미⟨Ⅰ - 25⟩
- 복의 의미에 대해⟨Ⅱ - 32⟩
- 본회퍼Dietrich Bonhoeffer의 신학⟨Ⅰ - 67⟩
- 부끄러운 구원(?)(고전 3:15과 관련하여)⟨Ⅱ - 36⟩
- 부부가 각기 다른 교회에?⟨Ⅲ - 74⟩
- 부활절 연합예배에 대하여⟨Ⅱ - 51⟩

- 불의한 청지기와 불의한 재물(눅 16:1-13중 8, 9절에 대한 해석)〈III - 47〉

- ㅅ -

- 사도시대의 율법과 복음에 대한 문제(행 21:17-26; 갈 2:4)〈III - 44〉
- 사도신경에 대하여〈I - 43〉
- 사도신경이 가지는 의미와 기능에 대하여〈III - 97〉
- 사랑하는 이성과 손을 잡아도 안 됩니까?〈III - 3〉
- 삼위일체에 대하여〈II - 33〉
- 삶의 갈등과 신앙〈II - 3〉
- 새벽기도에 대하여〈III - 86〉
- 생명과 죽음 그리고 예수 그리스도의 무덤에서 사흘의 의미는?〈I - 23〉
- 선교 단체와 교회 생활〈III - 82〉
- 선교사에게 십일조를 보내도 되는지요?〈II - 82〉
- 선교와 전도〈I - 50〉
- 선교지의 기독교 혼합주의에 대한 대처〈II - 80〉
- 설교연습이란 어떤 과목인지요?〈I - 10〉
- 성가대 지휘자 사례비〈I - 59〉
- 성경 공부를 하고 싶은데요〈II - 50〉
- 성경 기록상 오류가 있는가?(레 11:1-23에 기록된 말씀을 기억하며)〈III - 81〉
- 성경 번역과 사본에 대하여〈II - 87〉
- 성경 해석을 할 수 있는 권한은 누구에게나 있는지요?〈I - 12〉
- 성경 해석의 중요성(마 7:21과 행 2:21의 교훈을 기억하며)〈III - 93〉
- 성경과 노예제도〈III - 6〉
- 성경은 이혼을 허용하는가?〈I - 41〉
- 성도와 추도예배〈I - 4〉
- 성령 세례와 성령 충만에 대하여〈III - 83〉
- 성막에 대하여〈II - 8〉
- 성미誠米에 대하여〈II - 73〉
- 성시화聖市化 운동에 대하여〈I - 39〉
- 성형수술을 해도 됩니까?〈II - 12〉
- 세례를 두 번 받을 수 있는가?〈II - 27〉
- 세례식 남발에 대한 공개 질의〈I - 32〉
- 세례와 성찬 참여〈II - 74〉

- 세속화된 한국교회에 대해 어떤 자세를?〈I - 20〉
- 소위 '하나님의 교회'라는 집단에 대하여〈II - 44〉
- 송구영신예배에 대하여〈I - 70〉
- 송구영신예배와 한국교회〈III - 79〉
- 순결서약식에 대하여〈I - 37〉
- 순종의 의미〈II - 23〉
- 술과 담배〈III - 45〉
- 술을 마시면 죄가 됩니까?〈I - 13〉
- 쉬지 말고 기도하라(살전 5:17)〈III - 72〉
- 시신기증에 대하여〈II - 19〉
- 신구약 성경 66권만 하나님의 말씀인지요?〈II - 29〉
- 신지학Theosophy에 대하여〈II - 71〉
- 신학교 경건회에서 축도가 가능한가?〈III - 85〉
- 신학교 교육의 의의〈III - 24〉
- 신학교와 학위 문제〈II - 43〉
- 신학대학원에서 성찬식을 행할 수 있는가?〈I - 16〉
- 신학이 깨어나야 할 때〈III - 9〉
- 신학적 토론 분위기를 상실한 시대에 대한 안타까움〈III - 28〉
- 심방예배에 대하여〈II - 5〉
- 십일조, 연보, 축도에 대한 문제〈III - 56〉
- 십일조를 어느 교회에 내야할까요?〈II - 64〉
- 십일조에 대하여〈I - 78〉

- ㅇ -

- 아브라함과 다윗 집안의 일부다처제 수용은?〈I - 42〉
- 안식에 들어갈 남은자들(히 4:6)〈II - 1〉
- 애굽의 수치란 무엇을 의미합니까?〈I - 17〉
- 양심적 병역거부에 대하여〈III - 58〉
- 어떤 신학교가 좋은 신학교입니까?〈III - 8〉
- 어린이들은 성찬에 참여할 수 없는가?〈III - 90〉
- 어릴 적 거짓말에 대한 고민〈II - 40〉
- 에큐메니칼 운동에 대해〈I - 24〉
- 에큐메니칼ecumenical에 대하여〈I - 64〉

- 여성 안수 논쟁⟨Ⅲ - 46⟩
- 여자 목사 제도는 성경적인가?⟨Ⅰ - 62⟩
- 역라마단 운동에 대하여⟨Ⅰ - 66⟩
- 연보는 꼭 본 교회에 해야 하는가?⟨Ⅰ - 8⟩
- 연보와 기부금⟨Ⅱ - 2⟩
- 연보와 연말세금공제⟨Ⅱ - 78⟩
- 열린예배-OOO교회는 건전한 교회인가?⟨Ⅰ - 18⟩
- 영성신학靈性神學에 대하여⟨Ⅱ - 7⟩
- 영화 The Passion of the Christ를 보고⟨Ⅲ - 36⟩
- 예루살렘의 의미⟨Ⅲ - 40⟩
- 예배 시간에 애국가를 불러도 되는가?⟨Ⅲ - 101⟩
- 예배와 관련하여⟨Ⅱ - 4⟩
- 예수 그리스도가 유일한 구원의 통로인가?⟨Ⅲ - 32⟩
- 예수님 이름으로 기도합니다(요 14:13, 14절; 15:16; 16:23, 24)⟨Ⅲ - 25⟩
- 예수님과 병고침(요 5:1-9)⟨Ⅱ - 17⟩
- 예수님을 세 번 부인한 베드로의 신앙은?⟨Ⅰ - 38⟩
- 예수를 믿는다는 것은?⟨Ⅲ - 77⟩
- 예언의 은사(고전 12, 14장)에 대하여⟨Ⅰ - 49⟩
- 오늘날 우리에게 일용할 양식을 주옵시고⟨Ⅱ - 77⟩
- 용돈헌금?⟨Ⅲ - 19⟩
- 우리 교회가 이단이라고요?⟨Ⅲ - 1⟩
- 유아세례에 대하여⟨Ⅰ - 14⟩
- 육체적 부활의 다양성에 대하여(고전 15:39, 40)⟨Ⅲ - 4⟩
- 은사주의는 건전한가?⟨Ⅲ - 99⟩
- 은사집회란 과연 성경적인가?⟨Ⅰ - 75⟩
- 이근호 목사를 어떻게 보시는지요?⟨Ⅲ - 26⟩
- 이스라엘 민족에 대하여⟨Ⅱ - 62⟩
- 이스라엘 민족은 왜 다른 민족들을 멸망시켰습니까?⟨Ⅰ - 9⟩
- 이혼(離婚不能)에 대하여⟨Ⅰ - 15⟩
- 이혼-이런 경우는 어떻게 합니까?⟨Ⅱ - 11⟩
- 인본주의humaniism에 대하여⟨Ⅱ - 28⟩
- 인터넷 뱅킹을 통한 연보에 대하여⟨Ⅱ - 85⟩

• 일반 성도는 성경을 너무 깊이 알면 안 되는지요?〈II – 68〉

- ㅈ -

• 자녀 교육의 기본〈I – 71〉
• 자녀의 불신자와 혼인 문제에 대하여〈II – 84〉
• 자살하면 무조건 지옥갑니까?〈III – 52〉
• 장로교 정치원리와 당회에 대하여〈II – 79〉
• 장로장립과 헌금빚(?)〈II – 76〉
• 전권위원회의 결과가 궁금하시지요?〈II – 90〉
• 전원교회에 대하여〈II – 69〉
• 정신지체자의 성찬 참여에 대하여〈III – 62〉
• 정한 짐승과 부정한 짐승〈III – 22〉
• 제명을 당한데 대한 해명〈III – 17〉
• 제명의 의미〈III – 16〉
• 족보나 숫자가 되풀이되는 성경 본문은?〈III – 92〉
• 종교다원주의에 대하여〈II – 47〉
• 좋은 배우자를 달라고 기도할까요?〈III – 68〉
• 죄는 유전되는 것인가?(시 51:5; 롬 3:23, 24)〈III – 48〉
• 죄에 대한 고뇌〈II – 10〉
• 주 5일 근무에 대하여〈II – 38〉
• 주께서 내 원수의 목전에서 상床을 베푸시고(시 23:5)의 의미〈I – 36〉
• 주일과 명절, 대소사가 겹칠 경우에는?〈II – 25〉
• 주일을 어떻게 지켜야 하는가?〈I – 33〉
• 주일학교 설교 어떻게 해야 할까요?〈II – 16〉
• 주일Lords Day과 일요일Sunday에 대해〈I – 28〉
• 죽은 자를 위한 기도에 대하여(벧전 3:19)〈II – 49〉
• 준혁아, 준우야!〈II – 61〉
• 중보기도에 대하여〈II – 56〉
• 지나치게 의인이 되지 말며 지나치게 지혜자도 되지 말라(전 7:16)〈III – 14〉
• 지식의 홍수에 휩쓸리지 말아야〈III – 75〉
• 지옥과 연옥에 대하여〈III – 73〉
• 직분과 일률적인 헌금〈III – 91〉
• 진멸당한 애굽의 생축이 어떻게 다시 등장하게 됩니까?(출 9:6)〈I – 34〉

- ㅊ -
- 천국상급에 차등이 있는가?⟨Ⅰ- 29⟩
- 천국에서 누가 크냐의 문제⟨Ⅰ- 76⟩
- 총동원 전도주일에 대하여⟨Ⅱ- 70⟩
- 추말자의 변질과 우리의 교훈⟨Ⅱ- 48⟩
- 축도에 대하여⟨Ⅱ- 37⟩

- ㅋ -
- 칼빈과 사형死刑 제도⟨Ⅰ- 54⟩
- 캠퍼스 내 경건생활-KS대학을 중심으로⟨Ⅱ- 34⟩

- ㅌ -
- 태신자 운동에 대하여⟨Ⅰ- 35⟩
- 트렌스젠더Transgender에 대하여⟨Ⅱ- 20⟩

- ㅍ -

- ㅎ -
- 하나님(의 영광)을 위해 산다는 말의 의미⟨Ⅲ- 11⟩
- 하나님 나라의 확장에 대하여⟨Ⅲ- 37⟩
- 하나님 어머니라는 망발에 대하여⟨Ⅲ- 87⟩
- 하나님과 이스라엘 선택에 대하여⟨Ⅰ- 5⟩
- 하나님과 하느님⟨Ⅲ- 18⟩
- 하나님께서는 왜 아직까지 사탄을 멸망시키지 않는 것일까?⟨Ⅰ- 6⟩
- 하나님께서는 왜 에덴동산에 선악과善惡果 나무를 두셨을까?⟨Ⅰ- 31⟩
- 하나님은 세속 국가 정치에 관여하실까요?⟨Ⅱ- 86⟩
- 하나님의 구원 범위⟨Ⅲ- 30⟩
- 하나님의 예정에 대하여⟨Ⅰ- 79⟩
- 하나님의 전능성과 주권 영역에 대하여⟨Ⅲ- 80⟩
- 하나님의 주권 영역에 대하여⟨Ⅰ- 57⟩
- 한국말의 특성과 인간 관계⟨Ⅱ- 42⟩
- 한기총의 평화 기도회(?)⟨Ⅱ- 81⟩
- 헌신예배에 대하여⟨Ⅲ- 21⟩
- 현대판 시모니simony⟨Ⅰ- 51⟩
- 현실적 교회개혁 방안을 기대함⟨Ⅰ- 52⟩
- 형상(이미지)을 신앙 교재로 사용할 수 있는가?⟨Ⅲ- 69⟩

- 혼인 생활과 이혼〈II - 89〉
- 혼인과 함函〈II - 72〉
- 혼인식장에서 성찬식을 행할 수 있는지요?〈III - 39〉